創批新書 81

산업혁명사(上)

뽈 망뚜 著

鄭允炯·金鍾澈 共譯

1987

재판의 서문

20년 이상 전에 이 책이 처음으로 간행되었을 때, 의도한 목적은 두 가지였다. 첫째 그것은 근대사에서 가장 중요한 운동 가운데 하나에 관한 포괄적 연구를 독자들에게 발표하려는 시도였다. 그 운동의 결과는 문명세계 전체에 영향을 미친 바 있으며 바로 우리의 눈앞에서 아직도 이 세계를 변형하거나 형성하고 있다. 둘째 그것은 특히 우리나라[프랑스]에서, 연구가 거의 시작되지도 않은 한 분야에 학도들의 관심을 환기시키겠다는 의도였다. 첫번째 목적이 얼마나 달성되었는가는 독자들이 판단할 일이다. 두번째 목적에 관해 말하자면, 역사의 경제적 측면에 타당한 가치를 부여하고, 산업혁명이라는 엄청난 사건의 기원과 발달에 관한 연구를 고무하는 데에, 그 어떤 개별적 노력보다 더 많은 작용을 해온 것은 우리 시대의 정신뿐 아니라 현실이었다.

이 책에 기술되어 있는 사실들의 다양한 측면에 관해서는 현재 탁월한 연구가 많이 이루어져 있다. 특별한 주제들에 관한 연구는 아주 열심히 추진되어 성공을 거두었다. 원사료(原史料)의 발굴과 과학적인 탐구가 있었다. 시간과 능력이 허용했더라도, 이처럼 새로운 정보를 바탕으로 또 한 권의 책을 쓰는 것은 필자의 목적이 아니었다. 다만 초판이 받아 마땅한 모든 비판과 지난 20년간의 귀중한 연구결과 모두를 충분히 고려하여 초판을 보다 완벽하게 하려 했을 뿐이다. 나는 하나의 상(像)을 바로잡고 완성하려고 노력했는데, 그 기본선(基本線)은 수정되지 않고 남아 있다고 믿는다. 지금 형태대로의 이 책이 보다 제한된 범위와 보다 완벽한 성격을 갖는 연구의 입문서로서 여전히 도움이 될 수 있다면 나는 매우 행복하다. 이 책은 처음에 쓰여졌을 때 그러했듯이 현재도 잠정적인 개설이므로 더 수정할 여지가 있다. 학도들의 신뢰를 계속 받기를 원하는 사람이라면 누구나 평생 자신이 학도라고 생각해야만 한다.

1927년 1월 7일 뽈 망뚜

4

차　례

제1부 선행적 변화

제1장 구공업과 그 발전

제2장 상업의 비약적 발전

〈하권 차례〉

서   론

　근대적 공장제도는 18세기의 마지막 30여 년 동안에 잉글랜드에서 탄생하였다. 처음부터 그 영향은 매우 빨리 감지되었고 너무나 중요한 결과를 빚어냈기 때문에, 그것은 적절하게도 하나의 혁명에 비유되었다.[1] 실상 어떤 정치혁명도 그처럼 광범한 결과를 일으키지는 못했다고 단언할 수 있는 것이다. 오늘날 공장제도는 사방에서 우리를 에워싸고 있다. 이 말은 매우 친밀하고 인상적인 이미지를 불러일으키므로 정의할 필요가 거의 없는 듯이 보인다. 우리의 도시들 외곽에 있는 대공장들, 낮에는 연기를 뿜고 밤에는 불길을 토하는 높은 굴뚝들, 끊임없이 윙윙거리는 기계소리, 노동자들의 무리가 부산하게 움직이는 모습, 이 모든 것은 충분히 낯이 익다. 그럼에도 불구하고, 그리고 그 발달이 매우 급속했던 것처럼 보이기는 하지만 산업혁명은 여러 원인(遠因)에서 발생했으며 산업혁명의 발달과정은 1세기 이상이 지난 뒤에도 여전히 미완성으로 남아 있다. 공장제도 특유의 특징은 단번에 드러나지는 않았다. 분명히 드러나지 않는 공장제도의 기원을 더 쉽게 알아보기 위해 그것

---

　1) 이 비유를 창안한 공로는 일반적으로 Arnold Toynbee에게 돌려진다. 요절로 발간되지 못했던 그의 책은 1884년에 *Lectures on the Industrial Revolution in England*라는 제목으로 발간되었다. 그러나 M. William Rappard(*La Révolution industrielle et les origines de la protection légale du travail en Suisse*, 4면)는, Karl Marx가 *Das Kapital*(1867)의 제 1 권에서 스스로 '산업혁명'(die industrielle Revolution)이라고 부르고서 그것에 관해 체계적 기술을 하고 있다고 말한다. 또 그것은 그 이전인 1850년에 Karl Marlo가, 1848년에 John Stuart Mill(*Principles of Political Economy*, original edition, 581면), 그리고 일찌기 1845년에 Friedrich Engels(*Die Lage der arbeitenden Klasse in England*, 11, 355면)가 사용한 표현이다.

이 오늘날 우리에게 드러나 있는 대로 기술하는 데서 출발하겠다.

1. 근대적 공장제도

　모든 공업의 목적은 재화의 생산, 더 분명히 말하자면 자연이 직접 제공하지 않는 소비재의 생산이다. 그러므로 공장제도라는 것은 우선 특수한 조직, 즉 특수한 생산제도를 의미한다. 그런데 이 조직은 경제 제도 전체에 영향을 미치며, 결과적으로는 부의 증대 및 분배에 의해 통제되는 사회제도 전체에 영향을 미친다.

　공장제도는 생산수단을 집중하고 증가시키므로 산출이 촉진되고 증가한다. 공장제도는 기계를 사용한다. 기계는 오류 없이 정확하게, 아주 빠른 속도로 가장 복잡하고 힘든 업무를 수행한다. 기계의 동력은 인간 근육이 행하는 한정되고 불규칙적인 노력이 아니라 바람이나 흐르는 물 같은 자연력이거나 증기나 전기 같은 인공동력이다. 이것들은 다루기 쉽고 규칙적이고 피로를 모르며 무한히, 마음대로 증대될 수 있다. 엄청난 수의 사람들, 남자, 여자, 어린이들이 기계를 관리하기 위해 고용되는데, 그들은 모두 전문화된 업무를 부여받는, 톱니바퀴들 속의 또다른 톱니바퀴들에 불과하다. 기계는 갈수록 더욱 복잡해지고 노동자들은 그 수가 점점 더 많아지고 조직이 고도화되어 대기업을 이룬다. 이것이야말로 진정한 공업국가이다. 그리고 인간의 노동과 기계력을 이렇게 사용하는 배후에는 이 대단한 활동의 원류(源流)로서, 원인과 목적으로서, 자본이 작용하고 있다. 자본은 자체의 고유한 법칙──이윤의 법칙──에 의해 앞으로 밀려가는데, 그 법칙은 자본 그 자체가 끊임없이 증대되도록 부단히 강요한다.

　자신의 벽 안에 원료를 담고 있고 근대적 생산의 원칙 자체를 명백한 형식으로 구현하고 있는 특징적인 기념비, 이것이 공장이다. 공장 안에는 거대한 작업장들이 있는데, 동력을 배급하는 전도(傳導)벨트나 전도선(傳導線)이 그 안을 통과한다. 각개의 작업장에는 강력하면서도 정교한 기계가 설치되어 있다. 기계는 그곳을 소음으로 가득차게 하고 훈련된 노동자들의 부산한 노동의 도움을 받는데, 기계들은 숨가쁜 리듬 속에서 그들과 함께 돌아가는 듯이 보인다. 이 모든 일의 유일한 목표는 가능한 한 빨리 무한한 양의 상품을 생산하는 것이다. 어떤 공장에서는 직물이 여러 야드씩 풀어져 나오거나 원통형의 꾸러미가 되어 산처럼 쌓인다. 또 어떤 공장에서는 강철이 거대한 증류기에서 부글부글 끓으면서 눈부신 불꽃을 소낙비처럼 뿜어낸다. 생산자들간의 명백한 협정에 의해 제한을 받지 않는 한, 지속적 생산은 모든 공업의 법칙이 되어 있다. 이를 전적으로 방치한다면 생산은 과잉상태로 돌진하여, 마침내 파멸적인 과잉생산에 이를 것이다. 이것은 결국 자멸로 끝나고 말, 자본의 본능적 경향의 역설적 결과이다.

일단 제조된 이 대량의 재화는 판매되어야 한다. 이윤을 실현하는 판매는 모든 공업생산의 최종적 목표이다. 공장제도가 생산에 가한 엄청난 자극은 상품의 분배에 즉각 영향을 끼친다. 시장에 출고되는 재화의 양이 늘어나면 가격이 낮아지고, 낮아진 가격은 수요와 거래의 증가를 의미한다. 경쟁은 더욱 심해진다. 운송의 개선이 경쟁의 활동영역을 갈수록 넓게 열어줌에 따라 경쟁은 개인으로부터 지역과 국가로 확대되고 물질적 이익을 추구하는 경쟁은 그 어느 때보다도 탐욕적으로 변한다. 갈등과 경제전쟁이 벌어진다. 경쟁자들을 물리치고 활동영역을 확대하고 새로운 시장을 갈수록 많이 찾아내는 데 성공한 사람이 승자가 된다. 생산자들은 야심 때문에 대담해지며, 대부분의 먼 나라들과 탐험된 적이 거의 없는 대륙들이 그들의 먹이가 된다. 이때부터 전세계는 거대한 시장에 지나지 않게 되며, 모든 나라의 대공업들은 전장에서처럼 싸운다.

부를 분배하는 특별한 방식은 사람들이 사는 세계의 끝까지 유통을 확대해나가는 이 거대한 생산성과 병행한다. 분명히 현재의 소비자는 산업혁명이 일어나기 전의 소비자보다 훨씬 더 유리한 위치에 있다. 재화의 양이 크게 증가했고 동시에 가격은 전체적으로 상당히 인하되었다. 전에는 값이 비싸서 손에 넣기 어렵던 많은 물건들을 이제는 그것들이 알려져 있지 않던 지방과 생활권에서 구할 수 있다. 그럼에도 불구하고 이러한 장관(壯觀)이 고전파 경제학자에게 불어넣던 그 낙관적 견해는 생산자들의 상태를 검토해보면 크게 달라진다. 공장제도의 전체구조는 인간노동의 거대한 축적과 더불어 기계가 제공하는 동력에 기초하면서, 점점 증대하며 상승하는 자본의 힘을 받쳐주고 있다. 생산자들은 두 계급으로 나누어져 있다. 첫번째 계급은 노동(력)을 제공할 뿐 이밖에는 아무것도 소유하지 못하며, 임금을 받기 위해 근력(筋力)과 생활시간을 판다. 두번째 계급은 자본을 지배하고 공장·원료·기계를 소유하며 이윤과 배당금을 거두어들인다. 그 정점에는 칼라일(Thomas Carlyle, 1795~1881, 스코틀랜드의 사상가·역사가·문필가—역주)이 조직가· 지배자·정복자라고 부르는 대지도자들, 즉 산업의 우두머리들(captains of industry)이 있다.

이로부터 근대문명을 특징짓는 사회제도가 발달했다. 이 제도는 10세기의 봉건제도처럼 완벽하고 응집력이 강한 하나의 전체를 이루고 있다. 그러나 봉건제도가 무정부적 야만주의에 휩쓸린 유럽에서 군사적 필요와 인간생활을 위협하던 위험의 결과로 생긴 데 반해, 이 사회제도는 공장제도라는 중심적 사실을 둘러싸고 모인 순수한 경제적 힘의 연쇄에 의해 이루어졌다. 독립적이기는 하지만 경쟁하는 기업들이 몰려 있는 우리의 공업도시들이 최근에 성장한 것은 바로 공장제도 덕분이다. 인구가 가장 극단적 형태로 빠르게 성장하는 곳은 바로 이 지역들인데 그것은 대부분의 공업국에서 통례가 되었다. 1773년에 맨체스터(Manchester)의 인구는 3만 미만이었다.[2] 오늘날 그곳의 인구는 1백만에 가깝다. 1801년에 대(大)브리튼과 아일랜드의 인구는 1천 4백 50만이었으나 현재는 4천 8백만(이 책의 재판이 나온 1927년의 인구—역주)이다. 그 이전의 세대들이 예견할 수 없었던 이 발달은 헤아릴 수 없는 결과들을 빚었다. 하나의 예만 들어보더라도, 결과적으로 자본과 노동을 먼 나라들로 유출시키는 이민은 해외에 비슷한 사회들이 급속히 성장하게 만들었다. 그 사회들은 우리 경제제도의 모든 특징들을 훨씬 더 극단적으로 보이고 있다.

유럽의 문명을 가진 모든 나라에서 현재 드러나고 있는 특수한 형태의 사회문제는 공장제도의 결과로 발생한 것이다. 증대된 부가 다수의 인

---

2) *Census of Manchester and Salford*(1773), Manchester, Chetham's Library.

구에게 그들이 그것을 생산하기 위해 제공한 노력에 비례한 혜택을 주지 못하면서 인구와 부가 동시에 성장하는 현상, 하나는 수가 증가하고 다른 하나는 부를 증대시키는 두 계급, 다시 말하면 하나는 노동(량)을 증가시킴으로써 위태로운 생존임금만을 벌 뿐이고 다른 하나는 세련된 문명의 모든 혜택을 누리는 두 계급의 대립, 바로 이 상태가 어디에서나 분명히 드러나며 어디에서나 동일한 사상과 감정의 움직임을 수반한다. 현대의 사회주의를 탄생시킨 것은 이 공업활동, 그것이 세워진 바탕인 거대한 조직, 그 활동의 집단적 힘을 통일하고 지도하는 자본의 힘이다. 우리 시대의 가장 두드러진 특징 가운데 하나는, 어떤 사람들은 바라고 다른 사람들은 바라지 않는 어떤 심각한 변화에 대한 일반적인 예견이다. 만약 그 변화가 실제로 일어난다면, 그것은 공장제도의 탄생과 더불어 열린 시대를 마감하는 것으로 여겨질 수 있을 것이다.

아주 광범한 영역에 걸쳐 있는 이 모든 사실은 단지 생산의 물질적 조건을 고려하는 협소한 정의(定義) 속에 포함시킬 수 없다. 그 모든 사실에 진정한 가치를 부여하려면 그것들을 살아 있는 복잡한 전체로 관찰해야만 한다. 그때에야 비로소 그것들은 중대한 영향을 미치는 사실의 하나로 나타나며 이 시기 전부를 해명하는 계기가 될 것이다. 공장제도, 과학 그리고 민주주의는 경제적·지적·정치적 관점에서 근대사회의 진화를 지배하는 힘이다. 근대적 공업의 시작은 민주주의나 과학의 그것과 싯점이 비슷하다. 과학은 갈릴레오(Galileo)나 데까르뜨(Descartes)에서 시작되었다거나 민주주의는 아메리카혁명과 프랑스혁명 전에는 어디에도 존재하지 않았다고 단언하는 것은 불합리하다. 그럼에도 불구하고 17세기의 과학자들과 18세기의 혁명가들을 근대과학과 근대민주주의의 창시자로 보는 것은 정당하다. 이와 마찬가지로 공장제도 직전에 있었던 생산형태의 특징 가운데 일부로부터 공장제도의 특질을 식별해낼 수 있다. 공장제도가 비로소 정당한 지위를 인정받게 되는 것은 위대한 기술적 발명의 시대, 즉 하그리브즈(Hargreaves)·크롬프턴(Crompton)·와트(Watt)의 시대이다. 요컨대 이 시대에서야 비로소 공장제도로부터 그 성과를 분리할 수 없게 되고 그리고 그 성과는 공장제도의 발달을 역사상의 주요한 사건 가운데 하나로 만든다.

2. 정의의 필요와 곤란

독자들에게는 우리가 진부해 보이고 진부한 것이 틀림없는 생각을 지나칠 정도로 강조했다고 여겨질지도 모른다. 이렇게 한 목적은 우리가 말하는 공장제도의 의미에 관해 의문이 없도록 하려는 것이었다. 그것은 전혀 불필요한 사전조치가 아니다. 왜냐하면 일반적인 용례에 있어서 그 용어의 사용은 혼란스럽고 불확실하며, 적합한 정식화(定式化)를 얻기 위해 이루어진 노력이 현재까지는 만족스러운 결과를 얻지 못했기 때문이다. 소규모 공업과 공장제도의 구별은 관련된 시장의 크기에 달려 있다는 주장이 있다. 따라서 소규모 공업은 한 지역이나 제한된 영역에 공급을 하는 데 비해 공장제도는 전국적 시장이나 국제적 시장을 위해 생산한다는 것이다.[3] 이것 자체는 불가능한 정의는 아니다. 그리고 그것은 경제발전에 있어서 상업적 요소의 중요성을 강조한다는 잇점을 갖고 있다. 그럼에도 불구하고 그것은, 의심할 필요도 없이 모호한 표현이긴 하지만 그러한 자의적 해석을 허용하지 않는 그 용어의 현재 용도로부터 벗어나 있다. 오늘날 터키와 페르시아에 존재하는 융단제조업을 공장제도에 포함시키겠다고 생각하는 사람은 아무도 없을 것이다. 그럼에도 불구하고 오리엔트의 융단은 세계 전역에서 팔리고 있다. 코린트(Corinth, 그리스 본토와 펠로폰네소스 반도를 연결하는 地峽—역주)의 도자기가 지중해의 모든 나라에서 팔리고 있던 시절에 코린트에 공장제도가 존재했다고 말할 수 있을까? 우리가 보기에 개인의 기술로 원시적 도구의 결합을 보충하는 노동자들이 소작업장에서 하는 수공업은 공장제도와는 정반대의 것이다. 따라서 대외적 팽창은 본질적 특징이 아니다. 그것은 오히려 내부조직과 기술장비에서 구해져야 한다. 앞에서 말했듯이 공장제도는 무엇보다도 하나의 생산제도이기 때문이다.

그러나 공업의 발전은, 이론상으로만 정확한 경계를 정할 수 있는 연

---

3) A. Milhaud, "De la vie industrielle en France depuis le XVII⁰ siècle," *Revue de synthèse historique*, Ⅲ, 335면.

쇄 속에 연이어 나타나는 많은 발전단계를 갖고 있기 때문에 우리는 여기에서 새로운 곤란에 부딪치게 된다. 최초의 발전단계를 나타내는 징후로 어떤 것을 선택하느냐에 따라 공장제도는 한 세기 전에, 심지어는 여러 세기 전에 시작되었다고 말할 수 있다. 우리는 그 시기를 잉글랜드의 1760~1800년으로 정했다. 그러나 특정의 연구 또는 적어도 그 제목[4]을 믿을 수 있다면, 공장제도는 그보다 최소한 1백 년 전인 루이 14세 치하의 프랑스에 존재했다. 이것은 모순인가 아니면 오해인가?

제르맹 마르땡(M. Germain Martin)이 연구한 바 있는 대규모 공업은 그가 저서의 서두에서 지적하는 것처럼 자연적 진화의 결과[5]는 아니었다. 그것은 거의 전적으로 인위적이었으며 프랑스 왕권과 꼴베르(Jean Baptiste Colbert, 1619~83, 정치가·재정가—역주)의 지지와 후원 때문에 살아남았을 뿐이다. 꼴베르는 공장제도의 창시자라고 불려야 마땅한 사람으로서 "그 어떤 대규모 공업도 국가에 의해 만들어지고 지원을 받지 못하면 존재할 수 없다는 견해를 가지고 있었다."[6] 그는 그것이 왕립 대작업장의 부속물에 불과하다고 생각했다. 왕립 대작업장은 모든 시대에, 가장 다양하게 발달한 문명 속에서 언제나 군주를 위해 군주의 명령에 따라 일해왔다는 것이다. 제르맹 마르땡이 17세기의 매뉴팩처에 관해 수집한 자료는 첫눈에 근대적 공장의 모습을 상기시키는 면모를 우리에게 제시한다. 기업의 규모, 고용된 노동자들의 수, 노동자들을 전문화된 작업반으로 분할하는 것, 그들이 복종해야만 하는 규율의 엄격함,[7] 이 모든 것은 근대적 공장제도에서 볼 수 있는 특징이다. 그러나 이 실제적 유사성은 그것의 기원을 찾는다면 그 의미의 대부분을 잃

---

4) Germain Martin, *La grande industrie en France sous le règne de Louis XIV*(1898) ; A. des Cilleuls, *Histoire et régime de la grande industrie aux XVIIᵉ et XVIIIᵉ siècles*(1900).

5) "이 책의 목적은 공업규제입법, 수공업들의 감독과 감시, 공업 분야에 있어서 행정적 간섭의 모든 방법을 기술함으로써 1660~1715년에 프랑스에서 공장제도가 발전하는 데 왕권이 수행한 역할을 보이는 것이다." *La grande industrie en France sous le règne de Louis XIV*, Preface, 1면.

6) 같은 책, 94면.

7) 같은 책, 14면.

게 된다.

매뉴팩처 감독관들이 작성한 분류서를 보면 공업시설은 세 부류로 나뉘어 있다.[8] 첫번째 부류는 국왕에 속하는 국영공장들로서, 그 자본은 왕실의 금고에서 나왔고 제품은 주로 사치품으로 왕 자신이 사용하기 위한 것이었다. 이 부류 가운데 가장 좋은 사례는 고블랭(Gobelins) 공장인데, 이 공장이 창설되었을 때의 공식 명칭은 '왕실용 가구 왕립 매뉴팩처'(Manufacture royale des meubles de la Couronne)였다. 르브렁(Charles Lebrun)의 지도하에, 그리고 나중에는 미냐르(Nicholas Mignard)의 지도하에 그곳에 고용되어 있던 다수의 예술가들과 장인들은 왕의 뜻에 따라 궁전을 장식하고 궁정의 화려함을 더하는 일을 한 데 불과했다. 그들의 작업은 베르사이유 궁전, 쌩제르맹(Saint-Germain), 말리(Marly) 같은 궁전을 장식하는 것이었다. 벽걸이 융단, 목각, 조각, 청동제품, 전승기념품 그리고 루이 14세 치하의 암흑시절에 조폐국에 보내진 놀라운 양각은제품이 그것들이다. 여기에서는 모든 것이 왕과 연관되어 있었다. 모든 것이 그로부터 나와서 그에게 돌아갔다. 이러한 공업은 경제생활의 필요와는 무관했다. 그것은 이윤을 전혀 추구하지 않았으며 경쟁이라는 것을 몰랐다. 그것과 비교해야 마땅한 것은 근대적 공장제도가 아니라 오히려 고대의 가내공업과, 주인의 필요나 쾌락을 위한 물건들을 집안에서 실제로 만든, 한 집안에 부속된 노예들의 작업이다.

두번째 부류는 '왕립 매뉴팩처'(manufactures royales)이다. 이것들은 개인의 소유로서 공공의 소비를 위해 생산했다. 그러나 그 이름 자체는 왕권의 완전한 통제를 받았음을 아주 명확하게 보여준다. 공적인 보호뿐만이 아니었다. 제조업자들은 여러차례 국왕과 대신들의 공식적 초청을 받고 특별히 지정된 지역에서 개업을 했고, 대신들은 필요한 경우에는 제조업자들을 국외에서 구했다.[9] 그들에 대한 지원은 선

---

8) 같은 책, 8면.
9) 꼴베르가 노동자들과 외국의 제조업자들을 프랑스로 유치하기 위해 취한 조치에 관해서는 같은 책, 60면 이하를 참조. 그는 네덜란드의 직물업자(68 ~71면), 독일의 양철공(71~75면), 스웨덴의 광산기사(75면), 베네치아와 밀라노의 유리제조공과 레이스제조공들(76~79면)을 데려왔다.

뜻 베풀어졌다. 국고의 직접보조금, 도시나 **주삼부회**(州三部會, Etats provinciaux)가 표결한 무이자 대출, 따이유세(taille稅, 人頭稅—역주)·소금세 같은 가장 과중한 세금의 면제, 군인들을 숙박시킬 의무의 면제가 그것이다. [10] 심지어는 영세 제조업자들이 감수해야 하는 편협하고 전제적인 공업규제도 면제되었다. 그들은 실제로 국가의 법률 밖에 있었다. 이러한 이유 때문에 아베빌(Abbeville, 프랑스 북부의 古都—역주)의 방 로베(Van Robais)는 낭뜨칙령(1598년 프랑스의 앙리 4세가 공포한 것으로 이에 따라 프로테스탄트의 종교적·시민적 자유를 인정. 1658년에 루이 14세가 폐지—역주)이 폐지된 뒤와 앙샹 레짐(ancien régime, 프랑스혁명 이전의 구제도—역주)의 전기간을 통해 프로테스탄트 신앙을 자유롭게 누릴 수 있었다. [11]

마지막으로 '특권 매뉴팩처'(manufactures privilégiées)는 왕립 매뉴팩처보다 훨씬 더 큰 특혜를 받은 것 같다. 그들은 특정 품목을 제조하고 판매하는 독점권을 갖고 있었다. 그들은 부정행위를 하지 않는 한 절대적 독점에 제한을 받지 않았다. 앙샹 레짐 아래서 모든 부정행위가 얼마나 가혹하게 다루어졌는가는 너무나 유명하다. 꼴베르는 제조업자들 자신이 사업을 관리하면서 오로지 왕권만을 위한 대표자가 되도록 하기 위해 그들에게 국왕의 대권의 일부를 부여하기를 원했던 것 같다. [12]

만약 이 구조를 세우고 지탱하던 손을 거두어들였다면 모든 것이 붕괴되고 파멸이 임박했을 것이다. 이 사업들은 오직 보호와 특권을 바탕으로 존속했을 뿐이다. 방치해두었다면 다수가 당장에 사라졌을 것이다. 루이 15세 치세에 정부가 주의를 덜 기울이자 그들은 쇠퇴하기 시작했다. 한때 프랑스 직물 전체의 3분의 2 가까이를 생산하던 왕립공장과 특권공장은 약 3분의 1밖에 생산하지 못했다. 근대적 공장제도의 발전과 더불어 아주 급속히 후퇴한 바 있는 소규모 생산은 그 시절에는 아직도 활기가 넘쳤다. 그것은 자기에게 가해지는 방해와 곤란을 무릅쓰고 꼴베르가 일으킨 격심한 경쟁을 견뎌냈다. 이것은 소규모 생산이

---

10) *La grande industrie en France sous le règne de Louis XIV*, 10, 11면.
11) 같은 책, 67~69면.
12) M. G. Martin은 특히 꼴레르몽, 싸쁘르, 꽁끄 공장들의 사례 몇 가지를 제시하고 있다. 그들은 랑그도끄의 질이 좋은 직물을 독점하고 있었다. (12면)

당시만 해도 아직 그 무엇에 의해서도 혼란되지 않은 여러 사회·경제적 조건에 의존하고 있었기 때문이다. 예를 들면 랑그도끄(Languedoc) 지방에서 그것은 여전히 존속했을 뿐만 아니라, 가내적·농촌적 성격을 여전히 보존하고는 있었으나 계속 발달·번영하였다.

두 산 사이에 물이 있는 곳을 발견하는 부지런한 사람들은 누구나 물이 흔한가 귀한가에 따라 그것을 조절하거나 저장하거나 흘려보낸다. 거기에 그는 천연의 목초지를 만드는데, 그것은 대개 너비가 4 m, 길이가 1내지 2 km 미만이다. 그는 양떼를 사서 그곳에 놓아 먹인다. 그의 아내와 자녀들은 그가 깎아 쇄정(刷整)한 양털을 방적한다. 그는 그것을 방직하여 가장 가까운 시장에서 직물을 판다. 그의 이웃은, 때로는 최소한 4분의 1 km 떨어져 있으므로 이웃이라고 불러도 될는지는 모르겠으나 똑같은 일을 한다. 그리고 이 모든 일은 결과적으로, 일일이 방문하려면 하루 이상이 걸릴 하나의 공동체를 부지불식간에 형성하게 된다. [13]

그러므로 17세기의 왕립 매뉴팩처 창립은 다음 세기에 있었던 공장제도의 자생적 발달과 혼동되어서는 안된다. 분명히 그것은 프랑스를 번영시키려던 꼴베르의 시도에 도움이 되기는 했지만 실제로는 아주 제한된 의미만을 갖는 사실이다. 그것은 일반적인 결과를 전혀 빚어내지 못했으며 그것과 우리 시대의 경제제도 사이에는 아무런 관계도 찾아볼 수 없다. [14] 허만 레비(Hermann Levy)가 연구한 바 있는[15] 17세기 잉글

---

13) "Rapport de l'inspecteur général des manufactures en Languedoc" (*Archives de l'Hérault*, C. 2561, Martin의 책, 17면에 인용). 핼리팩스계곡에 관한 Defoe의 유명한 묘사(다음의 제1부 제1장에 인용)와 비교해볼 것.

14) 벨기에의 저명한 경제학자 H. Pirenne에 따르면 경제조직의 발전은 지속적 운동을 보이는 것이 아니라 비연속적으로 이루어진다. "우리의 경제사에서 구분가능한 각개의 시대마다 뚜렷이 구분되는 자본가들의 계급이 있다고 나는 믿는다. 바꿔 말하면 일정한 시대의 자본가 집단은 선행하는 시대의 자본가 집단에서 생겨나지 않는다. 우리는 경제조직상의 모든 변화에서 계속성의 단절을 발견한다." "The Stages in the Social History of Capitalism," *American Historical Review*, XIX(1914), 494면. 이 견해는 매

랜드의 독점화된 공업들에 대해서도 똑같은 말을 할 수 있을 것이다. 그 발달에 관해 그가 기술하고 있는 직종들——광산업, 유리제조업, 소금·비누·철사제조업 등——에 있어서 중요한 자본제 조직의 창설은 적극적이고 계속적인 정부의 지원에 의해서만 가능하였다. "왕이 부여한 특권, 법에 의한 국내 경쟁의 억압, 보호무역정책"[16]이라는 수단을 통해 인위적 발달이 이루어졌다. 그들이 받은 지원이야말로 그러한 조직들의 인기없음, 크롬웰의 공화정(Common wealth, 1649년 찰스 1세의 사형 집행 후부터 1660년의 왕정복고 때까지의 영국의 政體—역주) 시대에 그것들의 특권에 대해 가해진 공격, 그 특권이 폐지되자마자 그것들이 붕괴된 사실 등의 이유를 설명해준다. 그러한 조직들의 과도적 존재가 "산업자본주의가 1760년경에 잉글랜드에서 시작되었다는, 자주 되풀이된 단정과 모순된다"[17]고 주장할 수 있을까? 그 조직들은 분명히 근대적 공장제도와는 본질적으로 다른 부류의 사실들에 속하며 그 후대에 근대적 공장제도가 출현한 것을 어떤 식으로도 설명해주지 못한다. 그러나 우리가 언급하는 책들의 저자들이 분명히 입증한 것은, 공장제도의 시대 이전에도 특히 유리한 여건 아래서 상당한 자본을 투입하고 대량의 노동력을 고용하는 대규모의 공업을 발달시킬 수 있었다는 것이다. 루이 14세 시대는 물론이고 르네쌍스 시대나 중세 말엽에도 똑같은 발달의 사례가 많이 있다. 그 대부분은 꼴베르의 정책 같은 것에서 비롯된 것이 아니라 보다 깊이 자리잡은 원인들에서 생겨난 것이다.[18]

뉴팩처로부터 공장제도로의 이행에 관한 우리 자신의 관찰에 의해 뒷받침된다.

15) *Monopoly and Competition, a Study in English Industrial Organization*, 1911; *Die Grundlagen des ökonomischen Liberalismus in der Geschichte der englischen Volkswirtschaft*(1914).

16) H. Levy, 위의 책, **43**면.

17) 같은 책, **15**면.

18) 주로 프랑스에 있어서 산업자본제의 초기 발달에 관해서는 H. Hauser("Les Origines du Capitalisme moderne en France," *Revue d'Economie Politique*, 1902, 193면 이하와 313면 이하)의 계시적인 관찰을 참조.

3. 공장제도 이전의 산업자본주의

잉글랜드 경제사에 관한 윌리엄 애슐리 경(Sir William Ashley, 1860~ 1927, 영국의 경제학자—역주)[19]과 언윈(G. Unwin)[20] 교수의 연구나 피렌체의 경제사에 관한 도렌(A. Doren)씨[21]의 연구 같은 작업은 16세기초에, 심지어는 15세기와 14세기에도 특히 양모공업에 자본제 기업이 존재했음을 우리에게 알려준다. 잉글랜드에 국한해서 보더라도 헨리 7세(재위 1485~1509—역주)의 치세 이래로 북부지방과 서부지방에서 다수의 부유한 직물상인들이 비록 소규모였지만 오늘날 우리의 대제조업자들과 똑같은 역할을 당시에 했다. 전해오는 이야기에는 켄덜(Kendal)의 커스버트(Cuthbert), 핼리팩스(Halifax)의 호지킨스(Hodgkins), 맘즈베리(Malmesbury)의 스텀프(Stump), 맨체스터의 브라이언(Bryan), 뉴베리(Newbury)[22]의 존 윈치컴(John Winchcombe) 같은 이름들이 들어 있다. 그들은 단순한 상인이 아니라 직포공들로부터 직물을 사서 상설시장이나 정기시(定期市, fair)에 내다 팔던 사람들로서 직접 감독을 하는 작업장들을 세웠다. 그들은 근대적 의미의 제조업자였다. 그들의 부와 권력은 동시대인들에게 대단한 인상을 주었으며 반(半) 전설적이다시피 한 그들의 이름은 분명히 분식되고 과장되기는 했지만 우리에게 전해져 내려왔다. 하지만 우리는 그것에서 산업자본주의에 대한 초기의 실상을 읽어낼 수 있다. 흔히 '뉴베리의 잭'이라고 불린 존 윈치컴은 역사와 전설에 가장 많이 전해져 내려오는 인물이다. 그가 죽은 지 2백 년이 지난 뒤에도 그의 고향에서는 그가 자비로 교구의 회당을 세우고 헨리 8세와 아라공(스페인 동북부의 옛 왕국—역주)의 캐서린 왕비(헨리 8세의 첫 왕비—

---

19) *An Introduction to English Economic History and Theory*, Vol. Ⅱ.
20) *Industrial Organization in the Sixteenth and Seventeenth Centuries.*
21) *Studien aus der Florentiner Wirtschaftsgeschichte: die Florentiner Wollentuch industrie vom 14ᵗᵉⁿ bis zum 16ᵗᵉⁿ Jahrhundert.*
22) 뉴베리는 버크셔의 소도시로서 리딩의 서쪽 17마일쯤에 있다.

역주)를 영접하고 1513년의 대(對)스코틀랜드 전쟁에서 자기의 지갑을 털어 1백 명을 무장시키고 플로든 필드(Flodden field, 잉글랜드 동북부 노섬벌랜드의 언덕—역주)의 전장에서 몸소 그들을 지휘한 데 관한 이야기들이 여전히 사람들의 입에 올랐다. [23] 이야기는 이렇게 계속된다. 어느날 왕은 런던 부근의 길에서 직물을 실은 마차의 행렬을 만났다. 그리고 그것이 윈치컴의 소유임을 알고는 이렇게 외쳤다. "이 뉴베리의 잭은 나보다 부자로구나."

윈치컴은 다수의 노동자들이 양모를 쇄정(刷整, carding)·방적·방직하는 데 고용되어 있던 대규모의 바쁜 작업장들 덕분에 재산을 모았다. 그다지 믿을 만하지는 못하지만 그 작업장들에 관한 신기한 묘사가 한 소책자에 아직도 남아 있다. 그 책은 상당히 서투른 운문(韻文)으로 그 대직물상인의 이야기를 전하고 있다. [24] 모두 2백 명의 방직공이 큰 방에서 2백 대의 직기를 관리하면서 같은 수의 도제들의 도움을 받았다. 1백 명의 여성이 쇄정에 고용되었다. "붉게 염색한 나사로 만든 치마를 입고 머리에는 우유처럼 흰 수건을 두른" 2백 명의 소녀들이 실톳대와 방차를 바쁘게 움직였다. 1백 50명의 소년 소녀들이 선모(選毛, sorting of wools)를 했는데, 그들은 "가난하고 우매한 사람들의 자녀"였다. 일단 방직된 직물은 50명의 전모공(剪毛工, clipper)과 80명의 마무리공(dresser)에게 넘어갔다. 이 공장은 또 각각 20명과 40명의 남성을 고용하고 있는 축융(縮絨)공장과 염색공장을 두고 있었다. [25] 이 수치들은 아마 과장일 것이다. 확실한 것은 존 윈치컴의 공장은 조직이나 규모에서 통상적 형태의 공업과는 달랐다는 것이다. 이 때문에 그가 명성을 얻었고, 분명히

---

[23] Daniel Defoe, *A Tour Through the Whole Island of Great Britain*, II, 59면. 이 사실들 가운데서 입증될 수 있었던 유일한 것은 교구의 교회 건물에 기부금을 냈다는 사실이다. 이것은 존 윈치컴의 정식 유언장에 기록되어 있다.

[24] Thomas Deloney, *The Story of John Winchcombe, commonly called Jack of Newbury*, London, 1597. 이 책은 *The Pleasant History of John Winchcombe, in his Younger Years called Jack of Newbury* 라는 약간 고친 제목으로 여러 판이 거듭 나왔다. 이 책은 그 주인공의 사후 80년쯤에 발간되었다는 데 주목해야만 한다.

[25] 같은 책, 37면.

멀리까지 크게 전해졌을 그의 명성의 메아리가 다음 세대로부터 우리에게 전해진 것이다.

뉴베리의 잭이 대표하는 제조업자 계급은 16세기 전반에 급속히 발전했다. 그런데 이 발전은 인위적인 것은 아니었다. 왜냐하면 양모공업이 소수의 부유한 직물상인의 수중에 집중되는 경향은 어떤 외부의 영향에 의해 촉진되지는 않았기 때문이다. 후대에 프랑스의 왕권이 그렇게 했듯이 그 경향을 고무하기는커녕 튜더왕조의 정부는 이 발전을 보고 크게 놀랐다. 그들은 그것이 전통적 수공업조직에 대한 위협이며 다수의 영세 장인들을 압도하는 경쟁자라고 느꼈다. 농촌의 방직공들을 보호하기 위한 최소한의 조치가 취해졌다.[26]

이 왕국의 방직공들은 다른 때에도 여러차례 그러했듯이 금번의 의회에서도, 부유한 직물업자들이 여러가지 방법으로 자기들을 억압한다고 불평했다. 직물업자들은 집안에 각종 직기를 설치하여 경영하면서 날품팔이와 미숙련공들에 의해 그것을 유지함으로써 방직기술을 훈련받은 위의 대다수 장인들을 몰락시키고 있는 것이다. ……그리고 그들은 너무나 불합리한 임대료를 받고 직기를 대여하기 때문에 가난한 장인들은 자신의 생계를 꾸리는 것은 물론이고 아내와 가족 그리고 자녀를 부양할 수가 없다. 또 어떤 직물상인들은 방직과 작업기술에 대해 과거보다 훨씬 적은 임금을 주므로 그들은 훈련받은 기술과 직업을 완전히 버릴 수밖에 없다. 그러므로 전술한 사항을 해결하고 금번의 의회가 이를 예견하여 적시에 법을 제정하지 못하면 더욱 커질 수도 있는 수많은 불편을 피하기 위해 다음과 같이 정한다. 직물업을 하는 사람이나 도시, 자치도시(borough), 시장도시 또는 비특권도시(incorporate town) 밖에 거주하는 그 어떤 사람도 동시에 집안에 1대가 넘는 양모직기를 비치하거나 소유해서는 안되며, 직기를 대여하거나 팖으로써 또는 직기가 사용 또는 점유되고 있거나 그렇게

---

26) 옛날의 경제입법의 가장 통상적인 절차 가운데 하나는 특정 공업의 팽창을 특정의 지역들에 국한시키는 것이었다. 헨리 8세 14~5년, 법률 제1호 (노포크의 주민들은 노리치의 도시 밖에서는 직물을 염색·재단·마무리손질하는 것을 금지당했다) ; 헨리 8세 33~4년, 법률 제10호 (요크의 도시 밖에서 담요를 제조하는 것을 금지).

될 집을 팖으로써 어떤 종류의 이윤, 이득 또는 상품을 직접·간접으로 취해서도 안된다. ……이를 위반하는 사람은 위반하는 매주…… 20실링의…… 벌금을 내야 한다. [27)]

따라서 잉글랜드에서는 튜더왕조 시대부터 산업자본주의의 자생적 발달[28)]이 시작되었는데, 그것은 소규모 공업의 안전을 위협할 정도로 중요성을 지니고 있었다. 그렇다면 우리는 근대적 공장제도가 적어도 16세기에 생겼다고 말할 수 있을까? 이 긴 일련의 사건들(그 속에서 꼴베르의 시도는 하나의 삽화에 불과하다)은 산업혁명의 길을 멀리서 예고하고 준비했다고 말하는 것이 진실에 더 가깝지 않을까?

4. 매뉴팩처 —— 노동력의 집중과 분업

하나의 단어, 즉 '매뉴팩처'라는 단어가 이곳에서 말하려는 사실들을 종합하고 특징짓는다. 우리는 이 말을 칼 마르크스 덕분에 사용하고 있는데, 그의 교조적(敎條的)인 논문에는 역사적 가치를 갖는 많은 부분들이 포함되어 있다. 마르크스에 따르면 근대적 자본주의의 발전은 르네쌍스와 '신대륙' 발견의 시기에 시작되었다. 교역의 갑작스러운 성장과 더불어 통화와 부의 증가는 서양 여러 나라의 경제생활을 완전히 변화시킨 것이다. [29)] 이 발전은 두 시기로 구분될 수 있다. 18세기 중엽

---

27) 필립 메리 3~4년, 법률 제11호. 같은 시기에 방직공들이 축융기를 소유하거나 축융공들이 방직기를 소유하는 것, 그리고 (도시 밖에서) 2명이 넘는 도제를 두는 것 등등이 금지되었다.

28) V. A. Held, *Zwei Bücher zur sozialen Geschichte Englands*, 498면. "이미 튜더조 치하에서 직물공업은 많은 점에서 자본계적인 것이 되어 있었다. 다시 말하면 시장이 세계의 상업에 의존하고 있고 도매상인들에게 장악되어 있는 공업이었다." M. Laurent Dechesne는 *L'évolution économique et sociale de l'industrie de la laine en Angleterre*, 35~37면에서 이 경향이 많은 점에서 얼마나 미숙했는가를 명백히 보이고 있다.

29) 이 연대는 실제로는 더 빨랐음이 분명하다. Doren, 위의 책, 22면 이하에 따르면 자본주의적 요소는 일찍이 13세기말에 피렌체의 공업에 나타난다. Lujo Brentano, *Die Anfänge des modernen Kapitalismus*(1916), 119면도 참조.

까지 생산은 '매뉴팩처'의 단계에 있었다. 1760년경에 근대적 공장제도가 실제로 시작되었다.[30] 이 구별의 근거는 무엇이며 그것은 무엇을 의미하는가?

'매뉴팩처' 자체는 노동과 자본의 분리를 의미한다. 우리는 1557년의 법률 전문(前文)에서 이 분리가 어떻게 이루어졌는가를 이미 살펴본 바 있다. 전에는 자기의 집에서 자기의 도구를 가지고 독자적으로 일하던 장인(匠人)은 더 이상 그의 소유가 아닌 도구의 사용에 대해 사용료를 지불하는 임차인(賃借人)에 불과하게 되었다. 제조업자(manufacturer)는 한층 더 나아갔다. 그는 도구를 보관하고 직접 감독하는 작업장들을 조직한 반면에 장인은 오직 노동만을 그에게 팔고 그 댓가로 임금을 받았다. 이것은 뉴베리의 존 윈치컴과 아베빌의 방 로베의 경우에 똑같이 있었던 일이다.

매뉴팩처의 주요한 원칙과 존재이유 전체는 분업이다.[31] 장인이 동료 두세 명의 도움을 받는 그의 작은 방에서, 또는 아내와 자녀에 에워싸여 있는 촌락노동자의 오두막에서 이루어지는 분업은 초보적이다. 최소한의 필수불가결한 작업이 동시에 이루어지면 아주 족한 것이다. 예를 들면 한 사람은 풀무질을 하고 다른 사람은 해머를 사용한다. 18세기의 핀(pin) 공장에 관한 아담 스미스의 유명한 묘사와 이것을 비교해보자.

이 일(분업은 이것을 하나의 독립된 직종으로 만들었다)에 대한 교육도 받지 못하고 거기에 사용되는 기계(바로 그 분업으로 인해 기

---

30) *Das Kapital*, Ⅰ (3rd ed.), 335면.
31) "자본제생산의 기초는 협업(co-operation)이다. 협업의 초기 형태는 보다 발전된 복잡한 형태의 맹아(萌芽)를 포함하는데, 그 발전된 형태의 한 인자로 다시 나타날 뿐 아니라 하나의 특별한 형태로서 그것들과 나란히 존재하기도 한다. 분업을 바탕으로 하는 이런 종류의 협업은 매뉴팩처에서 고전적 형태를 취하고 있으며 본래적 매뉴팩처의 시대에 지배적이었다. 그 시대는 16세기 중엽에 시작되어 18세기의 마지막 30여 년 동안에 끝난다."(같은 책) '매뉴팩처'에 관한 좀바르트의 정의는 마르크스가 제시한 것과 다르지 않다. 그러나 그는 매뉴팩처가 대부분의 경우에 과도적 단계를 나타내지만, 예를 들면 도자기공업과 사치품가구제조업의 경우처럼 공업의 지속적인 조직이 되기도 한다는 것을 인정한다. *Der Moderne Kapitalismus*, Ⅰ, 38, 41, 42면 참조.

계가 발명된 것 같다)의 사용에도 익숙하지 못한 노동자는 아마 최대
한으로 부지런히 일해도 하루에 핀 하나를 만들지 못할 것이고 20개
를 만들 수는 분명히 없다. 그런데 이 일이 현재 수행되는 방식을 보
면, 그 작업은 전체로서 하나의 특이한 직종일 뿐 아니라 다수의 부문
으로 나누어져 있기도 한데, 그 대부분 역시 마찬가지로 특이한 직종
들이다. 한 사람은 철선을 두드려 펴고 다른 사람은 그것을 곧게 만들
며 세번째 사람은 그것을 절단하고 네번째 사람은 그것을 뾰죽하게 만
들고 다섯번째 사람은 대가리를 만들기 위해 그것을 역시 연마한다. 대
가리를 만드는 데 별개의 작업이 두세 차례 필요하다. 그것은 특이한
작업이다. 핀을 희게 만드는 것도 또 하나의 작업이다. 그것을 종이
로 포장하는 것 역시 그 자체가 하나의 직종이다. 핀을 만드는 중요
한 일은 이런 식으로 약 18가지의 개별적인 작업으로 나뉜다. 어떤 공
장에서는 그 작업 모두를 별개의 노동자들이 수행하지만 어떤 곳들에
서는 한 사람이 때로 2,3가지의 작업을 수행한다. 나는 이런 종류의
소규모 공장을 보았다. 그곳에는 노동자가 10명밖에 고용되어 있지
않았는데 결과적으로 그들 가운데 일부는 2,3가지의 별도 작업을 하고
있었다. 그런데 그들은 아주 서툴렀고, 따라서 필요한 기계에 제대로
적응하지 못했지만 최대한으로 노력하면 하루에 핀을 약 12파운드 만
들 수 있었다. 1파운드는 중형(中型)의 핀 4천 개 이상에 해당한다.
그러므로 10명이 힘을 모으면 하루에 4만 8천 개 이상의 핀을 만들
수 있다……[32]

---

32) Adam Smith, *An Inquiry into the Nature and Causes of the Wealth of
Nations*, Bk. Ⅰ, Chap. Ⅰ. 이보다 75년 전에 씌어진 다른 글을 아담 스
미스의 유명한 귀절과 비교할 수 있다. 시계는 대단히 복잡한 제작물이다.
기술자 한 사람이 여러 부분품을 모두 만들어 마지막에 그것들을 조립할 수
있다. 그러나 시계에 대한 수요가 대단히 커져서 시계의 부분품의 수와 같
은 인원이 고정적 일자리를 구할 수 있게 된다면, 모든 사람에게 적절하고
항구적인 작업이 할당된다면, 한 사람은 케이스를 만드는 일 이외의 일을 하
지 않고 다른 사람은 톱니바퀴, 다른 사람은 바늘, 또 다른 몇 사람은 그들
고유의 부분품만을 만들게 된다면, 그리고 마지막으로 한 사람이 이 여러 부
분품을 조립하는 일에 항구적으로 전념하게 된다면, 이 노동자는 이 모든 부
분품의 제조에 종사하던 때보다도 이 여러 부분품을 조립하는 데 있어서 보
다 숙련되고 신속해져야만 한다. 그리고 바늘이나 톱니바퀴 또는 다른 부분
품의 제조공은 이제 자신의 고유의 작업을 보다 완벽하고 신속하게 해야 한

분업은 너무나 자주 경제학자들의 연구주제가 되었으므로 더 이상 덧붙일 말이 거의 필요없을 정도이다. 더구나 최초의 공장 설립자들은 전문화된 노동자들이 이룬 정확성과 신속성, 그리고 이것이 생산에 미치는 영향을 아주 빨리 간파했다. 아담 스미스 이전에, 심지어는 『동인도무역에 관한 고찰』(*Considerations upon the East India Trade*)의 저자보다 먼저 그들은 "모든 작업의 질서와 규칙성이 높아지면 높아질수록 그 작업은 더 짧은 시간에 이루어지고 노동은 틀림없이 감소되며, 임금이 줄어들지는 않지만 결과적으로 노동의 가격은 틀림없이 인하된다"[33]는 것을 알아차렸다.

그렇다면 우리는 경제발전의 고도의 단계에 속하는 '매뉴팩처'를 근대적 공장제도와 어떻게 구별할 수 있을까? 이 문제를 파고든 대부분의 사람들이 그러했듯이 마르크스의 경우에도 공장제도의 뚜렷한 특징은 기계의 사용이다. 그의 책에는 「분업과 매뉴팩처」라는 장에 이어 「기계와 공장제도」라는 장이 나온다. 그는 기계와 그것이 경제학에서 한 역할에 관한 긴 논의에 몰두하고 있다. 그는 공장을 "기계가 사용되는 작업장"이라고 정의한다. 비록 공장에서는 분업이 자동장치의 보조에 의해 극단적으로 이루어지지만 '매뉴팩처'를 지배하던 분업을 여전히 뚜렷이 볼 수 있으며, 각개의 자동장치는 노동자의 부대만큼이나 강력하여 착오 없이 정확하게 업무를 수행한다. 홉슨(John Atkinson Hobson, 1858~1940, 영국의 경제학자—역주)[34]에 따르면, 비교적 간단한 도구들을 대신함으로써 기업에 필요한 고정자본을 상당히 증가시키고, 생산을 크게

나······"(*Considerations upon the East India Trade*, 1701, 70면) 이것은 마르크스가 '이종적'(異種的, heterogeneous) 분업이라고 부르는 것으로서 아담 스미스가 묘사한 '유기적'(organic) 분업과는 반대이다. 양자의 차이는 첫번째 체제에서는 노동자 각자가 다른 부분품들과 함께 조립되는 데 불과한 완전한 부분품을 생산하는 데 반해 두번째 체제에서는 똑같은 하나의 물건이 일련의 별도 작업들을 통해 점차로 변형된다. Karl Bücher, *Entstehung der Volkswirtschaft*(2nd ed., 1898)에서 우리는 분업과 연관된 모든 사실을 체계적으로 분류하면서 분업을 완벽하게 연구한 것을 볼 수 있다.

33) *Considerations upotn the East India Trade*, 69면.
34) J. A. Hobson, *Evolution of Modern Capitalism*, 40면.

촉진시켜 자본의 유통을 더욱 더 증대시키고 그에 따라 자본 없는 노동
자들이 공업경영에 점점 더 접근할 수 없게 되는 현대 사회제도를 만들
어낸 것은 바로 기계인 것이다. [35]

또 다른 저술가는 '매뉴팩처' 조직과 유사한 노동조직이 어느 정도
의 문명과 물질적 번영에 도달한 고대와 근대의 모든 사회에서 발달할
수 있고 실제로 발달한 바 있다고 단언한다. [36] 그러나 18세기말에 새로
운 요인이 도입되었으니, 동력기계의 출현이 세계의 경제사에 새로운
장을 연 것이다.

이 말 자체는 기계공업과 공장제도의 근본적 동일성을 밝혀주는 듯이
보인다. 왜냐하면 '공장제도'(factory system)는 프랑스식 표현인 '대공
업'(la grande industrie)의 최선의 번역이기 때문이다. 18세기 중엽까지
'공장'(factory)이라는 말은 프랑스어의 '꽉또르리'(factorerie)와 똑같은
의미로만 사용되었다. 그것은 상점, 창고 또는 저장소를 의미한다. [37]
최초의 공장들은 팩토리가 아니라 밀(mill)이라고 불렸다. 왜냐하면 처
음에 사람들의 주목을 받았던 것은 제분소(flour mill)의 물방아와 비슷
한 큰 물방아였기 때문이다. 갈수록 광범한 의미로 쓰이게 된 이 말은
궁극적으로 기계와 동의어가 되다시피 했다. 따라서 팩토리, 밀, 기
계(machine)는 동일한 것이었다. [38] 18세기말에 밀과 팩토리라는 용어
는 거의 구별없이 일정하게 사용되었다. [39] 두 용어 모두 공장의 노동조

35) "자본주의의 발전에 있어서 주된 물질적 요인은 기계이다. 제조와 수송
이라는 목적과 자원개발산업에 이용되는 기계의 양 및 복잡성이 증대한 것
은 근대적 공업의 확장을 말하는 데 있어서 대단히 특기할 만한 사실이다.
같은 책, 5~6면.
36) R.W. Cooke Taylor, *Factory System and Factory Acts*, 29면.
37) Samuel Johnson의 사전에서는 공장의 뜻이 아직도 그것과 결부되어 있
다. '공장'(factory)의 근대적 의미는 '매뉴팩토리'(manufactory)에서 나왔
을 가능성이 있다.
38) 예를 들면 제지공장(paper mill), 견직공장(silk mill) 등의 표현.
39) 예를 들면 Aikin의 저서(*A Description of the Country from Thirty to
Forty Miles round Manchester*, 1795)에서는 면방적업을 하는 곳은 거의
언제나 면공장(cotton mill)이라고 표현된다. F.M. Eden, *State of the Poor*,
Ⅱ(1797), 29~30면 참조.

건을 규제하기 위한 최초의 법[40]의 본문에 나타난다. 1806년에 '공장제도'라는 표현이 양모공업에 관한 의회 위원회의 한 보고서에 나타나는 것이 눈에 띈다──이 경우에는 기계의 개념이 그 정의에 포함된 것으로 보이지는 않지만.[41] '공장제도'가 일반적인 표현이 되었을 때 우어 (A. Ure)의 『매뉴팩처의 철학』(*Philosophy of Manufactures*)에서는 그것이 다음과 같이 정의되었다. "공장제도는 많은 부류의 성인노동자와 미성년노동자의 결합된 작업을 가리키는 것으로, 그들은 중심적 동력에 의해 계속적으로 추진되는 일련의 생산기계들을 숙련된 기술로 관리한다."[42] 공장의 법률적 정의는 1844년에 처음 나타났다. "공장이라는 말은 일정한 건물과 대지를 의미하는 것으로 이해해야 한다. ……그 내부, 구내 또는 부속지에서는 면·양모·수모(獸毛)·비단·아마·대마·황마 또는 삼부스 1기의 준비·제조·마무리 또는 그 제조에 부수되는 모든 공정에 이용되는 모든 기계를 움직이고 가동하기 위해 증기나 다른 기계력이 사용된다……"[43]

기계의 사용이 공장을 '매뉴팩처'와 구별해주고 선행하는 모든 제도에 반하는 특징을 새로운 제도에 부여하는 것이라면 '공장제도'라는 용어 대신에 '기계제공업'이라는 용어를 사용하는 것이 더 좋지 않을까? 이 말은 간명하고 명백하다는 잇점과, 흔히 사물보다는 말에서 비롯되는 혼란을 피할 수 있다는 잇점을 갖게 될 것이다. 그러나 이 새로운 용어는 실제로 복잡하면서도 혼란스러운 사실들에 비실제적인 단순성을 부여할

40) 조지 3세 42년, 법률 제73호(1802). *An Act for the Preservation of the Health and Morals of Apprentices Employed in Cotton and other Mills and in Cotton and other Factories.*

41) *Reports from the Select Committee appointed to consider the State of the Woollen Manufacture in England* (1806), 8면. "공장제도 속에서, 때로 아주 많은 자본을 소유하는 도장인제조업자(master manufacturer)는 자신이나 감독이 감시하는 하나 이상의 건물 안에, 직종에 따라 수의 차이는 있지만 다수의 노동자들을 고용한다."

42) A. Ure, *Philosophy of Manufactures*, 14면.

43) 빅토리아여왕 8년, 법률 제15호(*An Act to amend the Laws relating to Labour in Factories*, 1844년 6월 6일). 이 법률적 정의는 섬유공장들에만 적용되었다는 데 주목해야 한다.

는지도 모른다. 우선 기계의 도입은 갑자기 이루어진 일이 아니었다.
어느 싯점에서 기계가 시작되고 도구가 끝나는가? 16세기의 제철소와
주물공장에서는 해머와 송풍기가 물방아로 작동되었다. [44] 디드로(Denis
Diderot, 1713~84, 프랑스의 철학자·비평가—역주)와 달랑베르(Jean le Rond
d'Alembert, 1717? ~88, 프랑스의 수학자·철학자—역주)의 『백과사전』(이 책
은 최초의 면공장이 잉글랜드에 나타나기 몇 해 전에 발간되었다)에 수록
된 여러 권의 도판을 보는 사람이면 누구나 아주 정교하면서도 흔히 아
주 강력한 기계들의 설계도가 매우 많은 것을 보고 깊은 인상을 받을 것
이다. [45] 기계의 기원을 발견하기가 공장제도의 그것을 발견하기보다 쉬
운가에는 의문의 여지가 많다. 더구나 기계라는 말은 그것이 표현해야
하는 모든 것을 나타내는 데는 의미폭이 협소하다. 섬유공업에서 가장
중요한 변화와 발달의 원인이 방적기계의 발명이라는 것은 논박할 수
없는 사실이다. 그러나 야금공업의 전환점은 철광석을 제련하는 데 석
탄을 사용한 것이었다. 이것은 '기계제공업'이라는 말로 포괄될 수 있는
사실인가? 더구나 조사이아 웨지우드(Josiah Wedgwood, 1730~95, 도자
기제조업자—역주)의 시대에 잉글랜드 중부 도자기지방(Potteries)에서 그러
했듯이 '매뉴팩처'가 공장제도로 발달한 것은 거의 감지하기 어려울 정
도의 변화에 의해서였다. 따라서 우리는 '기계제공업'이라는 말 대신에
모든 형태의 기술개량을 포괄하는 훨씬 폭넓은 용어를 사용해야만 한
다. 기계의 사용은 근대적 공장제도에서 주요한 요인들 가운데 하나에
불과했으나 아마 가장 근본적 요인이었을 것이다. 두 표현 가운데서 하
나를 택해야 한다면, 그 용어가 기술하는 현상들의 기원 또는 기원들 가
운데 하나를 나타낼 뿐 아니라 그 현상들을 총체적으로 포괄함으로써
그것들을 정의하는 데 있어서 실제의 상호관계를 이용하고 있는 가장
총괄적인 용어를 택하는 것이 더 낫지 않을까? [46]

44) V. Ludwig Beck, *Geschichte des Eisens in technischer und kultur-
geschichtlicher Beziehung*, Ⅱ, 130~42면.
45) 특히 vol. Ⅳ (*Hydraulique*)를 참조. 그리고 직물·제철소·양모·광산·화
약 등의 항도 참조.
46) Sombart 는 기술적 특징과 경제적 특징(경영형태[Betriebsform]와 경제형

‘매뉴팩처’와 공장제도 사이에는 명백히 드러나는 구분이 전혀 없으며 양자의 차이를 보여주는 특징보다는 공통적인 특징을 강조해야만 한다는 주장이 나올 수도 있다. 헬트(A. Held)는 이렇게 쓰고 있다” ‘매뉴팩처’에서 노동자의 독립은 이미 사라졌다. 각개의 공장건물 안의 노동은 이미 전문화되어 있다. 이 때문에 노동자는 기술에 관한 그의 일반적 지식을 다시는 되찾을 수 없다.” 그러나 우리는 “ ‘매뉴팩처’와 공장제도 사이의 구분은 본질적인 중요성을 갖는 것이 아니다.”[47]라고까지 단언할 수 있을까? 종류나 시간에 관한 모든 구별과 모든 분류가 다소 인위적인 것이 되는 필요와 본능의 영역, 즉 경제의 영역에서처럼 현상이 아주 점차적으로 또는 부지불식간에 계기적으로 나타나는 곳은 어디에도 없다. 명백하고 우아하고 자의적인 범주를 갖고 있는 연역적 사회학으로부터 경제학만큼 멀리 멀어져 있는 것은 없다. 그럼에도 불구하고 차이는 있다. 그리고 그 윤곽이 모호함에도 불구하고 일체를 이루는 일단의 사실들, 그것들이 차지하는 상대적 위치에 의해 경제사의 중

태[Wirtschaftsform])   모두에 의해 공장을 정의하려고 노력한다. 기술적 관점에서 보면 공장의 주된 특징은 중심원동력에 의해 작동되는 기계를 설비한 공장 안에 제조공정이 집중되어 있다는 것이다. 경제적 관점에서 보면 지배적 요인은 설비와 원료를 갖춘 공장을 소유한 채 생산을 조직하고 시장을 찾아내는 자본가의 힘이다. Sombart, *Der Moderne Kapitalismus*, 46면.

47) A. Held, *Zwei Bücher zur sozialen Geschichte Englands*, 544~45면. 헬트는 양자를 거의 혼동하는 정도까지 나아간다. 그는 자급자족을 위해 직접 생산하는 가족공업(Familienindustrie), 자유로운 영세 장인의 영역인 수공업(Handwerk), 노동자가 집에서 고용주를 위해 일하는 가내공업(Hausindustrie)에 이어 공장공업(Fabrikindustrie)이라는 이름으로 건물·도구·경영이 자본가의 수중에 있는 온갖 형태의 사업을 총괄하고 있다. (541~43면) 이 분류는 여러 면으로 결함이 있다. 우리가 도구와 생산의 문제를 고려해 보면 ‘공장공업’이라는 용어는 불충분하다. 자본과 노동의 관계만을 생각해 보아도 ‘가내공업’은 별도로 분리되어서는 안된다. 그것은 이미 자본제공업이다. 헬트가 ‘가내공업’이라고 부르는 것은 여러 ‘집합적 작업장’(collective workshops)이라는 용어로 표현된다. 상당히 모호한 이 표현 대신에 M. G. Renard는 보다 정확한 표현인 ‘분산적 작업장’(scattered work-shops)을 제시한 바 있다. (“Coup d’œil sur l’évolution du travail dans les quatre derniers siècles,” *Revue politique et parlementaire*, 1904년 12월 10일, 522면)

요한 시기들에 특징을 부여하는 일단의 사실들을 구별해내는 것은 어렵지
않다. 각 시기를 정의하는 데는 지배적——헬트의 표현을 빌면 '지도적'
(tonangebend)——경향을 지적하는 것으로 충분하다. 더구나 우리는 이
계기적인 단계들을 구별하고 묘사하려고 할 때, 그것들은 결국 동일한
발전과정 속의 상이한 싯점들에 불과하다는 것을 명심해야만 한다.

5. 교환과 분업의 상관적 발달

긴밀하게 결합되어 있고 서로를 변형시키며 그 결과는 무한히 다양하
지만 원칙은 언제나 동일한 것으로서 이 발전 전체를 지배하는 두 가지
의 근본적인 사실은 상품의 교환과 분업이다. 인류의 욕망과 노동만큼
이나 오랜 교환과 분업은 자신이 좇아가거나 혹은 이끌어가는 모든 문명
상의 변화들을 통해 함께 길을 개척해나간다. 교환이 확대되거나 증대될
때마다 생산으로 통하는 통로가 더 열림으로써 훨씬 더 정교하고 효과적
인 분업이 생기고 상이한 생산지역과 직종, 동일직종의 상이한 부분 작업
간에 보다 긴밀한 기능을 분배한다. 이는 역으로 분업은 분업 자체의 가
장 적극적 표현인 기술발전의 도움을 받아 상호의존하는 이 모든 전문
적 활동간의 협조를 함축한다. 그 활동은 갈수록 광범해져서 궁극적으
로는 전세계가 거기에 참여한다. [48]

경제학사에서 두드러지는 시기들은 이 이중적 발달의 다소 명확히 규
정된 단계들에 상응한다. 이 관점에서 보면 기계의 사용 자체는 그 결
과가 아무리 중요하다 하더라도 부차적인 현상에 불과하다. 기계의 사
용은 근대사회에 영향을 미치는 가장 강력한 원인들 가운데 하나가 되
기에 앞서 그 시초에는 발전의 결정적 순간에 이른 그 두 현상(교환과
분업이라는)의 결과이자 그 표현이었다. [49] 기계의 출현에 의해 두드

---

48) Held, *Zwei Bücher*, 414면. 그럼에도 불구하고 우리는 매뉴팩처가 '지도
적'인 적은 결코 없었다고 주장할 수 있다.
49) V. Adam Smith, 위의 책, Book I, Chap. II, "Of the Principle which
gives Occasion to the Division of Labour"와 Chap. III, "That the Division
of Labour is limited by the Extent of the Market."

러지게 드러나는 이 위기야말로 산업혁명을 가장 훌륭하게 규정하고 있다.

이런 언급에도 불구하고 이 주제가 아직도 약간 모호한 상태로 남는다면 사실들에 관한 면밀한 연구만이 그 모호함을 없애줄 것이다. 지적·종교적·정치적 운동의 단초를 발견하기는 언제나 어렵다. 그러나 그들 분야에서 개인의 사상과 행동이 한 역할은 언제나 크며, 더러는 지배적이다. 사건, 인물, 책들은 여기저기에서 지속적인 사건의 흐름의 이정표역할을 한다. 경제적 운동은 보다 혼란스럽다. 이 운동은 그 진전이 광대한 지역에 흩뿌려져 있는 씨앗의 더딘 성장과 비슷하다. 그 자체로는거의 무의미한, 끝이 없는 모호한 사실들이 거대하고 혼란스러운 전체를 형성하고 무한하게 상호 수정작용을 한다. 그 누구도 모든 사실을깡그리 파악하기를 바랄 수는 없다. 그래서 기술(記述)을 위한 몇 가지사실을 선택할 때, 우리는 진실성을 갖춘 엄격한 정의와 최종적 설명에 도달하겠다는 상당히 헛된 야심을 포기해야만 하는 것이다.

산업혁명은 역사연구를 위해 매우 광범한 그리고 아직은 부분적으로 탐구가 안 된 한 분야를 열어두고 있다. 우리는 명확한 한계를 벗어나고 싶은 유혹을 때로 강렬하게 느끼지만 이 작업을 위해 그러한 한계를 정해야만 한다. 따라서 지리적 한계에 언급하는 데 있어서 우리는 잉글랜드에만국한해야 한다. 완전히 무시되지 않은 경우에도 스코틀랜드의 경제사는이차적 지위를 부여받았다. 그리고 잉글랜드에서 우리의 관심은 거의전적으로 우리가 연구하고자 하는 사건들이 주로 일어난 본고장인 중부와 북부의 여러 주에 국한되었다. 연대기적 한계도 있다. 요절하기 전에 이 역사를 쓰기 시작한 아놀드 토인비는 1760년에서 출발하여 1820년이나 1830년까지 진행하려고 했었다. 우리는 결정적이라고 생각되는 이유들 때문에 19세기초에서 마감하는 쪽을 택했다. 그때까지는 가장 중요한 발명인 증기기관을 포함하여 기술상의 대발명들이 모두 실제로 이용되고 있었다. 많은 공장들이 가동되고 있었다. 그 공장들은 도구에관한 어떤 세부사항들을 제쳐두면 오늘날의 공장들과 동일했다. 공업의대중심지들이 성장하기 시작했고, 공장프롤레타리아 계급이 출현했으며,이미 절반 이상이 파괴된 수공업의 옛 규제가 자유방임제도에 밀려났고, 이 자유방임제도 자체 역시 그 당시에조차 이미 막연히 감지되던 필연의 압력에 굴복할 운명에 있었다. 공장입법의 단서가 된 법률은 1802년에 제정되었다. 이때부터 모든 객관적 조건이 이미 주어졌다. 드라마의 공연을 지켜보는 것 이외에는 아무 일도 남지 않은 것이다. 더구나 그 다음 시대가 되면 경제적 현상들은 혼란에 빠지는데, 이 혼란은 그 현상들의 자연적 발전에 크게 악영향을 미쳤다. 대륙봉쇄와 곡물법의 시대는 분명히 특별한 연구의 값어치가 있다고 본다.

우리가 연구를 시작하면서 느낄 수밖에 없는 한계는 이것뿐이 아니다. 토인비가 윤곽을 세운 계획에는 사실의 발전과 경제학설의 발전을 위한 여지가 모두 있었다. 우리는 그 학설들이 사실 자체와 밀접히 연결된 경우를 빼고는 그것들을 제외시켰다. 경제사에 관한 글을 쓴 많은 사람들은 제도와 입법을 특별히 연구했다. 우리는 공업을 규제하는 법들보다는 공업 자체에 더 관심을 기울여야 한다고 생각했다.[50] 아주 짧은 시기에 걸친 것일지라도 모든 공업에서 일어난 변화를 기술하는 일은 불가능하므로 우리는 가장 중요하면서도 가장 전형적이라고 여겨지는 발전을 보인 변화 가운데 일부를 선택했다. 양모공업은 옛 생산제도의 가장 완전한 사례를 우리에게 제시하는 동시에 어떤 영향이 그것의 점진적 변모에 기여했는가를 보여주었다. 면공업은 기계의 출현에 관한 가장 인상적인 상(像)을 제시했다. 우리는 철공업의 역사에서 금속공업이 오늘날 하고 있는 큰 역할의 단서를 발견했다. 금속공업에는 그에 못지않게 중요한 사실, 즉 생산의 영역에 석탄이 등장했다는 사실이 결부되어 있다. 광산의 발달은 제철소의 발달과 불가분의 것으로서 양자는 증기기관에 관한 설명을 제공하고 있다.

이런 한계 안에서도 우리 앞에 열린 연구분야는 매우 넓은 것이어서 멈추지 않고 서둘러 연구할 수밖에 없었다. 그럼에도 불구하고 우리는 영국의 연구자들이 이미 오래 전에 시작한, 특별한 요점들에 관한 상세

---

50) 우리가 택한 것과 같은 제목(*The Industrial Revolution*, London, 1st edition, 1901)을 가진 흥미있는 소책자의 저자인 Charles Beard는 토인비보다 한걸음 더 나아간다. 그는 산업혁명이 19세기를 거쳐 우리 자신의 시대까지 계속된 과정을——타당하게——보여준다.

한 연구를 다시 떠맡기보다는 차라리 전체를 개관하는 것을 원했다. 의심할 나위 없이 그 연구는 아직도 미완성이다. 그러나 우리는 새로운 연구에 방향을 제시해줄 수 있는 일반적 개념들이 수집된 뒤에 그러한 연구를 계속하거나 새롭게 하는 것이 더 나으리라고 생각했다. 잉글랜드의 산업혁명은 전세계 산업혁명의 서막이므로 이 일반적 개념들은 다른 나라들에서 이 대변화의 역사에 기여하기를 바라는 사람들에게도 도움이 될 것이다.

이 긴 작업을 마무리하면서 우리는 이것을 완성하는 데 도움을 준 이들에게 감사드린다. 런던대학 경제학부(London School of Economics), 런던개혁협회(London Reform Union)의 서기[51]이며 씨드니 웹(Sidney Webb) 부부의 가장 적극적 협력자 가운데 한 사람인 우리의 친구 갤턴(F. W. Galton), 경제관계 문헌이 풍부한 케임브리지대학의 도서관[52]을 우리에게 개방한 이 대학의 폭스웰(Foxwell)교수, 현재는 리버풀박물관의 자산인 웨지우드의 미발간 문서들과 메이어(Mayer)씨의 소유인 도기수집품을 검토하도록 허락한 윌리엄 포우드 경(Sir William Forwood)과 이 박물관의 이사들, 버밍검의 조지 탠지(George Tange)씨(그의 덕분에 우리는 볼튼과 와트의 상업적 교신, 쏘호공장의 기록·계약서·견적서 등을 수집해놓은 것[53]을 볼 수 있었다), 라 로쉬푸꼬-리앙꾸르공작(Duc de la Rochefoucauld-Liancourt)의 아들들이 1784년과 1786년에 쓴 두 건의 흥미있는 잉글랜드여행기를 친절하게 우리에게 빌려준 페르디낭 드레퓌스(Ferdinand Dreyfus)씨, 마지막으로 그의 친절에 힘입어 우리가 힘든 과업을 끈기있게 해낼 수 있었고 그의 고전적 연구가 우리 자신의 주제를 벗어나는 문제를 다룰 때마다 우리의 지침이 된 커닝햄(Cunningham) 박사가 바로 그들이다.

---

51) 현재(1927년) 페이비언협회(the Fabian Society)의 서기.
52) 현재 Central Library of the University of London의 일부.
53) 현재 버밍검의 Central Municipal Reference Library에 있다.

제 1 부

선행적 변화

.

제 1 장
구공업과 그 발전

공장의 소음과 시꺼먼 연기로 뒤덮인 오늘날의 대공업도시들과, 장인들과 상인들이 한가롭게 일하던 지난날의 평화로운 소도시들 간의 대조가 잉글랜드에서만큼 두드러진 곳은 어디에도 없다. 적절히 지적된 바에 따르면, 잉글랜드를 전원지역과 공업지역으로 양분하는 듯한 이 관념상의 선(線)을 무시하지 않으면서 이 양자(대공업도시들과 전원도시들)를 비교하는 일은 오늘에도 가능하다.[1] 맨체스터로부터 멀지 않고 리버풀로부터는 몇 마일밖에 떨어지지 않은 체스터(Chester)에는 아직도 로마인들이 세운 거대한 성벽들 안에 꾸불꾸불하면서도 아름다운 가로들이 나 있고, 빗살무늬처럼 대들보들이 전면에 보이는 들쭉날쭉한 가옥들이 두 '줄'로 늘어선 연쇄상가들(arcades) 밑에서 처마를 나란히 하고 있다. 그러나 지난날의 이 도시들은 한때 그것들이 실제로 담당하던 여러가지 기능의 흔적을 화석처럼 간직하고 있을 뿐이다. 즉 구공업의 형태와 방식은 가난한 벽지나 어떤 낙후된 산업들에 얼마쯤 남아 있는 것을 제외하면 사라져버렸다. 그런데도 다음 시대의 경제생활 조건과 비교하기 위해서, 또 18세기 말엽에 근대적 대공업을 출현시킨 변화들의 중요성을 평가하기 위해서 우리는 구공업이 어떠했는가를 알아야만 한다.

1. 양모공업——구공업의 전형

양모공업은 잉글랜드에서 구공업의 가장 특징적이고 가장 완벽한 모

---

1) A. Chevrillon, *Sidney Smith*, 서문.

형이었다. 거의 모든 지방에 퍼져 있었고 농업과 밀접하게 연결되어 있었으며 오래고 튼튼한 전통을 가지고 있다는 점에서 그것은 우리들에게 산업혁명 이전의 산업의 일반적 조건을 보여주는 좋은 예가 된다.

산업활동이 움트기 오래 전인 까마득한 옛날부터 잉글랜드는 목축의 나라로서 양을 길러 양모를 이용하였다. 양모의 대부분은 외국에 팔려서 남프랑스의 포도주와 교환되거나 플랑드르의 번창하는 도시들의 직포공들에게 원료로 제공되었다. 노르만족의 정복 이후 플랑드르의 장인들은 도버해협을 건너와서 잉글랜드인들에게 이 부의 원천을 스스로 이용하는 방법을 가르쳤다. 그들의 이주는 왕권에 의해 장려되었다. 왕권은 여러 차례, 특히 14세기초에 이 외국 선구자들의 도움을 받아 국민적 산업의 기초를 닦으려고 애썼다. 양모공업은 에드워드 3세(1327~77, 백년전쟁을 일으켰음—역주) 때부터 계속 발달하고 번영하여 도시와 촌락으로 퍼지면서 전체 인구의 주된 생활원천이 되었다. 그뿐이 아니었다. 중상주의(重商主義)의 이론가들이 17세기에 주장했듯이, 한 나라의 국민은 소유하고 있는 금과 은의 양에 비례해서만 부유해지고, 또 부유해지기 위해서는 재화를 수출해서 정화(正貨, specie)를 들여와야만 한다는 것이 진실이라면, 실제로 양모공업은 잉글랜드에 부를 가져다주었다. 노동력뿐 아니라 원료에서도 완전히 잉글랜드의 것이었던만큼 양모공업은 외부로부터는 아무것도 가져오지 않았다. 그것이 끌어들인 모든 금과 은은 그대로 국가를 부강하게 하는 필수적 수단인 국고를 부풀리게 마련이었다.

18세기 말엽까지 양모공업이 누렸던 명성, 그리고 이 업종이 다른 모든 산업에 대해서 행사했던 일종의 주도권은 그것에 바쳐진 한 관용어구에 의해 입증된다. 그것은 '왕국의 주요산업, 위대한 주요산업'(the staple trade, the great staple trade of the Kingdom, 번역하기 매우 어려운 표현이지만 그것은 왕국의 탁월한 산업, 기본적이고 핵심적인 산업이라는 뜻이다—역주)이라는 것이다. 그밖의 모든 이익은 그것에 비하면 부차적인 것이다. 1767년에 아서 영(Arthur Young, 1741~1820, 영국의 農政學者·저술가—역주)이 기술하였듯이 "양모는 너무나 오랫동안 신성한 물품이자 우리의 모든 부의 기반이라고 여겨져왔기 때문에 이 산업의 우선권을 인

정하지 않는 의견을 내는 것은 좀 위험하다.”[2] 많은 법률과 규칙들이
그 산업을 보호·유지하며, 그 생산품의 우수성과 높은 이윤을 보증하
는 일을 목적으로 삼았다.[3] 의회는 양모업계의 불평, 청원, 부단한 개
입 요청에 휘말렸는데, 양모공업에는 모든 것을 주장하고 획득하는 권
리가 인정되고 있었기 때문에 그런 사태는 전혀 놀라움을 일으키지 않
았다.

　이 산업이 얼마나 우월한 지위를 누렸는가에 대한 최선의 증거는 양
모공업과 양모거래에 관련된 다량의 간행물들이다. 17, 8세기 잉글랜드
의 경제문헌에는 당대의 사건들에 관해 날마다 기록한 논쟁적 저작들이
풍부하다는 것은 상식인데, 그런 것에는 팜플렛, 소논문, 때로는 1페이
지짜리 유인물도 있다. 신문이 아직 유년기에 있던 시대에는, 어떤 특
별한 사실을 공표해서 자기들 편에 대한 지지를 얻고자 하는 사람이나
집단은 그런 방식으로 공중(公衆)이나 의회에 뜻을 전달했다. 어느 정
도 중요성을 갖는 문제로서 이런 방식에 의해 일반의 주의를 끌지 못
하거나 실제적인 해결책을 찾기 위해 논의되지 않은 문제는 없다. 이
방대한 팜플렛들의 서고에서 양모공업은 매우 긴 서가를 차지하고 있
다. 거기에 관련되는 것 중에서 잊혀진 것은 아무것도 없다. 거기에는
양모공업의 발전에 대한 긍지가 있고 그 쇠퇴에 대한 개탄이 있으며,
근거가 있는 사실들과 이해관계에서 꾸며낸 거짓 사실들을 뒤섞어놓은,
수많은 대립적인 소장(訴狀)들을 거기에서 마주친다. 거기에서 문제가
되는 것은 양모의 수출을 허락할 것인가 금지할 것인가, 아일랜드에서
양모매뉴팩처를 권장할 것인가 억제할 것인가, 매뉴팩처에 관한 해묵은
규제를 보강할 것인가 폐지할 것인가, 이 신성한 특권적 공업에 해를
끼친다고 판단되는 관행들에 대해 새로운 벌칙을 제정할 것인가 하는

　2) A. Young, *The Farmers' Letters to the People of England*, 22면. 양모
　　공업에 대하여 17~18세기 영국 저술가들이 사용한 서정시적인 표현들은
　　Hasbach 의 글 "Zur Charakteristik der englischen Industrie" (*Jahrbuch
　　fur Gesetzgebung*, XXVI, 1902, 462면)에 모아져 있다.
　3) 양모거래를 규제하는 입법에 관하여는 H. Heaton, *The Yorkshire Wollen
　　and Worsted Industries*, Chap. XII ("The State and Industrial Morality
　　in the Eighteenth Century")을 볼 것.

것 등이다. 의회문서를 보더라도 하원과 상원 의사록에 끼여 있는 수많은 문서들을 면밀히 검토하지 않고서는, 양모공업에 관해 고용주·노동자·상인들이 제출한 청원서들이 얼마나 많은지를 깨닫지 못할 것이다. 양모공업은 일찍부터 그 자체의 역사가들,[4] 그리고 시인들까지 갖고 있었다. 다이어(Dyer)[5]가 노래한 「양모」(The Fleece)는 전설적인 금빛 양모(Golden Fleece, 그리스신화에서 에올루스의 자손이 탐험대를 이끌고 콜키스 지방으로 찾으러 간 것—역주)가 아니라 리즈의 모직물과 엑서터의 사지(serge, 피륙의 일종—역주)를 만드는 잉글랜드산 양모였던 것이다. 상원의 금박 입힌 천정 아래, 왕좌(王座)의 앞자리에 놓여 잉글랜드 대법관(Lord Chancellor)의 좌석으로 쓰이는 양털부대는 무의미한 상징이 아니다.

잉글랜드인들이 보기에는——새로운 생산제도가 사상을 포함해서 모든 것을 변화시키는 날까지——이 나라의 번영은 주로 양모공업에 의해 유지되었다. 잉글랜드의 해운업이 거의 존재하지 않던 시기에 그 유서 깊은 전통을 자랑하면서, 이미 번영하고 있던 이 공업은 오랜 과거의 노력과 성과를 집약하고 있었다. 1760년에는 거의 원형을 유지하고 있었고 또 1800년에도 부분적으로는 여전히 존속하고 있던 이 공업의 특징은 과거로부터 물려받은 것이었다. 그 발전은 말하자면 그 특징을 파괴하지 않고 일어났던 것이다. 이 특징을 정의하고 이 발전을 설명하는 일은 옛 경제제도의 주된 특징을 기술하는 것이다.

2. 양모공업의 확산

우선, 여행자가 여행길에서 각 지역의 산물과 주민들의 직업을 조사

---

4) John Smith, *Chronicon Rusticum-Commerciale* 혹은 *Memoirs of Wool, Wollen Manufacture and Trade* (1747). 이 책은 수많은 희귀한 팜플렛들의 복사판들을 담고 있다.

5) F. Dyer, '*The Fleece*,' a poem (1757). 이 제목은 최근에 나온 한 책의 저자에 의해 적절하게 차용되었다. (G. W. Morris and L. S. Wood, *The Golden Fleece, an Introduction to the Industrial History of England*, 1922)

하듯이 외부로부터 양모공업을 관찰해보자. 한 가지 외면적 사실이 우리에게 강한 인상을 주는데, 그것은 공업중심지들이 아주 많고 분산되어 있다는 것, 바꾸어 말하면 나라 전역에 확산되어 있다는 것이다. 오늘날의 대공장제도 아래서는 그 정반대의 경우가 일어나고 있으므로 우리는 그만큼 더 강한 인상을 받는다. 오늘날 각 공업은 고도로 집중되어 있으며 그 공업의 생산력이 집적되어 있는 한정된 지역을 지배한다. 오늘날의 영국에서는 면방적과 방직이 양대(兩大) 중심지의 둘레에 밀집되어 있는 두 지역을 차지하고 있다. 첫째는 똑같은 기능과 똑같은 필요를 가지고 성장하고 있는 소도시들의 띠〔帶〕에 둘러싸인 맨체스터인데, 그것들이 모여 하나의 공장, 하나의 시장을 형성하고 있다. 둘째는 라나크로부터 페이즐리와 그리노크에 이르기까지 클라이드계곡을 따라 길게 뻗어나가는 글라스고이다. 이 두 지역 외에는 그것에 필적하거나 그것에 이어서 언급할 만한 곳이 없다.

이제 다니엘 데포(Daniel Defoe, 1661?~1731, 『로빈슨 크루소』의 작가—역주)의 『대브리튼 여행기』[6]를 따라 원래의 잉글랜드 여러 지방을 그와 함께 찾아가보자. 켄트의 촌락들에서는 토지 소유자이자 경작자인 요먼(yeoman, 자작농 또는 소지주. 본래는 왕가나 귀족의 신하를 가리키는 말—역주)이 켄티시 브로드클로스(Kentish broadcloth)라는 이름으로 알려진 정교한 천을 짜고 있다. 이 천은 그 이름은 이렇지만 써리(Surrey)에서도 제조된다.[7] 오늘날에는 순수한 농업지대인 에섹스에서는 고도(古都) 콜체스터가 "외국의 수녀들과 수도사들이 법복을 만들어 입는 직물"[8]인 드러깃(drugget, 粗製紡毛織物)으로 유명했다. 그 이후 완전히 잊혀진 인접한 몇몇 촌락들도 당시에는 매우 번창하고 있었다.[9] 써포크에서는 써드

---

6) Daniel Defoe, *A Tour through the Whole Island of Great Britain*, 17 24~27, 3 vols. (재판 1742년, 3판 1748년) Lipson 의 *History of the Wollen and Worsted Industry*, 226~55면(지도도 함께)에 나오는, 각각 다른 시기의 양모공업의 지리적 분포와 비교할 것.
7) Defoe, *Giving Alms No Charity*, 18면. 18세기 말까지 이 요먼들과 그들의 공업은 거의 완전히 사라졌다. F. Eden, *State of the Poor*, Ⅱ(1797), 283면 참조.
8) Defoe, *Tour*, Ⅰ, 20, 43, 53면; Brome, *Travels over England*, 119면; *A Journey through England*, Ⅰ, 17면.

지도1 18세기초 양모공업의 중심지들

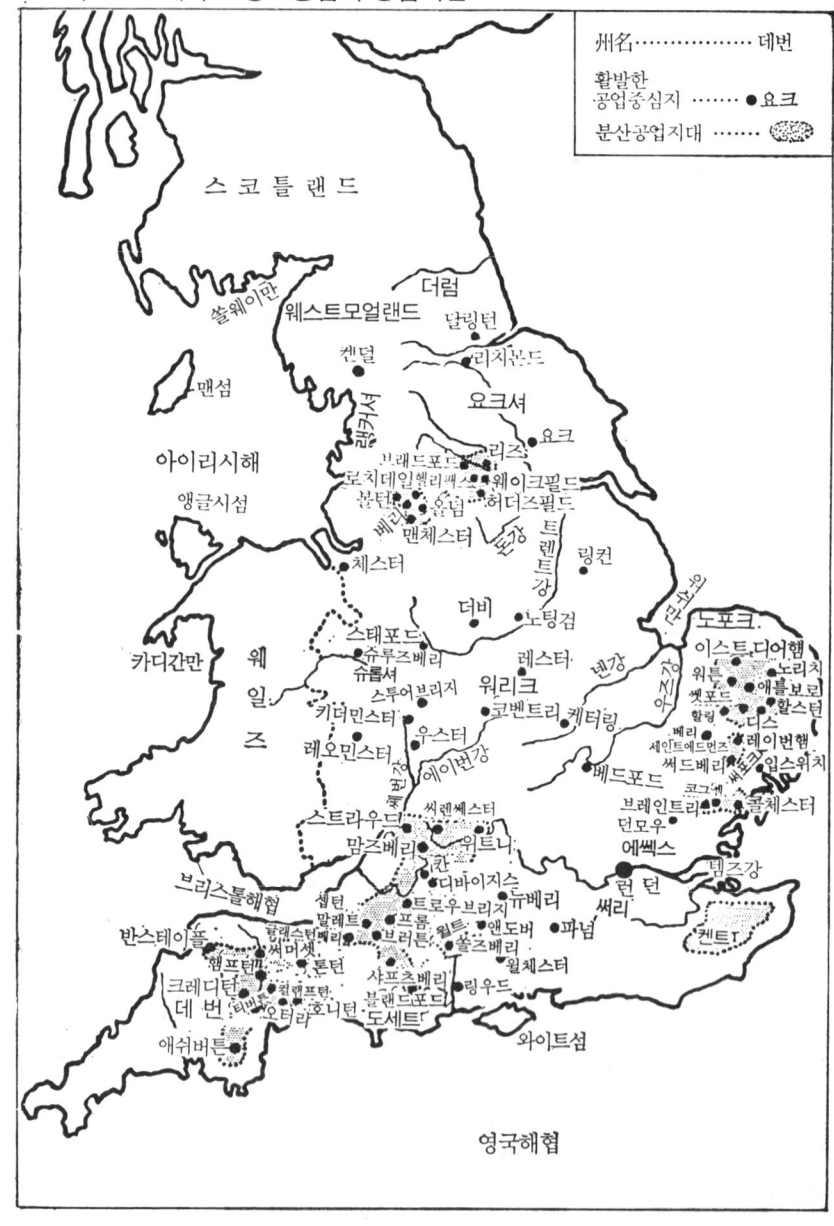

베리와 레이븐햄에서 쎄이즈(says)와 캘리만코즈(calimancoes)라고 불리
는[10] 조제방모직물이 생산되고 있다. 노포크에 들어서자마자 "이 지방
전역에 가득찬 참으로 근면한 모습이 눈에 띈다."[11] 이곳에는 노리치라
는 도시가 있고, 그 주위에 10여 개의 시장도시들[12]과 "너무나 크고 사
람들이 많아서 다른 지방들의 시장도시들에 견줄 만한" 다수의 촌락들
이 있다. 이곳에서는 장섬유(長纖維)의 양모가 사용되는데, 이 양모는
쇄정(刷整, carding) 대신 소모(梳毛, combing) 공정을 거치고 있다.[13]
링컨·노팅검·레스터 같은 주들에서는 주민들이 손으로 또는 기구를
이용해서 짜는 모직양말 제조업에 종사하고 그 제품은 상당히 널리 거
래되고 있다.[14]

이제 우리는 양모공업이 점점 더 집중되어가고 있는 지역으로 접근하
고 있다. 페나인산맥을 따라 뻗어 있는 요크셔의 서부지역(West Riding)
에는 이미 방적공들과 방직공들이 밀집해 있는데 이들은 몇몇 소도시들
주변에 모여 있다. "사람들이 매우 많고 거래도 활발한, 크고 아름답고
부유한 직물도시"[15] 웨이크필드, 커지(kersey)와 샬룬(shalloon)이라고 불
리는 조제방모직물을 짜내는 핼리팩스,[16] 이 지역 전체를 대상으로 하

9) 던모우, 브레인트리, 댁스티드 및 코그셸.
10) Defoe, *Tour*, I, 90면; A Young, *Six Weeks' Tour through the Sou-thern Countries of England and Wales*(1768), 55면.
11) Defoe, *Tour*, I, 91면.
12) 쎗포드, 디스, 할링, 버크남, 힝검, 웨스트 메어햄, 애틀보로, 윈드햄, 할스턴, 이스트 메어햄, 월튼, 래튼 등등. 같은 책(1742년판), I, 52면.
13) 소모사공업은 브래드포드에 최초로 건설된 이래 중심지로 되기 오래 전에 이미 노리치 인근에서 번창하였다. J. James, *History of Bradford*, 195면을 볼 것.
14) Defoe, *Tour*, II, 138면 및 III, 18면. 노팅검은 당시 여전히 중요하지 않은 도시이기는 했으나, 기계편물의 중심지였다고 할 수 있다. Felkin, *History of the Machinewrought Hosiery and Lace Manufacture*, 55면 이하 참조.
15) Defoe, *Tour*, III, 36면; I. Aiken, *A Description of the Country from Thirty to Forty Miles round Manchester*, 579~80면.
16) Defoe, *Tour*, III, 105~6면. 샬룬(Shalloon)이란 샬롱모직(Châlon)으로 짠 사지(Serge)를 말한다.

는 대시장도시 리즈, [17] 그 생산물이 아직은 명성을 얻지 못한[18] 허더 즈필드와 브래드포드. [19] 더 북쪽으로 가면 더럼주에 리치몬드와 달링턴이 있고, [20] 더 동쪽에는 대주교(Primate)의 옛 본거지인 요크가 있는데, 민간전승의 한 그릇된 싯구는 이곳이 어느 날엔가는 런던조차 빛을 잃게 만들 것이라고 예언했다. [21] 능선을 넘어, 나중에 면(綿, cotton)이 양모를 거의 몰아냈던 랭커셔로 들어가면, 우리는 켄덜에서, 그리고 웨스트모얼랜드의 구릉지대에서도 드러깃과 라틴(ratteen, 조제 방모직물의 총칭—역주)[22] 제조업을 보게 되며, 로치데일에서는 콜체스터산(産) 갈색직물(bay)을 모방하고 있음을 보게 된다. [23] 남쪽에 있는 맨체스터・올덤・베리[24] 일대에서는 면이 잉글랜드에 나타나기 오래 전부터 양모가 방적되고 직조되고 있었다.

이 공업은 〔잉글랜드의〕중부지방(Midlands)에서는 덜 발달되어 있었다. 그런데도 데포는 스태포드를 들어 "직물거래로 부유해진…… 참으로 유서깊은 도시"[25]라고 말하고 있다. 웨일즈 방향으로 가면 슈루즈베

---

17) 같은 책, 116~21면.

18) 같은 책, 87면.

19) J. James 는 그의 *History of Bradford* (278면)에서 Fuller 의 책(*Worthies of England*)의 본문 한 귀절을 인용하고 있다. "브래드포드의 천은 눈으로 보기에는 대단한 거인이나 그것을 사용해보면 왜소한 난장이다."

20) Defoe, *Tour*, Ⅲ, 145면 및 A. Young, *A Six Months' Tour through the North of England*, Ⅱ, 247면.

21) '과거에는 링컨——그리고 현재는 런던——그리고 미래에는 요크가—— 셋 가운데 가장 유망한 도시.' W. Stukeley, *Itinerarium Curiosum*, Iter V (1722), 90면; 또한 Brome, *Travels over England* (1704), 148면.

22) 그 모직물들 중 어떤 것은 켄덜면(Kendal cottons)이라고 알려졌다. 면 (cotton)이라는 말이 영국 면공업의 탄생 이전에 어떻게 사용되었는가에 대해서는 이책의 제 2 부 제 1 장을 볼 것.

23) *Journals of the House of Commons*, XIX, 618면 참조. "이 공업은 상당히 많은 양으로 이루어진다. 그리고 12 내지 13평방마일에 걸치는 주민들을 고용한다……"

24) Defoe, *Tour*, Ⅲ, 221면; Beeverel, *Les Délices de la Grande Bretagne*, Ⅱ, 301~2면; J. Aikin, *A Description of the Country round Manchester*, 157면; E Butterworth, *History of Oldham*, 79, 80, 88면.

25) Defoe, *Tour*, Ⅱ, 119면.

리, [26] 레오민스터, 키더민스터, 스투어브리지, [27] 그리고 우스터가 있었다. 우스터에서는 "양모공업이 이 도시와 인근의 촌락들에서 고용하고 있는 노동자의 수가 믿을 수 없을 정도로 많다."[28] 워리크주에 있는 세 뾰족탑의 아름다운 도시 코벤트리는 리본뿐 아니라 방모직물까지 짠다. [29] 글로스터주와 옥스포드주에서는 쎄번하구(河口)와 템즈강 상류의 유역 사이에 있는 스트라우드의 계곡이 주홍색 모직물로 유명했는데, 이것은 스트라우드와 씨렌쎄스터[30]에서 제조되는 것이다. 그리고 위트니의 담요는 미국에까지 수출되고 있다. [31]

이제 우리는 서남부의 주들에 이르고 있는데, 여기서 우리는 거의 한 걸음을 뗄 때마다 멈춰야만 한다. 쏠즈베리평야에는, 에이번강 연안을 따라 수많은 모직물 제조 도시들이 잇따라 밀집되어 있다. 맘즈베리·치픈햄·칸·트로우브리지·디바이지스·쏠즈베리[32]가 그것인데 플란넬 (flannel)과 질이 좋은 모직물의 지방이다. 써머셋주——톤튼과 큰 항구인 브리스톨은 별도로 치더라도[33]——에는 글래스턴베리, 브루턴, 셉턴 말레트와 프롬과 같은 공업중심지들이 남쪽과 동쪽을 향해 밀집되어 있다. 프롬은 "잉글랜드에서 가장 크고 부유한 내륙 도시가 될 운명을 타고났다"[34]고 사람들은 생각했다. 이 지역은 샤프츠베리와 블랜드포드를 지나 도셋[35] 너머에까지 이르고 앤도버와 윈체스터를 지나 햄프셔[36]의 심장부까지 뻗어 있다. 마지막으로 데번셔에서는 사지제조공업

---

26) 같은 책, Ⅱ, 114면; J. Anderson, *Chronological History and Deduction of the Origin of Commerce*, Ⅲ, 457면.

27) Defoe, *Tour*, Ⅲ, 301면.

28) 같은 책, Ⅲ(1742년판), 293면.

29) Anderson, 위의 책, 위의 곳. 리본공업은 보다 최근의 것이다.

30) Defoe, *Tour*, Ⅲ, 64면과 Anderson, 위의 책, 위의 곳.

31) A. Young, *Southern Countries*, 99면.

32) Defoe, *Tour*, Ⅱ, 41~42면; Ⅲ(1742년판), 29면. 쏠즈베리 부근의 윌튼 (Wilton)에서는 이미 양탄자를 제조하였다.

33) 같은 책, Ⅱ, 27~28면.

34) 같은 책, Ⅱ, 42면. 이 지역의 공업적 중요성은 주로 코츠월드산 양모의 질에 기인한 것이었다.

35) Defoe, *Tour*, Ⅰ, 77면 및 Ⅱ, 36면.

36) J. Beeverel, *Délices de la Grande Bretagne*, Ⅲ, 699면과 J. Anderson,

이 군림하면서 번창하고 있다. 반스테이플에서는 방직공들의 작업에 충
당할 아일랜드의 양모를 수입한다. [37] 크레디턴·호니턴·티버튼[38] 같은
소도시들에서는 모직물제조업이 자리잡고 있는데 이 도시들은 1700~
40년에는 유명하고 번창했지만 오늘날에는 희미해지고 버려진 상태이
다. 엑써터는 완제품들이 판매를 위해 모여드는 시장이다. [39] 데포는
"그곳은 잉글랜드에서, 그리고 아마 유럽 전역에서도 필적할 만한 상대
가 없는 주"라고 선언함으로써 데본셔에 관한 서술을 끝내고 있다.

이로부터 알 수 있듯이 양모공업은 결코 어느 지방에 국한되어 있지
않았다. 양모공업을 만나지 않고 조금이라도 넓은 지역을 돌아다닌다는
것은 불가능하다. 그만큼 이 공업은 잉글랜드 전역에 퍼져 있었다. 그
렇지만 다음과 같은 주요한 세 공업지역, 리즈·핼리팩스를 포함하는
요크셔지역, 노리치를 포함하는 노포크지역, 그리고 영국해협과 브리스
톨운하 사이의 서남부지역에서 두드러지게 나타난다. [40] 그러나 이들 각
지역도 다소간 분산되어 있었고 이차적인 지역들이 그 사이를 잇는 끈
이 되고 있다. 세 지역은 고립된 공업지역이 아니다. 그 활동은 널리
영향을 미치거나, 오히려 왕국 전역이 참가하는 일반적인 활동이 지역
적으로 강화된 상태라고 하는 것이 좋을 것이다.

〔잉글랜드〕지방 전체를 고찰하지 않고, 우리가 방금 살펴본 지역들
하나하나를 검토한다면, 각 지역 안에서도 세부적으로는 똑같은 특징적
분산을 발견하게 될 것이다. 노포크주를 예로 들어보자. 수도인 노리치

Chronological Deduction of the Origin of Commerce, Ⅲ, 456면.

37) Defoe, *Tour*, Ⅱ, 14면.

38) 같은 책, Ⅰ, 87면 및 Ⅱ, 17면. Harding, *History of Tiverton* 및 Mar-
tin Dunsford, *Historical Memoirs of the Town of Tiverton* 참조.

39) Defoe, *Tour*, Ⅰ, 83면. 이 묘사 전체를 50년 뒤에 나온 *Encyclopédie
Méthodique, Arts et Manufacture*, Ⅱ, 256~57면('Draperie'항, by Roland
de la Platière)의 그것과 비교해볼 것. 각각의 시기마다 영국의 양모공업
및 소모사공업의 지리적 분포가 어떠했는가에 대하여는 E. Lipson, *History
of the Woollen and Worsted Industries*, 220~55면(지도도 함께)을 볼 것.

40) Laurent Dechesne, *Evolution economique et sociale de l'industrie de la
laine en Angleterre*, 50면 및 J.A. Hobson, *Evolution of Modern Capital-
ism*, 27~28면을 볼 것.

는 18세기에는 아주 중요한 도시로 통했고 영국혁명 이후로는 왕국의 제 3 의 도시로서 브리스톨에 비견할 만했다. 당대의 사람들은 둘레가 3마일에 달하고 여섯 개의 다리가 있는 이 도시를 과장된 말투로 묘사했으며, 작업하는 집마다에서 소음이 새어나오는데도 거리들이 조용한 데 놀라고 있었다.[41] 노리치 인구는 그 절정기에도 기껏해야 3∼4만에 지나지 않았다.[42] 그렇다면 노리치의 공업이 7∼8만 명을 고용했다고 하는 증언을 어떻게 믿을 것인가?[43] 그것은 이 공업이 노리치에만 국한되지 않았기 때문이다. 이 공업은 상당히 떨어져 있는 주변의 시골에까지 넘쳐 들어가서 "아주 밀집된 촌락들"[44]이 확장되도록 했던 것이며 이 과밀화를 보고 여행자[데포]는 경탄했던 것이었다. 서남부에서도 똑같은 광경을 볼 수 있지만 거기에서는 어떤 중심지도 찾을 수 없다는 점이 다르다. 데포의 기술에 따르면 "데본셔에는 큰 도시들이 많고 그 도시들은 사람들로 가득 차 있으며 사람들은 대부분 교역과 제조업에 고용되어 있다."[45] 이 문장은 데포가 말하려고 한 것과는 거의 정반대의 의미를 갖고 있다. 우리가 잘 알고 있듯이 데본셔에는 플리머스말고는 대도시가 전혀 없었으며[46] 이 도시마저도 대단한 것은 아니었다. 이 '대도시들' 대부분의 이름이 전혀 알려지지 않고 있다는 사실은 우리들의 착각을 깨우치기에 충분하다.[47] 기껏해야 그 도시들은 번

---

41) Defoe, *Tour*, Ⅰ, 52∼54면.

42) Anderson의 저서 *Origin of Commerce*, Ⅲ, 324면은 5만에서 6만 명(1761년)을 제시하고 있으나 이 숫자는 의심할 여지 없이 과장된 것이다. F. Eden의 *State of the Poor*, Ⅱ, 477면은 1693년 2만 9천 명, 1752년 3만 6천 명, 1796년 4만 명을 제시한다. 1801년 전에는 공식센서스가 없었으며, 1801년 당시의 인구는 36,832명이었다. *Abstract of returns to the Population Act, 41 Geo. III*, Ⅰ, XXIII를 볼 것.

43) *Journals of the House of Commons*, XXXV, 77면. A. Young, *The Farmer's Tour through the Eastern Countries of England*, Ⅱ, 79면에 따르면 1771년 당시 직기는 1만 2천 대, 노동자는 7만 2천 명이었다.

44) Defoe, *Tour*, Ⅰ, 93, 108면.

45) 같은 책, Ⅰ, 81면.

46) 가장 큰 축에 들었던 티버튼도 결코 주민이 1만 명을 넘지 못했다. F. Eden, *State of the Poor*, Ⅱ, 142면을 볼 것.

47) 뱀프턴, 크레디턴, 컬롬턴, 호니턴, 오터리 세인트 메리, 애쉬버튼 등.

창하는 소도시들이었다. 흔히 이 도시들은 보통의 시장도시 아니면 큰
촌락에 불과했지만, 그 인구는 더 큰 중심지들로 빠져나가지 않았기 때
문에 그만큼 수가 많았다.[48] 더러는 보다 작은 지방들이 그 사이에서
거의 연속된 고리를 이루고 있다. "이 도시들 사이에는 아주 많은 촌락
들, 몇 채씩의 오막살이로 구성된 작은 마을들, 흩어져 있는 집들이 있
다. 그 안에서 이 제조업의 방적작업이 이루어지고 있다."[49]

요크셔에서는 양모공업이 보다 좁은 지역에 국한되어 있는 것으로 보
인다. 왜냐하면 이 공업은 리즈로부터 웨이크필드·허더즈필드·핼리팩
스에 이르는 제한된 지역에 전체가 포괄되고 있기 때문이다. 리즈로부
터 북쪽으로 수마일 떨어진 곳에서부터는 거의 사람이 살지 않는 불모의
황무지가 시작된다. 그러나 이 상대적인 집중은 일반법칙을 수정하지
는 않으며, 그 법칙은 이 한정된 지역 안에서 다시 한번 확인된다. 웨
스트 라이딩은 인구가 매우 조밀했다. 그곳의 주민은 1700년 약 24만,
1750년에는 36만, 1801년에는 58만 2천을 헤아렸다.[50] 그런데 이 도시
들의 인구비율은 매우 적었다. 리즈의 주민은 18세기 중엽에 1만 5천을
넘지 못했다. 핼리팩스의 인구는 6천, 허더즈필드는 5천 미만이었으
며 브래드포드는 초원 가운데 세 개의 가로로 이루어져 있었다.[51] 반면

Defoe, *Tour*, Ⅰ, 84면을 볼 것.

48) 19세기초에 상황은 여전히 이와 같았다. 1806년의 특별위원회가 수집한
    증거를 볼 것. 남서부의 방직공들은 그들이 사는 곳에 관해 질문을 받을 때
    종종 이렇게 대답했다. "그곳은 커다란 마을이요…… 매우 광대한 마을이지
    요…… 아마 잉글랜드에서 가장 클 거요." *Report from the Select Commit-
    tee appointed to consider the state of the wollen manufacture in England*
    (1806).

49) Defoe, *Tour*, Ⅱ, 42~43면.

50) 앞의 두 수치는 근사치이고 세번째 것은 1801년 쎈서스의 수치이다. J.
    Rickman, *Observations on the Returns to the Population Act, 11 Geo.
    V*, 11면을 볼 것.

51) J. Aikin, *A Description of the Country round Manchester*, 557, 571면;
    J. James, *History of the Worsted Manufacture*, 316면; *Continuation to
    the History of Bradford*, 89면. 오늘날 이 도시들의 인구는 다음과 같은
    수치를 기록하고 있다. 리즈 47만, 브래드포드 29만, 허더즈필드 11만, 핼리
    팩스 10만명.

에 농촌지방의 인구는 조밀했다. 서남부의 경우처럼 촌락과 작은 마을
이 잇따라 있었을 뿐 아니라,[52] 때로는 분산이 훨씬 더 멀리까지 연속
되어 촌락들 자체가 말하자면 해체된 위에서 거대하고도 느슨한 밀집지
대로 통합되는 경우도 있었다.

  핼리팩스 교구는 잉글랜드 전체에서 가장 큰 교구 가운데 하나였다.
1720년에 이 교구는 약 5만의 인구를 포용하고 있었는데, 그것이 보여
주던 모습은 한 유명한 묘사의 대상이 되었다.

  두번째 언덕을 지나 우리는 계곡으로 내려갔다. 우리가 핼리팩스에
더 가까이 다가가니 집들은 점점 더 빽빽히 들어서 있었고 계곡의 가
장 깊숙한 곳에는 더욱 큰 촌락들이 있었다. 그뿐 아니라, 사면이 매
우 가파른 구릉의 언덕배기에는 집들이 흩어져 있었다. ……토지는 작
은 엔클로저(enclosure, 15~18세기의 영국에서 대지주가 분산되어 있는 소유
지를 때매나 교환으로 집중시켜 울을 친 일 또는 그 구획―역주)들 즉 각기 2
내지 6,7에이커로서 그 범위를 넘는 일이 드문 작은 엔클로저들로 분
할되어 있으며 토지 3,4필지마다 집이 한 채가 있었다. 세번째 언덕을
넘어서자 전과 마찬가지로 산악지대이긴 하지만 전지역이 하나의 연속
된 촌락을 이루고 있음을 알 수 있었다. 소리쳐서 들리지 않을 만큼
멀리 떨어져 있는 집이란 거의 찾아볼 수 없었다. 드디어 우리는 주민
들의 직업을 알게 되었다. 날이 개이고 햇빛이 나기 시작하자 우리는
거의 집집마다 천을 펴서 말리는 틀(tenter)이 있고 틀마다 보통 천이
나 커지나 샬룬[53] 조각이 얹혀 있음을 발견했다. 이것들은 이 지방의
세 가지 산물이다. 햇빛에 반사되어 하얗게 반짝이는 천들은 우리가
볼 수 있던 것 중에서도 가장 아름다운 광경이었다. 언덕들은 솟아올
랐다가는 내려앉으며 잇따라 있고 계곡들은 때로는 오른쪽으로, 때로
는 왼쪽으로 열려 있어 어쩐지 쎄븐 다이알즈(Seven Dials, 런던의 트라
팔가광장과 대영박물관의 중간에 있는 구역으로 일곱 도로의 교차점―역주)라
고 불리는 쎄트 자일즈 부근의 교차로에 서 있는 느낌이었다. 즉 우
리는 숲 사이의 빈터들에서 우리 주위의 거의 모든 길을 볼 수 있었
고 우리가 어떤 길을 바라보면 꼭대기의 높은 곳에도 언덕 아래의 낮

---

52) *Journals of the House of Commons*, XXVIII, 133면.
53) 이 책의 41면, 각주 16을 볼 것.

은 곳에도 마찬가지로 무수한 집들과 천을 펴는 틀, 그리고 틀마다 얹혀 있는 하얀 천들이 눈에 띄었다. [54]

　이것은 우리가 도처에서 확인한 분산의 극단적인 사례이므로 다시 설명할 것은 없다. 즉 그것은 생산의 일반조건들의 외면적인 표현에 불과하며 그것을 이해하려면 이 공업의 조직을 알아야만 한다.

3. 양모공업의 조직

　근대적 공업들의 집중은 그것을 설명해주는 여러 사실들과 결부되어 있다. 그 첫번째는 기계의 사용에 의해서 무한히 확대된 분업이다. 다양하고 복잡한 경제의 톱니바퀴는 긴밀한 상호의존 관계를 필요로 한다. 만약 그 톱니바퀴들이 딱 들어맞지 않고 영구적인 접촉을 유지하지 못한다면 그 때문에 생기는 시간과 힘의 손실이 그 결합의 모든 잇점을 파괴하기 때문이다. 두번째는 갈수록 강화되는 기능들의 특수화이다. 사람이나 작업장들처럼 지역들도 또한 특수화되어 각 지역은 어떤 단일 산업의 배타적인 본거지가 되는 경향이 있다. 세째로 풍부한 생산물은 똑같은 결과를 가져오는 또 하나의 원인이다. 제한된 지역에 모여 있는 몇몇 유력한 공장들은 매우 광범한 시장의 수요를 충족시킬 수 있으며 교통수단의 발달은 그 시장을 더욱 확대시킨다. 마지막으로, 자본은 계속 축적되고 작은 자본들을 흡수하거나 통합하면서 상호간에 연대성을 갖는 거대한 기업들을 출현시킨다. 이 대기업들은 차츰 쓸모가 없어지고 마침내 존립할 수 없게 되는 지방의 소규모 생산을 소멸시킨다. 그러나 이 힘들은 오늘날에는 막강하지만 18세기의 잉글랜드에서는 훨씬

---

54) Defoe, *Tour*, Ⅲ, 98~99면. 이 묘사는 1727년으로 날짜가 되어 있다. 그런데 우리는 1806년의 의회보고서에서 매우 유사한 표현을 찾을 수 있다. "대다수의 가내 직물업자들은 마을의 외딴 집에서 산다. 그들은 세로 20~30마일, 가로 12~15마일의 한 지역 전체에 집을 지어 몰려 산다. 대부분의 제조업자들은 각각 3~12 또는 3~15에이커의 조그만 땅을 차지한다. *Report from the Select Committee on Woollen Manufacture*, 9면.

작은 영향밖에는 미치지 못했다.

그렇다고 해서 그 힘들이 전혀 작용하지 않았다고 생각하는 것은 잘못이다. 공업인구의 분포와 밀도는 우리가 방금 보았듯이 지역에 따라 달랐다. 이 다양성은 〔공업〕조직의 차이에 대응하는 것이었다. 오늘날의 공장과 많은 유사성을 갖고 있던 '매뉴팩처'와 도장인(都匠人, master craftsman. 길드의 조합원으로 수공업장을 가지고 도제를 양성—역주)의 거의 원시적인 작업장 사이에는 발전의 과정을 보여주는 일련의 중간적 단계들이 끼여 있었다. 그 발전은 오래 전에 시작되어 얼마 동안 거의 감지할 수 없는 변화를 겪은 다음 결정적 위기에 이르게 되는데, 그것은 말하자면 하나가 다른 하나로부터 발생하며, 가장 오랜 것들이 가장 최근의 것들과 함께 남아 있는 경제적 형태들의 계기(繼起)에 의해 윤곽이 드러났다.

우리는 집중이 가장 약한 곳에서 생산수단의 가장 완전한 독립성, 가장 단순한 제조방법, 가장 초보적인 분업을 발견하리라고 틀림없이 예견할 것이다. 다시 헬리팩스계곡의 가옥들로 되돌아가보자. 그 가옥들은 바깥에서 보면 각기 자신의 토지의 중앙에 자리잡고 그만큼 작은 영역들을 형성하고 있는 것처럼 보인다. 그 가옥들을 주위에서 보는 대신에 이번에는 그 가운데 하나를 찾아들어가서 그 주민들과 그들의 생활을 알아보자. 이 경우 그 가옥은 지난날을 찬미하는 복고주의자들이 이런 가옥에 대해서 쓴 매혹적인 묘사와는 거의 합치하지 않는다는 것을 보여줄 뿐이다.[55] 그것은 흔히 환경이 불결하고 몇 개 안 되는 좁은 창문을 가진 오두막이었다. 가구는 적었고 하물며 장식은 더욱 적었다. 때로는 단 하나뿐인 주실(主室)은 부엌과 작업장의 역할을 함께 했다. 그곳에 집주인인 방직공의 직기가 있었다. 이 직기——우리 〔프랑스〕 농촌에서는 50년 전까지도 이것을 볼 수 있었다——는 고대 이래로 거의 변하지 않은 것이었다. 직물의 날실(經系)을 이루는 실들은 이중의 틀

55) '시에서는 오두막, 역사책에서는 헛간이라고 불린' 이 가옥에서의 불건강한 작업조건에 대하여는 R. W. Cooke Taylor, *The Modern Factory System*, 422면 및 H. Heaton, *The Yorkshire Woollen and Worsted Industries*, 349면을 볼 것.

에 나란히 고정되었으며 이 틀의 양 끝은 교대로 솟았다가 내려갔는
데, 두 개의 페달에 의해 움직여졌다. 방직공은 씨실(緯糸)을 만들기
위해 한 손에서 다른 손으로 북을 틀 사이로 던졌다. 1733년에 교묘한
장치[56]가 발명되어 한 손으로 북을 던져 되돌아오게 하는 일이 가능해
졌다. 그러나 이 개량을 이용하는 일은 아주 느리게 확산되어갔다.[57]
나머지 도구는 훨씬 더 간단했다. 쇄정에는 수동 쇄정기(hand card)
들이 사용되었는데 그 가운데 하나는 움직일 수 없는 것으로서 목제 받
침대에 고정되어 있었다.[58] 방적에는 16세기 이래 사용된 수동식 또는
족답식(足踏式) 방차(紡車)가 쓰여졌고,[59] 때로는 섬유공업 자체만큼이
나 오래된 실감개대와 방추(紡錘)도 사용되었다. 소생산자도 이 값싼
도구들을 쉽사리 입수할 수 있었다. 소생산자의 문간에는 양모를 탈지
(脫脂)하고 모직물을 세척하기 위한 물이 있었다. 그가 짠 직물을 염
색하고 싶은 경우에는 한두 통으로 충분했다. 비용이 드는 특별한 설
비 없이는 이루어질 수 없는 작업은 따로 분리되어 진행되었다. 예를
들면 모직물을 축융(縮絨, fulling)하고 보풀을 세우기 위해 물방앗간이
있었는데, 부근의 모든 제조업자들은 자신의 직물을 이곳으로 가져갔
다. 그곳은 일정한 사용료를 내면 누구나 이용할 수 있었기 때문에 공
동작업장이라고 불렸다.[60]

---

56) 존 케이의 비사. 무엇보다 중요한 이 발명에 대해서는 이 책의 제 2 부 제
  1 장을 볼 것.
57) 맨체스터 지역에서 비사가 지속적으로 이용된 것은 불과 1760년부터이다.
  E. Butterworth, *History of Oldham*, 111면 참조.
58) *Encyclopédie Méthodique, Manufactures*, I, 'Draperie'항 참조. 프랑스
  와 영국에서 전개된 내용은 거의 동일하다.
59) *Catalogue of the Machinery, Models, … in the Machinery and Inven-
  tions Division of the South Kensington Museum*, 89면; J. James, *History
  of the Woollen Manufacture*, 334~35면. 산업혁명 이전의 매뉴팩처의 전
  개과정에 대한 완벽한 묘사는 Heaton 의 *Yorkshire Woollen and Worsted
  Industries* 의 322~58면에 이르는 장 전체를 채우고 있다.
60) 1775년에 핼리팩스 교구에는 이러한 공동작업장이 약 1백 개 가량 있었다.
  Th. Baine 의 *Yorkshire Past and Present*, Ⅳ, 387면을 볼 것. 기계 사
  용의 발전과정은 무엇보다 먼저 기계의 수를 증가시키는 경향이 있었다.
  Report from the Select Committee on Woollen Manufacture, 5, 9면.

이 간단한 도구들에 대응하기 위해서 마찬가지로 간단한 노동조직이 있었다. 방직공의 식구수가 충분히 많은 경우에는 가족이 모든 일을 했는데, 식구가 자기들끼리 사소한 작업을 분배했다. 아내와 딸들은 방차를 돌리고 사내애들은 양모를 쇄정하고 남편은 북을 움직였다. 이것은 그 가부장적 공업상태의 고전적인 모습이다. 그러나 실제로 이 극히 단순한 조건들은 드물게 눈에 띄는 것이었다. 그 조건들은 외부에서 방모사(紡毛糸)의 일부를 구할 필요가 자주 생김에 따라 변화되었다. 규칙적으로 가동되는 한 직기는 방적공 5, 6명에게 일거리를 제공하는 것으로 계산되었다. [61] 방직공은 방적공을 구하기 위해 때로 아주 멀리까지 나가야만 했다. 방직공은 이집 저집을 돌아다니며 자기의 양모를 모두 분배했다. [62] 전문화가 처음에는 이런 식으로 시작되었다. 방적만 하는 집들이 있었다. 다른 집들에는 몇 대의 직기를 한데 모아놓았다. 그런데 방직공은 스스로 노동하는 장인으로 여전히 남아 있으면서 자기 밑에 소수의 임금노동자를 거느리고 있었다. [63] 이처럼 방직공은 그의 거처이자 작업장인 오두막 안에서 생산을 관리했는데, 도구뿐 아니라 원료까지 소유하고 있었기 때문에 자본가에게 의존하지 않았다. 그는 가장 가까운 도시의 시장에서 직접 직물을 팔았다. 그 시장의 모습만 보더라도 생산수단이 수많은 독립소생산자들 사이에 분산되어 있었다는

61) F. Bischoff, *A Comprehensive History of the Woollen and Worsted Manufacture*, I, 185면에 따르면 방직공 1명당 4명의 방적공이라는 비율이 제시된다. Townsend Warner가 인용한 한 문헌(*Social England*, V, 113면)은 반대로 방직공 1명당 10명의 방적공이라는 비율을 제시하고 있다. 이것은 지나친 숫자이다. W. Radcliffe, *Origin of the System of Manufacture*, 59~60면 참조.

62) R. Guest, *A Compendious History of the Cotton Manufacture*, 12면.

63) 리즈 부근의 함리의 한 소규모 제조업자는 2명의 노동자, 1명의 **도제**, 그리고 '그를 위해 자신들의 집에서 직접 실을 자아' 직기 3대에 방사를 공급하는 방적공 일가족을 고용하고 있었다. (*Report from the Select Committee on Woollen Manufacture*, 5면) 그가 양모와 염료를 사서 공동작업장에 그것을 보내면 거기서 양모는 선모(選毛)되고 쇄정(刷整)되어 감겨졌다. 그리고는 방적과 방직 과정을 거치도록 했다. 그는 전모(剪毛)와 축융(縮絨)을 하기 위해 그것을 다시 작업장으로 보낸다. 최후로 건조 과정이 끝나면 **그는** 리즈에 있는 직물공설시장에 그것을 직접 내다판다. (같은 책, 6~7면)

것을 충분히 알 수 있다. 두 직물공설시장이 세워지기 전에[64] 리즈에
서는 시장이 브리그게이트가(街)의 넓은 거리에서 열렸다. 길의 양편
을 따라 놓인 사각대(四脚台)들이 두 줄의 긴 판매대를 이루었다. "직
물업자(clothier)들은 자기의 직물을 가지고 아침 일찍 나온다. ……'한
필(piece) 이상을 가지고 오는 직물업자는 거의 없다.'" 아침 7시에 종
이 울린다. 거리는 사람들로 가득 차고 판매대들은 상품으로 덮이고 각
직물업자는 자기의 직물 뒤에 서 있다. 상인들과 그들의 점원들이 사각
대의 테이블들 사이로 오르내리면서 물건을 고르고 사는데, 아침 8시까
지에 그 일은 모두 끝난다.[65] 핼리팩스에서는,

　　주변의 촌락들에서 일하는 직물업자들은 토요일마다 이 도시에 오
　는데, 각자는 자기가 만든 직물을 가지고 온다. ……직물상인은 공설
　시장에 가서 직물업자들로부터 조제모직물을 사서 자기의 필요에 따
　라 염색하거나 손질한다. 공설시장은 매우 넓기는 하지만 토요일 마
　다 핼리팩스를 방문하는 직물업자들을 모두 수용할 정도로 크지는 않
　기 때문에 토요일이면 도시 전체가 하나의 거대한 조제직물시장이
　된다. 나는 모든 거리, 모든 광장, 모든 여관에 전시된 직물을 보았
　다. 그리고 나는 저녁에 리즈로 돌아가다가 말이나 작은 수레를 타고
　집으로 돌아가는, 믿을 수 없이 많은 직물업자들을 보았다.[66]

64) 최초의 조제(粗製)직물시장(White Cloth Hall)은 1711년에 세워졌는데
　　그것은 1775년에 더 큰 건물로 대체되었다. 착색직물시장(Mixed or Coloured
　　Cloth Hall)은 1775년 아니면 1776년경에 개장되었다. Aikin, *A Description
　　of the Country round Manchester*, 572면. 이 연속적인 개설 과정에 대하
　　여 Heaton(*Yorkshire Woollen and Worsted Industries*, 360면 이하)과
　　Lipson(*History of the Woollen and Worsted Industries*, 80, 81면)이 제
　　시한 설명에는 약간의 혼란이 있다.

65) Defoe, *Tour*, Ⅲ, 116~17면.

66) *Tournée faite en 1788 dans la Grande Bretagne par un voyageur
　　français*, 198면. 60년이 지나도록 상황이 거의 변화하지 않았다는 사실을
　　알기 위해서는 이 책을 종전의 것(1727년 출판)과 비교하는 것으로 충분하
　　다. 공장제도의 출현이 상황을 급작스럽게 변화시켰다고 상상해서는 안된
　　다. 1858년이 되어서야 베인즈는 리즈의 직물거래에 대하여 이렇게 썼다.
　　"중심지에서 멀어진 지역의 제조업자들은 자신들의 직기로 만든 직물을 이

이 소제조업자 계급은 인구의 대다수는 아니지만 적어도 상당한 부분을 차지하고 있었다. 1806년에 리즈 일대에는 그들이 3천 5백 명 이상이나 있었다.[67] 그들은 자기들끼리는 대체로 평등했다. 4, 5대의 직기를 소유한 사람의 경우는 예외적인 것으로 여겨졌다.[68] 그들과 그들의 노동자들 사이에는 별로 차이가 없었다. 도장인의 집에서 먹고 더러 잠을 자면서 그의 옆에서 일을 하는 노동자는 자기의 도장인이 다른 사회계급에 속한다고 생각하지 않았다. 어떤 곳에는 노동자보다 도장인이 더 많았다.[69] 실제로 노동자는 소제조업자 계급을 보충하는 일종의 예비군으로 봉사하고 있는 데 불과했다. "성품이 좋은 청년은 소규모 도장인제조업자로서 입신할 수 있을 정도의 양모를 언제나 외상으로 얻을 수 있다."[70] 이 결합어(도장인제조업자)는 하나의 정의(定義)에 가깝다. 그 당시의 '제조업자'(manufacturer)는 공업경영자(captain of industry)가 아니라, 오히려 반대로 장인(artisan), 즉 자기의 손으로 일하는 사람이었다.[71] 요크셔의 제조업자는 자본과 노동을 동시에 대표했는데 양자는 거의 혼연일체가 된 상태였다.

이 제조업자는——마지막으로 또 하나 중요한 것을 말하자면——토지소유자이기도 했다. 그의 집은 수 에이커의 엔클로저 안에 있었다. 제조업자는 양모와 식량을 도시로 가져가고 양모를 방직공에게 가져다주

도시의 두 개의 커다란 직물공설시장에 팔기 위해 1주일에 두 차례 가져온다." *Yorkshire Past and Present*, 655면.
67) *Report from the Select Committee on Woollen Manufacture*, 8면.
68) 같은 책, 59, 339면.
69) 울리와 오울펜 두 마을에서는 1806년에 70명의 도장인방직공과 불과 30〜40명의 도제가 있었다. *Report from the Select Committee on Woollen Manufacture*, 337면 참조.
70) 같은 책, 10면 참조.
71) 같은 책, 9, 447면 등. A. 토인비는 1800년 이전에는 자본가(capitalist)라는 말이 거의 사용되지 않은 반면에, 오늘날 고용주(employer)에 해당하는 '제조업자'(manufacturer)라는 말이 자기 자신의 손으로 노동하는 사람을 의미했음에 주목하여 이러한 용어상의 변화가 공업상의 일상과 조직에서 일어난 변화를 설명해주는 중요한 하나의 예증임을 관찰하였다. *The Industrial Revolution in England*, 183면. Johnson의 *Dictionary*에 나오는 용어 '제조업자'(manufacturer)를 참조할 것.

고 일단 방직된 직물을 축융공장으로 나르고 마지막으로 완제품을 시장
으로 운반하기 위해 한두 필의 말을 가져야만 한다고 데포는 썼다. 게
다가 대부분의 직물업자들은 가족에게 우유를 공급하기 위해 한두 마리
의 암소를 길렀는데, 집 주위의 토지에서 소들을 사육했다고 데포는 말
했다. [72] 1806년 의회의 특별위원회에서 증언한 증인들도 비슷한 용어로
자기들의 의견을 말했다. [73] 이 조그마한 재산은 장인·수공업자의 생활
에 여유를 가져다주었다. 그는 경작을 거의 할 수 없었다. 그가 경작을
하려고 한다면 직물을 팔아서 번 것을 모두 잃을 위험이 있었다. [74] 그
러나 그는 가금(家禽)이나 몇 마리의 가축, 물건을 시장으로 나르거나
방적공이나 인접한 촌락들을 방문할 때 타고 다니는 말을 기를 수 있었
다. 비록 농업이 주업은 아니었지만 그는 생계의 일부를 토지에서 해결
했으며, 이것은 그가 독립하는 데 또 하나의 요소가 되었다.

이 생산제도에 대해서는 가내공업(domestic system)이라는 용어가 적
용되어왔다. 그런데 1806년의 보고서는 방금 말한 것을 아주 잘 요약하
는 하나의 정의를 제시하고 있다. "가내공업에 있어서, 다시 말하면 요
크셔의 가내공업에서 제조는 일반적으로 아주 영세하거나 거의 없다시
피 한 자본을 소유하고 있는 다수의 도장인제조업자들에 의해 행해진
다. 그들은 소매상인의 양모를 사서 자기 집에서 처자나 2,3명 내지
6,7명의 편력공(journeyman, 도제수업을 끝내고 도장인 및 장인을 찾아 다니
면서 일하는 장인—역주)의 도움을 받아 염색이 필요할 때는 염색을 하고

---

72) Defoe, *Tour*, Ⅲ, 100면.

73) *Report from the Select Committee on Woollen Manufacture*, 13면에는
James Ellis의 증언이 나온다. "그들 중 어떤 이들은 천을 펴서 말리는 틀
또는 그와 유사한 종류의 것을 놓을 땅으로 불과 0.5루드(rood, 토지 면적
의 단위. 1루드는 약 0.25에이커—역주)를 가지고 있었고 또 다른 어떤 사
람들은 암소나 갤로웨이종(種)의 말[소]을 칠 땅으로 2~3에이커를 가지고
있었다."

74) 같은 책. 하지만 동시에 영세차지농이기도 한 방직공들도 약간 있었다.
또 같은 책, 8면에 보면 다음 구절이 나온다. "이 작업장은 마을 혹은 시장
이 서는 도시에서 주로 가동이 되었는가? ——여러 마을들에서는 상당히 이
루어졌다. 그리고 작은 농장들을 가진 많은 사람들은 또한 내가 인급했던
방식으로, 아내와 자식들과 하인을 고용하여 사업을 한다. 그들은 처자식과
하인들을 수확기면 추수작업에 의당 내보내는가? ——그렇다."

상이한 모든 단계를 거쳐 조제직물을 만든다. "[75] 이것은 중세의 ·공업으로서 19세기초까지도 거의 변하지 않은 상태였다.[76]

그런데 가내공업은 마지막 숨을 몰아쉬고 있는 것 같지는 않았다. 그 생산은 많은 소작업장에서는 약화되어 있었지만, 그럼에도 불구하고 전체적으로 보면 대단했다. 가내공업이 번창하던 요크셔의 웨스트라이딩은 1740년에 약 10만 필, 1750년에 약 14만 필의 직물을 생산했는데, 1760년에는 대(對)프랑스 전쟁과 그 전쟁이 상업에 미친 영향 때문에 그 수치가 12만으로 줄었다. 그러나 1770년에는 수치가 다시 17만 8천으로 올라갔다. 그 다음 시기와 비교하면 상대적으로 더딘 성장이었으나 시장들이 점차적으로 확대됨에 따라 그 성장은 크게 두드러지고 지속적인 것이 되었다.[77] 이 소규모 공업이 해외의 출구(시장)가 없는 순전히 지방적인 것이라고 생각하면 잘못이다. 방직공이 자기의 손으로 만든 직물을 직접 팔려고 찾아가는 리즈와 핼리팩스의 공설시장으로부터 요크셔의 직물은 잉글랜드 전역으로 퍼져갔다.[78] 이 직물은 네덜란드

---

75) 같은 책, 1면. A. Held의 *Zwei Bücher zur socialen Geschichte Englands*, 541면에 보면 가내공업(Hausindustrie)이라는 말의 조금 다른 정의가 제시된다. Held 는 가내공업이라는 말에 자신의 집에 노동자를 고용한 자본가들에 의해 경영되는 공업이라는 의미를 부여한다. 또 그는 요크셔의 소공업을 중세의 교역에 대해서도 마찬가지로 적용되는 수공업(Handwerk)으로서 분류한다. J. A. Hobson 은 그의 *Evolution of Modern Capitalism*, 35면에서 가내매뉴팩처(domestic manufacture)라는 보다 정확한 용어를 사용한다.

76) F. W. Moffit (*England on the Eve of the Industrial Revolution*, xvi$_i$면)는 어떻게 캐나다에서 구 공업체계가 19세기까지 그토록 오래 잔존했는가를 보여준다.

77) Bischoff, *History of the Woollen Manufacture*, II, 표 IV ; A. Anderson, *Origin of Commerce*, IV, 146~47면; F. Eden, *State of the Poor*, III, cclxiii 면. 정확한 수치는 아래와 같다.

연 도	廣幅직물(필)	小幅직물(필)
1740	41, 441	68, 620
1750	60, 447	78, 115
1760	49, 362	69, 573
1770	93, 074	85, 376

78) 18세기 중반의 핼리팩스의 중요성에 대해서는 H. Heaton, *The Yorkshire*

의 항구들, 발트해 연안의 나라들, 그리고 유럽을 넘어 레반트 여러 나
라(동부 지중해 연안의 시리아·레바논·팔레스티나를 가리킴—역주)와 아메리
카의 식민지들로 수출되었다. 공업의 변모를 불가피하게 만든 것은 바
로 이 상업의 발달이었다.

4. 상업자본의 역할

가내공업은 그 생산이 지방의 소비가 흡수할 수 있는 양보다 커지자
마자 오직 하나의 조건 위에서 존속할 수밖에 없게 된다. 즉, 자기의
재화를 스스로 처분할 수 없는 제조업자는 재화를 사서 국내시장이나
해외시장에 다시 파는 일을 맡는 상인과 교섭을 해야만 한다. 이 상인,
다시 말하면 이 없어서는 안되는 동맹자는 공업 자체의 운명을 그의 손
에 움켜쥔다. 상인과 함께 하나의 새로운 요소가 활동을 하기 시작하는
데, 이것은 즉각 생산에 영향을 미친다. 상인직물업자(merchant clothier)
는 자본가이다. 흔히 그는 한쪽의 소생산자, 다른쪽의 소매인 사이에서
중개자의 역할만을 한다. 그러므로 그의 자본은 아직도 순전히 상업적
인 목적에만 사용된다. 그럼에도 불구하고 처음부터, 제조업의 덜 중요
한 세부적인 공정에 대한 경비를 상인에게 부담시키는 것이 관례가 되
어 있었다. 방직공이 양도한 직물은 보통 마무리 손질이나 염색이 되
지 않은 상태였다. 그래서 상인은 실제로 판매에 앞서 마무리공정을 해
야 하는 책임을 지고 있었다.[79] 상인은 이 일을 하기 위해서 노동자들
을 고용해야만 했고, 이럭저럭 고용주가 되었던 것이다. 이것은 상업자
본이 산업자본으로 점진적으로 전화(轉化)하는 제 1 단계였다.

서남부의 여러 주에서, 때로는 의미심장하게 상언제조업자(merchant
manufacturer)[80]라고 불리던 상인직물업자는 제조공정의 시초부터 간여

Woollen and Worsted Industries, 269면 이하를 볼 것.

79) F. Eden, *State of the Poor*, Ⅱ, 821면.

80) 상인제조업자는 프랑스의 fabricant 에 해당되는데, 이 말은 오랫동안 수
많은 공업, 특히 견직물공업에서 사용되어오던 특별한 의미를 지니고 있다.
리용의 fabricant 들은 비교적 최근까지 공장을 가지고 있지 않았으며, 자신

하고 있었다. 그는 원모(原毛)를 사서 자신의 경비로 쇄정·방적·방직·축융·끝손질 등을 했다. [81] 원료를 소유함으로써, 형태는 차례로 바뀌지만 결과적으로 제품을 소유하는 것은 그였다. 이 제품이 밟는 여러 공정에서 손을 빌려주는 사람들은 명백히 독립해 있음에도 불구하고 한 사용자를 위해 일하는 노동자들에 지나지 않았다.

그러나 이 노동자들은 그래도 '매뉴팩처'나 근대적 공장에 고용된 사람들과는 아주 달랐다. 그들 대부분은 농촌에 살았으며 요크셔의 영세한 수공업자 이상으로 생계의 일부를 토지에서 해결해나갔다. 그들에게 있어서 공업은 흔히 부업에 불과했다. 남자가 들에서 일하는 동안에 아내는 인접한 도시에서 상인이 가져온 양모를 방적하곤 했다. [82] 윌리엄 래드클리프는 1770년경에 스톡포트(랭커셔주의 도시—역주) 부근의 멜러(Mellor)라는 촌락에서는 5,60명의 농부 가운데 6,7명 미만이 농장에서 수입 전체를 얻었다고 기술하고 있다. 나머지 사람들은 방적공이나 방직공으로 번 수입으로 농업소득을 보충했다. [83] 리즈지역에서는 "도시로의 거래(부업) 없이 농사만으로 생계를 꾸리는 농부는 한 사람도 없었다."[84]

의 집에서 일하는 견직공들에게 단순히 작업을 분배해주었을 뿐이다. 이 체제는 오늘날까지도 완전히 사라지지 않고 있다.

81) *Report on the State of the Woollen Manufacture*, 8면 ; *Parliamentary Debates*, Ⅱ, 668면.

82) "서부 지방의 공업제도의 성격은, 지금껏 내가 이해해온 바로는 대체로 모두 공장제도이다. 즉 우리가 요크셔에서 가내공업(domestic system)이라고 부른 것 같은 제도는 없다. 여기서 가내공업이라고 할 때 나는 그것을 마을 혹은 외딴 지역에서 충분한 안락을 누리며 자신의 자본으로 사업을 하는 소규모 직물업자를 의미하는 것으로 사용한다. ……잉글랜드 서부 지방에서는 상황이 정반대이다. 그곳에서 제조업자(manufacturer)는 외딴 집에 있다는 점을 제외하면 요크셔의 공장에서 일하는 통상적 노동자와 같다. 서부에서는 양모가 방직을 위해 직물업자들에게 분배되는 반면에, 요크셔에서는 양모가 직물로 되어 팔리기 전까지는 제조업자 자신의 재산이다." *Report on the State of the Woollen Manufacture*, 446면.

83) W. Radcliff, *Origin of the New System of Manufacture, commonly called Power-loom Weaving*, 59면 ; S. Bamford, *Dialect of South Lancashire*, iv면 및 v면.

84) *Report on the State of the Woollen Manufacture*, 13면.

혼히 농업과 공업은 너무나 밀접하게 결합되어 있어서 한쪽의 활동이 증가되는 것은 다른쪽의 활동이 그만큼 감소됨을 의미했다. 옥외노동이 불가능한 겨울에는 방차가 바쁘게 윙윙거리는 소리가 모든 오두막의 난로가에서 들렸다. 이와 반대로 수확기에는 방차들이 한가했으며 방사가 부족하기 때문에 직기들 자체도 멈추어야만 했다. "태고적부터 유지되어온 관습에 따르면 수확기에는 해마다 방적을 중단하는 것이 편리한데 이것은 고용살이 방적공들이 그 시기에는 주로 수확작업에 고용되는 것을 고려한 것이다……" 1662년의 의회법의 전문은 이렇게 씌어 있다. [85]

부유한 상인이 양모를 대량으로 사는 경우, 그는 그것을 싸게 방적하기 위해 혼히 15~20마일 멀어진 먼 거리까지 보내지 않을 수 없었다. [86] 그는 작업 분배를 담당하는 연락원으로, 때로는 농부, 더러는 촌락의 술집주인을 고용해야만 했다. 이 제도는 여러 결점을 갖고 있었다. 술집주인은 단골손님들과 거래해야만 하는 까닭에 그들을 불쾌하게 하지 않으려고 신경을 쓴 나머지 작업의 질에 대해서는 꼼꼼하게 굴지 않았고, 상인직물업자는 이에 대해 불평이 적지 않았다. [87] 우리가 본 바처럼 이미 소제조업자는 외부의 노동을 고용할 수밖에 없었다. 자본의 영향력이 감지됨에 따라 이 초기유형의 공업제도는 점차 일반화되어갔다. [88]

방적공(남녀)의 손을 거친 뒤에 양모는 방직공에게 넘겨졌다. 방직공은 아직도 외면적으로는 온전한 독립을 유지하고 있었다. 그는 집에서

---

85) 찰스 2세 14년, 법령 제 5 호.

86) 브래드포드의 Th. 크로즐리는 소모(梳毛)된 양모의 실톳대를 리버풀 근처의 커크비 론즈데일(약 50마일 멀어진)과 음스커크에 보내곤 했다. J. James, *History of the Worsted Manufacture*, 254, 325면.

87) 같은 책, 312면. (리즈의 소모사위원회 회장인 H. 홀의 증언) 남녀 방적공들은 개수(個數)임금으로 보수를 받았다. 일정량의 노동을 1페니로 부르고, 그것의 12배는 1실링으로 불리었다. 이렇게 사용되면서 이 말들은 그 통상적 의미를 잃었다. 왜냐하면 실링의 가치는 12페니에서 15페니까지로 등락되었기 때문이다. *Annals of Agriculture*, Ⅸ, 447~49면 및 *Norfolk Herald*, 1832년 2월 14일자를 볼 것.

88) 18세기 동안 '산업자본주의의 길을 닦는 상업자본주의'가 행한 부분은, 프랑스 경제사에서의 예증과 함께 Henri Sée 의 논문 "Les Origines de l'Industrie Capitaliste en France" (*Revue historique*, Vol. CXLVIII)에 매우 잘 설명되어 있다.

자기의 직기를 가지고 일했다. 그는 때로 경영자의 역할까지 했으며 제조를 감독했다. 그는 더러 자기의 비용으로 쇄정과 방적을 시켰다. 그는 도구와 사소한 생산원료 일부를 공급했다. [89] 게다가 그는 단 한 사람의 도장인에게 묶여 있지 않았다. 왜냐하면 그는 흔히 4, 5명의 다른 직물상인들이 그에게 준 일을 갖고 있었기 때문이다. [90] 이런 환경 아래서 그는 자신을 노동자로 여기지 않고 당연히 부유한 고객과 계약을 맺고 거래하는 하청업자로 여기는 경향을 보였다.

그러나 방직공은 가난했다. 자기가 받은 돈에서 자신에게 지불되어야 하는 임금을 빼면 남는 것이 거의 없었다. [91] 흉년이 들거나 수확이 부족하면 그는 어려움에 빠졌다. 그는 돈을 빌어야만 했다. 그런데 그를 고용한 상인말고 누가 돈을 빌려줄 수 있었겠는가? 대개 상인은 그에게 기꺼이 돈을 빌려주었으나 담보를 요구했으며, 가장 손쉬운 담보는 방직공의 직기였다. 이 직기는 임금을 버는 단순한 수단이었으나 이제는 더이상 생산자의 독점적인 자산이 아니게 될 것이다. 이런 식으로 원료에 이어 이번에는 도구가 자본가의 손에 떨어졌다. 17세기말부터 18세기초에 걸쳐 이 수탈(收奪)의 과정은 천천히 눈에 띄지 않게, 가내공업이 최초의 타격을 입은 곳이면 어디서나 일어났다. 이리하여 마침내 상인직물업자는 축융 및 판매의 공간과 함께 양모·방사·직기·직물을 소유하게 되었다. 설비가 보다 복잡하고 따라서 보다 값비싼

---

89) 여러가지가 있으나 끝손질을 위한 풀과 야간작업에 쓸 양초. Butterworth, *History of Oldham*, 103면 ; R. Guest, *Compendious History*, 10면 ; *Journals of the House of Commons*, LV, 493면 참조. 위의 귀절들은 면공업에 대하여 언급하고 있는데, 면공업에서는 양모공업에서보다 이러한 관행이 더 통상적이었다.

90) *Report from the Select Committee on the Petitions of Persons concerned in the Woollen Manufacture in the Counties of Somerset, Wilts and Gloucester* (1803), Parliamentary Reports, V, 243면.

91) 방직공은 방사 12파운드를 방직하는 데 36실링을 받았다. 준비작업(選毛·刷整·粗紡)에는 9실링의 비용이 들었고 방적에는 파운드당 9페니, 모두 9실링이 들었다. 따라서 2주일 걸리는 노동으로 그에게 남는 액수는 18실링이었다. (Cotton Industry, 1750. R. Guest, *Compendious History*, 8면을 볼 것)

양모공업의 어떤 부문들에서는 자본가가 더 빠르고 완전하게 지배권을
확립했다. 런던과 노팅검에서 편직기로 양말을 짜는 사람들은 사용료
——편직기 사용료——를 냈다. 그들이 고용주에 대해 불만이 있을 때
투쟁하는 방법 가운데 하나는 편직기를 부수는 것이었다.[92] 이리하여
생산도구에 대한 일체의 소유권을 차츰 박탈당한 생산자는 결국 자기의
노동을 팔아 임금으로 생활할 수밖에 없게 되었다.

토지 자체가 아직도 생계를 이어가는 데 도움을 주는 농촌이 아니라
상인직물업자가 거주하는 도시에 살 때 소생산자의 지위는 훨씬 더 불
안정했다. 생계의 바탕이 되는 일을 구하기 위해 찾을 사람이 〔상인〕직
물업자밖에 없기 때문에 그는 완전히 종속되었다. 1765년에 티버튼의
어느 부유한 상인이 상속자 없이 죽었다. 생존수단을 빼앗길 것을 벌써
깨달은 방직공들 사이에 대단한 불안이 감돌았다. 그들은 무리를 지어
시장에게 가서 시의회의 자리 하나를 주어 엑써터의 상인 한 사람을 티
버튼으로 초청해오도록 노력하라고 요청했다.[93] 그들에게 있어서 그
상인의 죽음은 오늘날의 노동자에게 공장폐쇄 조처와 같은 것이었다.
오직 한 가지만 있으면 이 유사함은 완전해진다. 당시의 방직공은 공장
규율에 얽매이지 않은 채 아직도 집에서 일했고, 경영주는 여러가지 공
정을 감독함이 없이 그 공정의 질서와 연결을 조정하는 일만을 맡았다.
그러나 여기저기서 소규모의 '매뉴팩처'가 나타나서 모직물 상인은 직
기들을 자기의 지붕 아래 모았고 도장인수공업자와 마찬가지로 한 작
업장에 3,4명이 아니라 10~12명을 두었다. 동시에 그는 고용한 노동자
들을 그들 자신의 집에서 계속 일하게 하기도 했다.[94] 이런 식으로 우

---

92) W. Felkin, *History of the Machine-wrought Hosiery and Lace Ma-
nufacture*, chaps. Ⅱ, Ⅲ ; G. Howell, *Conflicts of Capital and Labour*,
85면. 가장 중요한 자료는 1753년의 의회조사단이 작성한 *Journals of the
House of Commons*, Vol. XXVI이다.

93) M. Dunsford, *Historical Memoirs of the Town of Tiverton*, anno
1765. 이 사건 관계에 대해서는 Lipson의 *History of the English Woollen
and Worsted Industries*, 54,56면에 잘 나타나 있다.

94) 1806년의 *Report on the State of the Woollen Manufacture*에는 몇 가지
예가 인용되었다. 이를테면 한 직물업자는 21명의 방직공을 고용하였는데,
그 중 11명은 그의 집에서, 10명은 자기들의 집에서 일을 하였으며 21대의

리는 거의 감지할 수 없을 정도로, 소제조업자가 짠 직물을 사러 공설
시장에 가는 상인으로부터, 다가올 시기의 대산업가가 될 준비가 되어
있는 매뉴팩처 경영자(manufacturer, 제조업자)에게로 넘어간다.

가내공업과 '매뉴팩처' 제도 중간에 나타나는 이런 형태의 공업은 거
의 언제나 집에서 행해지는 작업에 바탕을 두고 있었다. 바로 이런 이
유 때문에 헬트(Held)는 그것을 자주 '가내공업'(Hausindustrie)라고 부
른다. [95] 그러나 그 표현은 모호하다. 도장인수공업자의 공업 역시 훨
씬 더 복잡한 의미로 보면 가내공업(home industry)이 아닌가? 그 공
업에 가장 적절하게 적용되는 것은 이 용어가 아닌가? 이 제도를 특징
짓는 것은 집에서 행해지는 일이 아니라 자본가 즉 상인이 하는 역할이
다. 그는 처음에는 단순한 구매자(buyer)에 불과했는데 차츰 생산 전체
를 통제하게 된다. [96]

상인제조업자의 경제력이 차츰 영향력을 미치기 시작한 것은 주로 서
남부였다. 이 경제력은 프롬과 티버튼 같은 소도시들에 본거지를 두고
있었고, 이러한 지역들로부터 주위의 촌락들과 농촌지방으로 퍼져나갔
다. [97] 이런 견지에서 보면 서남부가 특별히 독특한 것은 아니었다. 소

직기는 직물업자의 것이었다. (175면) 또 어떤 직물업자는 모두 27대의 직기
가운데 자신의 작업장에 불과 13대를 놓아두기도 했다. (104면)

95) A. Held, *Zwei Bücher zur socialen Geschichte Englands*, 541~43면.
이러한 공업형태는 특정 생산분야에서 어떻든 존속해갔다. 하스바하는 오늘
날 영국에서 다음과 같은 예들을 언급한다. 즉 셰필드 및 그 인근의 칼제조
업, 黑鄕의 사슬 및 못 제조업, 노팅검의 레이스제조 및 메리야스업, 베드
포드의 밀짚끈제조업, 우스터 및 옥스포드셔의 장갑제조업, 버밍검의 잡화
업, 매클레스필드의 견직업. W. Hasbach, *Zur Charakteristik der engli-
schen Industrie* (*Jahrbuch fur Gesetzgebung*, XXVI, 1032~52면). 런던
을 위시한 여러 도시들에서의 잘 알려진 직물업의 예는 말할 것도 없다.
96) 우리는 양모공업을 예로 들어왔다. 그러나 다른 공업들에서도 동일한 사
실들의 증거가 이에 못지않게 많다. 1750년에 노팅검에서는 50명의 메리야스
업자가 모두 1,200대의 편물기계를 가지고 있었다. W. Felkin, *History of
the Machine-wrought Hosiery and Lace Manufacture*, 83면 참조. 기술 변
화가 가장 더뎠던 분야에 드는 레이스공업도 마찬가지다. 1770년에 런던의
James Pilgrim은 대다수가 집에서 일을 하는 2천 명의 남녀 노동자를 고
용하고 있었다. *Journals of the House of Commons*, XXXII, 127면.
97) Defoe, *Tour*, II, 17면에는 티버튼 주위의 모든 마을들이 "이 도시의 도장

제조업자의 독립이 아직도 거의 완전한 상태로 유지되고 있던 핼리팩스 교구와 아주 가까운 요크셔에서 브래드포드 지구는 그와는 정반대로 부유한 직물업자들의 지배를 받았다. 이 두 생산형태가 공존한 데 대한 매우 설득력있는 설명은 다음과 같다.[98] 브래드포드에서 사용되는 양모는 소모(梳毛)한 것이었고 핼리팩스의 것은 쇄정(刷整)한 것이었다. 그런데 양자 사이에는 기술적인 세부사항뿐 아니라 원료의 가격과 노동자들에게 요구되는 기술의 양에서도 차이가 있었다. 소모공업은 보다 질이 좋고 가격이 비싼 장(長)섬유를 필요로 한다. 쇄모(刷毛)공업은 곱슬곱슬한 단(短)섬유를 필요로 하는데, 이 단섬유는 값은 더 싸지만 이용하기가 그리 쉽지 않다. 전자는 무엇보다도 자본을 필요로 했으며 후자는 숙련되고 꼼꼼한 노동을 필요로 했다. 후자는 자유로운 소작업장에서 번창할 수 있었던 반면에 전자는 보다 고도로 상업화된 체제의 일부로서 더욱 훌륭하게 발전했다.

잉글랜드의 동부──특히 노포크──에서는 소모공업이 지배적이었다. 그러므로 이 지방에는 자본제적 기업을 시작하기에 가장 좋은 조건들이 있었다. 그러나 이런 기업의 발달이 서남부 지방보다 이곳에서 훨씬 더 급속하거나 완전했던 것 같지는 않다. 단지 노포크에서 아주 특수한 중간상인(middleman)계급──소모(梳毛)도장인(master comber)──다시 말하면 도시, 특히 노리치시(市)에 사는 '부유하고 유능한 사람들'의 존재에 주목할 뿐이다. 그들의 이름은 그들의 주업을 보여준다. 그 주업은 소모를 하는 섬세한 공정으로서, 이 일은 숙련된 노동자들에게만 위탁되었다. 소모가 끝난 뒤에도 소모도장인의 작업은 끝난 것이 아니었다. 그는 차양을 친 수레를 몰고 농촌으로 다니면서 방적공들에게 양모를 분배하고 방사를 회수하고 작업에 대해 보수를 지급하는 외무원(traveller)들을 두고 있었다.[99]

제조업자들에게 상당히 의존하는 제조업자들로 꽉 차 있었다"고 언급된다.

98) Laurent Dechesne, *l'Evolution economique et sociale de l'industrie de la laine*, 69~71면. H. Heaton의 *The Yorkshire Woollen and Worsted Industries*, 297면 이하와 비교할 것.

99) *Norfolk Herald*, 1832년 2월 14일자. 이 책에 담겨 있는 정보는 1784년 노리치에서 직접 수집되었다.

나머지 제조공정은 서부지방에서처럼 직물업자들의 수중에 있었다. 그들의 중요성은 그들이 차지하고 있던 지위에 의해 판단될 수 있다. 노리치에서 그들은 진짜 귀족계급이나 마찬가지였다. 그들은 신사(gentleman)처럼 행동하면서 칼을 차고 다녔다. 그들의 상업적인 연결망은 스페인령 아메리카, 인도, 중국까지 확대되었다. [100] 그들은 오늘의 대공업가들과 얼마쯤 유사하기는 하지만 중세의 대직물업자들, 즉 거대한 상관(商館)처럼 부유하고 소란한 도시들을 지배하던 이프르(벨기에 서북부의 도시—역주)와 강(벨기에 서북부의 공업도시—역주)의 상인들과 훨씬 비슷했다.

그들은 제조업자라고 불리기는 했지만 근본적으로는 제조업이 아니라 매매에 전념하는 상인들이었다. [101] 당시 잉글랜드에서 가장 중요한 공업이었던 양모공업에 있어서 자본가의 효율적인 경영 아래 있던 대작업장들의 존재는 18세기말까지는 아주 예외적인 모습으로 존속되었다는 데 주목해야만 한다. 이 제도는 프랑스에서처럼 왕권의 총애를 받지는 못했으며 왕권에 의해 조직되는 일은 더욱 없었다. 그렇기는커녕 그 제도는 처음에는 새로운 위험한 형태라고 비난당했다. [102] 그 제도는 비록 규제적 입법에 의해 완전히 중단되지는 않았지만, 위협받는 전통과 이익의 보전을 목적으로 하는 다양한 조치에 의해 어쨌든 발달이 지연되었다. 소공업은 살아남았다. 뿐만 아니라 생산자가 독립을 잃은 곳에서조차 옛 형태의 가내공업은 사라지지 않은 채, 거의 변하지 않은 기술공정과 함께 아무것도 변하지 않았다는 환상을 계속 유지시켰다.

5. 노동계급의 상태

공업의 이 상이한 단계들——우리는 이 안에서 점진적 변화의 결과를

100) *Norfolk Herald*(같은 날짜); T. Baines, *Yorkshire, Past and Present*, I, 677면.
101) 제조업자이기보다는 상인이라 할 수 있는 같은 종류의 자본주의 기업가는 다른 산업들에서도 발견되었다. F. W. Galton on Merchant Tailors, *Select Documents Illustrating the History of Trade Unionism*, I (*The Tailoring Trade*), 46, 54면 등을 볼 것.
102) 이 책의 서문, 17면 주18 참조.

본다——은 공업[노동]계급의 상태에 나타나는 단계에 대응하는 것이다. 그들의 상태를 고의로 미화하거나 어둡게 묘사하지 않는다 하더라도, 획일적으로 그려내는 것보다 더 그릇된 인상을 주는 것은 없다.

우리는 과거와 오늘날의 노동자의 상태를 비교할 때 흔히 그 차이를 과장하고 싶은 유혹에 빠진다. 구시대의 공업에 관한 목가적인 묘사가 저술가들에 의해 되풀이 제시된 바 있는데, 그들의 의도는 현재의 악폐를 비난하고 사람들의 마음을 과거의 전통으로 끌어들이려는 것이었다. 과거야말로 "공업의 황금시대"[103]였다는 것이다. 그 시대에 수공업자는 농촌에서나 소도시에서나 우리의 근대적 대공업 중심지들에서보다 단순하고 건강한 생활을 했으며, 가족생활이 유지되어 그의 도덕을 보호했다. 그는 자기 집에서 자신이 좋은 시간에 힘에 맞게 일했다. 그가 소유하거나 임대한 몇 에이커의 경작이 그의 여가를 메웠다. 그는 친숙한 사람들 속에서 평화로운 생활을 했으며 "사회의 존경할 만한 일원, 선량한 아버지, 선량한 남편, 선량한 아들"이었다.[104] 이보다 더 감동적이고 교훈적인 태도로 읊조릴 수 있는 조사(弔辭)는 없을 것이다.

그러나 이 조사가 모든 면에서 당연하다고 생각하더라도, 그것은 우리가 핼리팩스지구의 경우에 기술한 것과 같은 가장 완전한 본래적인 가내공업의 경우에만 적용될 수 있다. 노동자인 동시에 고용주이기도 한 요크셔의 도장인제조업자는 작업장과 토지 사이에서 자기의 시간을 나누어 쓰면서 상당한 번영을 누렸음이 분명하다. "대가족을 거느린 직물

---

103) P. Gaskell, *The Manufacturing Population of England*, 17면 이하.

104) 같은 책. 18세기의 공업의 조건들에 대하여 연구하는 최근의 학도들은 누구나 이 점에 관해 우리와 같은 결론에 이르고 있다. Heaton은 *The Yorkshire Woollen and Worsted Industries*, 351면에서 이렇게 썼다. "오늘날 그의 따분한 노역에 대하여 부여하는 매혹이라는 주술을 알게 된다면 18세기의 노동자는 매우 재미있어할 것이다." W. Bowden (*Industrial Society in England Towards the End of the Eighteenth Century*, 250면)은 이렇게 관찰하고 있다. "공장제도와 비교할 때 가내공업이 이상화(理想化)되는 실제 이유는 각 제도로부터 노동자에게 생겨나는 이익 또는 불이익에서 찾을 수 있는 것이 아니라, 오히려 가내공업이 농장노동자의 가족에게 보조적 수입을 제공하여 그것이 고용주로 하여금 농업노동임금을 절감할 수 있게 해준다는 사실에서 찾아질 수 있다."

업자가 시장이 서는 날에 핼리팩스에 가서 한 마리 당 8∼10파운드나
하는 거세한 큰 소를 두서너 마리 사는 것은 보통 있는 일이다. 그는
이 소들을 집으로 끌고 가서 식용으로 쓰려고 잡는다."[105] 이 소들에다
그가 자기의 보유지에서 기르는 가축과 공유지에 방목하는 가축을 더하
면 겨우내 그가 고기의 부족을 느끼지 않을 정도로 충분했다. '옛날 잉
글랜드'에서 불고기가 많은 농촌사람들에게는 여전히 사치였으며 스코틀
랜드의 가난한 농민들이 겨울에 가축의 피를 짜서 마시던 지경의 시대
에 비하면 그것은 번영의 주목할 만한 표징이었다.[106] 요크셔의 방직공
은 자기가 마실 맥주를 직접 양조했다.[107] 그의 의복은 집에서 만들어졌
다. 그리고 도시에서 정장(正裝)을 사는 것은 그에게는 자만과 사치의
표징으로 여겨졌다. 이처럼 그의 생활방식은 단순하지만 안락해서, 우
리는 그가 아무런 변화도 바라지 않았다 해도 이상하게 여길 수는 없
다.[108] 그가 고용한 노동자들은 그 자신과 동떨어진 별개의 계급을 이
루는 일이 거의 없었다. 그들은 더러 도장인의 집에 살면서 무료로 숙
식을 하는 동시에 농장머슴들처럼 연간임금(annual wage)을 받았다.[109]
스스로의 힘으로 인접한 촌락에서 개업을 하지 않는 한, 그들은 똑같은
도장인에게 거의 무한정으로 고용되었다.[110] 그러나 이런 상태는 온갖
본질적 특징을 갖는 가내생산이 여전히 존재하는 곳에서만 있을 수 있
었다.

자본과 노동의 분리가 발생하자마자 상황은 생산자에게 불리하게 변

---

105) Defoe, *Tour*, Ⅲ, 108면.

106) 1787년 브레콘에서 "가난한 사람들의 음식은 빵과 치즈와 우유 그리고
물이었다. 그리고 약한 맥주가 있었고, 고기는 일요일을 제외하곤 결코 먹
을 수 없었다." Arthur Young, *Annals of Agriculture*, Ⅷ, 50면. 햄프셔
의 치안판사들은 1795년에 노동자들이 하루에 한 번 아니면 일주일에 적어도
세 번 고기를 먹게 하고 싶다는 희망을 표시했다. *Annals of Agriculture*,
XXV, 365면. F. Eden, *State of the Poor*, Ⅰ, 496면을 볼 것.

107) 엿기름에 부과된 세금에 항의한 청원을 볼 것. *Journals of the House
of Commons*, XXXVII, 834면.

108) *Report on the State of the Woollen Manufacture*, 10면.

109) 1년에 8파운드에서 10파운드. Howell, *Conflicts of Capital and Labour*,
74면을 볼 것.

110) *Report on the Woollen Clothiers' Petition* (1803), 4면을 볼 것.

했다. 이제 그는 임노동자(wage earner)에 불과하게 되었으므로 그의 상황은 전적으로 임금률에 달려 있었다. 18세기의 경제관계 저술에 자주 나타나는 하나의 관념은 노동자가 언제나 너무 좋은 보수를 받는다는 것이다.

궁핍이 어느 정도는 사람을 부지런하게 만든다는 것, 그리고 일주일에 사흘간의 노동으로 생계를 유지할 수 있는 제조업자가 그 주의 나머지 날들을 술에 취해 지낸다는 것은 그 문제에 정통한 사람들에게는 아주 잘 알려진 사실이다. ……공업지대의 빈민들은 일반적으로 한 주간의 방탕을 지탱하고 생활하는 데 필요한 시간 이상을 일하려고 하지 않는다. ……전체적으로 볼 때 우리는 양모공업의 임금 인하는 국가적 축복과 이익이 되지 빈민들에게 실제로 손해를 끼치지는 않을 것이라고 단언할 수 있다. 이런 방법으로 우리는 상업을 유지하고 지대(地代)를 보호하고, 그 외에도 사람들을 교화할 수 있다.[111]

흔히 되풀이된 이런 훌륭한 충고는 어김없이 지켜졌다.

대개 여자와 어린이가 하는 방적은 임금이 가장 낮았다. 아서 영(Arthur Young)의 수치에 따르면 1767∼70년에 여성방적공의 임금은 지역과 연도에 따라 하루에 4∼6페니였다. 이것은 일용노동자가 받는 임금의 약 3분의 1이었다.[112] 그것은 농가의 통상소득을 보충하는 데 지나지 않

111) J. Smith, *Memoirs of Wool*, Ⅱ, 308면; W. Hutton, *History of Birmingham*, 97면; *An Inquiry into the Connection between the Present high Prices of Provisions and the size of Farms*, 93면; 1764년에 나온 의미심장한 제목을 단 팜플렛 참조: *Considerations on taxes, as they are supposed to affect the price of labour in our manufactures. Also some reflections on the general behaviour and disposition of the manufacturing populace of this kingdom; showing, on arguments drawn from experience, that nothing but necessity will enforce labour, and that no state ever did or ever can make any considerable figure in trade, where the necessities of life are at a low price.*

112) 리즈 지역은 주당 2실링 6페니(*North of England*, Ⅰ, 139면), 랭커셔는 주당 3실링 3페니(같은 책, Ⅲ, 134면), 에쎅스는 일당 4∼5페니(*Southern Counties*, 65면), 써포크는 일당 6페니(같은 책, 58면). J. James의 *History of the Worsted Manufacture*, 325면에는 소모공업의 경우에 대해 다음

앉고 또 노동조건이 고통스럽지 않았다는 것은 분명하다. 브래드포드의 계곡에서는 "앨러튼, 쏜튼, 윌즈덴과 이 계곡에 있는 다른 촌락들의 여자들이 햇빛이 내리쬐는 날 방차를 가지고 마음에 드는 쾌적한 곳에 모여 그날의 노동을 했다. 웨스트게이트의 북쪽에 있는 백 레인에서는 여름날의 오후가 되면 줄지어 선 방차들을 볼 수 있었다."[113] 남녀 방적공들이 실감개와 방차에 매달리거나 농업으로부터 공업으로 던져질 때 비로소 그들의 상황은 정말로 불안해졌다.

공업이 단순한 공정으로부터 보다 복잡하고 정교한 공정, 다시 말하면 집중과 숙련을 요구하는 공정으로 이행해감에 따라 그만큼 전문화가 더욱 강화되고 신속해졌다. 시간마다 직기 위에 허리를 숙이고 있는 방직공은 날이 갈수록 전문 방직공으로 되어가는 경향이 있었다. 그가 아직도 농촌에 살고 있었을 때 분명히 그는 농민이자 경작자로 남아 있었다. 그러나 그의 농업노동은 차츰 뒷전으로 밀려나서 부업이 되었고 농업수입은 공업임금을 보충하는 데 일조가 될 뿐이었다. 노리치나 티버튼의 방직공은 이제 노동자에 불과했다. 그는 생계를 위해서는 오직 방직노동에 의존할 수밖에 없었다. 우리는 그가 얼마나 완전하게 그의 고용주에게 의존하는가를 이미 살펴보았다. 이 종속이 강화되면 될수록, 그리고 고용주가 노동자는 자기가 일을 주지 않으면 살아갈 수 없다는 것을 깨달으면 깨달을수록 임금률은 더욱 빨리 떨어졌다.

서부지방의 촌락들에서 아직도 농업노동과 공업노동을 겸하고 있던 방직공들은 제법 잘 생계를 꾸리고 있었다. 1757년에 글로스터의 어느 방직공은 아내의 도움을 받으면서, 작업이 순조로울 때는 한 주에 13~18실링, 즉 하루에 2~3실링을 벌 수 있었다. 이것은 약 11~12실링쯤 되

과 같은 수치를 인용하고 있다. 즉 유능한 방적공은 월요일 아침부터 토요일 저녁까지 일하여 2실링 6페니(일당 6페니)를 벌고, 15살의 소녀는 하루에 9 내지 10타래의 방사를 방적할 수 있는데 1타래당 0.5페니를 받기 때문에 하루 임금은 4.5 내지 5페니를 의미했다. 이것을 농업노동임금과 비교하기 위해서는 다음을 볼 것. A. Young, *Southern Countries*, 61, 62, 151, 154, 157, 171, 186, 197, 266면과 *North of England*, I, 172, 312~13면; III, 24~25, 277, 345면. 개괄적 묘사에 대하여는 같은 책, IV, 293~96면.
113) J. James, *Continuation to the History of Bradford*, 221면.

었을 평균 주급보다 훨씬 높다고 몇 해 뒤에 가서 영은 지적했다.[114] 공
업 인구가 늘어나 농촌적 성격을 거의 보존하지 못한 리즈 지역에서는
유능한 노동자는 주당 10실링 6페니를 벌었는데 하지만 빈번한 실업으
로 이 액수는 평균 8실링으로 줄었다.[115] 자본가인 고용주가 보다 큰
역할을 한 노포크의 소모공업에서는 임금이 훨씬 낮았다. 노리치에서는
임금이 주당 6실링에 불과했는데, 이것은 하루에 1실링이 채 안되는 액
수였다.[116] 이처럼 아직도 농업과 결합되어 있던 분산적 공업으로부터
보다 높은 단계의 집중과 조직에 도달한 공업으로 넘어감에 따라 우리
는 노동자의 독립성뿐 아니라 생활수입이 저하되는 것을 본다. 그 원인
은 한편으로는 노동의 과잉공급이며 다른 한편으로는 자신의 직업 이외
에서 생계비를 버는 것이 점차로 어려워졌다는 것이다. 오직 보다 큰
숙련을 필요로 하는 특별한 직업을 가진 특정의 노동자들, 예를 들면
소모공과 전모공(剪毛工)만이 더 많은 임금을 받으면서 그들의 생활수
준을 유지할 수 있었다.

오늘날 공장노동자들이 불평하는 대부분의 골치거리는 18세기초의 잉
글랜드 노동자들도 알고 있었다. 재봉공들이 의회에 제출한 불만의 끝
없는 목록을 훑어보자.[117] 그들은 불충분한 임금에 대해 불평했으며,[118]
실업에 대해 불평했다. "가난하고 부지런한 재봉공들은…… 도장인들에
의해 일년의 절반 혹은 기껏해야 3분의 2밖에 부름을 받거나 고용되지
못합니다. 그들 가운데 처자를 거느리고 있는 사람들이 아주 불안정하

---

114) A. Young, *Southern Counties*, 270면.
115) A. Young, *North of England*, Ⅰ, 137～38면.
116) A. Young, *Southern Counties*, 65면; J. James, *History of the Wor-sted Manufacture*, 278면.
117) F. W. Galton이 수집한 텍스트들을 볼 것. *Select Documents Illustra-ting the History of Trade Unionism.* (Ⅰ, *The Tayloring Trade*)
118) 1720년에 일당 1실링 10페니. (Galton, 위의 책, 13면) 의회법에 따르면 (조지 1세 7년, 법률 제13호) 1721년에는 1실링 8페니에서 2실링으로, 1751 년에는 2실링에서 2실링 6페니. (Galton, 위의 책, ⅩⅩⅩⅤ면) 1763년에는 2 실링 2페니에서 2실링 6페니 (四季裁判所(Quarter Sessions)의 치안판사들에 의해 내려지고, 조지 3세 8년의 법률 제17호에 의해 확인된 판결). 1775년 에는 3실링. (Galton, 위의 책, 86면)

게 받는 임금으로 일년을 살아갈 수가 없다는 것은 공정한 재판관이 보기에는 명백합니다. 그들의 임금은 일년 내내 하루에 15, 6페니를 넘는 적이 거의 없습니다. "[119] 그들은 농촌으로부터 데려오는 더 많은 수의 도제들의 경쟁에 대해 불평했다. "많은 재봉도장인들은 노동을 더 값싸게 시키려고 미숙하고 경험 없는 사내애들을 농촌에서 다수 구하는데, 이들은 보다 훌륭한 교육을 받기 위해 낮은 임금을 받고 기꺼이 일합니다. "[120] 그들은 노동시간이 지나치게 길다고 불평했다. "대부분의 수공업에서 노동시간은 아침 6시부터 저녁 6시까지입니다. 그러나 재봉공들과 코르셋제조공(staymaker)들의 노동시간은 그 시간을 두 시간이나 초과합니다. [121] 그리고 그들은 겨울에는 촛불 옆에서 많은 시간 일하는데, 그것은 아침 6시부터 8시 이후까지…… 그리고 오후 4시부터 8시까지 4시간 이상입니다. ……또 이렇게 많은 시간 동안 작업대 위에 몸이 거의 배로 늘어나도록 굽힌 자세로 두 다리를 내리고 앉아서, 그렇게 오랫동안 촛불 옆에서 일에 몰두하다보면 그들의 정신은 기진맥진하고 체력이 소진되며 건강과 시력은 곧 상합니다……"[122] 그리고 그들 대부분은 오늘날의 평범한 노동자와 마찬가지로 생활상의 지위가 더 상승할 희망이 없었다.

그들의 입장은 전세기(17세기)보다는 나쁘지 않았고 오히려 어느 정도 더 나아졌다는 것을 인정해야만 한다. 약 50년 동안 아주 낮게 유지된 물가가 이 부인할 수 없는 개선에 대단히 큰 도움이 되었다. [123] 거의 어

---

119) *The Case of the Journeymen Tailors in and about the cities of London and Westminster*, 1744. 1752년에 나온 한 팜플렛에 따르면, "요한축일(Midsummer Day, 영국에서는 四季支拂日 중의 하나. 사계지불일이란 3월 25일의 Lady Day, 6월 24일의 Midsummer Day, 9월 29일의 Michaelmas, 12월 25일의 Christmas로 이 날 채무의 상환 및 갱신이 이루어졌다—역주)로부터 미가엘제(祭)(Michaelmas) 좀 후까지 재봉편력공들은 일이 전혀 혹은 거의 없으며 대체로 1년에 32주 이상은 고용되지 않는다." *The Case of the Journeymen Tailors and Journeymen Staymakers*, 1면.

120) 같은 책, 2면.

121) 노동시간을 13시간(오전 6시에서 오후 7시까지)으로 줄인 1768년의 법률(조지 3세 8년, 법률 제17호)까지.

122) *The Case of the Journeymen Tailors and Journeymen Staymakers*, 2면.

123) Toynbee, *Lectures on the Industrial Revolution*, 67면에 따르면, 17세

느 곳에서나 밀빵이 "일종의 공포를 품고 올려다보던"[124] 보리빵이나 호밀빵의 자리를 뺏었다. 고기를 먹는 것은 아직도 제한되어 있기는 했지만 유럽의 그 어느 나라보다 덜 그러했다.[125] 우리는 오두막들에까지도 동인도회사가 극동에서 가져온 차라는 사치품(아니면 당시에 사치품이라고 여겨지던 것)이 소개된 것을 발견한다.[126] 그럼에도 불구하고 이 사실들로써 명백히 알 수 있는 당시의 상당한 번영은 매우 불안정한 성격을 띠고 있었다. 몇 차례 흉작이 일어나서 그 결과로 물가가 오르면[127] 그 번영은 끝장이 나고 말았다. 많은 지역에서, 소토지 보유와 소규모 수공업의 전통적 결합을 영구적으로 파괴한 공동지 분할은 농촌 노동자들의 상태를 유지할 수 없게 만들고 그들을 집단적으로 도시로 몰아내기에 충분했다.

대부분의 노동자들은 집이나 작은 작업장에서 일했다. 이것이 기묘한 착각을 일으켰다. 감독의 눈길 아래서 엔진이 덜컹대는 시간에 하는 공장노동보다는 가내노동이 덜 힘들고 보다 건강하며 무엇보다도 더 자유롭다고 생각하는 것은 흔히 있는 일이면서도 꽤 자연스러운 환상이다. 실제로 특정의 가내공업에는 가장 무자비한 착취의 형태들이 최근까지 존속해왔거나 여전히 존속하면서 최소의 임금으로 최대의 노동이 어

기에 옥수수의 평균가격은 최저 약 38실링 2페니부터였으며, 일고노동자의 평균임금은 최저 10.75페니였다. 1700년에서 1760년까지, 옥수수의 평균가격은 32실링부터였으며, 일고노동자의 평균임금은 12페니부터였다.

124) A. Young, *The Farmer's Letters to the People of England*, I, 207 면. 그렇기는 하지만 가장 가난한 지역들(예를 들면 컴벌랜드 계곡)에서는 18세기말까지만 해도 흰 빵은 소망스러운 별식이었으며, 일반 축제일이나 종교상의 축제일에나 만들어졌다. F. Eden, *State of the Poor*, I, 564면.

125) A. Young, *Travels in France*, 1793 edition, II, 313면. "방직공들은 누구나 할 것 없이 늘 일요일 저녁 식탁에는 거위 한 마리 아니면 그에 못지않은 것을 올려놓았다." *Norfolk Herald*, 1832년 2월 7일자.

126) 잉글랜드의 차 수입은 1711년 14만 2천 파운드, 1760년 251만 6천 파운드였다. Sir Geo. Nicholls, *History of the English Poor Law*, II, 59면. 차 소비의 증가는 우유 소비의 감소와 밀접하게 연결되었던 듯이 보였다. 우유를 소비한다는 것은 토지노동자들의 가족에게 너무 값비싼 것이었다. Hasbach, *History of the English Agricultural Labourer*, 128면.

127) 이것은 1765년과 1775년에 일어난 일이다.

떻게 획득될 수 있는가를 보여주고 있다. 런던 동부지구의 값싼 기성복 공업은 고한(苦汗)제도(sweating system)라고 알려진 경제적 억압의 가장 전형적인 보기로 혼히 인용되었다. 그런데 아직도 존재하는 이 공업은 대공장들에 집중되어 있지는 않다. 보잘것없는 임금률이 기계를 실제로 불필요하게 만들기 때문에 기계는 거의 사용되지 않는다. 오늘날 이 사실들은 너무나 잘 알려져 있으므로 자세히 논할 필요가 없다. 고한제도 하의 노동자들이 생활하고 일하는 음침한 작은 집들에 관한 묘사는 그런 공장에 대한 최선의 입증이다. 가내공업에서는 오래된 악폐들을 일소하기가 가장 어려웠다. 예를 들면 1701년에 법령에 의해 금지된 현물임금지급(payment in kind 또는 truck system)이 레이스공업에서는 거의 80년 동안이나 존속했다. 레이스제조공들의 수입 가운데 일부를 박탈한 이 부당한 관행을 끝장내기 위해서는 가혹한 벌칙을 가하는 새로운 법이 필요했다.[128]

근대적 공장제도는 자본주의적 생산조직을 창출한 것이 아니며 마찬가지로 공업프롤레타리아 계급을 창출하지도 않았다. 그 제도는 오래 전에 시작된 하나의 발전을 촉진하고 완결한 데 불과했다. 도장인(경영주)인 동시에 장인인 소수공업자로부터 '매뉴팩처'의 임노동자에 이르는 사이에서는 독립과 경제적 예속, 자본 및 통제의 극단적인 분산과 고도로 발달된 집중 간의 모든 중간단계들을 볼 수 있다. 게다가 가내공업과 나란히 훨씬 오래된 어떤 상태의 잔재가 여전히 존속하고 있었는데, 여기에 가공의 미덕을 부여하기는 더욱 어렵다. 농노제(Villenage)가 프랑스에서 제헌의회(프랑스혁명 기간인 1791년에 구성—역주)에 의해 폐지되었을 때 영국의 공업에서 농노제는 이제 막 소멸하는 참이었다. 1775년까지

---

128) 앤여왕 1년, 법률 제18호는 법정 화폐가 아니면 일고노동자에게 임금을 지급하는 것을 금지하고 있으며, 위반시의 벌금은 지급해야 할 총량의 2배였다. 레이스공업에서의 현물임금지급은 조지 3세 19년, 법률 제49호(1779년)의 주제였다. 전문(前文)은 이러한 귀절로 시작된다. "레이스쉽을 만드는 데 고용된 노동자들에게 전부이든 일부이든 화폐 대신 현물로 지급하는 관행은 레이스제조공들에게 커다란 해(害)가 되며, 레이스제조업자의 사기를 떨어뜨리는 경향이 있는 반면에……" 법률을 1차 위반하면 10파운드의 벌금에 처하고 계속 위반하면 6개월간의 금고에 처할 수 있었다.

스코틀랜드의 탄광과 염갱(鹽坑)의 노동자들은 실제적인 의미에서 완전히 농노들이었다. 그들은 평생 탄광이나 염갱에 묶인 채 그것들과 함께 팔릴 수 있었다. 그들은 칼라 모양을 한 노예의 표지까지 달고 있었는데 거기에는 소유자의 이름이 새겨져 있었다. [129] 이 야만적인 과거의 존속에 종말을 고한 법은 18세기의 말엽에야 비로소 완전한 효력을 발휘했다. [130]

6. 자본과 노동의 갈등

자본과 노동 사이의 분쟁에 관한 한 설명은 공장제도가 나타나기 이전의 경제발전에 관해서 제시할 수 있는 최선의 예증을 제공해준다. 이 투쟁은 기계와 공장, 심지어는 '매뉴팩처'가 출현하기 전에도 잦고

---

129) David Bremner, *The Industries of Scotland*, 5면.
130) 조지 3세 15년, 법률 제28호(1775년). 전문(前文)을 보면 인도주의적 고려사항들은 2차적인 것이고 가장 중요한 것은 노동의 공급을 유지하는 것으로 보인다. "사람들은 평생을 채탄작업과 제염작업을 하도록 긴박되게 됨으로써 채탄공이나 석탄운반공과 염갱노동자의 기술 또는 업무를 배우는 일에 낙담해 있었고 배울 수도 없다. 그들은 1년 단위로 일을 하여, 스코틀랜드에서 필수적으로 요구되는 양의 석탄과 암염을 생산하기 위한 채탄공이나 석탄운반공이 충분히 있지 않다. 그리고 새로이 발견되는 많은 탄갱은 충분히 채굴·개발되지 않으며 제염작업을 할 염갱노동자의 수도 충분하지 않아서 소유자들에겐 커다란 손상을, 공중들에겐 불이익을 입힌다. 그리고 지금 노예의 상태에 있는 스코틀랜드의 채탄공·석탄운반공·염갱노동자들을 점진적으로 그리고 합리적 조건에 맞춰 해방 내지 자유롭게 하고, 다른 사람들이 그러한 노예 상태로 전락하지 못하게 하는 것은 채탄공·석탄운반공·염갱노동자의 수를 증가시키는 수단이 될 것이며, 이것은 현재의 주인들에게 아무런 해를 끼치지 않으면서, 커다란 공공의 이익이 되는 일일 것이다. 또 그럼으로써 자유로운 국가에 그러한 노예 상태가 존재하도록 허용한다는 비난을 배제하게 될 것이다……" 완전한 해방을 위한 유예기간은 최대 10년이었다. 하지만 법령에도 불구하고 그러한 체제는 부분적으로 존속했으며 이는 1799년의 보다 진전된 법령(조지 3세 39년, 법률 제56호)의 통과를 필수적인 것으로 만들었다. J.L. and B. Hammond, *The Skilled Labourer*, 12면의 주1을 볼 것.

격렬했다. 생산수단이 더 이상 생산자의 소유가 되지 않고, 다른 계급
으로부터 노동(력)을 사는 사람들의 계급이 형성되자마자 이익을 둘러
싼 적대관계가 명백히 드러날 수밖에 없다. 아무리 강조해도 지나침이
없는 지배적인 사실은 생산자와 생산수단의 분리이다. 노동력의 공장
집중, 대공업 중심지들의 발달은 나중에 이 중대한 사실에 온갖 사회적
결과와 역사적 의미를 부여했다. 그런데 그 사실 자체는 보다 이른 연
대에 나타났으며, 그 최초의 영향은 (생산자와 생산수단의 분리)가 기
술혁명의 결과로서 완료되기 오래 전에 감지되었다.

　이 문제에 있어서 아주 먼 시대까지 거슬러올라가지 않고도 근원적인
원인들을 추척할 수 있느냐는 질문이 나올 수도 있다. 단결과 파업의
역사는 산업의 역사 자체만큼이나 오래된 것 아닌가? 씨드니 웹 부부
(Sidney Webb, 1859~1947, 영국의 경제학자·사회학자·정치가. 부인은 Bea_
trice Webb, 1858~1943, 경제학자·사회학자—역주)는 『노동조합운동사』
(*History of Trade Unionism*)의 서두에서 이 난제(難題)를 해결해야만 했는
데, 그들의 결론은 우리가 앞서 관찰한 바를 확인해주는 것 같다. 그들
에게 이 문제는 상당히 다르게 제시되었다. 다시 말하면 그것은 잉글랜드
노동조합운동의 실질적인 기원을 발견하는 문제였다. 웹 부부에 따르면
노동조합의 신빙성 있는 사례는 18세기 이전에는 전혀 발견할 수 없다.
이와 반대되는 이론을 뒷받침하려고 제시되는 모든 사실들은 길드(gild)
또는 동업조합(corporation)——이것은 노동조합과는 전혀 달랐다——이
나 특수한 분쟁을 계기로 이루어진 일시적 단결들에 관해 언급하고 있
다.[131] 소작업장에서 나란히 일하는 도장인과 노동자의 구별이 거의 무
시될 수 있는 것인 한, 편력공이 어느 날엔가는 도장인이 된다는 희망
을 품을 수 있는 한, 불만과 분쟁은 큰 의미를 지니지 못하는 단절된
사건들로 남는다. 분명히 구별되는 두 인간계급, 즉 한편으로는 자본가
인 고용주들의 계급과 다른 한편으로는 그 대다수가 보다 특혜받는 계

---

131) Sidney and Beatrice Webb, *History of Trade Unionism*, 12~21면. 길
　드의 노동조합에로의 변화의 이론은 L. Brentano의 *On the History and
　Development of Trade Unions*와 *Die Arbeitergelden der Gegenwart*,
　Vol. Ⅰ, Chaps. Ⅰ과 Ⅱ에서 주장되었다. 또 G. Howell, *Conflicts of
　Capital and Labour*를 볼 것.

급에 들어갈 희망이 전혀 없는 임노동자들의 계급이 형성될 때 비로소
적대관계는 영속적인 사실이 되며 일시적인 단결 대신에 영속적인 결사
들이 출현하고 파업은 끝없는 싸움의 삽화(揷畵)처럼 연이어 일어난다.
특히 서남부에서 상인제조업자의 세력은 아주 일찌기 노동자들의 적
의를 불러일으켰다. 이것을 가장 명백히 보여주는 사료 가운데 하나는
월리엄 3세 때에 작곡된 것이 분명한, 「직물업자의 기쁨」(The Clothier's
Delight)[132]이라는 제목의 흥미있는 민요이다. 이 노래는 노동자들이 고
용주를 비난하는 일들을 고용주 자신이 되풀이하여 고백하는 내용이
다.

잉글랜드에 있는 온갖 직업 가운데서
우리만큼 신나고 멋있게 사는 직업은 없네
우리의 직업은 우리를 기사처럼 용감하게 살게 하지
우리는 즐겁게 살면서 기쁨을 누리네
우리는 재산과 보화를 드높이 쌓는다네
그것은 우리가 빈민들을 착취해서 얻은 것
그런데 이것은 우리의 지갑을 채우는 방법이지
비록 우리는 많은 저주를 받으며 그것을 얻지만

이 왕국 전역의 농촌이나 도시에서
우리의 직업이 쇠퇴할 위험은 전혀 없다네
소모공이 빗으로 일을 할 수 있고
방직공도 직기로 방직을 할 수 있는 한
마무리하는 공원도 일년 내내 실을 잣는 방적공도
우리는 아주 비싼 임금을 받을 수 있게 하겠어

그런데 먼저 우리는 소모공의 임금을

---

132) 완전한 제목은 다음과 같다. The Clothier's Delight, or, the rich
Men's Joy, and the poor Men's Sorrow, wherein is exprest the Craftiness
and Subtility of many Clothiers in England, by beatng down their
Workmen's Wages. J. Burnley, *Wool and Woolcombing*, 160~61면을
볼 것.

양털 20파운드에 8그로트(1그로트는 4페니—역주)에서 반 크라운(1크라
운은 5실링—역주)으로 끌어내려야겠어
　그들이 이건 너무 적다고 조금이라도 불평을 하면
　일할 곳이 있으면 찾아가라고 권하겠어
　우리는 거래가 한산하다는 것을 그들이 믿게 하겠어
　그들이 아무리 슬퍼해도 우리는 전혀 신경을 쓰지 않지

　우리는 가난한 방직공들을 낮은 임금으로 일하게 하겠어
　우리는 잘못이 없는데도 흠을 잡겠어, 그러면 우리는 임금을 깎을
수 있겠지
　거래가 죽으면 우리는 당장에 그것을 보여주겠어
　그러나 거래가 좋아지면 그들은 그것을 결코 모를 거야
　우리는 직물이 바다 건너로는 가지 않을 것이라고 그들에게 말하
겠어
　우리는 직물을 계속 짜건 안 짜건 상관 않지

　다음으로 우리는 방직공들에게 계속 그렇게 하겠어
　우리는 그들이 2파운드가 아니라 3파운드를 잣게 하겠어
　그들은 일거리를 우리에게 가져올 때 불평을 하면서
　임금 때문에 계속할 수 없다고 말하겠지
　그러나 그들이 1온스라도 무게가 모자라면
　우리는 사정없이 3페니를 깎겠어

　그러나 무게가 맞고 그들이 임금을 간절히 바라면
　우리는 돈을 벌지 못했다, 너희가 한 일은 뭐냐고 하겠어
　우리는 빵과 베이컨과 버터를 갖고 있는데 아주 좋다
　식사로 좋은 오트밀과 소금이 있다
　우리는 비누와 빛을 얻을 수 있는 양초를 갖고 있다[133]
　너희가 시력이 있는 한 양초 옆에서 일할 수 있겠지

　우리가 장터에 갈 때 우리의 노동자들은 기뻐하지

---

133) 현물임금지급 체제를 빗댄 것.

그러나 우리는 집에 돌아가서는 슬픈 표정을 짓지
우리는 마음이 아픈 듯이 구석에 앉아서
우리는 1페니도 벌 수 없다고 그들에게 말하지
우리는 필요가 생기기 전에 가난하다고 주장하지
이래서 우리는 참으로 가장 용감하게 그들을 달랜다네

그러나 그들이 선술집의 단골이 되면
우리는 당장에 여주인과 짠다네
우리는 계산을 어울려 하고 1실링에 대해 2페니를 달라고 하면 그
걸 갖게 된다네
이처럼 교활한 방법으로 우리는 보화를 얻지
우리의 그물에는 모든 고기가 들어온다네

일찍부터 늦게까지 일하는 수많은 가난뱅이들 덕분에
이렇게 우리는 부와 토지를 손에 넣는다네
죽을 힘을 다해 노동하는 사람들이 없다면
우리는 무조건 가서 목을 매야 하겠지
아주 싼 임금을 받고 일하는 소모공, 방직공, 마무리하는 공원, 그
리고 방적공이 없다면 말이야
이 사람들의 노동 덕분에 우리는 지갑을 채우지
비록 우리는 많은 저주를 받으며 그것을 얻지만

우리는 이 노래가 장황하고 졸렬한 표현을 하고 있음에도 불구하고
이 원문의 대부분을 인용할 만한 가치가 있다고 생각한다. 실제로 이런
결함이 이 노래를 보다 특징있게 만들고 있으며, 이 노래의 민중적 근
원을 보다 명확하게 보여준다. 하루의 일이 끝난 뒤에 형편없는 선술집
에서 고용주의 억압에 저항하기 위해 우선 단결해야겠다고 생각하던 사
람들의 목소리를 우리는 듣는 듯하다. 그들의 모임은 노동조합의 맹아
가 되었다. [134]

---

134) "아담 스미스는 이렇게 말했다. '같은 업종에 종사하는 사람들은 기분
   전환이나 여흥을 위해서조차 좀처럼 만나지 않으며, 대화도 공중에 반하는
   음모나 아니면 가격을 올리기 위한 책략으로 끝난다.' 현존하는 노동조합

맨 처음 조직에 성공한 사람들 가운데는 소모공들이 있었다. 조직적
인 저항은 대개 가장 학대받는 사람들 사이에서 시작되는 것이 아니라,
이와는 반대로 보다 자립적인 사람들 특히 그들의 멍에에 대해 참을성
이 더 적으며 그 멍에를 던져버릴 힘이 더 많은 사람들 사이에서 시작된
다는 사실에 주목해야 할 것이다. 소모공들은 양모공업에서 특별한 위
치를 차지하고 있었다. 그들의 직업의 까다로운 공정은 대단한 전문적
기술을 요구했다. [135] 소모공은 수가 많지 않았으므로[136] 그들을 대체하기

중 가장 오랜 축에 드는 한 예에 대한 실제적 증거가 있는데, '그것은 흑맥
주를 함께 마시는' 편력공들의 모임에서 생겨났다. 그것은 대개 소란한 파
업이며, 그것으로부터 영구적인 조직이 성장한다. 앞으로 보게 되겠지만 또
다른 곳에서는 노동자들이 하원에 청원을 하기 위해 모이고, 새로운 규정의
입법이나 현존하는 법의 시행을 위한 그들의 선동을 수행하기 위해 때때로
재회합한다. 다른 경우를 보면, 우리는 특정 직종의 편력공들이 어떤 공중
집회소에 빈번히 출몰하는 것을 보는데, 그곳에서 그들은 구인(求人) 상황
에 대한 정보를 들으며 그 '직업소개소'(house of call)는 그리하여 조직의
핵이 된다. 또는 특정 직종의 편력공들의 다음과 같은 선언을 볼 수 있다. '여
러 직종의 수공업자들(artists)이 상호 우애와 기독교적 사랑을 촉진하기위한
모임에서 함께 만나 단결하는 것은 대브리튼 왕국에서는 구래(舊來)의 관행
이다.' 그리고 병자(病者)나 장례를 위한 클럽을 만들었는데, 거기에서는 고
용주들이 주는 임금의 비율에 대한 토론이 진행되며, 상호부조의 혜택을 누리
는 노동조합으로 어느새 이행해간다. 그리고 편력공들이 일거리를 찾아 자
주 편력하고 다니는 직종인 경우에, 우리는 그들이 지나가는 도시에서는 어
디에서나 동료노동자들이 이 '뜨내기들'(tramps)을 구제하기 위해 서서히
조직적인 계획을 세워나감을 볼 수 있는데, 이 광범위한 뜨내기 편력공조합
은 불가피하게 전국적 노동조합으로 옮겨간다." S. and B. Webb, *History
of Trade Unionism*, 22~27면.

135) 양모의 소모는 물론 손으로 이루어졌다. 기계의 시대 이전의 소모(梳
毛)과정에 대한 완벽한 묘사는 Heaton 의 *The Yorkshire Woollen and
Worsted Industries*, 332~34면에 나온다. 이 묘사를 1785년에 출판된 프랑
스의 *Encyclopédie Méthodique* ('Manufacture,' Ⅱ, 264면*)에 나오는 '소
모공정'(Peignage)항과 비교하면 매우 흥미롭다. 또 J. James, *History of
the Worsted Manufacture*, 259면을 볼 것.

136) Bischoff 의 *A Comprehensive History of the Woollen and Worsted
Manufacture*, Ⅰ, 185면에 따르면, 방직공 7명에 대하여 소모공은 2명이
있었다. J. Haynes 의 *Provision for the Poor, or A View of the Decayed
State of the Woollen Manufacture* (1715), 9면에 따르면, 24파운드의 양

는 어려웠다. 그리고 그들은 일을 찾아 도시에서 도시로[137] 옮겨다녔기 때문에 특정 개인 또는 고용주들의 집단에도 종속되지 않았다. 이런 환경은 그들의 비교적 높은 임금률[138]과 그들의 조직이 일찌기 시작된 데 대한 설명이 된다.

일찌기 1700년에 티버튼의 소모공들은 영속적인 단결의 모든 특징을 가진 공제조합(共濟組合)을 결성했다.[139] 그로부터 얼마 후에는 소모공들의 방랑 습성으로 인하여 이 운동은 동시에 여러 곳에서 시작되어 일반화되었다. 소모공들의 '특허장 없는 조합'(unchartered corporation)은 곧 잉글랜드 전역에 퍼졌으며 그들은 스스로 공업 규제를 시도할 정도로 강력하다고 느꼈다. 그들이 내건 주장의 취지는 다음과 같았다. 어떤 사람도 12타래에 2실링 이하를 받고 소모작업을 해서는 안된다. 어떤 도장인도 그들의 조합에 속하지 않은 소모공을 고용해서는 안된다. 그런 도장인을 위해 그들은 일하지 않기로 만장일치로 합의했다. 그리고 도장인이 20명을 고용한 경우에는 그들 모두가 작업장을 떠났으며 더러는 거기에 만족하지 않고 "노동을 하려고 드는 정직한 사람을 학대하고 난폭한 태도로 그를 때리고 그의 빗솔을 부수고 작업도구를 파괴하곤 했다."[140]

몇몇의 파업들은 19세기의 가장 격렬한 노동쟁의에 필적하는 것이었다. 1720년에 티버튼의 직물업자들은 사지를 제조하는 데에 필요한 소모사(梳毛糸)를 아일랜드로부터 수입하기를 원했다. 자기들의 이익이

모를 소모(梳毛)하기 위해서는 1주일에 방적공 250명, 방직공 25명, 그리고 소모공은 7명이 고용되었다.

137) *Journals of the House of Commons*, XLIX, 323면을 볼 것.

138) 1760~70년에 소모공의 임금은 주당 10~12실링(가장 많이 받는 방직공이 버는 액수)의 편차가 있었다. A. Young, *North of England*, Ⅰ, 139면과 Ⅱ, 134면, 그리고 *Southern Counties*, 65면을 볼 것. 하지만 그들의 노동이 매우 고단하고 불건강한 것이었음을 놓쳐서는 안된다. 그 작업은 방을 유독가스로 가득 채우는 목탄화로——혹은 소모기의 살(齒)을 가열하고 양모를 유연하게 하는 데 사용되는 목탄단지(comb-pot)——옆에서 이루어졌다. Heaton, 위의 책, 334면.

139) *Webb MSS.*, *General History* (Ⅰ, *Woollen Trade*).

140) J. James의 *History of the Worsted Manufacture*, 232면에 인용된 *A Short Essay Upon Trade in General* (1741).

직접 위협을 받게 된 소모공들은 자기들의 파멸을 의미하는 이 수입을 실력으로 저지하려고 했다. 그들은 직물업자들의 점포에 침입하여 아일랜드의 양모를 탈취했다. "그들은 이 가운데 일부를 태우고 나머지는 승리의 기념품인 양 간판에 걸었다." 집 몇 채가 공격을 당해 소총으로 방어되었고, 그러는 동안 경관들은 법과 질서를 회복하는 데 실패하여 정규적이고 전투다운 전투가 벌어졌다.[141] 똑같은 분쟁이 1749년에 터졌는데, 이때는 장기간에 걸친 흉흉한 파업이 있었다. 소모공들은 직물업자들과 아일랜드의 소모사를 방직한 방직공들이 완전히 항복할 때까지 버티겠다고 굳게 결의했다. 처음에 그들은 조용하게 행동했다. 그러나 파업자금이 바닥이 나자 그들은 고통을 이기지 못한 나머지 폭력을 쓰고 방화 및 살인의 협박을 하게 되었다. 피비린내 나는 싸움이 벌어져 군대가 개입해야만 했다. 그러자 상인들은 몇 가지 양보를 했다. 그들은 양모 수입을 제한하겠다고 제의했다. 그러나 소모공들은 이를 거부하고 집단적으로 그 도시를 떠나겠다고 말했다. 실제로 그들 가운데 다수가 그렇게 함으로써 그 지방의 공업에 큰 손해를 입혔다.[142]

방직공들은 즉각 소모공들의 선례를 따랐다. 싸움을 위한 준비는 덜 되어 있었지만 그들의 단결은 직물업자들을 크게 놀라게 만들 정도로 곧 강해졌다. 다시 한번 서남부에서 우리는 그들의 존재와 행동에 관한 최초의 흔적을 보게 된다. 1717년과 18년에 의회에 제출된 몇몇 청원서들은 써머셋과 데본셔의 방직공들에 의한 영속적 조합의 결성을 비난했다.[143] 국왕의 포고는 "불법적인 클럽들과 단체들"을 엄숙하게 꾸짖었다. 이 단체들은 "내규나 규칙을 제정하여 그것을 불법적으로 집행하려고 모의함으로써 공동인장(common seal)을 사용하고 법인단체로서 행동하려고 외람되게도 불법적인 시도를 했으며, 그 내규와 규칙에 따

---

141) Harding, *History of the Town of Tiverton*, I, 95면. 1739년의 월트셔 방직공들의 폭동에 대해서는 S. Smith, *Memoirs of Wool*, II, 78~79면을 볼 것. 요크셔의 양모소모공들의 파업에 관해서는 Heaton, *Yorkshire Woollen and Worsted Industries*, 318면 이하를 볼 것.

142) Harding, 위의 책, I, 113~14면. 노리치 지역에도 같은 환경이 존재하였다. 1752년에 소모공들은 임금의 삭감을 두려워하여 그 도시를 떠나 록히드에 있는 아벤틴 구릉으로 갔다. *Gentleman's Magazine*, XXII, 476면.

143) *Journals of the House of Commons*, XVIII, 715면 ; XX, 268, 598, 602면.

라 누가 직업권을 갖는가, 각자는 어떤 도제와 편력공을 동시에 몇 명
이나 고용할 수 있는가를 결정하는 한편 그들의 모든 제품의 가격, 제
품의 가공방식과 원료를 결정하겠다고 주장했다"[144]는 것이다. 우리가
예상할 수 있듯이 이 포고의 효과는 전혀 없었다. 그래서 몇 해 뒤에
의회는 직물업자들의 요구에 따라 보다 가혹한 탄압수단을 썼다. 1725
년에 방직공들끼리 이 직종을 규제하고 자기들의 임금을 인상할 목적
으로 시도하는 모든 단결을 금지하는 하나의 법이 통과되었다. 파업을
하면 무거운 형벌을 받고 주거침입, 상품 파괴나 사적인 협박은 유형
(流刑)이나 사형까지 당하게 되었다.[145] 이러한 형벌에 의해 조성된 공
포에도 불구하고 방직공들의 단결은 계속 유지되어 끈질기게 지속되었
다.[146] 이와는 반대로 가내공업이 존속하고 있던 요크셔에서는 그런 단
결이 동력기계가 도입될 때까지는 나타나지 않았다.

우리가 앞에서 검토한 문제들에서처럼 이 문제도 양모공업은 많은

---

144) S. & B. Webb, *History of Trade Unionism*, 29면.

145) 조지 1세 12년, 법률 제34호. 전문(前文)은 1718년의 국왕포고에 썼던 말
들을 다소간 재현하고 있다. 같은해(1725년) 사계재판소의 맨체스터 치안판
사들이 내린 판결은 16세기의 한 법률(에드워드 6세 2, 3년, 법률 제15호)의
원문을 인용하였는데, 이는 모든 수공업자·노동자·편력공들이 그들의 고용
주들에 대항하는 동맹을 결성하는 것을 금하는 것이었으며, 이를 위반할 경
우 초범은 10파운드의 벌금 또는 20일간의 금고, 재범은 20파운드의 벌금에
칼을 씌우는 형벌(Pillory, 죄인의 머리와 손을 판자 사이에 끼워 고통을 주
는 형벌―역주), 3범은 40파운드의 벌금 또는 칼을 씌우거나 한쪽 귀 자르기
등의 형벌을 가하는 것이었다. F. Eden, *State of the Poor*, Ⅲ, CX를 볼
것. 1725년의 법률 조치와 유사한 조치가 1756년(조지 2세 29년, 법률 제33
호)과 1757년(조지 2세 30년, 법률 제12호)에 각각 통과되었다.

146) Laurent Dechesne, *Evolution économique et sociale de l'industrie de
la laine en Angleterre*, 153면과 S. and B. Webb, *History of Trade
Unionism*, 32면을 볼 것. 랭커셔에서는 1756년 소모사로 된 잡화 방직공들
이 조직되기 시작했고, 동일한 상인제조업자에게 고용된 사람들은 스스로
단체를 결성하여 '숍'(shop)이라고 이름붙였다. G.W. Daniels, *The Early
English Cotton Industrie*, 43면 이하를 볼 것. 여기에는 *Smallware Wea-
ver's Apology* (1756)와 T. Percival의 *Letter to a Friend occasioned by
the late Disputes between the Check-makers of Manchester and their
Weavers* (1759)가 인용되고 있다.

사례 가운데 하나에 불과하다. 많은 팜플렛과 청원서에 표현된 재봉
편력공들의 불평에 대해서는 앞에서 언급한 바 있다. 일찌기 1720년
에 '7천 명이 넘는 수'의 재봉편력공들이 임금을 인상하고 노동일을
단축하기 위해 런던에 모였다.[147] 여러 차례 특히 1721년과 1768년에
의회가 개입했다. 처음에는 중노동이나 징병의 공포가 그들을 위협하
여, 그들은 오랫동안 다시 파업을 선동할 엄두를 내지 못했다. 그러
다가 선동이 다시 시작되어 파업은 갈수록 더 잦아졌다. 1767년에는
〔런던의〕헤이마킷의 왕립극장에서 공연된 한 희극이 이 파업 가운데
하나를 재현했다. 이 회극은 '갑옷 입은 돼지'나 '거위와 석쇠'라는
이름의 술집에 모여 계획을 세우는 편력공들을 보여준다. 다음 막(幕)
이 오르면 스트랜드(런던의 거리 이름—역주)에서 파업자들과 파업방해자
들 사이에 난투가 벌어진다.[148]

기계편직공(framework knitter)의 이야기도 마찬가지로 흥미있다. 1663
년에 특허장을 받았고 고용주와 노동자 모두가 가입하고 있던[149] 한 길
드가 있었지만 처음부터 적대관계를 막지 못했다. 사태가 이렇게 된 이
유는 앞에서 설명한 바 있다. 편직기는 노동자가 아니라 고용주의 소유
였던 것이다. 분쟁의 가장 흔한 주제 가운데 하나는 도제에 관한 문제
였다. 도장인들은 교구의 고아들 가운데서 많은 수를 고용했는데, 이것
은 성인노동자의 고용과 임금을 그만큼 감소시키는 계기가 되었다. 1710
년에 런던의 양말편직공들은 도제제도의 이런 폐단에 항의하다 실패한
뒤에 파업에 들어가 도장인들에게 복수하기 위해 편직기를 파괴하기 시
작했다.[150] 폭동을 수반한 파업은 레스터와 노팅검의 편직공들 사이에

---

147) Webb, *History of Trade Unionism*, 27면; F. W. Galton, *The Tailor-ing Trade*, 서문, 13면 이하.

148) *The Tailors: A Tragedy for Warm Weather, in three acts. As it is performed at the Theatre Royal in the Haymarket*, London, 1778. 원판의 유일한 사본(寫本)은 대영박물관에 소장돼 있으며(643e 8(2)) 저자는 미상이다.

149) 이 길드의 역사에 대해서는 Felkin의 *History of the Machine-wrought Hosiery and Lace Manufacture*와 보다 최근의 책인 Henson의 *History of Framework Knitting*을 볼 것.

150) A. Held, *Zwei Bücher zur socialen Geschichte Englands*, 484~88면.

서도 여러 차례 터졌다. 그들은 대부분의 경우에 길드의 권위에 **호소하**는 데 익숙해져 있었기 때문에 자신들을 조직하겠다는 생각은 아직 하지 못했다. 이 제도가 갈수록 노쇠해지자 마침내 편직공들은 서남부지방의 소모공들 및 방직공들처럼 진짜 노동조합을 결성했다. [151]

이런 에피소드들은 산업혁명 직전의 시기에는 아주 흔한 것이었다. 1763~73년에 동부 런던의 견직공들은 사용자들과 끊임없이 새로운 투쟁을 벌였다. 1763년에 그들은 임금기준표를 작성했는데 이것이 거부당하자 2천 명이 도구를 부수고 모든 원료를 파괴한 뒤 작업장을 떠나, 왕실 근위대 1개 대대가 스피털필즈를 장악해야만 했다. [152] 프랑스의 견직물 수입 허가가 문제가 된 1765년에 그들은 깃발을 날리고 북을 치면서 웨스트민스터〔의사당〕를 향해 대대적으로 행진을 했다. [153] 1768년에는 임금이 1야드당 4페니가 인하되자 방직공들이 반란을 일으켜 난폭한 군중이 거리를 메우고 집들을 약탈했다. 런던탑수비대가 구조를 위해 소집되었는데, 노동자들은 몽둥이와 단검을 들고 저항했다. 이 싸움에서 사상자가 많이 났다. [154] 1769년에는 이런 반란 상태가 만성화되어 반란은 요원의 불길처럼 계속 타올랐다. 그해 3월 연사공(撚絲工, thrower)들이 '불온한 집회'를 열었으며, 이어 8월에는 손수건제조공들이 파업기금을 마련하기 위해 직기 한 대당 6페니를 내기로 합의하고 모든 동료노동자들의 기부를 강제했다. 9월과 10월에 상황은 더욱 악화되었다. 견직공들이 평소에 모이는 곳인 '돌고래' 술집을 소탕하기 위해 군대가 파견되었다. 정규전이 벌어져서 쌍방에서 여러 명이 목숨을 잃었

---

151) 중부잉글랜드의 상호보호를 위한 양말제조공조합(Stocking Makers' Association for Mutual Protection in the Midland Counties of England). Webb, *History of Trade Unionism*, 45면과 L. Brentano, *On the History and Development of Guilds and the Origin of Trade Unions*, 115~21면을 볼 것. 중부지방의 기계편직공의 최초의 조합에 대하여는 또한 *Victoria History of the County of Derby*, Ⅱ, 367면과 *Victoria History of the County of Nottingham*, Ⅱ, 353~54면을 참조할 것.

152) *Calendar of Home Office Papers*, 1760~65, Nos. 1029, 1051 (*Mil. Entry Book*, XXVII, 130, 134, 138면).

153) D. Macpherson, *Annals of Commerce*, Ⅲ, 415면.

154) *Annual Register*, 1758, 57면.

다. [155) 이 끊임없는 혼란을 끝내기 위해 1773년에 의회는 유명한 스피털필즈법(Spitalfields Act)을 통과시켰다. 이 법은 규칙과 임금률의 기준을 정해 치안판사(the Justice of Peace)들의 정기적인 통제를 받게 한 것이다. 방직공들은 만족하여 이 법의 시행을 확실히 하기 위해서만 조합을 결성했다. [156)

앞에서 제공한 섬유공업 사례들과는 다른 예를 하나 더 찾아보자. 17세기 이래 뉴캐슬(Newcastle, 잉글랜드 북부의 항구도시, 조선업의 중심지—역주)의 광부들과 석탄운반선원들은 광산주들 및 강력한 석탄상인조합(corporation of hoastmen)과 투쟁을 벌였다. 이들은 엘리자베스 여왕의 특허장에 의해 석탄거래의 독점권을 획득한 바 있었다. [157) 1654년에 석탄운송선노동자(keelman)들은 임금인상을 위한 파업에 들어갔다. 1709년에는 또 한번의 쟁의가 벌어져 타인강의 교통이 완전히 마비되었다. [158) 1740년의 매우 심각한 쟁의는 주로 높은 생계비 때문에 벌어졌는데[159) 프랑스혁명 이전에 프랑스에서 일어난 기아폭동에 비견될 만한 것이었다. 그런데 1750, 51, 65년에는 본격적인 파업들이 일어나서 여러 주 동안[160) 광산과 항구의 작업이 중단되었다. 1763년에 석탄운송선노동자

---

155) 같은 책, 1769, 81, 124, 136, 138면.

156) 조지 3세 13년, 법률 제68호. 스피털필즈법은 런던·웨스트민스터·미들쎅스주(州)에만 적용되었다. 뒤에 그것은 교직물을 포함하도록 확대된 조지 3세 32년의 법률 제44호(1792년)와 여성노동을 규제하는 조지 3세 51년의 법률 제 7 호(1801년)에 의해 완성되었다. J. H. Clapham, *The Spitalfields Acts, 1773~1824 (Economic Journal, XXVI, 459~71면)*을 볼 것. 이 조합의 설립은 Webb, *History of Trade Unionism*, 32면에 따르면 1773년, Samuel Sholl, *A Short Historical Account on the Silk Manufacture in England*, 4면에 따르면 1777년으로 되어 있다.

157) 이 문서의 원문은 Brand, *History of Newcastle-upon-Tyne*, II, 659~60면에서 상세하게 찾을 수 있다.

158) 같은 책, II, 293면.

159) 같은 책, II, 520면과 *Gentleman's Magazine*, 1740, 355면.

160) *Calendar of Home Office Papers*, 1760~65, Nos. 107, 1910, 1913. 1765년의 총파업의 원인은 노동자측에서의 다음과 같은 의혹 때문이었다. 즉 탄갱소유자가 "이전의 고용주로부터 일체의 의무 해제증명서를 받아내지 못하던 그 노동자를 고용하지 못한다는 협정에 동의함으로써" 노동자를 탄갱에 긴박시키려고 계획하고 있지 않나 하는 의혹이다. J. L. and B. Hammond,

들은 석탄 선적량을 측정하는 데 의회가 정한 공식 도량형을 사용하도
록 고용주들에게 강제하기 위해 영속적인 단결을 실현하기에 이르렀
다. [161]

뉴캐슬의 석탄운송선원들은 스피털필즈의 견직공·양말편직공·소모
공들과 마찬가지로 기계 도입 이전에 근대적 의미의 노동자였음이 분명
하다. 원료는 그들의 소유가 아니었으며, 도구에 관해 말한다면 그들은
제일 간단하고 값싼 것만을 소유한 반면에 조금이라도 가치가 있는 도
구는 자본가적 상인(capitalist trader)이나 사용자의 수중에 있었다. 이
리하여 자본과 노동의 대립은 비로소 결정적 단계에 이른 것인데, 이
단계는 사용자에 의한 생산수단의 점진적 수탈이 완결되는 때와 일치했
다. 도구의 복잡화, 중요성, 가격을 증가시키는 경향을 가지는 모든 것
은 당연히 이런 결과를 빚었으므로, 기술혁명은 경제발전의 필연적 귀
결에 불과한 것이었다.

7. 보수적 경향——경제입법

우리가 방금 검토한 사실들은 초기형태의 공업의 점진적 변화를 증언
하고 있다. 이제 우리는 이 변화를 지연하거나 저지시키는 데 기여한
원인들——수많은 기득권과 관행의 중압뿐 아니라 일체의 전통, 즉 관
습에 의해 확립되고 법에 의해 신성화(神聖化)된 제도——을 살펴보아
야만 한다. 17, 8세기의 경제사 전반에 있어서 중앙정부나 지방정부에
의한 공업의 보호는 오랫동안 가장 큰 관심을 끈 연구주제였다. [162] 이

The Skilled Labourer, 13면.

161) Brand, *History of Newcastle*, II, 309면.

162) Held 의 *Zwei Bücher zur sozialen Geschichte Englands* 를 볼 것. 몇몇
장(章)들은 사회사란 경제입법의 역사에 불과하다는 결론으로 나아간다. W.
Cunningham, *Growth of English History of Commerce*, Vol. II는 상업
및 공업정책 연구에 많은 지면을 할애하고 있다. 똑같은 관찰이 G. Unwin
교수의 두드러진 저서 *Industrial Organization in the Sixteenth and
Seventeenth Centuries* 에도 적용된다.

것은 놀라운 일이 아니다. 왜냐하면 모든 문헌을 이용할 수 있을 때는,
흔적을 찾기도 어려운 분산되고 까다로운 사실들을 연구하는 것보다는
입법을 연구하는 것이 훨씬 더 쉽기 때문이다. 바로 이런 이유 때문에
이 분야의 연구의 중요성이 오랫동안 과대평가되어왔을 것이다. 토인비
는 보호규제로부터 자유와 경쟁으로의 변화는 산업혁명의 주요한 특징
이라고 단언하기까지 했다. [163] 이것은 결과와 원인, 경제적 사실들의
법적 측면과 사실 자체를 잘못 이해한 것이다. 우리는 이와는 정반대로
새로운 조직과 새로운 산업의 공정이 그것들을 여전히 구속하고 있던
낡은 법률의 멍에를 어떻게 불살라버렸는가를 살펴보게 될 것이다.

이 법들은 이중의 기원을 갖고 있었다. 어떤 법들은 중세까지 곧바로
거슬러올라간다. 프랑스에서 꼴베르주의(Colbertism)라고 불리는 것은 꼴
베르가 존재하기 오래 전부터 있어왔다. 공업을 규제한다는 생각은 중세
적인 것이다. 국가, 그리고 그보다 일찌기 길드——그 활동은 지방정부
와 긴밀한 연관이 있었다——는 생산자와 소비자의 이익을 위해 자신이
통제권을 갖고 있다고 여겼다. 생산자에게는 이윤을, 소비자에게는 양
질의 상품을 확보하는 것이 중요한 과제였다. 이로부터 제조와 판매에
대한 엄격한 감독과 더불어 복잡한 규칙들이 나왔는데, 이 규칙들은 폐
기되는 그날까지 거듭 복잡해졌다.

상업을 보호한다는 사상 역시 중세에 뿌리를 두고 있었다. [164] 그러나
이 사상의 완전한 힘은 대외무역이 발흥하여 국민 각자가 경제적 경쟁관
계를 완전히 의식하게 되었을 때 비로소 감지되었다. 이에 이르러 칼 뷔
허(Karl Bücher)가 말하는 도시경제(urban economy)는 국민경제(national
economy)[165]를 위해 길을 비켜주었다. 국민경제는 인접 국가들의 이익
에 대항하기 위해 각기의 국가 안에서 이익을 통합하였다. 다른 국가들
에 대해서는 영속적으로 대립한다는 관계 이외의 것은 생각될 수가 없

---

163) "산업혁명의 본질은 종전에 생산을 통제해왔던 중세적 규제를 경쟁으로
　　대체한 것이다." A. Toynbee, *Lectures on the Industrial Revolution*, 85면.
164) 그것은 처음에는 극단적인 형태의 여러가지 금지조항으로 제시되었다.
　　Ashley, *Introduction to English Economic History and Theory*, Ⅱ, 12~
　　15면을 볼 것.
165) Karl Bücher, *Die Entstehung der Volkswirtschaft*, 2nd ed., 1898.

었다. 잉글랜드에서 이 변화는 튜더조 때에 일어났다. 중상주의는 훨씬 뒤까지 이론적으로 표현되지는 못했지만 바로 이때 태어났다. 정화(正 貨)가 부와 혼동되었으므로 상업정책 전체는 대(大)카토(Marcus Porcius Cato, 234~149 B. C. 로마의 정치가·군인·작가. 소카토는 그의 증손자—역주) 가 로마의 농업가에게 한 조언, 다시 말하면 언제나 팔되 결코 사지는 말라는 조언과 아주 비슷한 두 가지 교훈에 국한되어 있었다. 수입(輸 入)은 언제나 주조정화(鑄造正貨)가 국경을 벗어나게 하는 것이므로 가 능한 한 수입을 적게 하고 그 반면에 수출은 외국의 금이 그 나라로 유 입되게 하는 것이니 가능한 한 많이 수출하라는 것이었다. 이로부터 저 극단적인 보호무역주의가 생겨났는데, 이것에 의해 국민산업이 장려되 었을 뿐 아니라 이 산업을 위해 국내와 국외에서 독점을 확보하기 위한 노력이 이루어졌다.

잉글랜드의 산업들 가운데서 가장 오래고 중요한 것의 하나인 양모공 업은 그 어떤 공업보다 더 보호와 규제를 많이 받았다. [166] 무수한 의회 법들이 직물의 길이·너비·무게, 직물을 펴고 염색하는 공정, 원료를 준비하는 데 허가 또는 금지되는 성분, 직물의 마무리손질, 접고 포장 하는 방법, 보풀을 세우는 기계(gig-mill)[167]의 사용 등에 관해 규정을

---

166) 영국 양모공업의 규제에 대한 포괄적 연구에 대하여는 F. Lohmann, *Die Staatliche Regelung der englischen Wollindustrie von XVten bis XVIIIten Jahrhundert*(*Staats-und socialwissenschaftliche Forshungen*, 1900)을 볼 것. H. Heaton(*Yorkshire Woollen and Worsted Industries*, 124면)에 따 르면, "국가에 의한 양모공업 규제는 두 가지의 주된 고려에 따른 것이었다. 첫째로 국내 가격을 높은 수준으로 그리고 품질을 균등하게 지켜내며, 또 국내와 국외에서 영국 직물의 성가를 유지하려고 하는 실제적이고 순수한 욕구가 있었다. 둘째로 세입의 관점에서 직물을 바라보는 재정적 고려가 있 었다. 영국의 양모가 국내에서 보다 많이 가공되기 시작함에 따라 전에는 천연자원의 수출로부터 거두었던 세입이 이제는 제조된 상품에 부과되는 세 금으로부터 거두어졌다."

167) teazling(보풀을 세우는 기계가 수행하는 작업)이란 방적이 끝난 뒤 표 면에 보풀을 일으키기 위해 천을 솔질하는 것이다. 공업규제의 폐지를 요 구한 제조업자들의 청원을 볼 것. *Journals of the House of Commons*, LVIII (1803년 4월 7일), 334면. 이 청원이 폐지를 요구한 몇몇 법률들은 14세기의 것이다. Bischoff, *History of the Woollen and Worsted Manufacture*, Ⅰ, 173면 이하를 볼 것.

하고 있었다. 비슷한 규칙들이 프랑스와 유럽의 다른 나라들에도 있었다. 법이 정하는 크기와 무게를 갖지 못한 직물을 짜는 것, 직물을 펼쳐서 넣어 말리는 것, 건조압착(dry pressing)이라고 알려진 과정에 의해 마무리손질을 하는 것, 또는 직물에 해롭다고 여겨지는 특정 물질을 염색에 사용하는 것 등은 모두 금지되어 있었다. 원래는 제품의 질을 확보하기 위해 정해진 이 규칙들이 부정한 제법(製法)과 필요한 개량을 하나같이 금지했다는 것은 말할 필요도 없다. 끊임없이 개정되고 위반된 이 복잡한 법들[168]을 시행하기 위해 잉글랜드는 프랑스처럼 특별히 임명된 관리들, 즉 계량검사관·감독관·회계검사관의 자리를 설치했는데, 이들은 직물의 무게와 칫수를 재고 실을 헤아려야만 했다. 각개의 직물은 그들의 검인을 받고 제조인의 상표를 부착해야만 했다. 그들 모두의 위에는 치안판사가 있었으며, 치안판사의 주요한 임무 가운데 하나는 공업규정들이 시행되도록 하고 위반자들이 소정의 벌칙을 받게 하는 일이었다.

이 제도의 불리한 점들은 흔히 지적되었다. 제조업자들은 이 엄격하고 전제적인 보호규제를 참을 수 없어서 온갖 교묘한 방법을 이용하여 자기들의 끊임없는 불만의 표적을 회피했으며, 법의 공포에도 불구하고 부정행위는 억압되는 만큼이나 빨리 새롭게 솟아났다. 때로는 정부관리들조차도 공범이 되었다. 시장에서 기준치로 계량된 직물은 불가사의하게도 그것이 빨아들인 물이 증발하자마자 더 가벼워졌다. 어떤 경우는 직물을 펼치면——잘 눈감아주는 검사관은 이런 일을 조심스럽게 피했다——벽돌이나 납으로 무게를 늘린 것이 드러났다.[169] 이리하여 이 모

---

168) 앤여왕 7년, 법률 제13호(1708) ; 앤여왕 10년, 법률 제16호(1711) ; 조지 1세 1년, 법률 제15호 및 41호(1715) ; 조지 1세 2년, 법률 제24호(1724) ; 조지 2세 7년, 법률 제25호(1733) ; 조지 2세 11년, 법률 제28호(1737) ; 조지 2세 14년, 법률 제35호(1740) ; 조지 3세 5년, 법률 제51호(1765) ; 조지 3세 6년, 법률 제13호(1766) ; 조지 3세 14년, 법률 제25호(1774) ; 조지 3세 17년, 법률 제11호(1777). 모두 거의 똑같은 규제사항들을 담고 있는데도 위의 법률들이 이처럼 빈번하게 선포된 것은 그 효력이 점점 멀어져갔다는 가장 좋은 증거이다.

169) 조지 3세 5년, 법률 제51호. 공업입법과 그 결함 및 위반에 대하여는 다음을 볼 것. *Journals of the House of Commons*, XVIII, 67면 ; XX, 377,

든 규정의 주요한 목적인 소비자 보호는 이루어지지 못했다. 그런데 다른 한편으로 기술의 개량은 거의 불가능해졌다. 생산제도의 완전한 변혁을 가져온 위대한 발명들의 시기의 전야인 1765년의 싯점에서도 섬유공업의 대부분의 분야에서 여전히 사용되고 있던 얼레빗 대신에 금속의 살이 달린 얼레빗을 사용하는 것은 금지되었고, 이를 위반할 경우에는 벌금이 부과되었다. [170]

18세기에는 이 중세적 규정들이 두드러지게 쇠퇴하고 있었지만, 새로 나타난 중상주의는 아담 스미스가 최초의 타격을 가한 1776년에도 여전히 전성기를 누리고 있었다. 이 극단적인 보호주의체제는 양모공업의 전통적인 공정을 조금이라도 개선하는 데 최대의 장애가 되었다. 특권이란 언제나 창의와 진보에도 치명적이었기 때문이다. 잉글랜드의 운명은 이 양모공업 보호제도의 운명과 연결되었다. 양모공업은 "헤스페리데스 (헤라가 제우스와 결혼한 날 대지의 여신으로부터 받은 황금사과의 낙원을 지킨 네 자매, 또는 그 낙원—역주)의 황금사과들만큼이나 조심스럽고 엄중하게 감시"[171]당했다. 국내에서 양모공업은 그밖의 모든 경쟁공업들보다 우위에 놓여야 한다고 생각되었다. 모직물 제조업자들이 인도산 솜의 수입뿐 아니라 잉글랜드에서 잉글랜드의 노동으로 잉글랜드의 자본가들을 위해 그 솜을 모방제조한 데 대해서 벌인 끈질긴 싸움에 대해서는 나중에 언급할 기회가 있을 것이다. 이 신흥 대공업의 발전이 저지당하지 않고 회복될 수 없을 정도로 파괴되지 않은 것은 그들의 탓은 분명히 아니었다. 그들이 바란 것은 완벽한 독점에 소비자를 종속시키고 싶지어는 죽은 자에게까지 영향이 미치도록 하는 일이었다. 찰스 2세 때의 한 법에 따라 잉글랜드의 영토 안에서 죽는 모든 사람은 양모로 짠 수의를 입고 묻혀야만 했다. [172] 해외에서도 그들의 의도는 강요하기는 더 어려웠지만 비슷했다. 잉글랜드에 의존하고 있는 나라들에서 경쟁을

776면; XXI, 246면; XX, 234면; XXIII, 52, 75, 89, 481면; XXVI, 320, 329, 385면; XXX, 91, 143, 155, 158, 167, 207, 262, 529, 623면 등.

170) '상업상의 부정행위'에 대하여는 Heaton, *Yorkshire Woollen and Worsted Industries*, 130~31면을 볼 것.

171) *Considerations upon the East India Trade*, 71면.

172) 찰스 2세 18년, 법률 제 4 호.

억압하기는 아주 쉬웠다. 가장 간단한 방법은 제조를 금지하는 것이었다. 아일랜드에서 채택된 정책은 이 방법의 전형적인 예이다. [173] 17세기말에 아일랜드 공업의 발전은 잉글랜드의 생산자들을 불안하게 만들기 시작했다. 그들은 모든 식민지와 해외의 시장으로부터 아일랜드를 단절시키는 수출관세의 신설을 요구하여 그것을 달성했다. 이 섬에 대한 철저한 봉쇄가 이루어져, 군함 두 척과 무장한 돛배 여덟 척으로 구성된 소함대가 오가고 나자 효과를 거두었다. [174]

대륙에서 양모공업의 발달을 저지하는 일은 분명히 불가능했다. 그럼에도 불구하고 잉글랜드인들은 자신만만하게 그것을 시도했다. 그들은 자국의 원료의 질을 자신하고 있었기 때문에 이 원료가 없으면 조악한 직물밖에 만들어질 수 없으며, 나아가 외국의 산업이 잉글랜드의 자원에만 의지하게 되면 영구적인 열세에 놓일 것이라고 생각했다. 잉글랜드산 양모를 구입할 수 없는 프랑스인·네덜란드인·독일인들은 잉글랜드산 직물을 살 수밖에 없을 것이라고 그들은 확신했다. [175] 국민의 자부심을 만족시키기에는 매우 소중한 이 환상에 상상의 공포가 추가되었다. 그것은 이 놀라운 양모 한 꾸러미가 인접국에 도입되면 그 나라는 무서운 경쟁자가 되기에 족할 것이라는 생각이었다. [176] 이 일련의 두 추론의 귀결은 명백하다. 즉 어떤 국가에 대해서나 완성된 직물의 경우를 제외하고는 양모의 수출을 완전히 금지한다는 것이다. 물론 해외의 풍토에

---

173) W. Cunningham, *Growth of English Industry and Commerce*, Ⅱ, 374~79면. A. E. Murray, *History of the Commercial and Financial Relations between England and Ireland from the Period of the Restoration* (2nd ed., 1907)을 볼 것.

174) 윌리엄 3세 10~11년, 법률 제10호(1699), 1732년의 법률(조지 2세 5년, 법률 제22호)에 의해 형벌은 더욱 무거워졌다.

175) "잉글랜드만이 양모를 생산할 수 있고, 다른 나라들은 만약 양모를 입수할 수 없다면 완제품 모직물을 모두 잉글랜드로부터 사야 한다는 사상이 제기되었다." Sir Joseph Banks, *Instructions to Lawyers engaged in fighting the Bill dealing with the Export of Wool*(*Annals of Agriculture*, Ⅳ, 479면). 이 잘못은 오래도록 줄곧 지적되어 왔었다. James Anderson, *Observations on the Means of Promoting a Spirit of National Industry*(1777), 264면을 볼 것.

176) *Annals of Agriculture*, Ⅵ, 484면.

순응할 수 있는 살아 있는 양의 수출을 반대하는 주장은 훨씬 더 강력했다. 해안에서 5마일 이내에서 양의 털을 깎는 것을 법으로 금지할 정도로 보호는 더욱 심해졌다. [177]

이처럼 세심하게 보호받는 공업은 혁신을 도입할 필요를 느끼지 아니하였다. 의회의 못된 자식(enfant gâté)인 양모공업이 생각하는 것은 자기에게 유리한 법들을 법령집에 추가하라고 계속 요구하고 이전의 법들의 엄격함을 완화하는 데 관해 문제가 발생할 때마다 불평을 하는 일이었다. 1781~88년에 원모 수출을 둘러싸고 격렬하게 벌어진 논쟁은 이에 관한 하나의 사례이다. [178] 양 사육은 증가 추세에 있고 결과적으로 국내시장은 너무 좁았으므로 사육자들은 수출 허가를 요구했다. 이러는 동안에 온갖 금지에도 불구하고 밀수가 상당히 발달하여 그들은 해외에 생산물의 일부를 어쨌든 팔 수 있게 되었다. 그러나 모직물 제조업자들은 외국의 경쟁이라는 유령을 보고 전율했다. 장벽을 낮추기는커녕, 그들이 짜낸 꾀는 장벽을 훨씬 더 높이고 밀수를 보다 단호하게 억압하게 하는 것이었다. 두쪽 다 자신의 이익을 지켰거나, 아니면 지켰다고 생각했다. 그러나 제조업자들이 관행을 지키는 데 도움이 되도록 특권을 끌어들인 데 반해, 당시 잉글랜드의 농업을 개혁하는 일에 종사하고 있는 농학자들의 그 명성높은 학파가 이끌던 양 사육자들은 새로운 경제학의 언어로서 발언을 했다.

---

177) 조지 3세 13년, 법률 제43호.

178) 대영박물관(Vol. B. 546)과 특히 맨체스터시립도서관(Nos. 26214와 26216) 소장의 몇몇 팜플렛을 볼 것. 자유수출론을 선호하는 문헌에 대하여는 다음을 참조할 것. Sir John Dalrymple, *The Question considered, whether Wool should be allowed to be exported* (1781) ; Josiah Tucker, *Reflections on the present low Price of coarse Wools* (1782). 반대입장에 대하여는 다음을 참조할 것. N. Foster, *An Answer to Sir John Dalrymples' Pamphlet, entitled: The Question considered,* … (1782); *The Contrast, or a Comparison between our Linen, Cotton, and Silk Manufactures* (1783) ; John Hustler, *Observations on the Wool Bill* (1788) ; Bischoff, *History of the Woollen Manufacture,* I, 207~16면 ; J. James, *History of the Woollen Manufacture,* 301~5면 ; *Annals of Agriculture* ('아서 영' (Arthur Young)항), Ⅵ, 506~16면 ; Ⅶ, 73, 94, 134~47, 164~70면 ; VIII, 463면 등.

이 경우에 관해 아서 영은 그의 저서인 『농업연보기』(*Annals of Agri-culture*)에 양모공업을 위해 요구되고 있는 지나친 보호를 중단하는 것은 양모공업 자체의 이익이 된다고 썼다. 그는 급속한 발전으로 일반의 경이와 찬탄을 불러일으키고 있던 보다 근대적인 공업들과 양모공업을 비교했다.

양모공업을 검토해보라. 그러면 여러분은 기업의 그 열의, 사업의 활력, 그 발명의 정신을 찾는 데 실패할 것이다. 이것들은 철·면화·도자기·유리 등의 분야에서 발휘되어 영국산업의 노력을 아주 고상하게 드러낸 바 있다. 양모공업에서는 모두가 나태하고 활기가 없고 죽어 있다. ……여러분은 맨체스터의 치솟는 번영 위에 검은 구름이 덮이기를 바라는가? 그렇다면 맨체스터에 면(綿)의 독점권을 주자. 버밍검의 전례 없는 성장이 여러분의 감정을 상하게 하는가? 독점은 맨체스터의 거리를 역병처럼 황폐화시킬 것이다. [179]

제조업자들은 사육자들에 대해 승리를 거두었다. 낡은 규칙들이 개정되어 양모를 수출하는 죄는 중범죄로 규정되었다. [180] 이 소식은 리즈와 노리치지방에서 대단한 환호를 일으켰다. 승리를 축하하듯이 모닥불이 켜지고 종이 울렸다. [181]

그러나 아서 영이 옳았다. 왜냐하면 양모제조업자들이 우위를 유지하도록 채택된 수단은, 비록 양모공업의 발전을 멈추게 하지는 않았지만 적어도 상당히 저해했기 때문이다. 의회에 대한 요구사항을 뒷받침하는 그들의 끊임없는 불만에 귀를 기울이는 사람이면 누구나 양모공업이 쇠퇴하고 있다고 생각했을 것이다. 실제로 양모공업의 발달은 결코 멈춘

---

179) *Annals of Agriculture*, Ⅶ, 164~69면.

180) 조지 3세 28년, 법률 제38호. 어떤 법규들은 왕정복고 시기의 한 법률(찰스 2세 13~14년, 법률 제18호)로부터 원용되고 있다.

181) "금요일 아침, 양모수출을 금지하는 법안이 상원에서 통과되었다는 소식이 도착하자 리즈와 인근 마을에 있는 종이란 종은 낮 내내 일정한 간격을 두고 울려댔다. 밤이 되자 모닥불이 피워지고 환희의 행렬이 이어졌다. 노리치에서도 이와 유사한 자축행사가 벌어졌다……" *Letters to the Lincolnshire Graziers, on the subject of the Wood Trade* (1788), 1면.

적이 없었다.[182] 그러나 양모공업의 약속받은 땅인 요크셔의 웨스트 라이딩을 제외한 곳에서는 발전이 더디고 불규칙했다.[183] 생산의 중심지들은 많았지만 그것은 대개 작고 미미했다. 18세기초부터 다수의 중심지는 가까스로 존속한 데 불과했다.[184] 그 침체에도 불구하고 이 중심지들은 여전히 살아 있었다. 그들은 점진적인 내부의 발전에 의해 천천히 변하는 오랜 경제질서의 상징으로 남아 있으면서 옛 형태를 여전히 유지한 채 유서깊은 관행에 따라 계속 나아가고 있었다. 양모공업은 너무나 보수적이고 특권과 편견에 너무나 짓눌려 있었기 때문에 기술의 혁신을 통해 자신의 개혁을 꾀할 수가 없었다. 따라서 산업혁명은 외부로부터 도입되어야만 했다.

8. 구공업의 완만한 변모

산업혁명은 옛 경제제도를 차례로 변화시켜온 운동의 연속에 지나지 않는데, 우리는 이미 그 발전에 대하여 언급하였다. 양모공업의 역사

---

182) 이것은 J. Smith, *Memoirs of Wool*, Ⅱ, 409, 411면의 매우 합당한 결론이다.

183) 다음의 생산통계들을 볼 것. F. Eden, *State of the Poor*, Ⅲ, ccclxii면; A. Anderson, *Chronological History and Deduction of the Origin of Commerce*, Ⅳ, 146~49면; Macpherson, *Annals of Commerce*, Ⅳ, 525면; Bischoff, *History of the Woollen Manufacture*, Ⅰ, 328면.

웨스트 라이딩의 생산통계

연 도	廣幅직물(필)	小幅직물(필)
1740	41,000	58,000
1750	60,000	78,000
1760*	49,000	69,000
1770	93,000	85,000
1780	94,000	87,000

* 7년전쟁 기간.

184) 다니엘 데포 시절에 쇠락하고 있던 마을들은 브레인트리와 보킹(에쎅스), 너덤, 입스위치, 레이번햄(써포크), 크랜브루크(켄트) 등이었다. *Tour*, Ⅰ, 32, 34, 40, 118, 192면을 볼 것.

는 이 운동의 계기적(繼起的) 단계를 보여주고 있다. 이 계기적 단계
들은 그에 상응하는 각각의 공업형(工業型)으로서 고정되어 거의 눈에
띄지 않는 이행(移行)에 의하여 서로 연계되어 있다. 무엇보다도 먼저
공업은 독립소생산자의 수중에 있었는데, 그 고전적 고향을 우리는 핼
리팩스 지역에서 발견한다. 그 다음에 상인제조업자들에 의해 경영되는
공업이 나타났으며, 그 조직은 서남부지방에서는 보다 느슨했고 노리치
와 그 주변에서는 보다 집중되어 있었다. 마지막으로 큰 작업장들의 공
업인 '매뉴팩처'가 있었는데, 실제로 이것은 16세기의 요란한 출발이
예고했던 바보다는 덜 발전했다. 이 다양성에 주목하는 것은 하나의 경
제운동에 복잡하고 지속적인 생명을 되찾아주는 일이다. 마르크스가 추
상화의 재능을 모두 이 연구에 쏟았을 때, 그는 이 운동을 너무 단순화
된 용어로 압축하고 너무나 날카롭게 구분되는 시대들로 세분하였다.
더구나 우리는 마르크스의 사상 안에서 주로 설명적 가치를 갖고 있던
것을, 사실들에 대한 정확한 서술로 받아들이지 않도록 조심해야만 한
다. 예를 들면, '매뉴팩처'가 공장제도가 나타나기 직전 시기의 특징적
이고 지배적인 형태라고 생각하면 우리는 잘못을 저지를 수도 있는 것
이다. 논리적인 견지에서 보면 '매뉴팩처'가 공장제도에 필요한 선행형
태로 생각되어야 마땅하다 하더라도 그것이 어느 순간에나 공업의 일반
적이고 지배적인 특징이 되었다고 하는 가정은 역사적으로 진실이 아니
다. 르네쌍스시대에 '매뉴팩처'의 출현은 중요하면서도 의미심장했지만
그것은 그 이후의 여러 세기에——적어도 잉글랜드에서는——이차적인
요인으로 머물렀다. [185] 근대적 공장제도와 비교하기 위한 목적으로 '매
뉴팩처' 제도를 언급하는 것은 도움이 될는지 모르지만 '매뉴팩처'는
결코 지배적이 아니었으며 그것과 나란히, 비록 쇠퇴하고는 있었지만
옛 공업제도의 활력이 최후의 순간까지 계속 존속했다는 사실을 명심해
야만 한다.

---

185) '매뉴팩처'의 존재가 분업의 필요조건이었다고는 전혀 말할 수 없다. 1739
  년 당시 소모사공업은 비록 집안에서 또는 작은 작업장에서 이뤄지긴 했으나
  약 40가지의 다른 공정으로 구성되었으며, 이 공정들은 각각 별개의 직종을
  이루었다. 노샘프턴셔의 한 제조업자에 의해 쓰어진 *Observations on Wool*
  and Woollen Manufacture (1739)를 볼 것.

이 운동의 연속성은 우리가 연구하려는 시기까지 그 운동이 기술적인 성격이 아니라 순전히 경제적인 성격을 띠고 있었다는 사실에서 비롯된다. 그것은 생산도구의 변화가 아니라 조직의 변화였다. 그것은 개인의 정신으로부터 갑자기 솟아난 새로운 발명들에 의해서가 아니라 상업관계의 완만한 발전에 의해서 결정되고 변화했다. 이 경우 하나의 사실은 특히 주목할 만하다. 생산수단의 점차적인 집중으로부터 아주 큰 이득을 본 자본가들은 거의 공업가들이 아니었다. 그들은 독립성을 점차적으로 빼앗긴 소생산자에게 제조에 대한 일체의 관리를 기꺼이 맡겼다. 그들은 그것을 개선하거나 감독하려고 들지 않았다. 그들은 단순한 상인이었으며, 그들에게 있어서 공업은 거래의 한 형태에 불과했다. 그들은 오직 한 가지 즉 구매가격과 판매가격 사이의 차액에서 나오는 이득인 상업적 이윤에만 신경을 썼다. 그들이 먼저 원료, 다음에 도구, 그 다음에 작업장의 소유자가 된 것은 오로지 이 차액을 증대시키고 구매가격을 절약하기 위해서였다. 그리고 그들은 상인으로서 마침내 생산에 관한 모든 권한을 장악하게 되었다.

자본가들이 갈수록 이 방향으로 가도록 촉진한 것은 잉글랜드의 상업발달이다. 더구나 여러 해 뒤 아담 스미스에 의해 작성된 법칙, 즉 공업의 분업과 상품시장의 크기를 연결하는 법칙도 같은 방향으로 가는 경향을 지니고 있었다. 피상적인 관찰자가 보기에 그 이익을 나라 밖에 두는 상업활동의 발달은 국내공업의 힘겹고 꾸준한 건설에 불리한 듯이 보였다. "잉글랜드는 네덜란드처럼 되어, 이제부터 모든 부의 바탕을 금융업과 해운업의 이익 위에 두려고 하는가? ……쇠퇴하기 시작한 뒤에 공업을 유지하려 한다면 잉글랜드가 네덜란드보다 훌륭하게 성공할 가능성은 거의 없다."[186] 이것은 참으로 틀린 예언이었다! 왜냐하면 이와는 정반대로 새로운 공업은 상업과 상업정신으로부터 솟아나려 하고 있었기 때문이다.

---

186) J. Accarias de Sérionne, *La Richesse de l'Angleterre*(Vienne, 1773), 121면.

제 2 장
상업의 비약적 발전

생산의 발전과 상업의 발달은 너무나 밀접하게 결부되어 있고 여러가지 방식으로 상호 영향을 미치기 때문에 어느 편에서 발달이 먼저 시작되었는가를 발견할 수 있기가 로 어렵다. 때로는 공업의 발전이 교역이 새로운 출구를 발견할 수 있도록 함으로써 상업관계를 확대하고 증대시킨다. 반면에 어떤 때는 시장의 확대에 의해 창출된 새로운 수요가 공업적 기업을 자극한다. 현대에는 전자의 경우가 더 흔하다. 기술 발전이라는 내면적 힘에 의해 추동되는 근대적 공업은 그 발전과정에서 상업과 신용을 동반하였으며, 상업과 신용은 근대적 공업을 위해 세계정복에 나서게 된다. 더구나 경제생활의 제현상의 근원이 생산 자체에 있다고 여겨질 때, 생산이 그 현상들을 지배하는 것은 당연한 것으로 보일 뿐이다.

1. 교환과 생산의 상호의존

그런데 실제로 이것은 근대적 공장제도의 가장 새롭고 가장 근원적인 특징 가운데 하나가 아닌가? 공장제도가 수요를 예상하여 변화시키고 때로는 창출할 수도 있다는 사실은 이 제도의 비상한 자기변형의 힘, 기술장비의 급속하고 부단한 개량에서 비롯되는 것이다. 수송의 발달은 생산자가 인간이 사는 지구라는 테두리 속에서 다른 어떤 제한도 받지 않고 마음먹은 대로 시장의 범위를 증대시킬 수 있게 한다. 이것은 구(舊)

공업의 경우에는 해당되지 않았다. 생산은 기술개량의 완만함과 교통의 곤란 때문에 제약을 받아 관습적 시장의 기존 수요에 국한될 수밖에 없었다. 멀리 있는 미지의 잠재적 소비자를 위한 생산은 미친 짓으로 여겨졌을 것이다. 요컨대 공업은 상업관계의 조건들에 의해 반드시 규제되어야만 했다. 다른 한편으로 기술적 발명이 이루어지지 않는 상황에서 매뉴팩처의 공정개선이나 상품의 다양화에는 단 하나의 방법밖에 없었다. 그것은 외국 공업으로부터의 차용이었다. 여기서 다시 한번 무역은 각국의 상품을 들여오고 여러 나라 사이에 교류를 맺음으로써 경쟁을 창출하고 공업의 창의를 자극하는 본보기를 드러내 보여준다.

이 시절에 공업의 발전은 상업의 일정한 발달이 선행되지 않는 한 거의 불가능했다. 이런 관점에서 유럽의 특정 지역들과 특정 도시들의 역사를 연구하는 것, 예를 들어 플랑드르의 섬유공업의 발달은 13세기초에 상업적 중요성을 얻은 브뤼즈(벨기에 서북부의 항구도시―역주)의 그것과 어느 정도나 결부되어 있는가를 알아내고, 베네치아와 제노바의 해상무역은 오랜 기간 동안 유럽의 여타 지역에서 모델 역할을 한 북부 이탈리아의 대외적 산업의 확립을 어떻게 도왔는가를 알아보는 것은 가치가 있는 일이다.[1]

이런 문제들이 몇 마디 말만으로 스쳐지나갈 일은 아니다. 그러나 공장제도의 시대 이전에 한 나라의 상업의 힘은 그 나라의 공업적 중요성과는 관계가 전혀 없었다고 할 수 있다. 이러한 사실은 네덜란드의 역사에서도 보여진다. 17세기에 네덜란드는 세계의 선도적 상업국이었다. 그러나 네덜란드의 선박들이 자국의 상품을 수송한 것은 아니었다. 네덜란드의 선박은 동·서(東西) 인도의 생산물, 발트해 연안 여러 나라의 금속, 또는 동양의 귀중한 물자들을 모든 목적지로 무차별하게 수송했다. 그들은 중개업자였으며 그들의 항구는 화물집산지(bonded warehouses, 또는 보세창고)에 지나지 않았다. 작은 네덜란드를 중심으로 한 자본·인간·사상의 이 소용돌이 한가운데서 공업은 발달하지 않을 수

---

1) 예를 들면 나중에 이탈리아로부터 프랑스와 잉글랜드로 수입된 견직공업이 있다.

가 없었다. 항구 또는 그 부근의 조선소들은 말할 것도 없고 네덜란드 연합주(United Provinces, 1579년에 시작되어 네덜란드왕국의 기초가 되었음— 역주) 안에서는 모직물·마직물·벨벳 제조업뿐 아니라 유리제조업과 다이아몬드 세공업이 창시되었다. 그러나 이것들 모두가 번창하는 공업들이기는 했지만 네덜란드의 부(富)에는 아주 적은 기여밖에 하지 못했다. 가장 중요한 공업인 조선업은 해상무역의 발전에 근원을 두고 있었으며 해상무역에서 번영의 원천을, 그리고 아마 존립의 근거까지도 찾았던 것 같다.

이 사례는 우리에게 직접적인 관심의 대상이 된다. 왜냐하면 잉글랜드는 오랫동안 네덜란드를 모방하기를 원했기 때문이다. 오랜 세월 동안 네덜란드의 적이었으며 당시에도 경쟁국이었던 잉글랜드는 인접한 나라들이 크게 찬탄하고 탐내던 그 상업적 패권을 차지하려고 네덜란드와 싸웠는데, 결국에는 잉글랜드가 이겼다. 잉글랜드는 탁월한 산업의 땅, 즉 광산·제철공장·방적공장의 땅이 되기 반세기 전에 이미 거대한 상업국——유명한 말을 빌면 '상점주인들의 나라'——이었다. 상업의 팽창이 공업의 변화에 선행했던 것이다. (아마 그 변화를 결정했을 것이다.)

2. 영국의 상업사 개관

17세기말까지 잉글랜드의 경제적 위치는 이차적인 중요성밖에 갖지 못했다. '신세계'의 발견은 잉글랜드를 지리적으로 훨씬 더 유리하게 하였다. 그러나 잉글랜드는 그 발견으로부터 당장에 큰 이익을 끌어내지는 못했다.[2] 오랫동안 잉글랜드는 제해권(制海權)을 희망했다. 존 셀던(John Selden, 1584~1654. 영국의 법률가—역주)은 그로티우스(Hugo Grotius, 1583~1645. 네덜란드의 법학자. 국제법의 창시자—역주)의 『자유해

---

2) MacKinder, *Britain and the British Seas*, 1~13면은 고대세계의 변방지역 가운데 하나에 자리잡고 있는 대브리튼이 아메리카의 발견과 식민을 통해 근대세계의 중심으로 갑자기 등장하게 된 과정을 적절히 보여주고 있다.

론』(自由海論, *Mare Liberum*)에 대한 반론으로 쓴 그의 유명한 저서『폐
쇄해론』(*Mare Clausum*)[3]에서 고전과 성서를 인용함으로써 다음의 두 명
제를 증명하고 있다. 첫째 바다는 영유될 수 있다. 둘째 당연한 권리에
따라 그 영유자는 잉글랜드의 왕이다. 이 책은 제임스 1세를 위하여 씌
어졌고 찰스 1세에게 헌정되었지만 이 두 왕은 이처럼 대담한 주장을
지지할 수가 없었다. 실제로 바다는 잉글랜드인에게 속한 만큼 (그 이
상은 아니겠지만) 스페인인, 프랑스인 그리고 특히 네덜란드인에게도
속해 있었다.

　이 설익은 야망은 엘리자베스(1세를 가리킴―역주) 치하에서 잉글랜드
의 생활·힘·천재(天才)를 자극하여 사회의 모든 계층에서 무성하게
꽃핀 활력의 그 비상한 폭발을 우리가 상기하면 설명될 수도 있다. 해
운업과 상업의 발전은 급속하게 성공을 거두고 있었다. 세계는 잉글
랜드 선원·상인·사략선(私掠船, Privateer, 전시에 적의 상선을 나포할 수
있는 허가를 받은 민간무장선 또는 그 선원―역주)의 용기를 보고 크게 놀랐
다. 드레이크경(Sir Francis Drake, 1540?~96. 영국의 제독. 지구를 일주한
최초의 영국인. 스페인함대를 격파―역주)이 해적들을 이끌고 서인도제도
를 위협하는 사이 평화적인 항해가들은 보다 항구적인 승리를 위해 길
을 닦고 있었다. 월터 롤리 경(Sir Walter Raleigh, 1552?~1618, 영국의 탐
험가·군인·정치가·시인―역주)은 식민지 버지니아를 창설했고 챈슬러와
월로비는 스칸디나비아 반도를 돌아 항해하여 아르항겔스크(Archangelsk,
러시아 서북부 백해의 드비나만에 있는 항구―역주)에 상륙함으로써 서방이
모스크바 및 노브고로드(Novgorod, 러시아 서북부의 도시로 옛 수도―역주)
와 접촉하게 했다. 처음에는 장거리를 항해하는 배에 의장(艤裝)을 하
는 비용을 공동부담하는 상인들의 일시적인 단체로서 설립, 출발한 데
불과했던 무역회사들은 나중에 공식 특허장(charter)에 의해 특권과 독
점권, 그리고 왕권의 대표자로서의 권력까지 부여받는 단체들이 되었
다. 이런 식으로 1554년에 머스커비회사(Muscovy Company), 볼틱회
사(Baltic Company, 1579), 레반트회사(Levant Company, 1581), 그리고
동인도회사(East India Company, 1600)가 설립되었다.[4]

─────────────

3) *Mare Clausum, seu De Dominio Maris, libri duo*(1635).

다음 세기에 국민적 에너지는 다른 방향에 기울여졌다. 그것은 정치
적이며 동시에 종교적인 투쟁으로 전환되었으며, 이 투쟁은 두 번에 걸
쳐 혁명으로 발전했다. 그럼에도 불구하고 그 에너지는 우리가 뉴잉글
랜드에 식민한 청교도 이주자들에게서 찾아볼 수 있는 것처럼 때로 해
외에서도 계속 발휘되었다. 국민의 에너지는 크롬웰의 강력한 지도 아
래 과거의 온갖 활기와 위세를 띠고 한순간 다시 나타났다. 잉글랜드가
해양에서 멸친 위세(威勢)의 기원이라고 생각해도 마땅한 그 유명한 항
해조례(Navigation Act)[5]는 공화국(Commonwealth, 1649년 찰스 1세의 사형
집행 때부터 1660년의 왕정복고까지 존속한 잉글랜드공화국—역주)에서 발표된
것이다. 이 조례는 잉글랜드인이 세계의 여타 지역과 거래함에 있어서
네덜란드 중개인들 없이 일을 해나가도록 강제함으로써 그들 스스로가
상선단을 건설하지 않을 수 없게 했다. 상선단을 건설할 요인들은 충분
히 있었다. 공해로 나가는 배들은 많지 않았으며, 대체로 상품의 육상
운송이 더디고 어렵고 경비가 많이 들었기 때문에 연안무역이 활발했
다. 뉴캐슬과 런던 간의 연안무역만 보더라도 그것은 수천 명의 선
원이 승선하는, '대선원양성소'[6]라고 불린 정규적인 선단을 이용하였
다. 그럼에도 불구하고 항해조례는 즉각적인 결과를 빚어내지는 못

---

4) 모든 회사 가운데 가장 오래된 것은 1564년 국왕의 특허장에 의해 동업조
   합으로 설립된 무역상회사(Company of Merchant Adventurers)였던 것 같
   다. W. E. Lingelbach, *Internal Organization of the Merchant Adventurers
   of England*, Philadelphia, 1903을 참조.

5) 1651년, 법률 제22호. 1660년에 보완된 이 조례는 외국의 배가 자국에서 생
   산된 상품 이외의 것을 잉글랜드에 수입하는 것을 금지했다. 아시아·아프
   리카·아메리카와의 무역은 잉글랜드에서 건조되고 잉글랜드의 선주들이 소
   유하고 잉글랜드의 선원들이 탄 선박들이 독점했다. 우리는 이 항해조례가
   법령집에 나타난 최초의 것은 아니라는 점을 잊어서는 안된다. 비슷한 조치
   가 1381년(리차드 2세 5년, 법률 제 3 호), 1382년(동 6년, 법률 제 8 호),
   1390년(동 14년, 법률 제 6 호), 1489년(헨리 7세 4년, 법률 제10호), 1540년
   (동 32년, 법률 제14호), 1552년(에드워드 6세 5~6년, 법률 제18호), 1558
   년(엘리자베스 원년, 법률 제13호), 1562년(동 5년, 법률 제 5 호), 그리고
   1593년(동 35년, 법률 제 7 호)에도 취해졌다.

6) Ch. Povey, *A Discovery of Indirect Practices in the Coal Trade*, 43
   면을 볼 것.

했다.

내란의 시대는 아직 끝나지 않았다. 몇 해 동안 평화가 유지된 뒤에 왕정복고 시대에 다시 내란이 터졌다. 그러나 이 몇 해는 모험심이 그 활력을 다시 충분히 확립할 수 있는 기간이었다. 새로운 특허회사들이 출현했다. 주로 기니 해안에서 무역을 한 왕립아프리카회사(Royal African Company),[7] 총명하고 모험심 강한 루퍼트공(Prince Rupert, 1619 ~82, 독일 바이에른의 왕자. 영국의 내란 당시 삼촌 찰스 1세를 지원―역주)이 이익이 큰 모피 거래를 위해 설립한 허드슨만회사(Hudson Bay Company)[8]가 그것이었다. 최후의 항쟁과 소란의 시기가 지난 뒤 마침내 우리는 정치사에 못지않게 경제사에서도 하나의 위치를 차지할 만한 1688 년이라는 저 위대한 연대에 이른다.

1688년에는 잉글랜드국민이 60년 동안 벌여온 그 긴 투쟁이 끝났다. 그것은 유익한 투쟁이었다. 그 투쟁을 통해 잉글랜드는 유럽의 어떠한 큰 민족도 당시에 갖고 있지 못하던 자유로운 정부를 쟁취했다. 값비싼 댓가를 치른 노력에 의해 확립된 이 자유는 공중의 번영을 위해서는 최선의 보장이었다. 잉글랜드인들은 새로운 정치제도 출현에 반드시 수반되는 역경을 일단 뚫고나간 뒤 곧 그 번영을 찾아낼 수 있었다. 대브리튼에 관한 유명한 묘사의 저자[9]는 1708년에 이렇게 썼다. "우리의 상업은 전세계에서 가장 주목할 만한 것이다. 그리고 실제로 대브리튼은 모든 나라들 가운데서, 섬으로서의 위치로 보나 그 헌법의 자유와 탁월

---

7) 왕립아프리카회사에 관해서는 Cunningham, *Growth of English Industry and Commerce*, Ⅱ, 272면 참조.

8) 선거후(選擧侯, Elector-Palatine) 프리드리히 5세(그는 1619년에 보헤미아의 왕이 되었다)와 찰스 1세의 누이 엘리자베스 스튜어트의 아들인 루퍼트공은 생애의 대부분을 잉글랜드에서 보냈다. 그는 대대적인 '내란' 기간에 왕군을 지휘했으며 왕정복고 시대에 컴벌랜드공작 및 대제독의 칭호를 받았다. 바로 이때 그는 허드슨만회사와 일단의 다른 기업들의 지도자가 되었다. 그는 과학과 기계 발명에도 관심이 있었다. 메조틴트조법(彫法, mezzotint engraving, 특수한 濃淡을 나타내는 銅凹板을 사용하는 방법―역주)을 그가 발명하지 않았다 해도, 적어도 잉글랜드에 도입한 것은 그의 공적이다. *Dictionary of National Biography*, 'Rupert' 항을 참조.

9) Chamberlayne, *Magnae Britanniae Notitia*, Ⅰ, 42면.

합으로 보나 상업에 가장 적합하다……"

1688년의 혁명(이른바 명예혁명—역주)은 정치세력과 종교세력에 의해 실현되었다. 정치집단과 법인과 프로테스탄트 국민 전체의 노력인 이 혁명이 어느 한 사회계급의 이기적인 동기에서 비롯되었다고 볼 수는 없다. 그러나 우리는 이 결정적 사건들에서 상인중산계급(commercial middle class)이 한 역할에 주목할 수 있을 것이다. 이 사건들은 그들에게 매우 유리한 결과를 가져다주게 된다. 왕이 도망한 뒤에 상원의원들이 오렌지공(Prince of Orange, 1650~1702. 영국과 아일랜드의 왕〔1689~1702〕—역주)을 초청하기 위해 모인 곳은 상인회사들의 공회당인 길드홀(Guildhall)이었다. 잠깐 동안 수도로 돌아온 제임스 2세가 런던시의 치안관들(City Magistrates)에게 자기를 받아들여 지켜주겠다는 서약을 요청했을 때 그들은 거부했다. 그러기는커녕 그들은 이틀 뒤에 맨 먼저 쎄인트 제임스 궁전으로 윌리엄(오렌지공)을 방문하고 잉글랜드의 자유를 구해준 데 대해 그에게 감사했다. 자기를 왕으로 선포할 의회의 개회를 기다리는 동안에 오렌지공은 임시국회를 소집하여 그의 권력을 분담시켰고 그때 런던의 시장과 참사회원들(Aldermen)은 옛 하원의원들의 옆자리에 앉았다. 마지막으로 당면한 필요에 대처하기 위해, 특히 군대에 봉급을 주기 위해 씨티(the City, 런던시의 중심부 약 1평방마일의 지역으로 the Lord Mayor와 시의회가 지배하는 상업・금융의 중심지. 행정구역으로서의 대 런던시와는 구별됨—역주)는 국고에 20만 파운드를 대여했다.[10] 그것은 새로운 왕정이 상인・금융업자 계급과 제휴했다는 증거였다. 그순간부터 그 거대한 운동이 시작되었으며, 이 운동은 150년 뒤 정권을 장악하는 중산계급의 명백한 승리로 끝났다. 그들은 자신이 취한 태도의 이익을 거의 당장에 거두어들였다. 명예혁명 직후에 엄청난 중요성을 갖는 두 가지 경제적 사건이 일어났다. 잉글랜드 은행(Bank of England)의 설립과 동인도회사의 최종적 규약의 성안이 그것이었다.

잉글랜드에서 신용기관이 이토록 늦게서야 발달한 것을 보면 놀랍기

---

10) Macaulay의 *History of England from the Accession of James II*를 볼 것.

까지 하다. 런던의 씨티에, 즉 오늘날 유럽에서 가장 유력한 금융단
체들이 함께 모여 있으며 자본이 지구의 끝으로부터 모여드는 그 작은
지역에, 17세기 증엽까지는 단 하나의 금융업소도 없었다. 상인들이
롬바드가(현재 금융의 중심지—역주)의 금세공인(goldsmith)들에게 자본을
처음 위탁하기 시작한 것은 내란 기간(1642~49년—역주)이었다. 단순한
보관자였던 이 사람들은 곧 금융가를 형성했으며 그들의 어음은 씨티의
통상적 거래에서 현금의 지위를 차지했다.[11] 신용이 보편화되자 공중은
오랫동안 보다 발달된 금융제도를 갖고 있던 다른 나라들의 사례 쪽으
로 관심을 돌렸다. 잉글랜드가 국립은행을 구상한 것은 이탈리아와 네
덜란드 덕분이다.

슈몰러(G. Schmoller)는 국채가 주식회사의 기원에 미치는 영향에 대해
맨 처음으로 우리의 주의를 환기시켰다.[12] 이 영향은 잉글랜드은행의 설
립에 두드러지게 나타나 있다. 윌리엄 3세 정부는 재정이 궁했다. 이
정부는 제노바의 쌩 죠르주은행이나 암스테르담은행과 비슷한 신용기관
의 창설을 호의적으로 보면서도 그 순간을 위해서나 미래를 위해서나
자력으로 새로운 재원을 확보하는 데 주로 관심을 쏟고 있었다. 처음에
잉글랜드은행은 [연리] 8%로 150만 파운드의 대여를 왕에게 약속한 일
군의 자본가에 지나지 않았지만 그들은 이에 대한 보상으로 법인(cor-
poration)[13]이라는 호칭과 더불어 예금을 받고 상업어음을 할인할 권리,
즉 모든 은행업무를 수행하는 권리를 부여받았다. 이 계획은 성공적이
었으며, 의회는 오로지 즉각적인 이익과 플랑드르의 전쟁(네덜란드 독립

---

11) 같은 책(Ed., Longmans, Green & Co., 1919, Vol. V, 516면 이하). 보
    다 정교한 연구는 Cunningham, 위의 책, II, 142~64면에 있다. 그럼에도
    불구하고 Cunningham은 이 주제가 더 이상의 연구를 필요로 한다는 점을
    인정한다.

12) Gustav Schmoller, "Die Geschichtliche Entwicklung der Unternehmung
    (*Jahrbuch für Gesetzgebung, Verwaltung und Volkswirtschaft im Deut-
    schen Reich*), 1893, 963면.

13) 잉글랜드은행의 기원에 관해서는 A. Andreades, *Essai sur la fondation
    et l'histoire de la Banque d'Angleterre* (1694~1844)와 Th. Rogers, *The
    First Nine Years of the Bank of England*를 참조.

전쟁—역주)의 원조비로 쓸 돈을 위한 은행의 모금 때문에, 아주 강력한
반대를 무릅쓰고 그것을 통과시켰다는 것은 의심할 나위가 없다. 그 중
요성을 새삼 강조할 필요가 없는 이 위대한 제도는 따라서 처음에는 단
지 일종의 예산상의 편법으로 태어난 데 불과했다.[14] 이 은행에 부여된
권리들이 그 은행이 대출하는 액수보다 국민에게는 무한히 중요하다는
것을 깨달을 정도로 선견지명이 있는 사람들은 거의 없었다. 이 은행이
국고에 준 도움도 상당했었지만[15] 그 일상의 업무로 일반사회에 끼친
공헌과는 비교될 수 없었다.

잉글랜드은행 덕분에 런던은 암스테르담에 필적하는 무역과 기업의
중심지가 될 수 있었다. 자본의 유통이 증가했고 이율은 급속히 떨어
졌다. 20년 미만 사이에 이율은 7~8%에서 4% 이하로 떨어졌다.[16]
프랑스와 거의 동시에 잉글랜드를 휩쓴 투기라는 열병, 다시 말하면
가공의 남해회사(South Sea Company. 이 회사가 1711년 영국에서 스페인령
남아메리카의 독점무역권을 얻고 이를 크게 선전하자 주식 시세가 10배 이상
으로 폭등했는데, 사업내용이 부실함이 폭로되자 1720년 회사가 파산하고 증
권파동이 일어났다. 이른바 '남해거품파동'—역주)를 둘러싸고 범람한 얼빠

---

14) 잉글랜드은행 설립법안을 기초한 것은 세입위원회(Committee of Ways
and Means)——바꿔 말하면 예산위원회(Budget Commission)——였다. 이
법안의 제목은 기초위원들의 진정한 관심이 무엇이었는가를 명확히 보여준
다. "대프랑스전쟁을 위해 150만 파운드를 자발적으로 전대(前貸)하는 사람
들에게 일정한 보상과 이익을 확보해주기 위해 선박의 톤수, 맥주, 에일(맥
주와 비슷하나 보다 쓰고 진한 음료—역주) 및 기타 음료에 대한 몇 가지
지방세와 주세를 폐하들(윌리엄과 메리—역주)을 위해 심의하는 조례"(윌리
엄과 메리 5년과 6년, 법률 제20호).
15) 1694~1731년에 이 은행이 국가에 대부한 액수는 총계 1,190만 파운드였
다. G. Schmoller, 위의 책, 964면을 참조.
16) 유트레히트강화(1713, 네덜란드 중부의 주 유트레히트에서 스페인 왕위
계승전쟁이 끝난 뒤 체결된 조약을 가리킴—역주) 당시에 잉글랜드은행의
주식은 1년 4% 배당이었는데 거래소에서의 시세는 118~130파운드였다.
Thorold Rogers, *History of Agriculture and Prices in England*, Ⅶ, 715
~16면을 볼 것. 1694년에 연리 8% 차용한 정부는 연리 3% 공채를 발행
할 수 있었는데, 1732년에는 공채시세가 액면가격보다 높았다. 같은 책,
884면. 1755년에 시작된 하락은 상업의 발달에 따라 잠재적 투자의 빈도가
훨씬 커진 데 원인이 있었을 것이다.

진 계획들과 무수한 사기도 일시적으로 빚어진 혼란에 불과했다. 잉글랜
드은행은 요지부동으로 존재하고 있었다. 그래서 이 은행의 주식은 파
국 이전의 현기증 나는 오름세 속에서 한동안 동요되고 나서 다시 정상
적인 수준으로 되돌아갔다. [17] 그 순간부터 이 은행에 대한 신뢰는 확고
했다. 이 은행의 역할을 아주 중요하게 만든 것은 오랜 기간 동안 신
용기관이 거의 없었다는 사실이다. 1750년경에 수도 바깥에는 12개 가
량의 은행이 있었을 뿐이었다. [18] 경제발전의 과정에서는 흔히 상호작용
의 결과로서 나타나는 일이지만 신용은 상업의 발달과 공업의 변화를
가능하게 하고 그 발달에 의해 신용은 다시 거대한 추진력을 얻게 된
다. 이러한 상호작용은 시시각각 우리 눈앞에서 벌어진다.

   잉글랜드은행 설립 당시에, 이미 1백 년 가까운 역사를 갖고 있으
면서 전례없는 번영의 시기가 막 지난 동인도회사는 와해 직전에 있
는 듯이 보였다. 당시 극소수 주주의 수중에 있던 그 회사의 부(富)
는 질투와 탐욕을 불러일으켰다. 비특권상인(interloper)들은 1600년의
국왕특허장(Royal Charter)에 규정된 동인도회사의 독점권들을 무시하면
서 그 회사와 경쟁하고 그 막대한 이윤의 일부를 자신들이 차지 하려
고 애썼다. 그들은 명예혁명 뒤에, 궁정과 토리당(제임스 2세를 옹호하
며 혁명에 반대했음. 현 보수당의 전신―역주)을 지지한 바 있는 동인도회
사 총재 조사이아 차일드 경(Sir Josiah Child)의 정치적 견해에 대한 비
난을 통해 그 회사를 공격하면서 그들 자신이 확보하고 싶어하던 독점
권 폐지를 의회에 요청했다. 끈질긴 투쟁이 잇따랐다. 먼저 동인도회
사의 반대파들은 국왕은 상업적 특권을 허용할 권력이 전혀 없다는 선
언과 모든 잉글랜드 신민은 금지법이 통과되지 않는 한 제한 없이 동

---

17) 1720년의 첫 4개월 동안에 평균주가는 약 150파운드였다. 주가는 5월 7일
   160파운드, 16일 180파운드, 20일 200파운드, 6월 2일 220파운드, 3일 250
   파운드, 24일 265파운드로 올랐다. 이것은 사상 최고의 시세로서, 1월에
   130파운드에 상장된 남해회사의 주가는 1천 파운드로 폭등해 있었다. 7, 8월
   에 이 은행의 주가는 220파운드로 멀어졌고 9월에는 200파운드, 10월 12일
   이후에는 다시 140~150파운드가 되었다. Thorold Rogers, 위의 책, Ⅶ, 724
   ~25면.

18) Edmund Burke, *Letters on the Proposals for Peace with the Regicide
   Directory of France*, Letter Ⅰ, 59면(ed., E. J. Payne, Oxford, 1878).

양과 무역할 수 있다는 허락을 하원으로부터 얻어내는 데 성공했다.[19] 그리고 나서 새로운 회사가 설립되었으며 이 회사는 1698년에 공식적으로 승인을 받았다.[20] 몇 해 동안에 동인도회사는 격렬한 경쟁으로 두 개로 분열되어 있었다.[21] 결국 1702년에 하나의 협정이 맺어져 1708년의 합병으로 이어졌다.[22] 아우랑 제브(Aurang Zeb, 무갈제국의 황제〔1658~1707〕—역주)가 죽은 뒤 대무갈제국이 붕괴된 바로 그 해인 1708년에 거대한 동인도회사가 형성되었다. 이 회사는 클라이브(Robert Clive, 1725~74. 이 회사의 말단 사무원에서 출발하여 입신한 장군·정치가. 플라시에서 인도와의 전쟁에 승리하여 지배권을 확립—역주), 워런 헤이스팅즈(Warren Hastings, 1732~1818. 최초의 인도총독—역주), 웰즐리(Richard Colley Wellesley, 1760~1842. 정치가·인도총독—역주)와 더불어 힌두스탄(인도반도의 힌두교지대—역주)을 정복했으며 한 세기 반 동안에 그 광대한 지역을 착취하고 통치했다.

이 통합으로 끝을 맺은 분쟁의 격렬함은 17세기 이전에 인도와의 무역이 얼마나 중요했는가를 보여준다. 그 무역은 두 경쟁회사의 일시적 경쟁으로 인해 더 자극을 받았다. 바로 이 무렵, 왕정복고 시대 초에 잉글랜드에 소개된 차(茶)는 정규적인 수입품이 되었으며, 이미 오랜 세월 동안 네덜란드인들에 의해 완상(玩賞)되고 메리여왕에 의해 유행된[23] 중국의 도자기는 궁정과 잉글랜드 사회의 대인기품이 되

---

19) *Parliamentary History*, V, 828면.

20) 윌리엄 3세 9~10년, 법률 제44호.

21) 이 분쟁 기간에 많은 팜플렛이 양측에 의해 발간되었다. 우리는 다음과 같은 것들을 인용할 수 있다. *Some Remarks upon the present state of the India Company's Affairs* (1690); *Modest and just Apology for the East India Company* (1690); G. White, *An Account of the Trade to the East Indies* (1691) 등. 이 팜플렛들 가운데 일부는 경제학설사를 연구하는 데 대단한 흥미를 준다. 예를 들면 자유무역론을 제시하고 있는 *Reasons for establishing an East Indies Company with a Joint Stock, exclusive to all others* (1691)와 Charles Davenant의 *An Essay on the East India Trade* (1696)를 볼 것.

22) 이듬해에야 비로소 그 회사는 연합회사(United Company)라는 이름을 취했다. Th. Rogers, 위의 책, Ⅶ, 제2부('Documents'), 803면.

23) "여왕은 저택을 중국의 도자기로 장식하는 습관과 기호를 도입했는데, 그

었으며, 면포(綿布), 인도 사라사(chintz, 채색한 서양목—역주), 캘리코 (calico, 흰 무명—역주), 모슬린(muslin, 무명천—역주)——이것들의 이름만 보아도 동양이 원산지임을 알 수 있다——이 매우 급속하게 퍼져 모직물제조업자들은 심각한 불안을 느끼게 되었다. [24] 인도와의 무역은 가장 다양한 품목들을 포함했고, 온갖 형태를 취했으며, 점점 잉글랜드의 부에 있어서 필수적인 요인의 하나가 되었다.

잉글랜드은행과 동인도회사는 국내와 국외에서 두 개의 축이었고, 잉글랜드의 정책은 이 축 위에서 회전했다. 그리고 이제 이 정책은 엘리자베스 치세와 크롬웰의 정부 아래서 예견했던 바다와 해상무역의 정복을 마침내 지향할 수 있었다. 여기서 대영(大英) 식민제국의 기초가 18세기의 첫 60년 동안에 쌓여졌다는 것을 새삼 상기할 필요는 없다. 1700년 이전에 잉글랜드는 북아메리카에서 이미 13개의 식민지 영토를 소유하고 있었다. 가장 작은 향료제도(香料諸島, 셀레베스와 뉴기니 사이에 있는 군도—역주)보다도 중요시되지 않던[25] 이 드넓은 미개척지를 제외하면 잉글랜드의 영지는 거의 없었다. 서인도제도에는 자마이카밖에 없었고 인도에는 3, 4개의 상관(商館, commercial 'factory')이 있었다. 잉글랜드는 루이 14세에 맞선 연합(이른바 대불동맹—역주)을 지도하던 위치덕분에 1713년에 지브롤터, 미노르카(지중해 서부의 섬—역주), 쎄인트 크리스토퍼(서인도제도에 있는 리워드군도의 한 섬—역주), 뉴펀들랜드와 그 어장, 허드슨만, 프랑스령 캐나다의 전초(前哨)인 노바 스코티아(캐나다 동남부의 반도—역주)를 영유했다. 50년 뒤, 윌리엄 피트(William Pitt, 1708~78)의 재능에 의해서 지도된 대해전과 식민전쟁의 승리의 결과

뒤에 도자기는 이상할 정도로 늘었다." Defoe, *Tour through the Whole Island of Great Britain*, Ⅰ, 123면.

24) 우리는 뒤에 나오는 한 장(章)에서 제조업자들이 요구한 인도의 면제품에 대한 금지가 잉글랜드 자체에서 면직물공업을 확립하는 결과를 낳는 과정을 보게 될 것이다.

25) 1804년에 G. Chalmers는 여전히 캐나다를 '대서양 너머의 황무지'라고 불렀다.(*Estimate of the Comparative Strength of Great Britain*, 141면) 이 표현은 '눈에 덮인 몇 아르빵(약 1에이커)'이라는 말과 족히 비교될 수 있는 것인데, 볼떼르는 이 말 때문에 경박하다는 비난을 자주 받았다.

로 잉글랜드는 빠리조약에서 캐나다의 전부, 서인도제도의 대부분, 그리고 모든 국가들이 탐내던 그 특이한 상품인 인도를 획득했다. 이처럼 영국무역의 자연발생적 발달은 전쟁과 외교에 의해 더욱 고무되었으며, 전쟁과 외교는 실제로 영국무역을 위해 무한한 분야를 열어주었다.

18세기 영국 정치의 승리는 동시에 중상주의의 승리였다. 제품을 수출하고 원료를 수입하는 데 유리한 식민지무역을 무역의 전형으로 보는 것이 중상주의였다. 유트레히트조약과 빠리조약은 영토조항 이외에도 영국에 대한 상업적 특권들, 즉 스페인령 아메리카와의 노예무역 독점권인 '아씨엔토'(asiento)에 관한 규정을 포함하고 있었는데, 그것은 오랫동안 영국 밀무역의 무진장한 기지가 된 포르토 벨로(카리브해 연안의 항구―역주)의 그 유명한 '허가선'(permission ship)의 특권이었다.

영국 최초의 식민제국 건설의 기초가 된 이 중상주의는 그 제국을 부분적으로 파괴하는 원인이 되었다. 모국에 대한 아메리카 식민지들의 반란은 그 시기의 경제사를 조명해준다. 우리가 알고 있듯이 아메리카인들의 불만은 주로 경제적인 것이었다. 그들은 식민지 산업에 대한 금지조치와 잉글랜드의 산업에 대한 보호,[26] 그들의 동의 없이 영국의 국고를 위해 부과되는 세금에 대해 불만이었다. 아메리카 독립전쟁은 아담 스미스와 그의 제자들의 저술에서 밝혀진 것보다 훨씬 더, 낡은 경제정책의 쇠퇴를 명백히 하면서 그 멸망을 촉진했다.

그러나 잉글랜드의 운명은 낡은 제도에 묶여 있지는 않았다. 아메리카혁명이 돌이킬 수 없는 온갖 결과를 빚어내면서 일어나고 있는 동안 천재적인 발명가들과 진취적인 제조업자들은 잉글랜드의 내부에 하나의 새로운 아메리카를 창조하고 있었다.

---

26) 1732년에 런던 모자제조업자들의 요청에 따라 아메리카인들은 중절모 수출을 금지당했다. (조지 2 세 5년, 법률 제22호) 1736년에 잉글랜드와 아메리카의 조선업자들은 브리튼제도 밖에서 제조된 재료로 돛을 만드는 것을 금지당했다. (조지 2 세 9년, 법률 제37호) 1750년의 한 법(조지 2 세 23년, 법률 제29호)은 선철(銑鐵)과 철근(잉글랜드는 이것을 필요로 했다) 수출을 식민지에 허용했으나 그들이 생산한 주물이나 철을 가공하는 것은 금지했다. 잉글랜드와 식민지의 관계에 대해서는 Paul Busching 의 저서인 *Die Entwicklung der Handelspolitischen Beziehungen zwischen England und seinen Kolonien*, 38~46면과 71~76면을 참조.

3. 대외무역의 발달

중상주의에 따르면 한 국민에게 중요한 부의 원천은 대외무역이다. 특허회사들이 설립되고 정치가들이 항해를 장려하고 군인들과 선원들이 상인의 기업을 지원한 것은 대외무역을 위해서였다. 신빙성있는 자료들은 당시 이루어진 발전을 연도별로 합리적이고 정확하게 추적할 수 있게 한다.[27]

우리 시대의 매우 충실한 경제생활에 비하면 아래에 인용하는 수치들은 미미해 보일는지도 모른다. 그러나 이것은 그간에 일어난 변화의 엄청남을 깨닫는 데 도움이 될 것이다. 더구나 잉글랜드의 인구──이것 역시 동일한 원인의 다른 결과이다──는 18세기초에 오늘날의 7분의 1에 불과했다. 먼저 항해와 관련된 수치들을 보자.

세관기록(Custom House Books)에 따르면 1700년에 잉글랜드에 있는 항구를 떠난 상선의 톤수(tonnage)는 31만 7천 톤(registered ton, 기관실·선원실 등을 제외한 승객 및 積荷物의 중량─역주) 미만이었는데, 이것은 어림잡은 수치로 오늘날 리버풀항 한 곳의 선박출입량의 68분의 1이다. 유트레히트조약 직후인 1714년에 44만 8천 톤으로 증가했지만 뒤이은 15~20년 동안에는 발전이 매우 느렸다. 1737년에는 50만 3천 톤이던 것이 1740년 스페인과의 전쟁 기간에는 47만 1천 톤으로 감소했다. 아헨 화약(和約, 오스트리아 왕위계승전쟁의 종결 조약. 프랑스어로는 엑스 라 샤뻴 화약─역주) 뒤 전반적 평화가 잇따라 상인들의 활동은 다시 증대되어서 1751년에 영국의 항구들을 떠난 선박의 톤수는 66만 1천 톤이었다. 프랑

---

27) Custom House Books의 통계들은 Anderson, *Historical and Chronological Deduction of the Origin of Commerce*, Ⅲ, 59, 82, 103, 115, 124, 134, 142, 154, 162, 170면 ; Ⅳ, 322, 692~94면 ; Chalmers, *Estimate of the comparative Strength of Great Britain*, 231면 이하에 수록되어 있다. *Journals of the House of Commons*, LVI, 649, 846면도 참조. 이 여러 당국자들이 제시한 수치는 언제나 일치하지는 않는다. 그러나 그 차이는 결코 대단한 오류를 일으킬 정도는 아니다.

스와의 큰 전쟁은 새로운 불황을 빚어 1756년에는 52만 5천 톤, 1760년
에는 57만 4천 톤이었다. 1763년부터 두드러진 회복세가 나타나 아메리
카와의 전쟁이 터질 때까지 아주 규칙적으로 지속되었는데, 1764년에는
65만 8천 톤, 1766년 74만 6천 톤, 1770년 76만 1천 톤, 1774년 86만 4
천 톤이었다. 식민지에서 혁명이 발발하였을 때 그 수치는 당장에 하락
하여 1777년에 82만 톤, 1779년 73만 톤, 1781년 71만 1천 톤이 되었
다. 그러나 그 위기가 끝나자마자 일어난 갑작스럽고 급속한 발전은 어
떤 강력한 새 요인의 징후라고 설명할 수밖에 없었으니 1783년에 95만
9천 톤, 1785년 105만 5천 톤, 1787년에는 140만 5천 톤으로 증가되었
다. 1793년——프랑스 혁명전쟁이 개시된 첫 해——부터 급격한 오름
세가 약간 완만해졌으나, 1800년과 1801년의 수치는 각각 192만 4천 톤
과 195만 8천 톤이었다. 1781년의 수치는 20년 동안에 거의 3배로 증가
한 것이었다. [28)]

수출뿐만 아니라 수입도 동일한 방향의 곡선을 따라가고 있었는데,
1715년경에 수입은 4백만 파운드로부터 6백만 파운드로, 1725년경에는
7백만 파운드로 증가했다. 1750년경까지 수입은 7, 8백만 파운드 정도였
으나 1760년에 수입은 1천만 파운드로 증가했고 1770년에는 1천 2백만
파운드, 1775년에는 1천 5백만 파운드로 증가했다. 수입이 1천 1백만
파운드, 심지어 1천만 파운드 선까지 떨어진 1776~83년의 하락기를 거
쳐 1785년에 이르러서 수입은 갑자기 다시 1천 6백만 파운드로, 1790년
에는 1천 9백만 파운드, 1795년에는 거의 2천 3백만 파운드, 1800년에
는 3천만 파운드 이상으로 증가했다. 70~80년 동안에 수출은 아주 더디
지만 꾸준하게 증가했다. 수출은 1700~10년에는 6, 7백만 파운드였고
1715년 7백 50만 파운드, 1725년 1천 1백만 파운드, 1730년 1천 2백만
파운드였다. 1730년부터 1770년 사이에는 때때로 변동이 있었지만 수

---

28) 각개 선박의 톤수는 아직도 매우 작았다. 1789년에 출항 상선수는 14,310
척, 톤수는 1,443,658톤, 1800년에는 18,877척에 192만 42톤이었다. *Jour-
nals of the House of Commons*, LVI, 846면. 계산은 쉬워서 선박당 평
균 1백 톤 미만이 대부분이다. 그럼에도 불구하고 이것은 18세기초에 비하
면 진정한 발전이었다. Enfield, *History of Liverpool*, 67면에 따르면 리버
풀항을 이용하던 선박들의 평균 톤수는 38톤을 넘지 못했다.

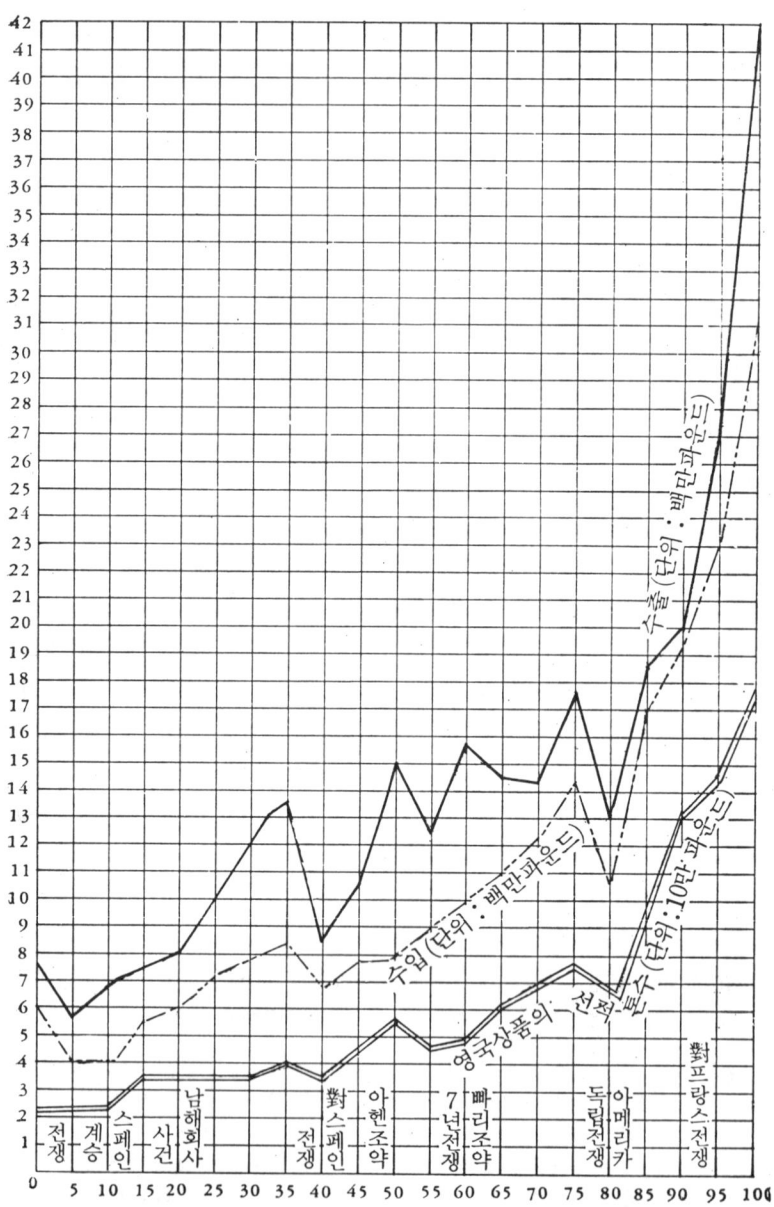

1700~1800년 영국 대외무역의 동향

출은 1740년 이후로 결코 1천 1백만 파운드 아래로, 1757년부터는 1천 3백만 파운드 아래로 하락하지 않았다. 이 추세는 시간이 흐름에 따라 1천 5,6백만 파운드 수준에 한발짝씩 다가섰다. 1771년에 이 수치는 크게 비약(1,716만 파운드)했다가 다시 1,150만 파운드로 되돌아왔다. 마지막으로 1783년 이후로는 앞에 든 사례들과 똑같은 급격한 오름세가 훨씬 더 두드러지게 나타나는데 1784년의 1천 5백만 파운드로부터 1785년에는 1천 6백만 파운드, 1790년에는 2천만 파운드, 마침내 1800년에는 전대미문의 액수인 4,187만 7천 파운드[29]로까지 증가했다.

결론은 분명하다. 위에 제시된 수치들을 도표화한 곡선들이 가장 훌륭한 설명을 하고 있는 셈이다. 먼저 충격적인 것은 그 곡선들이 끝부분에서는 거의 수직으로 상승하고 있다는 사실이다. 이것은 처음으로 기계의 영향이 나타나고 공장제도의 생산품이 세계 전역에 퍼지기 시작하던 시기와 정확히 일치하고 있다. 이런 이유로 오랫동안 정체되고 불규칙했던 수출곡선은 마침내 수입곡선보다 더 힘찬 상승세를 보이는데, 국내수요가 국부(國富)와 보조를 맞추어 증가하고 생산이 갈수록 전문화하면서도 수입이 수출을 크게 초과하는 때는 아직 도래하지 않았다.[30]

이제 세 곡선의 첫 부분인 1700~1775년 또는 80년까지의 무역과 항해의 발달을 보자. 전반적인 추세는 상향이며, 연속적 하강으로 나타나는 변동은 순전히 우발적인 원인들에서 비롯된 것이다. 실제로 하강 부분은 각각의 전쟁기간과 일치하고 있다. 더구나 하강 이후의 모든 곡선은 전의 수준보다 높은 점까지 다시 증가하고 있다. 마지막으로 우리가 이 곡선들의 전반적 추세를 고려해보면 그 지속성은 당장에 명백해

---

29) 이것은 *Journals of the House of Commons*, LVI, 649면과 846면에 제시된 수치이다. Chalmers, *Estimate*, 231면은 4,315만 2천 파운드를 제시하고 있다. 분명히 과장된 이 수치의 출처는 언급되어 있지 않다.

30) 1890~1900년에 연합왕국(United Kingdom)의 수출은 2억 1,582만 4천~2억 9,119만 2천 파운드의 수치를 보였다. *Memorandum on the comparative statistics of population, industry and commerce in the United Kingdom and some leading foreign countries* (Blue Book published by the Board of Trade, 1902), 49, 51면 참조. 1922년의 수치는 수입 10억 391만 8,214 파운드, 수출 8억 2,427만 4,297파운드였다.

진다. 18세기초부터 시작되는 이 추세는 비교적 완만하고 때로는 역전되고 저지당하지만, 점차적으로 보다 명확해져서 뒤이어 나타날 눈부신 상승을 이미 예시하고 있었다.

이 움직임의 중요성에 대해서는 많은 논란이 있었다. 홉슨에 따르면 18세기의 경제학자들은 대외무역에 관해 많은 환상을 품고 연구를 했다. 당시에 각 국가의 국민들은 오늘날보다는 서로 훨씬 더 고립되어 있었기 때문에 국민들은 거의 전적으로 자신의 생산물에만 의존하여 살았다. 1710년에 잉글랜드는 약 6천만 파운드에 해당하는 재화를 소비했으며 수입품은 이 액수의 약 15분의 1, 기껏해야 450만 파운드에 지나지 않았다.[31] 이것은 의심할 여지가 없다. 자연과학으로부터 하나의 유사한 예를 원용한다면, 거대한 양의 물질의 내부조직을 변화시키기 위해서는 극히 적은 양의 효소만으로도 충분하다. 대외무역이 생산의 메카니즘에 미치는 작용은 입증하기가 어렵겠지만 추적이 불가능하지는 않다.

앞의 장에서 우리는 상업자본의 영향이 초기 공업조직 전체를 점차적으로 변화시킨 과정을 살펴보았다. 그런데 맨 처음으로, 그리고 가장 쉽게 생산자에 대해 자본가의 역할을 한 사람은 대상인(大商人)으로, 외국과 접촉을 하면서 먼 지역에서 경영하던 기업의 위험부담을 떠맡고 있었다. 잉글랜드의 가장 중요한 수출품은 모직물이었다.[32] 주요한 수출 중심지들은 우리가 이미 알고 있듯이 서남부의 몇몇 도시, 즉 외국시장[33])을 위해 특별한 직물을 제조하던 노리치, 그리고 브래드포드와 그 주변의 지

---

31) J. A. Hobson, *The Evolution of Modern Capitalism*, 12~13면.
32) 다음의 표에서 보듯이 1802년에야 비로소 면직물 수출은 모직물 수출을 능가했다.

(단위 : 1천 파운드)

수 출	1797	1798	1799	1800	1801	1802	1803
모 직 물	4,625	6,178	6,435	6,918	7,321	6,487	5,291
면 직 물	2,446	3,544	5,555	5,323	6,465	7,130	6,467

Parliamentary Debates, Ⅰ, 1147면(*Accounts*).
33) J. James, *History of the Worsted Manufacture*, 269, 309면을 볼 것.

역이었다.[34] 이런 곳들은 모두가 소모(梳毛)공업이 지배하고 상인직물업자들의 우위가 일찌기 확립된 지역이었다는 데 주목해야 한다. 의심할 나위 없이 그들이 공업의 이 분야를 장악하는 데는 작업의 성격과 원료의 높은 가격에 힘입은 바 컸지만 이 유리한 환경으로 이익을 얻을 수 있었던 것은 잉글랜드산 소모에 대한 대륙의 수요였다. 그들을 부유하게 하고 야심적으로 만든 것은 해상무역이었다. 이러한 경향은 브리스톨, 야머스, 헐 같은 항구들을 기점으로 내륙으로 밀고 들어가 마침내 전국을 장악했던 것이다.

모직물 이후의 가장 중요한 몇 가지 수출품은 버밍검의 경금속제품, 철물, 완구였다. 나중에 이들 분야에서 가장 주목할 만하고 가장 결정적인 공업기술의 변화가 일어났다. 그러나 이 도시를 연구한 초기의 역사가에 따르면 버밍검의 제조업자들은 발명에 재능을 보였지만 기업 경영에 있어서는 그만큼 능력을 보이지는 못했다. 그가 작은 작업장에서 가장 간단한 도구를 가지고 단추, 구두 죄는 쇠붙이, 담배갑, 또는 버밍검에 다소 좋지못한 평판을 가져다준 위조주화까지 만들었던 것은[35] 흔히 "자신의 용철로(鎔鐵爐)의 따뜻함이 미치는 곳 안에 머물면서"[36]였던 것이다. 그러나 이런 유형의 생산자와 나란히 적극적인 상인계급이 급속히 등장했다. 영국의 방방곡곡을 여행하고 유럽대륙 및 아메리카와 부단히 접촉하고 있던 이들은 제조업자들이 생산을 늘리고 제조방법을 개선하도록 계속 강요했다.[37] 나중에 그들은 스스로 생산을 감독했다. 아마 버밍검 공업의 위대성을 위해 가장 많은 일을 한 쏘호의 매슈 볼튼(Mathew Boulton of Soho)이 성공한 것은 조직과 공업의 지휘자로서의 천재적 능력에 못지않게 상업적 재능 덕분이었다. 그는 시장의 필요와 가능성을 잘 알고 있던 대담하고 영리한 상인으로서 와트(James Watt, 1736~1819. 스코틀랜드의 기사. 증기기관을 완성—역주)의 발명에 재

---

34) 같은 책, 268면. 브래드포드의 소모 수출은 1750~60년에 발달했다.

35) '버밍검제품'(Birmingham or Brummagem wares)이라는 말은 오랫동안 의심스러운 품질을 지닌 상품의 대명사였다.

36) William Hutton, *History of Birmingham*, 98면.

37) 이것을 W. Hutton은 이렇게 표현하고 있다. "상인은 제조업자의 머리에 서 있다."

정지원을 하고 그것을 실용화했던 사람이다.

수출은 기존의 공업을 자극하고 수입은 새로운 공업을 출현시킨다. [38]
잉글랜드 면공업의 기원에 관한 보다 면밀한 연구가 뒤에 나올 것인데,
그 연구는 면공업이 동양의 생산을 모방하려는 시도로부터 탄생했으며,
그 결과 목화 씨앗이 실제로 동인도회사의 선박에 실려 잉글랜드로 도
입되는 과정을 보여줄 것이다. 견직공업도 마찬가지다. 이 공업도 이탈
리아로부터 모방한 것으로 낭뜨칙령(Edict de Nantes, 1598년에 프랑스의
앙리 4세가 국내의 개신교 세력[위그노]에게 신앙의 자유를 인정한 칙령―역주)
폐지 후 프랑스 망명객들에 의해 런던 교외에 이식되었다. [39] 정확하게 이
두 공업, 즉 기계가 처음으로 영향력을 발휘한 견직공업과 면공업은 막
생겨나고 있었고, 외국에서 들여왔다는 이유로 전통의 울타리와 법적 제
약에서 해방될 수 있었으며 이리하여 새로운 경제제도가 탄생했다.

4. 공업에 미치는 수출의 영향

18세기 영국 무역의 발전이 공업의 발달에 미친 영향을 가장 잘 보여
주는 사실들 가운데서 특정 상업중심지들의 발달보다 더 중요한 것은
없다. 이 상업중심지 주변에서 공업밀집지대가 성장했다. 가장 두드러
진 예는 도시이자 항구인 리버풀의 역사이다. 우리는 리버풀이 공장제
도의 산물이라고 믿고 싶은 유혹에 빠질 수 있다. 리버풀은 면의 중심
지인 맨체스터로부터 몇 마일밖에 떨어져 있지 않은, 랭커셔의 변두리
가 아닌가? 리버풀은 위버강과 트렌트강이 정반대 방향으로 흐르는 계
곡을 통해 도자기지대(Pottery district)나 그 너머의 울버햄턴과 버밍검

38) Von Gülich, *Geschichtliche Darstellung des Handels, der Gewerbe und des Ackerbaus der bedeutenden handelstreibenden Staate unserer Zeit*, I, 97면 이하를 참조.
39) 외국의 망명객들이 잉글랜드에서 창시한 공업들에 관해서는 W. Hasbach, "Zur Charakteristik der englischen Industrie"(*Jahrbuch für Gesetzgebung*, XXVI, 457면)를 볼 것.

의 흑향(黑鄕, Black country)과 교류를 하고 있었다. 리버풀의 동쪽으로
는 멀지 않은 곳에 양모공업도시인 리즈와 브래드포드, 철강공업도시인
셰필드가 있다. 공업적 부의 거대한 흐름이, 그 안으로 흐르는 그리 크
지 않은 강에 비하면 너무나 큰, 넓고 깊은 머지하구(河口) 안으로 사
방에서 흘러 들어와서, 거기서 자연적인 출구 즉 바다를 향한 공동의
출구를 발견한다.

　이것은 현재의 모습이고 과거에는 전혀 달랐다. 비교적 최근까지 리
버풀은 브리스톨이나 쎄번계곡 쪽을 더 향하고 있는 버밍검지역과는 교
류가 거의 없었다. 몇 개의 험한 길이 교차되고 있는 요크셔 쪽의 페나
인산맥이 심각한 장애물이었다. 남는 것은 랭커셔인데, 랭커셔 공업의
발달은 리버풀의 초기단계의 성장에 대한 충분한 설명이 되기는 어렵다.

　17세기 이전에 랭커셔는 숲과 늪으로 덮인 일종의 황무지였다. 리버
풀은 당시 방파제도 없고 배도 거의 드나들지 않는 큰 포구의 가장자리
에 고립된 어촌에 불과했다. 그러나 하구가 이루는 피난처로서의 탁월
함은 이미 상업을 끌어들이고 있었다. 아일랜드의 상인들은 그 수로를
이용하여 맨체스터 일대에서 방직된 모사(毛糸)를 들여왔다.[40] 여러 세
기가 지난 오늘날에도 우리는 아직 리버풀과 맨체스터를 결합시키고 있
는 관계를 볼 수 있다. 이를테면 전자는 후자가 제조한 원료를 받고 있
다. 하지만 여기에는 본질적인 차이가 있었다. 당시의 〔교역의〕 흐름은
주로 해안에서 내륙으로 향하고 있었다. 지방공업의 조촐한 중심지인
맨체스터는 모사를 공급하던 그 아일랜드 상인들이 사가는[41] 약간의 직
물을 제외하면 수출할 것이 전혀 없었다. 1635년에도 리버풀은 여전히

---

40)　"리어폴(Lyrpole), 일명 리버폴(Lyverpole)은 포장된 도시로서 하나의 교
　　회당밖에 없다. 바다로부터 멀지 않은 곳, 즉 4마일 멀어진 곳에 있는 월턴
　　은 교구교회(parochial church)이다. 왕은 그곳에 성을, 더비백작은 석조저
　　택을 갖고 있다. 아일랜드의 상인들은 좋은 항구인 그곳에 많이 들어왔다.
　　……리어폴에서는 관세가 적게 징수되기 때문에 상품이 그곳으로 몰려든다.
　　리어폴에는 좋은 상품, 즉 아일랜드의 모사가 많이 있어서 맨체스터 사람들이
　　그곳에서 사 간다." John Leland, *Itinerary of Great Britain*, VII, 37면.
　　리버풀과 아일랜드의 초기 상업관계에 관해서는 Muir, *History of Liverpool*,
　　84면을 참조.
41)　Lewis Roberts, *The Treasure of Traffic*, 32면 참조.

너무나 작은 항구여서 스트래포드(Thomas Wentworth Strafford, 1593~ 1641. 백작·정치가—역주)는 그 유명한 '선박세'(ship money)를 징수할 때 리버풀에 15파운드를 매긴 데 비해 체스터는 1백 파운드, 브리스톨은 2천 파운드를 납부했다. [42]

리버풀의 성장이 시작된 것은 한 세기에 걸친 정치투쟁 뒤에 해상의 팽창이 재개되었던 명예혁명 기간이었다. 1699년에 리버풀은 독립교구가 되어 새로운 교회를 세웠으며[43] 1709년에 리버풀의 상업은 하구에 의해 형성된 천연의 항구로는 더 이상 만족하지 못할 정도로 중요성을 띠기 시작했다. 내만(內灣)을 준설(浚渫)하기로 결정되었는데,[44] 이것은 그 놀라운 일련의 도크(dock)들을 건설하는 유인(誘因)이 되었다. 이도크들은 오늘날에도 여러 마일에 걸쳐 방파제로 뻗어 있다. 당시의 영국 사람들은 이 급속한 번영을 보고 놀랐다. 데포는 이렇게 썼다.

리버풀은 브리튼의 경이 가운데 하나이다. 내가 보기에는 '고원'(Peak)[45]의 온갖 경이(驚異)들 이상의 것이다. 1680년에 내가 처음 방문했을 때 그 도시는 크고[46] 멋있고 잘 건설되어 있었으며 한창 발전도상에 있는 번영의 도시였다. 1690년 이후에 내가 두번째로 방문했을 때 그 도시는 내가 처음 방문했던 때보다 훨씬 커져 있었다. 주민들의 말에 따르면 20년 전보다 배 이상으로 커졌다는 것이다. 그러나 내가 세번째 그 도시를 보았을 때는 두번째보다 배 이상으로 커져 있었다고 단언하더라도 틀림이 없을 것 같다. (나는 그 광경을 보고 놀

---

42) *Calendar of State Papers*, Domestic Series, 1634~35, 568, 569, 581면. 1636년에는 25파운드였다. 같은 책(1636~37), 207면.

43) J. Aikin, *A Description of the Country from Thirty to Forty Miles round Manchester*, 335면 ; A. Anderson, *Origin of Commerce*, Ⅲ, 143면.

44) 앤 8년, 법률 제12호. R. Muir, *History of Liverpool*, 176면을 볼 것. 두번째 도크는 1734년에 건설되었다.

45) 이 더비셔의 고원은 18세기에 많은 사람들이 찾아가서 그 그림같은 바위산과 천연동굴들에 매우 감탄하던 곳이다.

46) 우리는 데포의 큰 도시가 무엇을 의미하는지 알고 있다. 세례 건수와 무덤 수에 따르면 1680년에 리버풀의 인구는 4천 명 이상이 될 수가 없었다. *Abstracts of the Answers and Returns to the Population Act, 41 Geo. III*, 1801, Ⅱ, 149면 참조.

랐다.) 그리고 나는 그 도시의 부, 인구, 사업, 건물이 아직도 눈에
띄게 증가하고 있다는 말을 들었다. 그 도시가 조만간 얼마나 발전할
것인가를 나는 알 수 없다. [47)

그 시절에 리버풀항을 이용하던 배들은 오늘날의 트롤선 크기도 채
못 되었다. [48) 그러나 그 수와 크기는 부단히 증가하고 있었다. 1710년에
출입한 선박 총수의 용적량은 2만 7천 톤 미만이었다. 1730년에는 3만 7
천 톤, 1750년에는 6만 5천 톤으로 증가했고 1760년과 70년에는 각각 10
만 톤과 14만 톤에 이르렀다. 18세기 중엽부터 브리스톨은 더 이상 런
던 다음으로 중요한 항구가 아니었고, 리버풀이 그 자리를 차지했다. [49)
리버풀의 인구는 1700년의 5천 명으로부터 1720년에 1만 명, 1740년에
1만 5천명, 1760년에 2만 6천명으로 늘었다. 1773년에 실시된 쎈서스는
34,407명이라는 수치를 제시하고 있다. [50) 데포보다 쉽게 감탄하지 않는
아서 영은 잉글랜드의 농촌지방들을 여행하던 중에 "보지 않고는 지나칠
수 없는 상업계의 너무나 유명한"[51) 도시인 리버풀을 보려고 여정을 변
경했다. 영의 이 리버풀 여행 때[52)에 랭커셔의 공장제도는 이제 막 형

---

47) Defoe, *A Tour through the Whole Island of Great Britain*, Ⅲ, 200면.
48) 1709년의 입항선박은 374척에 14,574톤이었고 출항선박은 334척에 12,636
    톤이었다. 1척당 평균톤수는 38.3톤이었다. S. Dumbell("Early Liverpool
    Cotton Imports," *Economic Journal*, XXXIII, 363면)에 따르면 "1709년에
    리버풀은 단 84척의 배를 소유하고 있었는데, 1752년에는 220척에 이르렀으
    며 이 가운데 106척은 서인도 및 아메리카 무역에 종사하고 있었다. 1770년
    경에는 선박 총수가 209척으로 늘었다."
49) 1766년 브리스톨에는 43척이 입항하고 363척이 출항한 데 비해 리버풀에는
    803척이 입항하고 865척이 출항했다. A. Anderson, *Origin of Commerce*,
    Ⅳ, 97면.
50) W. Enfield, *History of Liverpool*, 25면 ; J. Aikin, *A Description of
    the Country round Manchester*, 338~41면. 1773년의 이 쎈서스는 리버풀
    시 자치단체(Corporation)의 주관 아래 일단의 개인들에 의해 행해졌다. 1773
    년 이전의 수치들은 출생과 사망의 등록에 근거한 개략적 계산의 결과이다.
    *Abstracts of the Answers and Returns to the Population Act, 41 Geo.
    III*, 1801, Ⅱ, 149면 참조.
51) A. young, *North of England*, Ⅲ, 168면.
52) 1770년을 가리킨다.

성되고 있었으며 맨체스터는 활발하게 번영하는 도시였으나 아직 놀라운 미래를 보여주는 표징들은 전혀 없었다. 잉글랜드의 면직물은 아직 조잡하고 질이 빈약해서 인도의 제품과는 전혀 경쟁할 수가 없었다. 이런 까닭으로 리버풀의 성장은 보다 일찍 시작되어 지방의 산업보다 빨리 진행되고 있었다. 그 성장은 잉글랜드의 전반적인 무역과 결부되어 있고, 매우 두드러지고 확실한 대응관계가 인정될 수 있다. 리버풀의 역사는 18세기 거의 내내 잉글랜드 무역의 역사를 요약하고 있다고 할 수 있다.

게다가 우리는 리버풀의 부가 언제 형성되었는가는 물론이고 어떻게 형성되었는가도 알고 있다. 무엇보다 그 부는 식민지(colony)——당시에는 플란테이션(plantation)이라고 불렸다——와 연결되어 설탕, 커피, 면——이것들은 흔히 네덜란드, 함부르크, 발트해 연안의 항구들로 재수출되었다——같은 식민지의 생산물의 수입에 의해, 그리고 특히 마지막으로 아씨엔토조약 이래 영국 선주들의 가장 수지맞는 수입의 원천이 된 노예무역에 의해 이루어졌다.[53] 리버풀은 발전의 초기에는 서인도제도와의 무역을 통해 거의 같은 때에 부유해진 프랑스의 몇 도시와 흡사했다. 예를 들면 낭뜨가 있는데, 르와르강을 정면에 두고 있는 이 도시의 훌륭한 석조건물들은 옛날의 번영을 상기시킨다. 당시 이 도시는 서인도제도에 노예를 공급하고 그 댓가로 설탕, 향료, 희귀한 목재 등을 화물로 받아옴으로써 부유해졌다.

리버풀은 이제 체셔(Cheshire)주의 소금이나 위건(랭커셔의 도시—역주)의 석탄이 아일랜드의 양모와 교환되는 작은 지방시장이 아니었다. 그런데 리버풀은 아직 대규모 섬유공업과 금속세공업의 거대한 출구가 되어 있지는 못했다. 리버풀은 바다 건너에 있는 나라들의 생산물이 집산하는

---

53) Defoe, *Tour* Ⅲ, 202~3면 ; John Campbell, *Political Survey of Great Britain*, Ⅱ, 167면 ; W. Enfield, *History of Liverpool*; Erik Svedenstjerna, *Reise durch einen Teil Englands und Schottlands*, 181면. 재수출상품은 모든 수출품의 3분의 1 이상을 차지했다. *Journals of the House of Commons*, LVI, 846면 이하를 참조할 것. 당시의 노예무역에 관한 기록은 Muir 의 *History of Liverpool* (190면 이하)의 한 장 전체를 차지하고 있다.

상업중심지(emporium), 즉 창고였다. 리버풀의 생명과 부는 해외로부터, 다시 말하면 바다의 여왕인 잉글랜드가 이미 상업적 패권을 확립하고 있던 그 먼 나라들로부터 흘러들어왔다.

외부의 영향은 랭커셔에 침투해 들어가서 새로운 공업의 성장을 자극했다. 이것은 면공업이었는데, 그 모델과 원료는 외국에서 들여온 것이었다. 오늘날 리버풀의 창고들에 수천 개씩 쌓여 있는 면화고리짝들은, 마치 끊임없이 먹여야 하는 무수한 게걸스러운 입처럼 맨체스터의 섬유기계들과 또 맨체스터를 출항하여 전세계로 분배되는 대량의 제조품을 연상시킨다. 이 끊임없는 유통 속에서 리버풀은 상품이 도착하고 출발하는 장소이다. 그러나 맨체스터 공업지역은 중심이자 심장이다. 그럼에도 불구하고 이 모든 메카니즘을 움직이는 힘은 외부로부터 왔다. 잉글랜드의 모든 주 가운데서 그 어디보다도 공장제도의 요람이라고 불릴 만한 랭커셔의 성장은 무엇보다 리버풀과 그 무역의 발달에 의존하고 있었다. [54]

5. 국내 상업의 조직

18세기 내내 잉글랜드의 대외무역이 성장하는 가운데 국내상업도 변화하였다. 앤여왕(스튜어트왕조 최후의 군주, 재위 1702~14년—역주) 치세에서 잉글랜드의 여러 지역은 아직도 매우 협소한 지방적 생활의 틀을 벗어나지 못했다. 그 당시에 잉글랜드의 각 지역은 프랑스나 독일 같은 나라들에 비하면 입시세(入市稅) 장벽에 의해 단절되어 있지 않은 잇점을 누리고 있기는 했지만, 경제적 관점에서 보면 서로 연결이 거의 없는 일정한 수의 지역시장들로 나뉘어져 있었다. [55] 런던을 제외하면 잉글랜드

---

54) 이것은 면 수입이 리버풀에서 시작되었다는 뜻은 아니다. S. Dumbell, *Economic Journal*, XXXIII, 364면에 따르면 리버풀은 1795년경에야 비로소 규모가 큰 면 수입항이 되었고, 이 시기에조차 맨체스터의 제조업자들은 리버풀에서뿐 아니라 다른 항구들에서도 면을 샀다.

55) 물가는 지방에 따라 상당히 차이가 있었다. Thorold Rogers의 저서(*History of Agriculture and Prices in England*)는 유감스럽게도 이 주제에

전역과 지속적인 사업관계를 맺고 있는 도시는 단 하나도 없었다. 농촌지역으로 말하면, 그 상업적 지명은 바로 인접한 도시에 고정되어 있었다. 이 여러 시장들 사이에 절대로 필요한 최소한의 교통망을 확립하는 데 이용되던 수단과 방법은 지난 4,5백 년 동안 거의 변하지 않은 상태였다.

이러한 방법 가운데 첫번째 것은 사람들이 일정한 간격을 두고 먼 곳으로부터 와서 물건을 사거나 팔기 위해 설립된 큰 정기시장이었다. 가장 유명한 것은 스투어브리지 정기시였다. 잉글랜드인들은 이것을 라이프찌히(Leipzig) 정기시에 비유했다. 해마다 8월 중순부터 9월 중순까지, 그 정기시가 열리는 땅에는 일시적인 도시가 형성되어 자체의 행정기관·경찰·법원을 두고 있었다. [56] 그곳에서 리즈와 노리치의 직물업자들은 스코틀랜드 저지대(Lowlands)의 아마포상인들과, 셰필드의 칼제조업자들은 버밍검의 못제조업자들과 어깨를 부볐다. 사치품과 식민지 생산물은 그곳에서 런던·브리스톨·리버풀로의 출구를 찾았다. 이처럼 잉글랜드 전체가 이 정기시에서는 상품의 교환에 참여했다. 이보다 덜 유명한 다수의 정기시들은 국지적인 중요성밖에 갖지 못했다. 서부의

관해 불완전하고 불충분한 정보밖에 제시하지 못하고 있다. 그럼에도 불구하고 우리는 이 책에서 런던과 몇몇 지방시장 사이의 물가 차이를 보이는 사례를 몇 가지 볼 수 있다. 다음의 수치들은 런던·케임브리지·글로스터의 밀 1쿼터(약 290리터—역주)의 가격이다.

시 기	지역·가격		지역·가격	
1703. 12	케임브리지	40파운드	런던	32파운드
1712. 6	〃	41파운드 4페니	〃	32파운드
1727. 3	〃	36파운드	〃	24파운드
1734. 10	글로스터	40파운드	〃	30파운드
1741. 6	케임브리지	50파운드	〃	39파운드
1748. 12	글로스터	36파운드	〃	28파운드
1753. 10	〃	46파운드	〃	32파운드
1760. 9	〃	37파운드 4페니	〃	23파운드 6페니

Thorold Rogers, 위의 책, Ⅶ, 4, 12, 38, 56, 67, 80, 92, 114, 115면.

56) Defoe, *Tour*, Ⅰ, 122~30면 ; Thorold Rogers, *Six Centuries of Work and Wages*, 149~52면 참조.

윈체스터, 동부의 보스턴, 북부의 비벌리를 들 수 있는데 이 정기시들의 쇠퇴는 흔히 생각되는 것보다는 훨씬 더 최근의 일이며, 몇 곳은 우리 시대로부터 그리 멀지 않은 시기에도 여전히 번성하고 있었다. [57]

정기시들을 제외하면 다소라도 광범한 거래가 이루어지는 시장은 특수시장들밖에 없었는데, 이곳에서는 지방의 공업생산물이 팔렸다. 그 대표적인 것이 웨스트 라이딩의 시장들로서, 그곳에는 도시의 상인직물업자들과 농촌의 가내공업 소생산자들이 출입하였다. 우리는 앞에서 최대의 규모이며 가장 많은 거래가 이루어지던 리즈시장에 대해 기술했다. 그런데 브래드포드·허더즈필드·웨이크필드·핼리팩스에는 서로 아주 가까운 또다른 시장들이 있었다. 매주 직물 한 필을 팔러 이 시장들에 다니는 방직공은 자기 마을로부터 멀리까지 나갈 수는 없었던 것이다. 이 지방시장들의 주된 특징은 소규모 거래가 많이 이루어지고 매매자가 많다는 것이었다. 그러므로 넓은 공간이 필요했다. 그런데 18세기 후반에 건설되거나 재건된 모직물공설시장들[58]은 규모가 컸음에도 불구하고 공간이 충분하지 못했다. [59] 영업은 거리, 광장, 그리고 술집에서도

---

57) A. Toynbee, *Lectures on the Industrial Revolution*, 54~55면 ; J. A. Hobson, *The Evolution of Modern Capitalism*, 32면. 소규모 지방정기시들의 완전한 목록은 *An accurate Description of the present great Roads of Great Britain*, 1756, xlviii-lxiv면에서 볼 수 있다.

  R. W. Cooke-Taylor, *Introduction to the History of the Factory System*, 218면은 런던 부근의 그리니치 정기시와 더블린 부근의 도니브루크 정기시에 대해 언급하고 있다.

58) 웨이크필드의 태미 홀(Tammy Hall)은 1766년, 브래드포드의 피스홀(Piece Hall)은 1773년, 핼리팩스의 매뉴팩처러즈 홀(Manufacturer's Hall)은 1779년에 설립되었다. 리즈의 믹스트 클로스 홀(Mixed Cloth Hall, 혼방공설시장)과 화이트 클로스 홀(White Cloth Hall, 粗紡공설시장)은 각각 1755년과 75년에 설립되었다. J. Aikin, *A Description of the Country from Thirty to Forty Miles round Manchester*, 572면 ; Th. Baines, *Yorkshire, Past and Present*, Ⅰ, 678면 ; J. James, *History of Bradford*, 280면을 참조.

59) 웨이크필드의 "클로스 홀(직물공설시장)은 큰 사각형의 3층 건물인데, 그 한가운데에 널따란 안뜰이 있다. 밖으로부터는 창문이 전혀 보이지 않고, 모든 창문은 가운데의 뜰을 향하고 있다. 클로스 홀의 방 수는 370개이며 각 방에는 문 하나와 창문 하나가 있는데, 이것들은 각 층에서 안뜰로 통하는 바깥의 회랑 쪽으로 나 있다." *Tournée faite en 1788 dans la Grande*

행해졌다. 60)

다음은 이 정기시들과 상설시장들로부터 상품이 어떻게 다수의 소비자에게 전달되었는가를 보자. 여기에서 잉글랜드의 상업관계의 중세적 수준은 명백히 드러난다. 생산자와 직접 접촉하는 중간상인(middleman) 계층61)이 가장 부유하고 유력한 것은 당연한데, 이들은 도매상인계층, 또는 순회상인(travelling merchant)——그들은 때로 이렇게 불렸다—— 계층이었다. 실제로 그들은 부분적으로는 상품을 사고 부분적으로는 소매상인(retailer)들과 접촉하기 위해서 직접 여행을 해야만 했다. 150년 전에 살던 어느 맨체스터 상인의 생활에 관한 기록이 있는데, 그는 동부 여러 주에서 모직물과 면직물을 팔고 깃털과 엿기름을 사들였다. "그는 일년의 대부분을 집을 떠나 거의 말을 탄 채 여행을 했다. 그는 차액을 기니금화(1663~1813년에 영국에서 주조한 금화로 처음에는 20~22실링의 가치가 있었으나 1717년에 21실링으로 정해졌음—역주)로 받아서 안장의 자루에 담고 다녔다. 그는 날씨의 변화, 과로, 피곤, 그리고 끊임없는 위험에 시달렸다." 순회상인들은 자주 강도를 당할 위험에 놓였었는데——이때까지만 해도 잉글랜드와 스코틀랜드의 대로에서는 강도가 자주 나타나고 있었다——그것은 아주 사소한 위험에 속했다. 이 사람은 부유한 상인이었다는 데 주목해야 한다. "그는 맨체스터 시내에서 사업과 관련이 있는 사람들이 가진 마차가 통틀어 5, 6대 정도일 때 그 가운데 하나를 가지고 있을 정도의 재산을 쌓았다."62)

순회상인의 팔리지 않은 물건들은 여인숙에 맡겨지지만 도시에서 도시로의 상품의 운반은 거의 언제나 말 또는 노새에 의해서였다. 튼튼하고 끈기있는 종(種)에서 선발된 부담마(負擔馬)는 각기 잔등에 두 가마니 또는 두 바구니를 양쪽으로 늘어뜨렸는데, 이 짐은 서로 균형을 이루었다. 부담마들은 비좁은 두덩길을 따라 일렬로 움직이는 정규적인

Bretagne, 198면

60) 앞에 인용한 핼리팩스에 관한 데포의 묘사를 볼 것.

61) R. B. Westerfield, *Middlemen in English Business, particulary between 1660 and 1760*, Yale University Press, 1915 참조.

62) Th. Walker, *The Original*, No. XI (1835년 7월 29일).

대상(隊商, caravan)을 형성했다. [63] 선두의 말은 반대 방향에서 오는 말
탄 사람이나 수레에 대해 멀리서 경고하기 위해 목에 방울을 달고 있었
다. 오늘날에도 마찬가지로 우리는 높은 산에 있는 계곡의 자갈길에서
먼 촌락으로 보내는 짐꾸러미를 싣고 가는 노새들을 볼 수 있다.

우리는 상인과 더불어 수백 년 동안 농촌사람들의 생활 속에서 중요
한 역할을 했으며 오늘날에도 고립되고 낙후된 모든 농촌지역에 존재하
는 인물을 만나게 된다. 바로 행상인인데, 그는 짐을 지거나 부담마를
끌고 모든 촌락과 농장을 찾아다녔다. 가위, 안경, 색깔 있는 손수건,
달력뿐 아니라 가죽제품과 시계, 괘종시계까지 팔았는데, 사실 마을의
수레바퀴목수(wheelwright)이나 대장장이가 만들 수 없는 모든 것을 파는
셈이었다. 그는 어느 곳에나 갔으며 그리고 거의 어디서나 바깥세상으
로부터 물건이나 사상을 들여오는 유일한 전달자였다. 거기에는 경쟁이
전혀 없었으므로 그의 고된 장사는 이윤이 상당히 컸다. 그러나 떠돌이
생활 때문에 그의 평판은 좋지 않았다. 그의 주위에는 부랑자나 밀무역
업자가 모이는 일이 빈번했다. [64] 그는 금지된 상품들을 속임수로 처분
하고 질이 나쁜 상품을 팔며, 특히 '공정한 상인들과 정직한 점포주들'
을 해친다는 비난을 받았는데, 후자들은 그를 의회에 고발하고 행상업

63) Francis Place는 1735년 글라스고로부터 런던까지 말을 타고 한 여행기록
을 우리에게 전했다. 일행은 그랜섬까지 "비좁은 두덩길을 따라 여행했는데,
인도의 양 옆에는 다듬어지지 않은 부드러운 길이 있었다. 그들은 3, 40마리
가 무리를 이루어가는 부담마들의 행렬을 수시로 만났다. ……무리의 맨 앞
에 선 말은 정반대 방향에서 오는 여행자들에게 경고하기 위해 방울 하나를
달고 있었다. 그런데 그 일행은 잔등에 짐을 가로로 매단 이 말들의 행렬을
만났을 때 두덩길에 공간이 없어서 말들에게 길을 비켜주려고 옆길로 뛰어
들지 않을 수 없었는데, 그러고 나면 다시 두덩길로 올라서기란 매우 어려운
일이었다." British Museum, *Additional MSS.*, 27828, 10면. 18세기 중엽
까지 부담마는 국내에서 상품을 운반하는 보편적인 수단으로 남아 있었다.
S. and B. Webb, *The Story of the King's Highway*, 63~64면.
64) 이와 관련하여 더비셔의 행상인들에 대해서는 S. Smiles, *Lives of the
Engineers*, Ⅰ, 307면을 볼 것. 그 행상인들의 대부분은 매클레스필드·리
크·벅스턴의 사이에 있는 낙후된 농촌지역인 플래쉬 지구 출신이었다. 플
래쉬인들은 난폭한 사람들이었으며 행상업뿐 아니라 강도질로 산다는 평판
이 나 있었다.

의 전면적인 폐지를 청원하기까지 했다. [65] 이러한 가혹한 조치는 허용
되지 않았고 의회는 이미 조세와 허가제도에 복종하고 있던 행상인들을
엄중하게 감시하는 것으로 만족했다. [66]

가게는 도시나, 장날에 시골사람들이 자주 드나드는 시장거리에만 있
었다. 가게라 해도 진열장이 없었고 물건도 전혀 진열되지 않았으며 더
러는 상인 자신이 문간에 서서 행인을 불러들였지만, 눈에 두드러지는
간판만이 무식한 단골손님들의 눈길을 끌기 위해 걸려 있었다. 가게에
는 행상인의 보따리보다는 훨씬 다양한 물건들이 있었다. 바로 이런 이
유 때문에 여러 종류의 소매상들은 똑같이 모호하고 일반적인 이름으
로 표현되었다. 예를 들면 식료잡화상(grocer)이라는 말은 도매상인을
의미하는 프랑스어의 '그로씨에'(grossier)에서 나온 것이며 '포목상(mer-
cer), 잡화상(haberdasher)'은 단지 잡화류뿐 아니라 직물, 약품, 철물
까지도 파는 상인을 의미했다. 이런 가게들은 아직도 유럽의 많은 촌락
에 있지만 18세기의 촌락에는 이런 종류의 가게조차 전혀 없었다. 그런
가게들은 모든 경제조건에 완전한 혁명이 일어난 뒤에 비로소 나타나게
된다. [67]

6. 교통수단

상호연관된 이 모든 사실들, 즉 큰 정기시들, 순회상인들, 수송방법

---

65) *Parliamentary History*, XIV, 246면 ; XXV, 885면 이하 ; *Journals of the
House of Commons*, XL, 1090면 등.

66) 1697년의 한 법률은 '도보로, 또는 말을 타거나 다른 수단으로 도시에서
도시로, 또는 다른 사람들의 집을 찾아다니거나 왕국 안을 여행하는 모든
행상인(hawker, pedlar 또는 petty chapman)'은 면허를 받고 4파운드를 납
부해야 한다고 규정하고 있다. 더구나 그는 '짐을 나르거나 끄는 말, 나귀,
노새 또는 다른 짐승' 한 마리당 4파운드를 납부해야만 했다. (윌리엄 3세 8
~9년, 법률 제25호)

67) "내가 들은 바로는 내 고향마을에서는 첫번째 가게가 60년 전에 잡화를 팔
기 위해 열렸다. 그런데 그 뒤로도 여러 해 동안 마을사람들의 수요는 행상인
(packman 또는 pedlar)에 의해 공급되었다." Thorold Rogers, *Six Centuries
of Work and Wages*, 147면.

의 원시적 단순성 등은 교통수단의 불비(不備)라는 한 가지 공통점에서
비롯된 것이다. 이 점에서 잉글랜드는 프랑스보다 훨씬 낙후되어 있었
다. 깊은 하구와 바람막이가 잘된 항구들을 고루 갖춘 해안을 끼고 있
는 섬나라 잉글랜드의 위치는 바다를 통한 교통에 유리했다. 예를 들면
석탄은 바다를 통해 뉴캐슬로부터 런던으로 갔으며 스코틀랜드의 가축
은 바다를 지나 노포크로 옮겨져 사육되었다. [68] 연안무역이 제공한 편
의는 대체로 내륙교통의 발달이 더디게 된 원인이었음이 분명하다.

위대한 공업상의 발명들이 있었던 시대 조금 전의 도로망 지도를 보
면 [69] 우리는 도로들이 온갖 방향으로 교차되고 다시 교차되어 대도시들
뿐 아니라 조금이라도 중요한 모든 지역을 연결하고 전국에 걸쳐 긴
밀한 연락망을 이루고 있는 것을 알 수 있다. 런던으로부터 랜즈 엔드
(Land's End, 잉글랜드 맨 서쪽 끝의 작은 마을—역주)로 달리는 한 간선도
로에는 도버해협 쪽으로 많은 지선(支線)이 뻗어 있었다. 또다른 간선도
로는 동부지방을 횡단하여 콜체스터와 입스위치를 통과하여 두 지선으
로 갈라졌는데, 하나는 노리치, 다른 하나는 야머스로 뻗어나갔다. 요
크, 뉴캐슬, 스코틀랜드 쪽으로 나가는 도로는 교통량이 아주 많았다.
이 도로는 론디니움(Londinium, 런던의 로마식 이름—역주)으로부터 에보
라쿰(Eboracum, 요크의 로마식 이름—역주)으로 뻗은 옛 로마시대 도로——
중세에는 에르미네 도로라고 불렸다——에 바짝 붙어 뻗어가고 있다. 체
스터 레 스트리트(Chester-le-Street)는 이 도로상의 지점들 가운데 하나인
데, 로마군의 야영지인 듯하다. [70] 이 도로의 연변에는 종탑과 뾰족탑이
멀리서도 두드러지게 보이는 일련의 유서깊은 주교좌성당(主敎座聖堂)의
도시들인 피터보로, 링컨, 요크, 더럼이 있었다. 서북부지방의 도로는
적어도 그 일부분은 쌕슨인(Saxons, 엘베강 어구에 살다가 5~6세기에 일부
가 영국으로 건너간 민족—역주)이 워틀링로(路)라고 불렸던 옛 로마의 도

---

68) A. Toynbee, *Lectures on the Industrial Revolution*, 55면.
69) *An accurate Description of the present great Roads and the principal Cross Roads of Great Britain*(1756)이라는 책에 수록된 지도를 볼 것.
70) Chester, Ceaster는 castra, 즉 야영지. Street는 도로. W.B. Paley, *The Roman Roads of Britain, Nineteenth Century*, XLIV, 840~53면(지도 수록)과 C.G. Harper, *The Great North Road* 참조.

로와 일치하였다. 이 도로는 도버로부터 로마인이 데바라고 불렀던 체스터로 달렸다. 몇 개의 간선도로가 런던을 서부지방의 도시들과 연결했다. 브리스톨도로는 북해와 대서양을 연결했고 글로스터도로는 웨일즈로 뻗어갔다. 몇 개의 횡단도로에 대해서도 언급해야 한다. 하나는 칼라일(컴벌랜드주의 수도—역주)로부터 뉴캐슬로 달렸는데, 하드리아누스 (로마황제[117~138]—역주)가 픽트인(Picts, 스코틀랜드 동북부에서 3세기 말 ~9세기 중엽에 살다가 845년에 스코트족에게 정복된 민족—역주)의 침입을 막으려고 세운 성벽을 따라 뻗어 있다. 그리고 페나인산맥을 넘는 도로들이 있었는데, 하나는 랭카스터로부터 에어(aire)계곡을 지났고 다른 하나는 맨체스터로부터 콜더계곡을 통과했다. 이 두 도로는 옛 수도인 요크에서 다시 만나 결국에는 험버(Humber, 잉글랜드 동부에서 트렌트강과 우즈강이 합류하는 하구—역주) 어귀에 있는 헐(Hull)에 이르렀다. 포스 웨이(Fosse way)와 이크닐드 스트리트(Icknield Street)라고 알려진 로마시대의 두 공로는 각각 배스(Bath)를 링컨과, 싸우샘턴을 노리치와 연결하고 있었다. 서부지방과 동부지방 사이의 이 교통로들을 가로지르는 긴 도로가 있었는데, 이것은 플리머스와 브리스톨에서 시작하여 서부잉글랜드 전역에 뻗어 있었다. 71)

당대의 저술가들이 이 도로들의 상태에 대해 탄식을 하지 않았더라면 우리는 이런 지도를 보고 잉글랜드는 일급의 도로망을 갖고 있었다고 추리할는지도 모른다. 분명히 많은 도로가 있었지만 그 대다수는 사용이 불가능한 것들이었다. 아무도 그 도로들을 건설하고 유지하는 방법을 몰랐다. 가장 훌륭한 도로는 원래 로마인들이 포장한 부분이 그래도 얼마쯤 남아 있는 곳이었다. 72) 그 도로들은 대부분 너무나 비좁았기 때문에 수레 두 대는 물론이고 부담마 두 마리도 서로 스쳐 지나기가 어려울 정도였다. 73) 부드러운 흙은 갈아 엎어져서 깊은 바퀴자국이 났고

---

71) 그 도로의 중요성에 관해서는 Defoe, *Tour*, Ⅲ, 90면 참조.

72) 예를 들면 워틀링도로가 있는데, 이것은 런던과 리버풀 간의 철도가 건설될 때까지 중요한 도로였다.

73) 브램코트 올드 하우스로부터 빌퍼 레인(노팅검셔)에 이르는 도로에 관한 청원. *Journals of the House of Commons*, XXIX, 914면.

결국에는 도로 전체가 가라앉아 일종의 도랑이 되었는데, 바다에서 가까운 경우에는 이 도랑은 비·홍수·조수 때문에 개울로 변했다.[74] 중부지방의 진흙은 정기적으로 범람하는 도로들을 수렁으로 만들어버렸고, 거기에는 큰 돌이 섞여 있어서 길을 건너기가 너무나 위험했으므로 어떤 곳에서는 여행자가 길을 버리고 경지를 횡단하는 쪽을 택했다.[75] 이런 도로들을 보고 우리는 교통이 곤란했다는 것을 깨달을 수 있다. 수레가 10마일을 가는 데 5시간이 걸렸으며 홍수 때문에 하루 종일 묶여 있는 적도 있었다.[76] 끊임없이 부딪치게 되는 빠져나오기가 어려운 곳들에서 벗어나려면 튼튼한 말떼가 필요했다. 무거운 짐을 실은 포장마차나 부피가 큰 여행용 마차를 수렁에서 끌어내기 위해서는 4~6마리의 말도 많은 것이 아니었다. 더 심한 경우에는 때로 부근의 농장에서 황소 몇 마리를 빌리기까지 해야 했다. 따라서 마차는 매우 느리고 매우 비쌌으며 아주 실용성이 없는 수송수단이었다. 부담마를 끌고 가는 대상은 일렬로 좁은 길을 따라서 갔으며, 개울을 만나면 여울목을 찾아 건너갔고 필요하다면 도로를 버리고 길을 새로 만들어 지나갔다. 우리는 또 잉글랜드의 여러 지역이, 프랑스나 독일처럼 각 지역을 분할하는 인위적 장벽이 전혀 없음에도 불구하고 오랫동안 교통의 곤란으로 인해 서로 거의 완전하게 단절되어 있었음을 알 수 있다.

그러나 약간의 진보가 이루어져 있었다. 의회가 최초의 '턴파이크

---

74) 런던에서 입스위치로 뻗은 도로는 18세기 초년에 "깊고, 홍수가 들면 위험했으며 겨울에는 다닐 수가 없었다." Defoe, *Tour*, Ⅱ, 180면. 킹즈웨어에서 레이디웨이 크로스(데번)에 이르는 도로는 봄철이 되면 물 깊이가 4피트나 되었다. *Journals of the House of Commons*, XXX, 95면. 헐에서 리즈간의 도로는 "낮고 평평하고 진흙투성이인 지방에 있는데, 빗물이 부근의 언덕들로부터 이 도로로 떨어진다. 그리고 이런 빗물이 흘러갈 적당한 흐름이 없기 때문에 도로의 대부분에 빗물이 괴어, 흔히 물바다를 이룬다." *Journals of the House of Commons*, XXIV, 697면.

75) 해트필드에서 볼독으로 가는 길. Defoe, *Tour*, Ⅱ, 185면. 더비 일대의 도로에 관해서는 J. Brome, *Travels over England, Scotland and Wales*, 87면 및 Defoe, *Tour*, Ⅱ, 178면(1727 ed.)과 Ⅲ, 66면(1742 ed.)을 참조.

76) *Journals of the House of Commons*, XXIII, 105면(road from Grantham to Stamford, Lincolnshire); XXX, 97면(road from Kingswear to Ladyway Cross, 위의 주 74 참조).

(Turnpike, 통행세 받는 곳—역주)조례'[77]를 통과시킨 것은 찰스 2세 때였다. 이 조례들은 특정 도로 사용자들에게 통행세를 부과했는데, 이런 식으로 걷힌 돈은 도로공사와 수리에만 전적으로 사용되었다. 통행세 징수와 도로공사는 각 지방의 치안판사들이 임명한 특별위원회[78]의 통제를 받았다. 종전에는 각 교구가 도로 유지에 대한 책임을 지고 있었으나 모든 교구가 이 문제에 관심이 없었기 때문에 도로수리 작업은 형편없었다. 양끝에 있는 도시에서 주로 이용하는 간선도로는 다수의 농촌교구를 통과했지만 그 주민들은 이 도로를 이용하는 일이 거의 없었으므로 도로 유지에 주의를 기울이지 않았다. 턴파이크조례의 원칙은 도로를 이용하는 사람들이 유지비를 내도록 한다는 것이었다.[79]

이 원칙이 적용되는 곳마다 도로들은 눈에 띄게 개선되었으며 교통의 편의와 안전이 증대되었다. 그러나 오랫동안 턴파이크도로들은 예외적인 것이었다. 1663년에 최초로 시작되었는데, 1690년에서야 누군가가 다른 턴파이크도로를 만들겠다는 생각을 했다. 그러나 일반적으로 구제도는 수레의 무게, 바퀴의 크기, 말의 수에 대한 규제를 증가시키는 조치를 취하기까지 하면서 고수되었다. 무너진 도로를 수리하는 조치를 취하는 것보다는 오히려 그런 도로를 보호하는 쪽이 선택되었다.[80] 새로

---

77) 찰스 2세 15년, 법률 제 1 호(1663:road from London to York).

78) 통행세징수소의 감독들과 위원들을 가리킨다. 이들은 각 지역의 토지소유 자들 사이에서 선발되었다. 그들의 권력과 임무에 관한 완전한 목록을 1773 년의 일반조례(General Act, 조지 3세 13년, 법률 제78호)에서 볼 수 있다. 이밖에도 그들은 인력, 수레, 짐수레용 가축을 강제노동에 징발할 수 있는 권리를 갖고 있었다. 모든 토지 소유자는 말 한 마리와 수레, 사람 2명을 6일간 제공해야만 했다. 그는 50파운드 이상의 소득을 올릴 경우에는 노동 이나 돈으로 더 기부를 했으며 그의 소득이 4파운드 미만인 경우에는 5일간 의 강제노동 이외에는 면제를 받거나 적절한 비용을 내고 노동을 면제받을 수 있었다. 조지 2세 7년, 법률 제42호와 조지 3세 13년, 법률 제78호.

79) 이 제도는 프랑스에서도 많이 연구되어 찬사를 받았다. *Notes sur la Législation Anglaise des Chemins, par l'auteur des Notes sur l'Impôt Territorial en Angleterre*(La Rochefoucauld-Liancourt), Paris, 1801을 볼 것. 턴파이크 입법과 그 운영에 관한 면밀한 연구는 S. and B. Webb(*The Story of the King's Highway*, Ch. VII, 118~64면)에 의해 이루어졌다.

80) *Statutes at Large* (앤 9년, 법률 제18호[1710]). 턴파이크도로들의 악화를 막기 위해 나중에 비슷한 조치들이 취해졌다. 조지 2세 30년, 법률

운 도로상의 통행세징수소와 여행자에게 부과되는 통행세는 극히 인기
가 없었다는 것을 우리는 인정해야만 한다. "왕국의 몇몇 지역에서는
도로 수리를 위해 의회의 권위로 세워진 몇몇 통행세징수 관문이나 건
물을 밤낮으로 패를 짜서 베어 없애고 쓰러뜨리고 태우고, 다른 방법
으로 파괴하는 악의적이고 무질서한 사람들"[81]에게 가혹한 형벌을 가
하기 위해 칙령을 선포할 수밖에 없었다. 18세기에는 턴파이크 폭동이
계속 터졌는데 서남부 여러 주에서는 1730년경에, 헤리포드셔에서는
1732년에, 브리스톨 부근에서는 1749년에 터졌다. [82] 아마 가장 심각한
폭동은 잉글랜드 북부지방에서 터진 것들인 듯싶다. 즉 1753년 리즈 근
처에서는 진짜 반란이라 할 만한 사태가 벌어졌는데, 이것은 과세에
반대하는 농촌사람들의 대규모 봉기로서, 무력으로 진압할 수밖에 없
었다. [83]

　왕위요구자(王位要求者, Pretender. Charles Edward Stuart[1720~88]를
가리킴. 그의 아버지인 James Francis Edward Stuart[1688~1766]는 왕위계승권
을 주장하며 1715년에 내란을 일으켰다. 아버지를 Old Pretender, 아들을 Young
Pretender라고 한다―역주)가 상륙하여 컬로든에서 패배한 뒤인 1745년에
야 비로소 왕국 전역에서 도로공사가 체계적으로 착수되었다. [84] 찰스
에드워드와 그의 고지인부대(高地人部隊, Highlanders. 스코틀랜드 서북부

　　제28호(1757)를 참조. "넓은 바퀴의 사용은 대브리튼의 잉글랜드라는 지역
　　에서 턴파이크도로들의 개량과 보존에 매우 큰 기여를 한다는 것, 그리고
　　좁은 바퀴를 단 무거운 마차를 이용하는 것은 그 도로들을 황폐시키고 파괴
　　한다고 알려져 있다……" 조지 2세 14년, 법률 제42호(1741)는 통행세징수
　　소에 계량기를 설치해야 한다고 규정했다. 무게가 6천 파운드 이상인 수레
　　는 1백 파운드가 초과할 때마다 20실링씩을 더 내야만 했다.
　81) 조지 2세 원년, 법률 제19호, 법령 제 2 호(1728). 형벌은 초범의 경우 금
　　고 3개월, 재범의 경우는 유형 7년이었다. 조지 2세 8년, 법률 제20호(1735)
　　는 통행세징수소 파괴를 중범죄로 규정하고 있다.
　82) S. and B. Webb, *The Story of the King's Highway*, 123면.
　83) J. James, *Continuation to the History of Bradford*, 87면.
　84) 우리는 아주 많은 일반적 원인들과 결부되어 있는 하나의 발전과 연결시
　　켜 이 우연적 사실에 너무나 큰 중요성을 부여하지 않도록 주의해야만 한다.
　　그것은 이 도로문제에 권력자들의 관심을 집중시킨 데 불과한 사건이었다.
　　그럼에도 불구하고 1748~60년에 턴파이크 수탁(受託)단체(Turnpike Trust)
　　의 수가 160개로부터 530개로 증가한 것은 사실이다.

의 고지 출신 군인으로 구성—역주)는 왕당군의 집결을 저해한 지독한 도로
상태 덕분에 더비까지 진군하여 잉글랜드의 심장부로 파고들 수 있었다.
그 이후로 정부와 왕권은 "일년 내내 군대·말·마차가 통행하기에 적
합한,"[85] 정비가 잘된 완벽한 도로망 건설에 적극적인 관심을 갖게 되
었다. 도로공사가 전국에서 갑자기 시작되었는데, 오랜 방치상태 뒤의
열기를 띤 활동기가 잇따랐다. 20년도 채 안 되어 턴파이크도로망은 전
국에 확산되었으며.[86] 이 변화는 기적적인 듯이 보였으며, 잉글랜드인들
이 만족하여 칭찬하는 주제가 되었다.

그 어느 나라의 국내제도에도 잉글랜드에서 몇 년 만에 이룩된 것
보다 놀라운 혁명은 결코 없었다. 곡물·석탄·상품 등을 실은 마차는
대체로 종전에 사용하던 말의 수의 절반 남짓을 가지고 운영되고 있
다. 상용(商用) 여행은 배(倍) 이상 신속하게 이루어진다. 농업의 개
량은 상업의 개량과 보조를 맞추고 있다. 모든 것이 신바람이 나고 있
으며 우리의 생산품목 하나하나가 더 많은 가치를 갖게 되는데, 이 모
든 운동의 회전축은 공로(公路)로 이루어진 개혁이다.[87]

1760~74년에 의회는 도로 건설 및 유지에 관한 452건의 조례를 통과
시켰다.[88]
이 당시에 기사(技師, engineer)의 제1세대가 나타났는데, 이들은 자
신도 의식하지 못한 사이에 광범한 사업을 계획하고 수행한 사람들로서
잉글랜드 국민의 실용적 경험주의(practical empiricism)의 체현자이다.
모두가 똑같이 농촌적 특징을 갖고 있던 이 신기한 인간집단 사이에서

---

85) 조지 2세 24년, 법률 제25호(1751: road from Carlisle to Newcastle).
86) 이 무렵 많은 교구에서 벌어지고 있던 토지 재분배는 종종 새로운 도로의
   개설을 촉진했다. 엔클로저법(Enclosure Act)은 재분배되는 땅에는 공로 개
   설을 위한 충분한 여지가 마련되어야 한다고 여러 차례에 걸쳐 규정하고 있
   다. (제1부 제3장 참조)
87) H. Homer, *An Inquiry into the Means of preserving and improving*
   the Public Highroads of the Kingdom, 8면.
83) 1773년의 일반법률(조지 3세 13년, 법률 제78호)과 하원의사규칙(Standing
   Orders of the House of Commons)을 볼 것. *Journals of the House of*
   Commons, XXXⅢ, 949~52면.

한 사람이 두드러지게 나타나는데, 그는 네어즈보로(Knaresborough)의 맹인인 존 메트카프(John Metcalf)였다. [89] 1717년 요크셔의 소도시에서 태어난 이 비범한 인물은 모든 사람이 그가 장님이라는 사실을 거의 잊게 할 정도로 총명하고 대담했다. 1745년에 그는 자기 주의 의용군에 가담하여 컴벌랜드공작 휘하에서 스코틀랜드전투에 참여했다. 그는 처음에는 말장수, 다음에는 운송업자로서 여러 해 동안 험버강과 머지강 사이의 지방을 샅샅이 돌아다녔다. 이 지역은 교통문제가 극도로 긴급했다. 페나인산맥의 높은 늪지대를 가로지르는 도로들은 이 분수령의 양측에서 날이 갈수록 늘어나는 교통량을 감당하기에는 충분하지 못했다. 존 메트카프는 도로 건설자가 되었다. 그는 지팡이를 손에 들고 혼자서 그 땅 전체를 답사했다. "그가 작성한 계획과 준비한 견적은 그만의 특이한 방법이어서 그는 남들에게 그 의미를 잘 전할 수가 없었다."[90] 그는 발명의 재능이 비상했기 때문에 습지를 굳은 땅으로 만드는 값싸고 신속한 방법을 개발했다. 그가 수리하거나 건설한 많은 도로 가운데서는 다음과 같은 것들이 있다. 웨스트 라이딩에서는 웨이크필드~돈캐스터, 웨이크필드~허더즈필드, 허더즈필드~핼리팩스, 랭커셔에서는 베리~블랙번, 애쉬턴 언더 라인~스톡포트, 랭커셔와 요크셔 간에서는 스톡포트~모트램 랭글리와 스킵턴~번리, 남쪽으로 더 내려가서 피크 지방의 바위산들을 넘는 매클레스필드~채플 엔 레 프리스, 훼일리 브리지~벅스턴 간의 도로들이 그것이다. [91] 이 모든 공사는 1760~90년에

89) *The Life of John Metcalf, commonly called Blind Jack of Knaresborough*, York, 1795. 이 책은 메트카프 자신이 비서에게 구술한 일종의 자서전이다.

90) Bew, *Observations on Blindness, Memoirs of the Literary and Philosophical Society of Manchester*, Ⅰ, 172~74면. "나는 이 남자가 긴 지팡이의 도움만을 받으면서 길을 건너고 가파르고 험한 고지대를 오르고 계곡을 답사하고 계곡의 넓이·형태·상황을 조사하는 것을 여러 번 보았는데, 그는 가장 훌륭한 방법으로 자기의 설계에 대한 질문에 대답할 수 있었다. ……나는 이 눈먼 답사자가 측량을 하고 있는 동안에 그를 만났다. 그는 여느 때처럼 혼자였다. 나는 대화를 나누다가 이 새 도로에 관해 질문을 했는데, 공사가 벌어지고 있는 각각의 토지의 코스와 성질을 그가 정확하게 표현하는 것을 들어 보니 정말로 놀라왔다."

91) *The Life of John Metcalf*, 124~41면.

이루어졌다. 이 가운데 일부는 공장제도의 탄생 직전에, 일부는 직후에 완성되었다. [92] 이리하여 공장제도는 그 확대와 발전을 위해 이미 준비가 된 지역에서 성장해갔다.

그러나 모든 지역에 메트카프 같은 인물이 있었던 것은 아니다. 턴파이크를 세운다고 해서 좋은 도로가 확보된 것은 아니었다. 아서 영은 여행을 할 때마다 통행세와 통행세징수소가 있음에도 불구하고 도로들이 한심한 상태에 있다고 통렬하게 비난했다.

내가 이 나라의 도로들에 대해 무슨 말을 하겠는가? 뻔뻔스럽고 철면피하게도 턴파이크라고 부르는 것들이 통행세를 물게 하다니! 쳅스토우로부터 뉴포트와 카디프의 중간에 있는 집에 이르는 도로는 자갈길에 불과하며 말만큼이나 큰 돌로 가득 차 있고 엄청난 구멍들이 파여 있다. [93] ……위트니로부터 노스 리치까지의 도로는 내가 여행한 중에 최악의 턴파이크였다. 그 도로는 너무나 나빠서 이 나라의 수치이다. [94] ……바로 이 야만의 시대에 이 왕국을 늘 수치스럽게 만드는 그 모든 저주받은 도로 가운데서 그 어느 도로도 빌러리케이로부터 틸베리의 킹즈 헤드에 이르는 도로에 필적하는 것은 없었다. 그 도로는 거의 12마일을 가도록 너무나 비좁아서 생쥐 한 마리가 마차 옆을 비집고 통과할 수조차 없을 정도였다. 나는 가능한 한 내가 탄 마차의 의자를 울타리보다 높이 들어올리는 것을 도우려고 한 친구가 자기의 짐마차 밑으로 기어들어가는 것을 보았다. [95]

어떤 곳들에서는 그는 깊이가 4피트나 되는 바퀴자국, 거의 그를 삼켜버릴 듯한 수렁을 만났으며, [96] "수리한다는 명분으로 던져놓은 돌덩이

---

92) 한때 메트카프 자신은 방적공이 되려고 생각했다. 1781년에는 그는 제니와 소면기(梳綿機, cotton-carding machine)를 샀었다. *The Life of John Metcalf*, 148면 참조.

93) A. Young, *A Six Weeks' Tour through the Southern Counties*, 120면.

94) 같은 책, 101면.

95) 같은 책, 72면.

96) A. Young, *A Six Months' Tour through the North of England*, Ⅳ, 443면.

때문에 무척 심한 고통을 당했다. "[97] 리버풀~위건 사이의 도로에서 그는 분노를 적절히 표현할 수가 도저히 없었다. "이 지옥같은 도로를 묘사하기에 충분한 표현력을 가진 어휘가 무엇인지 나는 모르겠다. ……우연히도 이 끔찍한 지방을 여행하려고 생각하는 모든 여행자들에게 악마를 피하듯이 그 길을 피하라고 진지하게 경고하고 싶다. 왜냐하면 그들의 마차가 뒤집히거나 부서져서 목이나 사지가 부러지기가 십상이기 때문이다. "[98] 텔포드와 매카덤[99]의 시대인 18세기말에야 잉글랜드는 훌륭한 도로망을 갖게 되었다. [100]

그렇지만 교통은 이미 더욱 편해지고 보다 정규적으로 되었다. 1750년 이전에 역마차제도는 드물고 느렸다. 런던에서 옥스포드까지는 4일, 엑써터까지는 6일, 요크까지는 1주일이 걸렸다. [101] 잉글랜드와 스코틀

---

97) 같은 책, I, 83면.
98) 같은 책, I, 430면.
99) 스코틀랜드의 기사 매카덤은 돌로 도로를 만드는 방법을 발명한 사람으로서, 이 방법은 아직도 그의 이름을 붙여 부르고 있다. *Dictionary of National Biography*, McAdam 과 Telford 항 ; 또 Smiles, *Lives of the Engineers*, Vol. II와 III ; S. and B. Webb, *The Story of the King's Highway*, Ch. VIII을 볼 것. 그들의 시대가 지난 뒤에야 비로소 전문기사의 정규학교가 설립되었다. 그 당시까지 도로를 설계하고 공사를 수행한 사람들은 전에는 온갖 종류의 직업에 고용되어 있던 청부업자들에 불과했다. 도로위원(road commissioner)들은 "귀족, 스콰이어(squire, 지방의 지주 또는 명사. 鄕紳이라고도 번역―역주), 농부, 점포주인들의 오합지졸들로 구성되어 있었다." *Edinburgh Review*, XXXII, 1819, 480~82면 참조.
100) 18세기의 도로건설업자들은 다양한 방법들을 시도했는데, 이 가운데 다수는 잘못된 것으로 판명되었다. 작은 언덕들과 계곡들이 잇따라 있는 '파상도로(波狀道路)' 또는 '참호도로', 기와지붕처럼 한 쪽에서 다른 쪽으로 기울어져 있는 '각상(角狀)도로', 지면을 깨끗이 하기 위해 물줄기가 주기적으로 흘러들게 만든 '오목도로' 또는 '곡간(谷間)도로', 양측에 깊은 도랑이 있는 신설의 '수평도로', 때로는 '너비가 20~30피트이고 상부는 거의 수평이며 양측에 경사가 지고 그 경사의 수직 깊이가 4,5피트가 되는 두덕길' 같은 것들은 수도에서 하룻길 이내의 곳에서 모두 볼 수 있었다. S. and B. Webb, *Story of the King's Highway*, 133면은 J. Scott, *Digest of the general Highway and Turnpike Laws*(1778), 320면 이하와 H. Homer, *Means of preserving and improving the Public Roads*(1768), 30면을 인용하고 있다.

랜드 사이에는 정규적인 교통편이 전혀 없었다. 스몰레트(Tobias Smol-lett, 1721~71)의 한 소설에 나오는 주인공은 1739년에 글라스고에서 부담마를 타고 런던을 향해 떠났는데, 옹구(pannier, 당나귀의 등 좌우에 걸치는 등광주리—역주) 두 개 사이에 앉아서 갔다. [102] 강도가 수도의 문턱에 다다를 때까지 들끓었기 때문에. 여기에다 우리는 도로들의 불안전을 덧붙여야만 한다. 1757년에 포츠머스의 우편마차는 채링 크로스(런던 중심부의 번화한 광장—역주)로부터 5마일도 안 되는 해머스미스 교외의 입구에서 일단의 강도들에게 약탈당했다. [103] 도로의 개량이 비록 불충분하고 불완전하기는 했지만, 그럼에도 불구하고 특히 북부지방에서는 주목할 만한 혜택을 받았다. 1776년부터 한 주에 두 번 운행되는 워링턴 급행역마차는 리버풀과 맨체스터를 런던에서 사흘 거리 안으로 단축시켰다. [104] 이와 비슷한 시기에 역마차 노선이——비록 여행은 아직도 10~12일이 걸렸지만——요크와 뉴캐슬을 경유하여 런던과 에딘버러 사이에서 운행되었다. [105] 그로부터 30년 뒤, 즉 파머(Palmer)가 우편제도를 개혁[106]한 뒤에는 런던에서 글라스고까지 63시간에 여행하는 일이 가능해졌다. 상품에 관한 한은 수송업자의 짐마차가 부담마를 능가했다. 상거래 방법이 바뀌었으며, 외무원(commercial traveller)이 출현해서 견본만을 가지고 주문을 받았다. 일단의 부담마들을 끌고 정기시들을 찾아다니던 옛날의 상인과 비교한다면 그는 새롭고 신기한 근대적 유형이

101) R. Porter, *Progress of the Nation*, 296~97면.
102) T. Smollett, *Roderick Random*, Ch. Ⅷ.
103) *Gentleman's Magazine*, 1757, 383면.
104) Chas. Hardwick, *The History of the Borough of Preston and its Environs*, 382~84면 ; T. Baines and W. Fairbairn, *Lancashire and Cheshire, Past and Present*, Ⅱ, 105면.
105) David Bremner, *The Industries of Scotland*, 108면.
106) A. Anderson, *Chronological History and Deduction of the Origin of Commerce*, Supplement Ⅳ, 710면 이하. H. Joyce, *History of the Post Office to 1836*, 208~80면. 1696년까지 런던은 한 주에서 다른 주로 보내는 편지들을 분배하는 유일한 중심지였었다. 18세기 중엽에는 정규적인 우편업무가 왕국의 모든 중요도시 사이에서 한 주에 3번 실시되었다. 이 문제에 관해서는 Moffit 의 *England on the Eve of the Industrial Revolution,* 243~46면에 훌륭하게 요약되어 있다.

었다.[107]

생산품의 유통을 여전히 방해하는 커다란 장애는 편지와 상품을 보내
는 비용이었다. 17세기초부터 개인의 이용이 허용된[108] 왕립우편(Royal
Mail)은 모든 간선도로에 날마다 우편마차를 운영하고 있었다. 오랫동
안 우편마차가 더디고 강도에 대한 예방조치가 부족하다는 데 대한 불
평이 있었다.[109] 마침내 우편제도의 개혁이 이루어지자 요금 인상의 필
요가 있다는 것이 드러났다. 1711년에 런던에서 체스터로 편지 한 장을
부치는 데 4페니, 1784년에는 6페니, 그리고 1796년 이후로는 8페니가
들었다.[110] 1페니우편제(penny post, 전국에 걸쳐 편지나 소포를 1페니에 배
달하던 제도—역주)는 런던중앙우체국(General Post Office) 관내 10마일 반
경 안에서만 실시되었다. 상품 수송료는 아주 엄청났다. 런던~버밍검
은 1톤에 5파운드, 런던~엑써터는 12파운드, 런던~리즈는 13파운드였
다. 단거리의 경우에는 요금이 훨씬 더 높은 비율이었다. 약 30마일 거
리인 리버풀~맨체스터 간에 상품 1톤을 수송하는 비용은 40실링 이상
이었고 도자기지방인 뉴캐슬 언더 라임에서 쎄번호숫가의 브리지노스까

---

107) J. Aikin, *A Description of the Country from Thirty to Forty Miles
round Manchester*, 183면. 18세기초에 섬유공업에는 배달원(riders out)이
라는 사람들의 계급이 나타났는데, 그들은 배달할 상품을 가지고 여행했고
상인은 견본만을 가지고 여행하면서 주문을 받았다. Daniels, *Early English
Cotton Manufacture*, 62면.

108) H. Joyce, *History of the Post Office*, 8면 이하.

109) A. Anderson, 위의 책, 712면. "현재 우편은 가장 신속하기는커녕 이
나라에서 가장 느린 편에 속하는 전달수단이다. 그런데 우리의 도로들이 이
처럼 크게 개선된 데 힘입어 다른 운반수단들도 그 속도가 그만큼 개선됐으
나 우편은 여전히 느리다. 우편 강도가 잦다는 사실이 증언하듯이 우편은
느린 데 못지않게 매우 불안전하다. 이런 종류의 손실을 피하기 위해 사람
들은 일반적으로 은행어음이나 환어음을 둘로 잘라 다른 우편을 통해 그 조
각들을 보낸다."

110) 앤 9년, 법률 제10호. *Journals of the House of Commons*, LVI, 69면
이하. 1711년의 우편요금은 50마일 이내는 2페니, 50~80마일은 3페니, 80
마일 초과는 4페니였고 런던에서 에딘버러까지는 6페니였다. 1784년에는 우
편마차 1구간에 2페니, 1구간 이상 50마일 이내는 3페니, 50~80마일은 4페
니, 80~150마일은 5페니, 150마일 초과는 6페니였다.

지는 50실링～3파운드였다. [111] 이런 이유 때문에 도로들이 개선되었음
에도 불구하고 다수의 농촌지역은 오랫동안 여러 면에서 자체의 자원에
의존할 수밖에 없었다. 18세기말까지도 감자·설탕·솜[112]은 잉글랜드
의 많은 촌락에 아직 알려지지 않았다. 도로들로부터 멀지 않은 스코틀
랜드에도 아직 상업의 영향을 받지 못한 농촌들이 있었다. 로버트 오웬
(Robert Owen, 1771～1858. 웨일즈 태생의 사회주의자—역주)은 1790년에 글
라스고와 뉴라나크 사이를 여행하면서 통행세를 내려고 지갑에서 반 쏘
버린(sovereign, 반 파운드 금화—역주)을 꺼냈는데 통행세징수원은 그것을
받기를 거부했다. 그는 금화를 본 적이 없었던 것이다. [113]

7. 연안무역의 발달로 인해 지연된 운하 건설

어느 시대에나 높은 육상 수송비는 내륙 수로의 발달을 초래했다. 잉글
랜드에서 이 발달은 시작되는 데 오랜 시간이 걸린 만큼 더욱 더 주목할 만
한 것이었다. 선박이 다닐 수 있는 수로(可航水路)들을 건설하고 완벽한
체제를 갖추는 데 잉글랜드보다 적합한 나라는 없다. 동부와 서부, 즉 북
해안과 아이리시해의 해안에는 내륙 깊숙이 파고들어가는 항만과 하구들
이 서로를 반기는 듯이 뻗어 있다. 브리스톨수로와 템즈강의 하구, 험
버강과 머지강, 타인강과 쏠웨이만, 클라이드만과 포스만은 그 사이에서
점점 좁아지는 공간을 두고 서로 마주보고 있다. [114] 브리튼섬의 가장
폭이 넓은 부분에서는 광활한 평야가 가로놓여 있어서, 분수령의 두 사

111) 이 수치들은 1740～60년의 것이다. *Journals of the House of Commons*,
　　 XXIV, 788, 798, 812면(청원), 177～82면(조사) ; W. Aikin, *A Description
　　 of the Country round Manchester*, 115면 ; Baines and Fairbairn, *Lanca-
　　 shire and Cheshire*, II, 205면 참조.
112) R. Southey, *The Doctor*, Chap. IV를 볼 것.
113) R. Owen, *Life, written by himself*, 53면.
114) 템즈강변의 그레이브젠드로부터 쎄번호숫가의 에이븐머스까지는 134마
　　 일, 런콘(머지강)～굴(험버강)은 81마일, 타인머스(타인강)～쏠웨이만은 69
　　 마일, 덤바턴(클라이드만)～그레인지머스(포스만)는 34마일이다.

면(斜面)이 그 경계를 거의 감지할 수 없게 되어 있다. 강들은 짧고 그 다지 깊지는 않지만 그 사이에 있는 언덕들이 완만한 데다가 흐름이 고르고 규칙적이어서 이용하기가 쉽다. 그러나 잉글랜드의 도로 건설을 지연시킨 바로 그 이유가 가항수로망의 건설도 지연시켰다. 예를 들면 런던·헐·뉴캐슬·브리스톨 같은 항구들이 해안겸 강 어귀에 있다는 것, 그리고 이보다 훨씬 더 중요한 사실 즉 해안에서 내륙 도시들까지의 거리가 짧다는 점[115]은 다른 나라들 같으면 오래 전에 이용했을 교통수단을 소홀히 한 데 대한 설명이 된다. 잉글랜드에는 1759년 이전에는 단 하나의 운하도 단 하나의 인공수로도 없었다. 1759년은 프랑스에 브리아르(Briare)운하가 건설된 지 150년, 지중해와 대서양을 연결하는 운하가 개통된 지 거의 80년이 지난 해였다.

그러나 외국의 사례들에 의해 드러난 내륙 수상교통의 잇점을 옹호하는 사람들은 있었다. 최초의 옹호자 가운데 하나는 앤드류 야란턴(Andrew Yarranton)[116]이었다. 장기의회(Long Parliament, 1640년에 찰스 1세가 소집한 의회로 1660년에 해산할 때까지 속개—역주)군대의 장교, 제철업자, 아마포제조업자, 기사, 농학자와 경제학자를 차례로 지낸 그는 모험가의 대담한 계획을 천재의 폭넓은 견해와 결합시켰다. 1677년에 그는 평생의 관찰, 계획, 꿈과 일단의 새롭고 대담한 생각들이 뒤섞여 있는 신기한 책을 발간했다.[117] 야란턴은 너무나 대담했으므로 자기 나

---

115) 잉글랜드 본토의 중심부에 위치한 코벤트리는 브리스톨수로로부터 약 75 마일이고 아이리시해로부터 84마일, 북해로부터 77마일, 영국해협으로부터 1백 마일이다.

116) *Dict. of Nat. Biography*의 'Yarranton'항 ; S. Smiles, *Industrial Biography*, 60~76면 ; L. Beck, *Geschichte des Eisens*, Ⅱ, 1275~77면을 참조. 야란턴 이전의 몇몇 고립적인 계획에 관해서는 MacCulloch, *Literature of Political Economy*, 200~2면을 볼 것. 공화국시대에 *The Opening of Rivers for Navigation*의 저자 Francis Mathew는 템즈강과 에이번강의 연결 계획을 크롬웰에게 제출했다. (그의 *Mediterranean Passage from London to Bristol*, 1670을 참조)

117) *England's Improvement by Sea and Land*. 제 1 부는 1677년, 제 2 부는 1681년에 발간되었다. 완전한 제목은 다음과 같다. *England's Improvement by Sea and Land, to outdo the Dutch without fighting, to pay Debts without Money, to set at work all the Poor of England with the Growth*

라는 싸우지 않고 경쟁국들을 이길 수 있고, 잘 이용되면 평화가 성공적인 전쟁보다 나으며, 한 국가의 영광은 국민의 노동, 부, 문명으로 이루어진다고 믿었다. 자기 나라의 번영을 보장해줄 것이라고 그가 생각한, 때로는 공상적인 수단 가운데 내륙수로망의 개발은 첫번째였다. 그는 네덜란드의 방문에서 강과 운하의 유례없는 활용을 보고 감탄했다.[118] 그의 첫번째 권고는 "기술의 이용이 가능한 곳이면 어느 강에나 배가 다닐 수 있도록 만들자"는 것이었다. 그는 또 템즈강을 쎄번호수와, 쎄번호수를 트렌트강과 연결하는 식으로 주요한 수로들을 운하라는 수단으로 연결하자고 제안했다. 이 지칠 줄 모르는 입안자는 그의 착상이 엉뚱하고 몇몇 동시대인들의 선입관[119]과 다르다는 단순한 이유로 그들의 격렬한 공격을 받았으나 계획을 계속 밀고 나갔다. 실천에 옮기는 데 필요한 수단을 갖지 못했으므로 그는 그 효용을 깨닫고 있던 큰 계획들은 제쳐두고 보다 작은 몇 가지 사업, 예를 들면 스투어포트와 키더민스터 사이의 스투어강과 스트래트포드와 튜크스베리 사이의 에이번강을 깊게 파는 일을 감독하고 수행했다.[120] 이 두 강은 중부의 제철업지역과 쎄번하구 사이의 교통수단이 되었다. 동시에 그는 예언적인 글을 썼는데, 네덜란드의 군함이 의기양양하게 템즈강을 거슬러오른 뒤 미처 10년도 못 되었을 때 그는 이 글을 통해 잉글랜드가 해상과

---

of our own Lands; to prevent unnecessary Suits in Law, with the Benefit of a voluntary Register; Directions where vast Quantities of Timber are to be had for the building of Ships, with the Advantage of making the great Rivers of England navigable, Rules to prevent Fires in London and other great Cities, with Directions how the several Companies of Handicraftsmen in London may always have cheap Bread and Drink, by Andrew Yarranton, gent.

118) A. Yarranton, *England's Improvement by Sea and Land*, Ⅰ, 7, 181, 191면.

119) *A Coffeehouse Dialogue, or a Discourse between Captain Y. (Yarranton) and a Young Barrister of the Middle Temple* 이라는 제목의 팜플렛을 볼 것. 야란턴은 *The Coffee-house Dialogue Examined and Refuted* 로 응수했다. *A Word without Doors, A Continuation of the Coffeehouse Dialogue*, … (British Museum, T. 3* 17 이하도 참조)

120) A. Yarranton, *England's Improvement*, Ⅰ, 193~94면.

산업을 제패할 것이라고 선언했다. [121]

그러나 오랫동안 사람들은 인공수로망을 만들 생각은 하지 않고 약간의 수로를 준설하고 개량하는 데 여전히 만족하고 있었다. 이러한 공사는 그 자체만으로는 크게 중요하지 않지만 산업계의 이해관계가 걸려 있다는 점에서 언급할 가치가 있다. 에어강과 콜더강은 리즈·웨이크필드·헬리팩스의 직물업자들의 요청에 따라 선박이 다닐 수 있게 만들어졌다. 1701년에 트렌트강과 더웬트강에서 시작된 이 공사는 더비와 노팅검의 산업 발달에 도움이 되었다. 1720년에 시작된 머지강의 운하공사는 리버풀과 맨체스터라는 쌍둥이 도시 간의 유대를 강화했다. [122] 그러나 이것들은 장차 잇따를 위대한 변화의 최초의 징후에 불과했다.

이 변화의 직접적인 원인들 가운데는 아무리 강조해도 지나침이 없는 것이 있는데, 그것은 그 무엇보다도 공장제도의 역사에 속한다. 오랫동안 가정용으로 쓰여지던 석탄이 차츰 여러 공업으로 확대된 것이다. [123]

---

121) "잉글랜드에는 인간생활, 가장 훌륭한 국민의 생활을 위해 힘·부·제조업을 창조하고, 또 군주를 위대하고 강하게 만들며 국민을 부유하게 하는 것들이 세계의 어떤 두 왕국이나 어떤 두 공화국보다도 많다. 그리고 이 부·성장·제조가 최선의 옳은 목적에 이용된다면 잉글랜드는 아주짧은 기간 안에 국민의 영광이 될 것이다. 왜냐하면 잉글랜드에는 훌륭한 양모가 있는데 세계에서 가장 많으며 잉글랜드에는 세계에서 가장 많고 좋은 주석이 있으며, 잉글랜드에는 세계에서 가장 많고 좋은 가죽이 있으며, 잉글랜드에는 세계에서 가장 많고 좋은 납이 있으며, 잉글랜드에는 세계에서 가장 많고 가장 좋은 고기가 있어서 이 상품들을 제조업에 공급할 수 있기 때문이다. 그리고 잉글랜드에는 인간생활에 충분한 곡물이 있고 잉글랜드는 세계에서 가장 훌륭하고 안전한 항구들을 갖고 있다……" A. Yarranton, *England's Improvement*, I, 4면.

122) 윌리엄 3세 10~11년, 법률 제19~20호(Aire, Calder and Trent) ; 앤 원년, 법률 제20호(Derwent) ; 조지 1세 6년, 법률 제27호(Derwent) ; 조지 1세 7년, 법령 제 1호, 법률 제15호(Mersey and Irwell). 체셔의 염전을 지나는 위버강의 운하공사는 1720년에 시작되었으며 세필드를 통과하는 돈강의 운하공사는 1725년에 시작되었다. John Aikin, *A Description of the Country round Manchester*, 105~11면. T. Baines, *History of Liverpool*, 39~40면 참조.

123) 증기기관이 발명되기 전에 석탄을 공업에 사용한 데 관해서는 제 2부 제 3장을 참조. 제철공업의 석탄 사용은 18세기 전반에 시작되었으나 1760년까지는 일반화되지 못했다.

그런데 석탄은 무거운 상품으로서, 수송비가 너무 높아지면 낮은 석
탄 가격은 아주 불균형하게 오를 수밖에 없을 것이다. 따라서 타인강
유역에서 채탄되어 바다로 운반된 뉴캐슬의 석탄──이것은 흔히 해탄
(sea coal)이라고 불렸다[124]──은 오랫동안 상당히 먼 거리에서라도 산
지로부터 구할 수 있는 유일한 광물연료로 남아 있었지만, 석탄에 대한
수요가 증가하고 거래가 더욱 중요해짐에 따라 수송 문제는 갈수록 더
긴급해졌다. 잉글랜드의 수상교통의 역사를 연구하면 할수록 그것이 석
탄의 역사와 얼마나 밀접하게 결부되어 있는가를 알게 된다. 1719∼27
년의 더글라스강 준설은 리버풀 북동쪽에 있는 위건 일대의 탄갱 개발
과 일치하고 1755년 쌩키강의 공사는 쎄인트 헬렌즈 탄광의 개발과 일치
한다.[125] 잉글랜드 최초의 운하다운 운하인 워즐리운하의 건설에는 그
밖의 다른 목적은 없었다.

운하 건설의 주도권은 대귀족인 브리지워터공작이 갖고 있었다. 그는
맨체스터 부근의 워즐리에 중요한 탄갱을 갖고 있었으나 엄청난 수송비
때문에 채굴이 거의 불가능했다. 그 석탄은 말을 통해 워즐리로부터 맨
체스터로 운반되었는데 7마일 이내의 거리에 대해서는 1톤에 9∼10실링
의 수송비가 들었다.[126] 처음에 공작은 머지강과의 분기점에서 멀지 않
은 어웰강으로 흘러들어가는, 워즐리천(川)이라는 이름의 작은 시내를
이용하려고 생각했지만 제임스 브린들리(James Brindley)라는 사람의 조

---

124) '탄갱석탄'(pit coal)이라는 이름은 내륙지방에서 채굴되어 현지에서 사
　　용되는 석탄에만 적용되었다.

125) 조지 2세 28년, 법률 제 8 호의 전문과 본문 ; 조지 3 세 8년, 법률 제38호
　　와 *Journals of the House of Commons*, XXVI, 905, 969, 977면에 요약된
　　청원서들 ; XXVII, 53, 56, 115, 137, 144, 169면 등(petitions of the Lancashire
　　mine owners) ; XXXII, 667과 771면(petitions of the magistrates and chief
　　merchants of Glasgow) ; XXXIV, 200면(petitions of ironmasters of Coal-
　　brookdale)을 볼 것. 그 공사가 쎄인트 헬렌즈 지역의 공업 발달에 미친 영
　　향에 관해서는 *Victoria History of the County of Lancaster*, Ⅱ, 352면
　　참조.

126) Petition of the Duke of Bridgewater to the House of Commons (1768
　　년 11월 25일), *Journals of the House of Commons*, XXVIII, 321, 322,
　　335면.

언에 따라 그 생각을 포기했다. 공작 아래에서 일하고 있던 이 사람은 장차 위대한 기사로 입신하게 된다. 존 메트카프나 산업혁명의 수많은 추진자들처럼 제임스 브린들리는 연구에 의해서가 아니라 경험과 필요에 의해서 형성된 실용적 재능을 가진 두드러진 사례였다.[127] 당시 과학의 동향에 대한 지식이 없고 문맹에 가까웠던[128] 그는 비상한 상상력과 치밀한 사고력으로 어려운 문제들을 풀어냈다.[129] 1759년에 그는 브리지워터공작을 위해 워즐리운하를 파는 일에 착수하여 2년 만에 완수했다. 그는 그가 언제나 충실했던 두 가지 원칙을 정하고 지켰다. 그는 랭커셔의 작은 강들——그 완만한 흐름은 침적토(沈積土)가 쌓이는 것을 막아줄 적절한 안전책을 갖지 못한다——의 하상(河床)을 이용하지 않고 수문을 건설하는 작업을 피하기 위해 운하의 수로를 동일한 수위로 유지하는 것을 원칙으로 삼았다. 워즐리운하는 얼마쯤은 독단적이고 문제가 있는 이 방법을 가장 완전하게 구현한 것이었다. 이 운하는 그 수로 전체가 완전히 인공적인 것으로서 처음부터 끝까지 동일한 수위를 유지했다. 그 운하는 석탄층의 깊이에 이르는 암거(暗渠, underground gallery)에서 시작되어 40피트 높이의 수로교(水路橋)를 통해 어웰강을 지나 맨체스터에 이르렀는데 동시대인들은 그 운하를 세계의 여덟번째 불가사의로 여겼다.[130]

127) James Brindley에 관해서는 J. Aikin, *A Description of the Country from Thirty to Forty Miles round Manchester*, 139~45면 ; J. Phillips, *A General History of Inland Navigation*, 87~100면 ; S. Smiles, *Lives of the Engineers*, Ⅰ, 309~402면 ; J. Ward, *The Borough of Stoke-upon-Trent*, 162면 이하를 볼 것.

128) 그의 철자법은 믿기 어려울 정도로 형편없었다. 그는 '항해'(navigation)라는 단어도 전혀 쓸 수가 없었다. 그의 노트에서 뽑은 전형적인 발췌문들을 S. Smiles, *Lives of the Engineers*, Ⅰ, 320~21면과 Townsend Warner, *Social England*, Ⅴ, 323면에서 볼 수 있다.

129) 그는 도면이나 설계도를 사용하는 일이 거의 없이 비상하게 확실하고 정확한 기억력에 전적으로 의존했다. 그는 풀어야 할 어려운 문제가 생기면 그 모든 것을 조용히 생각해서 마침내는 해결책의 마지막 세부사항을 구체적인 형태로 그려내기 위해 며칠 동안 침대에 누워 있곤 했다. J. Phillips, *History of Inland Navigation*, 95면.

130) J. Aikin, 위의 책, 113~14면 ; A. Young, *A Six Months' Tour Throu-*

그 공사의 성공, 그리고 특히 그 즉각적인 결과는 대단한 효과를 낳
았다. 맨체스터의 석탄가격은 종전의 반으로 내려갔다. [131] 이것은 가항
수로망의 건설을 주장하는 데 결정적으로 유리한 논거였으므로 그 순간
부터 공사는 부단히 계속되었다. 브리지워터공작은 이 운동의 위대한
지도자로 계속 활동하면서 자기 재산의 거의 전부를 그 운동에 주저없
이 쏟아넣었다. 가장 먼저 맨체스터에서 머지강 하구까지의 운하가 건
설되었다. 많은 경비를 들여 준설한 이 강의 수로는 크게 만족할 만한
것은 아니었으며 머지수운회사(Mersey Navigation Company)의 운임은 리
버풀~맨체스터의 마차운임보다는 쌌지만 여전히 비싼 편이었다. 브린
들리의 지칠 줄 모르는 활동 덕분에 운하는 1767년에 완공되었으며 상
품은 1톤당 12실링 대신 6실링으로 도시에서 도시로 수송할 수 있게 되
었다. [132] 이보다 훨씬 더 큰 공사가 이미 진행되고 있었다. 그것은 트렌
트강과 머지강을 연결하는 운하로서, 장차 아이리시해와 북해 사이의
직접적인 왕래를 목표로 한 것이었다. [133] 그 공사는 1766년부터 1777년까
지 11년 동안 계속되었으나 브린들리는 그것이 완공될 때까지 생존하지
못하고 정력이 쇠진하여 1772년에 죽었다. [134] 그러나 그는 이 간선운하
를 모든 방향으로 연장하라고 지시하고 이를 기본으로 한 전반적 계획
을 작성할 수는 있었다. 이 계획은 트렌트강~머지강 간의 운하——오늘
날에도 아직 대간선운하(Grand Trunk Canal)라고 불린다——가 기본선
을 이루고 있으며 현재에도 그러하다. 쎄번호수를 향하는 한 지선(支

gh the North of England, Ⅱ, 196~241면.

131) J. Phillips, *History of Inland Navigation*, 76면.

132) J. Aikin, 위의 책, 115면 ; J. Phillips, 위의 책, 78면.

133) 이것은 흔히 대간선운하(大幹線運河, Grand Trunk Canal)라고 불리는
데 그 길이가 93마일이다.

134) 1767년에 웨지우드는 이렇게 썼다. "나는 그가 너무 많이 일을 해서 그
의 거창한 설계가 실행되기도 전에 우리 곁을 떠나게 될까봐 걱정이다. 내
가 생각하기에 위대하고 운이 좋으며 돈을 벌고 있는 브린들리씨는 동정
의 대상이며 공공의 복리를 위한 진정한 희생자이다. 그는 수천 파운드를
벌지는 모르나 그 댓가로 무엇을 치르고 있는가? 그의 건강, 그리고 또 내
가 두려워하는 것은 그의 목숨이다." Wedgwood to Bentley, 1767년 3월 2
일, *Mayer, Coll.*, Liverpool Museum.

지도2 18세기말 잉글랜드 중·북부지방의 운하망

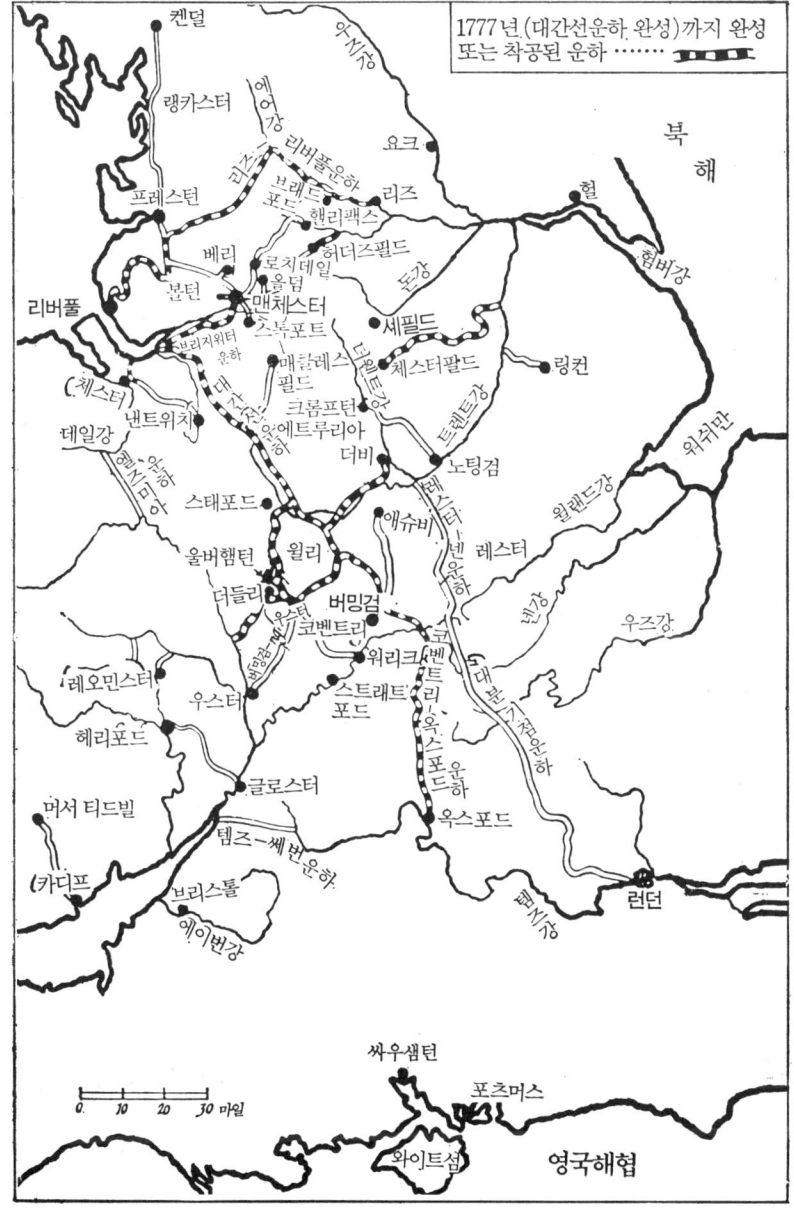

1777년 (대간선운하 완성)까지 완성
또는 착공된 운하 ······ 🞐🞐🞐

線)은 항구도시 리버풀·브리스톨·헐을 연결했다. 코벤트리와 옥스포드를 지나는 또 하나의 지선은 템즈강, 런던, 대륙으로 향하는 통로를 연결했다. 또 브린들리는 제철지역을 횡단하는 버밍검~울버햄턴 운하를 설계했는데, 이 지역은 그 뒤로 전세계에서 가장 활발한 제철공업지대가 되었다.

브린들리의 작업은 공장제도의 비약적 발전이 있기 직전에 이루어졌다. 후계자들의 작업은 공장제도의 발달과 병행하여 진행되었으며, 때로는 그 제도의 결과나 원인이 되었다. 18세기말에 작성된 지도를 보면 이 대단한 공사의 범위를 헤아릴 수 있다.[135] 가항수로가 아주 급격하게 늘어난 것은 주로 잉글랜드 중부와 북부에서였다. 랭커셔에서는 볼턴운하, 베리운하, 프레스턴과 랭카스터를 통과하는 켄덜운하 등 완벽한 운하망이 형성되었다. 랭커셔와 요크셔 사이에는 페나인 산맥을 통하는 세 개의 간선이 있었다. 하나는 서북부로부터 동남부를 향해 에어 계곡 상부의 가로로 뻗은 함몰지대를 통과하여 리즈와 리버풀을 연결했고, 다른 둘은 맨체스터를 허더즈필드 및 핼리팩스계곡과 연결했다. 이 세 운하는 모두가 넓은 험버강 하구에서 합류되었다. 버밍검 일대에서는 복잡한 운하망이 모든 방향으로 지선을 뻗고 있었다.[136] 이 운하망은 북부에서는 대간선운하,[137] 남부에서는 쎄번호수 및 템즈강과 합류했다.[138] 런던의 시장은, 대분기점운하(Grand Junction Canal)를 통해 북부의 공업도시들과, 그리고 템즈~쎄번운하를 통해 대서양과 연결되었다. 남부웨일즈에서는 스원씨와 카디프에서 출발하는 교통망이 내륙의

---

135) Aikin 의 저서(1795)의 앞부분에 수록된 지도와 같은 연대에 W. Hutton 이 쓴 *History of Birmingham* 을 볼 것. 또 L. B. Wells, *A Sketch of the History of the Canal and River Navigations of England and Wales*, Mem. and Proceedings of the Manchester Literary Society, Ⅳth Series, Ⅷ, 187~204면도 참조.

136) 윌리~에핑턴운하, 스투어브리지~더들리운하, 비서턴운하, 페이즐리운하, 버밍검~우스터운하, 버밍검~울버햄턴운하 등. W. Hutton, *History of Birmingham* (map of the canals of the district in 1791).

137) 스태포드셔~우스터운하를 통해서.

138) 코벤트리~옥스포드운하와 대분기점운하(Grand Junction Canal)를 통해서.

제철공장과 탄갱을 개방시켰으며 아직 미개발 상태에 있던 광물자원에 접근할 수 있게 했다. 스코틀랜드의 포스〜클라이드운하는 1768년에 개통되었는데, 계획을 작성한 기사들 속에는 제임스 와트가 있었다. 바로 이때에 그는 증기의 팽창에 관한 연구를 하고 있었다.

이리하여 30년도 채 못 되어 잉글랜드의 지면 전체에는 가항수로가 이리저리 만들어졌다. 여기에는 하나의 일치된 현상이 있었는데, 이것은 규모는 다르지만 다음 세기에 철도망이 서유럽 전역을 덮은 현상에 필적할 만한 것이었다. 나중에 철도에도 있었던 것처럼 일종의 생산과잉의 현상이 운하에도 있었다. 1793년경에 잉글랜드는 운하열(canal fever)에 휩싸였다. 끝없는 계획들이 모든 방향에서 몰려들고 투기가 성행했는데, 이 초기의 사업 가운데 다수는 실패로 끝났다.[139] 그러나 이것은 산업혁명의 한 결과, 그리고 가장 일시적인 결과에 불과했다. 그것은 경제현상에서 아주 흔한 우연적 결과 가운데 하나인데, 경제현상에서는 작용에 반작용이 따르는 것이 상례이다.

이와같은 변화의 중요성은 그 결과에 관심을 가진 사람들에 의해 처음부터 인식되었다. 이 변화는 그들의 주도로 이루어졌으며 그들의 비용과 위험부담에 의해 실행되었다. 국왕과 의회의 기능은 조사단을 구성하고 필요한 권한을 허락하는 데 한정되었다. 때로는 자신의 상업이나 공업의 이익을 위해 개인들이 단위공사를 맡아 감독했으며, 때로는 새로운 교통망을 건설하고 개발하기 위해 설립된 주식회사들에 의해 이루어졌다.[140] 우리는 두 경우 모두에서 이 운동의 선두에 언제나 똑같은 사람들이 나서서 자본을 모집하고 여론을 움직이고 시간과 돈을 자유롭게 쓰는 것을 보는데, 그들의 지도력은 매우 중요하다. 우선 먼저,

---

139) 법령집은 내륙수운에 관한 조례를 1792년에는 9개, 1793년에는 25개, 1794년에는 17개를 수록하고 있다. 조지 3세 32년, 법률 제84호 이하, 동 33년, 법률 제93호 이하, 동 34년, 법률 제24호 이하, 법률 제53호, 77호, 85호 등.

140) 그 회사들은 보통 지주회사(地主會社, Companies of Proprietors)라고 불렸다. C. Wagner, "Über die wirtschaftliche Lage der Binnenschifffahrts-unternehmungen in Grossbritannien und Irland" (*Archiv für Eisenbahnwesen*, 1901, 1225면 이하).

대귀족들은 자신의 신분계층에 속하는 한 사람의 선례를 따랐다. 브리지워터공작은 비록 처음부터 온갖 어려움에 부딪치고 한때는 그 사업으로 거의 파멸한 듯이 보였지만, 곧 모방자와 경쟁자를 찾을 수 있었다. 1766년에 브린들리가 대간선운하 설계도를 작성한 것은 앤슨경(Lord Anson)과 스태포드후작(Marquis of Stafford)의 요청에 따른 것이었다. [141] 이 계획을 지지하여 열린 첫 모임은 가워경(Lord Gower)이 사회를 보았고 그레이경(Lord Grey)이 연설을 했다. 다시 우리는 스탬포드경(Lord Stamford) 및 모이라백작(Earl of Moira)과 더불어 웬트워스자작(Viscount Wentworth)이 운하 건설을 허가해달라는 청원을 지지하고 있음을 본다. [142] 대지주인 그들은 자기의 토지에 있는 광산, 채석장 또는 삼림의 가치를 상당히 증대시킬 새로운 수송수단의 건설에 관심이 있었다. 그들은 이것을 날카롭게 의식하고 있었다. 잉글랜드의 귀족은 정치혁명뿐 아니라 경제혁명을 최대한으로 이용하는 방법을 알고 있었던 것이다.

이 시기에 주목할 만한 지성과 활동을 보인 또 하나의 계급은 신흥 산업가계급(class of captains of industry)으로서, 이들은 멀지 않은 장래에 구 귀족계급에 대항하게 되는 또다른 특권계급의 첫번째 대표들이었다. 이 사람들은 기계의 도입 이전에, 또 공장제도가 생기기 이전에, 장차 그들의 부를 만들어줄 경제적 변화들에 대한 예감으로 부풀어 있었다는 듯이 대규모 공업을 위한 상업적 시설을 미리 갖추었다. 도자기업자 웨지우드는 친구이자 협력자인 토마스 벤틀리와 함께 지칠 줄 모르는 열정을 갖고 머지~트렌트운하 건설에 전념했다. 이 운하는 장차 도자기지방을 통과함으로써 콘월(잉글랜드 서남단의 주—역주)의 도자기제조용 진흙을 싼 운임으로 운반할 수 있게 한다. 웨지우드는 최초의 주식청약자(株式請約者)들 가운데 하나였으며 회계원의 자리를 수락했다. [143] 벤틀리는 『내륙 수운의 이익 및 리버풀항~헐항 간의 교통을 위한 주운(舟

---

141) J. Aikin, *A Description of the Country,* … 117~18면.

142) 마스턴 브리지와 애슈비 드 라 주쉬 간의 운하 건설을 허가해달라는 청원. *Journals of the House of Commons,* XLIX, 238면.

143) Letters from Josiah Wedgwood to Bentley (1765년 1월 2일) and to John Wedgwood(1765년 3월 11일, 7월 6일), Letter from Charles Roe to Wedgwood(1765년 12월 3일). *Mayer Collectiom,* Liverpool Museum.

運)운하 계획』[144]이라는 팜플렛을 썼다. 이 계획을 좌절시키기 위해 결속한 그 모든 잡다한 반대자들——상업이 간선도로로부터 벗어날 것을 겁낸 운송업자들과 여관주인들, 운하 연변의 토지를 팔기를 거부한 지주들, 특정 지역이나 특정 도시에 유리하게 설계도를 수정하라고 요구하는 사람들——을 물리치는 것은 쉬운 일이 아니었다. [145] 웨지우드는 정규적인 유세에 앞장을 서야만 했다. [146] 그는 브린들리와 함께 런던에 가서 예비조사를 맡은 의회의 위원회에서 증언했다. 브린들리가 계획을 설명하는 동안에 웨지우드는 스태포드셔의 도자기공업뿐 아니라 워리크셔의 제철공업도 수상교통을 필요로 하며 수송수단이 부족한 한 침체될 운명에 있다는 것을 위원회에 증명했다. [147] 마침내 1766년 6월 26일에 그 공사가 시작되었을 때 웨지우드는 최초로 잔디를 떠내는 영예를 얻었다. 당장에 그는 운하의 연변에 있는 토지를 샀는데, 여기에는 그 직후에 그의 거대한 에트루리아공장(Etruria factory)이 건설되었다. [148]

웨지우드와 그를 도운 사람들, 즉 버밍검의 쌔뮤얼 가베트(Samuel Garbett)와 제임스 와트의 미래의 동반자인 매슈 볼튼(Matthew Boulton)은 운하의 확장이 자기들의 공업 발전에 미칠 영향을 명확하게 예견하고 있었다. 그 당시까지 좁고 세분되어 있던 국내시장은 마침내 장애 없이 왕래할 수 있었다. 18세기말에는 전국의 방방곡곡에서 나온 온갖 종류의 상품이 트렌트~머지운하 같은 간선수로를 오르내리는 것을 볼 수 있었다. 체셔의 소금, 동부지방의 곡물, 스태포드셔의 도자기, 위건과 뉴캐슬의 석탄, 쎄번강 상류의 선철, 울버햄턴과 버밍검의 철과 구리 가공품이 그것이었다. 가장 중요한 품목은 석탄이었다. 어느 곳에서나

---

144) 뉴캐슬 언더 라임에서 발간(1765).

145) 이 법안에 대한 반대청원을 볼 것. *Journals of the House of Commons*, XXX, 613, 708, 713, 720면 등을 참조.

146) E. Meteyard, *Life of Josiah Wedgwood*, Ⅰ, 410~30면.

147) *Journals of the House of Commons*, XXX, 520면.

148) "운하의 한 지선은 공장의 뜰로 곧장 뻗어 있고 석탄운반선들은 바로 창고로 올라가서 석탄을 넣어야만 한다." *Tournée faite en 1788 dans la Grande-Bretagne par un Français parlant la langue anglaise*, 109면.

간선에서 뻗은 지선들이 탄광의 중심으로 곧장 뚫고 들어갔다.[149] 이리하여 한편으로는 생산자에게 편의가 제공되어 새로운 탄전을 개발할 수 있었고 다른 한편으로는 소비자에게 편의가 제공되어 싼 석탄가격 덕분에 석탄을 새로운 용도에 쓸 수 있었다.

심지어는 해외시장도 더 가까와진 듯이 보였다. 수입품과 수출품은 아주 어렵게 전국에 수송되는 대신에 갈수록 양이 늘면서 어느 곳에나 유통되었다. 공업중심지들은 이제 점점 늘어나는 인구에 필요한 식량을 충분히 확보하게 되었다. 리버풀은 머지운하를 통해 맨체스터에 밀을 공급했다. 맨체스터는 더 이상 식량 부족의 위험을 안지 않게 되었다.[150] 상품은 중간상인들에게 비싼 수수료를 지불하지 않고 생산지로부터 가장 먼 목적지까지 곧바로 발송될 수 있었다.

18세기 중엽까지 외국과 직접적인 관계를 가진 버밍검의 상인은 한 사람도 없었다. 런던의 상인들이 버밍검의 상품을 창고에 보관하고 수출했던 것이다. 이제는 러시아와 스페인의 회사들이 버밍검에 원하는 것을 직접 주문한다. 배가 다닐 수 있는 강이나 운하를 통해 수출을 보다 쉽게 하는 일을 가장 필요로 하는 산업은 금속공업이다.

---

149) 대부분의 조례들은 탄광에 도움이 되는 수로의 개통을 예상하고 있다. 예를 들면 조지 3세 8년, 법률 제38호가 있는데, 그 제목은 다음과 같다. '쎄번강으로부터 우스터주의 클레인즈교구에 있는 호포드라는 곳이나 그 근처까지, 채플 브리지라는 곳이나 그 근처까지 가항수로나 운하를 건설하여 유지하고…… 몇몇 탄광까지 지선운하들을 건설하기 위한 조례.' 또 하나의 전형적인 사례를 *Journals of the House of Commons*, XLVII, 380면에서 볼 수 있다.

150) 1750∼55년의 품귀와 폭등에 관해서는 Espinasse, *Lancashire Worthies*, I, 274면과 L.W. Clarke, *History of Birmingham*, III, 60∼61면을 참조. 버밍검에서는 1766년에 폭도들이 가게들을 포위하고 최고가격을 결정하여 경매를 통해 밀을 팔았다. Mackinder, *Britain and the British Seas*, 333면은 리버풀이 잉글랜드 서북부에서 식량 배급의 중심지가 된 경위를 보여준다. *Advantages of Internal Navigation* (1766)의 저자 R. Whitworth는, 일단 운하가 건설되면 "밀 값이 비싸기 때문에 폭동이 일어났다는 소식은 자주 듣기 어려울 것이고, 밀이나 식량이 싼 경우에는 제조업자들이 보다 싸게 작업을 할 수 있을 것"이라고 관측했다. *The Advantages of Internal Navigation*, 31∼32면.

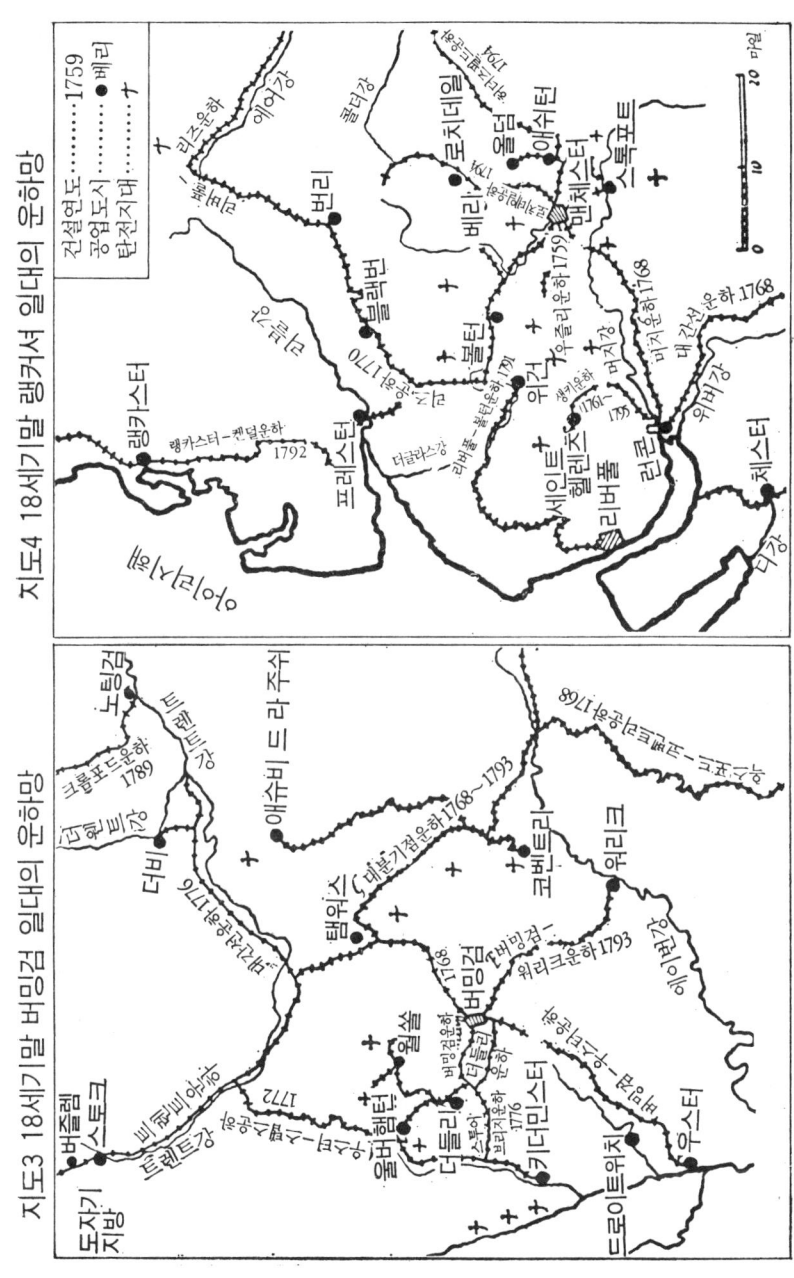

지도4 18세기말 랭카셔 일대의 운하망

지도3 18세기말 버밍검 일대의 운하망

1768년 이래 버밍검은 운하 교통 덕분에 제품을 어려움 없이 바다의 항구들로 보냈다.[151]

1776년에 아담 스미스는 이렇게 썼다. "수운을 이용하면 육상수송으로만 제공하던 때보다 광범한 시장이 온갖 종류의 산업에 개방되므로, 모든 산업이 세분되고 개선되기 시작하려면 해안이나 배가 다닐 수 있는 강에 의지해야 한다."[152] 아담 스미스는 자신의 시대에 자신의 눈앞에서 일어나고 있던 변화보다는 산업의 기원에 대해서 생각하고 있었다. 그러한 가운데 그는 그 변화들 속에서 자기의 원칙이 확인되는 것을 발견할 수 있었을 것이다. 왜냐하면 새로운 가항수로의 연변에서, 그 수로가 가능하게 한 상업의 발달 덕분에 기술과 경제 양면에서 가장 결정적인 진보가 일어나려 하고 있었기 때문이다. 그리고 근대 산업중심지는 지리적 위치나 천연자원에 의해 결정된 몇몇 특권적 중심지를 중심으로 형성된 수로망(水路網)을 둘러싸고 성장했다.

오늘날 잉글랜드의 내륙 수운체제의 중요성은 크게 줄었다. 철도가 다른 나라들에서보다 심한 타격을 가했던 것이다.[153] 지난 80년 동안 철도는 상업생활의 큰 흐름을 결정하고 상품이 외곽지역까지 이르도록 하는 지선들을 갈수록 늘리고 상품이 모여서 넘쳐 흐르는 교차점들을 만들어냈다. 그러나 두 교통망을 비교해보면 운하는 위축되고 불충분한 것이 되기는 했지만 철도의 중요 노선을 이미 결정했고, 그 결과 철도는 흔히 운하와 겹친다는 것을 알 수 있다. 우리는 오늘날 철도가 산업의 발달에 미치는 영향을 생각해보면 수백 년 동안 세분되었던 경제생활이 영위된 뒤에 운하가 얼마나 큰 역할을 했는가를 깨달을 수 있을 것이다.

---

151) G. Forster, *Voyage philosophique et pittoresque en Angleterre et en France*, 84면.

152) A. Smith, *Inquiry into the Nature and Causes of the Wealth of Nations*, Book Ⅰ, Chap. Ⅲ.

153) 이 쇠퇴 현상은 때로 과장되었다. 20세기초 수운의 상태에 관해서는 C. Wagner, "Über die wirtschaftliche Lage des Binnenschifffahrtsunternhmungen in Grossbritannien und Irland" (*Archiv für Eisenbahnwesen*, 1901, 1212~68면과 1902, 86~115면)를 볼 것.

8. 상업 발전의 결과들

우리는 방금 아담 스미스를 인용했다. 우리는 가항수로의 영향에 관한 이론이 보다 일반적인 이론, 아니 이론이라기보다 법칙과 결부되어 있음을 안다. 그는 이 법칙을 "분업은 시장의 크기에 의해 결정된다"[154]는 그 유명한 문장으로 표현한 바 있다. 이 법칙은 우리가 가장 원시적 상태에 있는 생산과 교환을 고찰하건 가장 진보되고 복잡한 문명의 한가운데 있는 생산과 교환을 고찰하건간에 똑같이 통용된다. 분업단계의 한쪽 끝에는 촌락의 작업장에서 몇 가지 작업을 동시에 하는 장인이 있고 다른 끝에는 고도로 전문화된 거대한 공장들이 있다. 이 공장들은 먼 지방으로부터 원료를 입수하고 제품을 전세계에 수출할 수 있는 경우에만 존재할 수가 있다. 아담 스미스는 이 원칙에서 나오는 결과들에 관한 연구를 그다지 깊이 하지는 않았으며, 단지 그의 이론을 뒷받침하는 소수의 단순한 사례들을 검토하는 것으로 만족했다.[155]

그의 시대보다 오래 전에 무명의 한 저자[156]가 덜 일반적인 용어와 덜 간결한 문체로, 그러나 비상한 정확성을 갖고 그와 똑같은 법칙을 제창했다. 『동인도무역론』(*Considerations upon the East India Trade*)은 1701년에 나온 저작이다. 고전시대 이전에 나온 대부분의 경제저술처럼 이것은 특별한 경우를 위해 쓰여졌다. 특정의 외국제품, 특히 인도에서 제조된 비단과 면직물의 수입을 둘러싸고 격렬한 논쟁이 벌어졌던 것이다. 우리가 아는 바처럼 독점에 연연하던 양모공업은 이 외국의 경쟁에

---

154) *Wealth of Nations*, Book I, Chap. Ⅲ(제목).

155) 같은 책, Book I. Chap. Ⅱ, Ⅲ.

156) Charles Davenant 의 『동인도무역론』(*Essay on the East India Trade*, 1696)과 혼동하면 안되는 『동인도무역론』(*Considerations upon the East India Trade*)의 저자는 결정적 증거는 없지만 Sir Dudley North 라고 통용되어 왔다. (Halkett and Laing, *Dictionary of Anonymous and Pseudonymous Literature*, I, 491면을 볼 것) 이 팜플렛은 1856년에 MacCulloch 에 의해 *Select Collection of early English Tracts on Commerce* 에 재수록되었다.

대해 불평을 하고 공중의 습관과 기호를 무시하면서 수입금지조치를 얻어내는 데 성공했다. 『동인도무역론』의 저자는 이 문제에 대해 순전히 추상적인 견해를 취하면서 인도로부터의 상품 수입은 소비자에게 이익이 될 뿐만 아니라 국민산업 자체에도 유익하다는 것을 증명하려고 했다. 해외에서 싸게 살 수 있는 상품을 생산하는 데 노동을 사용하는 것은 노동의 낭비가 아닌가? 그 노동을 절약함으로써 새로운 산업을 창출하거나 구(舊) 산업 내부에서 여러 기능의 보다 현명한 분배(필요한 경우에 이것은 기술 개량에 의해 완전해진다)를 확립하는 일이 가능할 것이다.

이 일은 역설이라고 생각되지는 않을 것이다. 동인도무역은 보다 적은 노동으로 일을 하게 되는 동인(動因)이 될 것이며, 그렇게 되면 임금이 감소하지 않고도 제품가격은 낮아질 것이다. 보다 적은 노동으로 일이 이루어지면 노동자의 임금은 그전과 마찬가지로 높겠지만 제품가격은 틀림없이 낮아질 것이다. 이런 까닭으로 수많은 선원을 고용한 배가 아주 큰 비용으로 항해할 때 똑같은 배가 돛대를 적게 달고 돛을 덜 펼치고 그 선원 수의 3분의 2로 항해하게 되면, 속도의 차이는 극히 작을 것이고 선원들의 임금은 전과 같겠지만 그 배는 보다 적은 비용으로 항해할 것이다. 마찬가지로, 수많은 노동자에 의해 아주 오랜 시간 동안에 이루어지는 잉글랜드의 그 어떤 제조업도 제품 가격은 노동시간에 비례한다. 기관의 발명이나 작업의 보다 높은 질서와 규칙성에 의해 똑같은 일이 그 노동자 수의 3분의 2, 또는 그 시간의 3분의 2에 의해 이루어질 수 있다면 노동자의 임금은 전과 마찬가지이겠지만 필요노동은 보다 적어질 것이고 제품의 가격도 더 낮아질 것이다. [157]

이 '발명의 보다 높은 질서와 규칙성' 또는 이 '기관의 발명'이 어떻게 인도 상품 수입의 결과로서 나타날 수 있는지는 당대의 이 선구적인 저서를 읽는 선진적 독자들에게는 극히 알기 힘든 것으로 여겨졌다. 그래서 저자는 자기의 생각을 서둘러서 전개하고 설명했다.

---

157) *Considerations upon the East India Trade*, 65~66면.

동인도무역은 우리 잉글랜드의 제조업에 더 많은 장인(匠人), 보다 높은 질서와 규칙성을 도입하는 방법일 것이다. 그것은 가장 쓸모없고 무익한 제조업을 종식시킬 것이 틀림없다. 이런 제조업에 고용된 사람들은 가장 간단하고 쉬운 다른 제조업이나 보다 다양한 다른 제조업의 단일부문으로 갈 것이다. 왜냐하면 간단하고 쉬운 작업은 가장 빨리 익힐 수 있으므로 사람들이 그 작업에서는 보다 완벽하고 신속해지기 때문이다. 따라서 동인도무역은 아주 다양한 작업의 적절한 부분들을 개개의 적절한 장인에게 할당하는 동기가 될 것이며 너무나 많은 작업이 한 개인의 숙련으로 이루어지지 않게 하는 동기가 될 것이다. 잉글랜드의 제조업에 보다 높은 질서와 규칙성을 도입한다는 것은 바로 이런 의미이다. [158]

전문화와 분업이 그 극한에 이르면 인공적 생산수단의 채택으로 끝나게 될 것이 분명하다.

육체노동을 절약하는 기술(art)·제조소(mill)·기계(engine)는 비록 그 일에 고용된 사람들의 임금은 감소되지 않겠지만 보다 적은 노동으로 따라서 보다 적은 가격의 노동으로 일을 하는 방법이다. 동인도무역은 잉글랜드에서 똑같은 제품을 만드는 데 필요한 것보다 적은 양의, 더 값싼 노동으로 물건을 입수하게 한다. 그러므로 동인도무역은 다른 제조업들에 있어서 육체노동을 절약하기 위해 기술·제조소·기계를 발명하는 동기가 될 가능성이 크다. 이런 것들은 적은 양의 노동력으로 아주 많은 일을 하기 위해 잇따라 발명된다. 그것들은 필요와 경쟁의 결과이다. 모든 사람은 여전히 스스로 발명을 해야만 하며 다른 사람들의 발명을 개량하는 쪽으로 노력하여야만 한다. 나의 이웃이 적은 노동으로 많은 일을 함으로써 싸게 팔 수 있다면 나는 그 이웃만큼 싸게 팔 수 있도록 연구를 해야만 한다. 이리하여 모든 기술·직종·기계가 보다 적은 양의 노동력으로, 따라서 보다 싸게 작업을 하면서 다른 사람들이 똑같은 기술·직업·기계를 사용하거나 그와 같은 것을 발명할 필요를 느끼고 경쟁을 하게 만들면 모든 사람이 동등하게 되어 그 어떤 사람도 이웃보다 싸게 팔 수가 없게 될 것

---

158) 같은 책, 68면.

이다. 이처럼 동인도무역은 보다 적은 양의 노동, 따라서 보다 값싼 노동으로 물건을 입수케 함으로써 사람들이 기술과 기계를 발명하도록 만들 가능성이 매우 큰 방법이다. 기술과 기계에 의해 다른 물건들도 보다 적고 값싼 노동으로 만들어질 것이며, 이런 까닭에 제품의 가격은 낮아질 것이다. [159]

이처럼 기계제공업이 출현하기 4분의 3세기 전에 훌륭한 팜플렛의 무명의 저자는 상업 확대의 불가피한 결과로 기계가 출현할 것이라고 예견했다.

영국 상업의 팽창은 일찌기 이에 못지않게 중요한 또 하나의 결과를 빚었다. 그것은 사회에 새로운 요소들을 도입했다. 아니 오히려 그것은 사회 계급제도 속의 무엇인가를 변화시켰다. 오랫동안 부유한 상인들과 유력한 금융업자들이 존재해왔지만 그들의 부와 사회적 지위는 전혀 개인적인 것이었다. 그들은 고립된 상태로 남아 있으면서 아직은 중요하고 영향력있는 계급을 이루지 못한 채, 세습 귀족계급의 밑에 있거나 젠트리계급(gentry, 귀족계급의 아래 있는 중상층계급—역주)과 거의 동등한 상태였다. 우리는 1688년에 이 계급이 출현하는 것을 보았다. "이 나라에서 상업은 신사와 양립할 수 없는 것이 아니다. 간단히 말하면 잉글랜드의 상업은 신사들을 만든다. 즉 한두 세대 뒤에는 상인의 자식, 아니면 적어도 그의 손자들은 최고귀족 출신이나 가장 유서깊은 가문의 자손들과 마찬가지로 훌륭한 신사, 정치가, 의원, 추밀고문관(Privy Councillor), 판사, 주교, 그리고 귀족이 될 것이다."[160] 배링턴자작(Viscount Barrington)은 슈트(Shute)라는 아마포 상인의 아들이었다.[161] 그랜빌경(Lord Granville), 콘웨이경(Lord Conway), 그리고 로버트 월폴 경(Sir Robert Walpole, 1676~1745. 영국수상[1721~42]—역주)조차 상인의 딸과의 결혼을 경멸하지 않았다.[162] 볼메르는 잉글랜드에 머무는 동안에 구 귀족가문들이 상인계급과 섞일 뿐 아니라 실제로 그들의 사업에 참가

159) 같은 책, 67면.
160) Defoe, *The Complete Tradesman*, 74면.
161) Defoe, *Tour*, I, 17면.
162) Lecky, *History of England in the Eighteenth Century*, I, 193면.

하는 것을 보고 놀랐다. "귀족의 젊은 아들은 상업을 경멸하지 않을 것
이다. 각료인 타운센드경(Lord Townshend)에게 동생이 하나 있는데, 그는
런던시에서 회사를 경영하는 데 만족하고 있다. 오포드경(Lord Orford)
은 잉글랜드를 통치하고 있는데 그의 동생은 알레포(Aleppo, 시리아 서북
부의 도시—역주)에서 창고를 경영하다가 한번도 돌아오지 않고 거기서
죽었다." 이처럼 그들은 자신의 재산뿐 아니라 자기 나라의 재산까지도
쌓았다. "런던이 크기나 인구에서 빠리를 능가하고 잉글랜드가 군함 2
백 척을 갖고 동맹국의 왕들을 보조할 수 있게 된 것은 오직 잉글랜드
인들이 상업에 전념했기 때문이다. 이 모든 것은 잉글랜드의 상인으로
하여금 당연한 자부심에 부풀게 하며 그가 무리 없이 자신을 로마의 시
민에 비유할 수 있게 한다."[163]

세습귀족계급(the nobility)이 상업을 통해 부유해지려고 노력하고 있
던 데 반해 상인귀족계급(the merchant aristocracy)은, 토지제도가 오랫
안 아주 전통적으로 유지되고 있는 상황에서, 오로지 토지소유에 의해
서 권력과 지배권을 획득할 꿈을 꾸고 있었다.[164] 상승하는 가문이나
자신의 수준을 유지하기만을 원하는 가문이나 모두 영지를 설립하거나
확대시키고자 하는 똑같은 목적을 언제나 염두에 두고 있었다. 이런 독
적이 이루어지려면 토지의 일부가 소유자를 바꾸어야만 했다. 이리하여
경제혁명과 동시에 광범한 사회적 재편성이 준비되고 있었다.

---

163) Voltaire, *Lettres Philosophiques*, Lettre X, 'Sur le Commerce', Ed.
　　Moland, XXII, 110~11면.
164) 1724년에 에쎅스를 여행한 데포는 이미 그 경향에 주목했다. "런던의 시
　　민·상인·무역업자들이 이 지방의 몇 군데에서 아주 상당한 영지를 매입하
　　여 소유하고 있다는 사실은 주목할 만하다. ……현재 런던시에서 증대된 부
　　는 지방으로 확산되어 가족과 재산을 이식하고 있는데, 이 가족과 재산은
　　다음 시대에 유서깊은 신사계급의 가문들과 대등해질 것이다."

제 3 장
토지소유의 재편성

영국이 서유럽에서 대토지소유제와 대차지농장(大借地農場)의 고전적 국토라는 사실을 새삼 상기할 필요는 없다. 잉글랜드의 농촌지방을 여행하는 사람이면 누구나 그토록 많은 묘사를 통해 낯이 익은 풍경의 특징적 면면을 알아볼 수 있다. 프랑스에서 분할지경작(culture parcellaire)의 두드러진 표징인 잡다한 바둑판 같은 것은 언덕이나 촌락에 전혀 펼쳐져 있지 않다. 동부의 여러 주를 제외하면 경작지는 보이지 않는다. 로마의 라티푼디움(latifundium, 부재지주가 노예를 부려 경영한 광대한 영지—역주)에 대해서 할 수 있는 말이 잉글랜드의 소유지(estate)에도 그대로 통용된다. 멀리까지 뻗은 목초지가 녹색의 들판을 펼치고 있는 곳에 높은 울타리들이 줄무늬를 이루고 있다. 농장과 주거지는 멀리 떨어져 있고 촌락은 드물다. 사람들의 눈길은 때로 단 하나의 교회 종탑도 잡지 못하고 넓은 땅 위를 헤맬 것이다.

1. 요먼계급의 쇠퇴와 소멸

그런데 잉글랜드에는 비교적 최근까지 소지주(small landowner)와 관습차지농(customary tenant) 계급이 적지 않게 남아 있었는데, 이들은 마치 토지가 실제로 자기의 소유라는 듯이 땅에 긴박(緊縛)되어 있었다. 그들은 요먼계급(yeomanry, 자영농민계급—역주)이었다. 19세기에 이 계급이 거의 전적으로 소멸하자 그것은 일종의 비탄의 대상이 되었다. 존 스튜어트 밀은 "존재하는 동안에는 잉글랜드의 영광이라는 찬사를 받았

으며 소멸된 뒤로는 크나큰 비탄의 대상이 된"[1] 그 부지런하고 독립적
인 농민계급에 대해 존경을 품고 글을 썼다. 머콜리(Thomas Macaulay,
1800~59, 영국의 역사가・정치가—역주)의 말을 빌면 그들은 사나이답고
진실한 종족이었다. 워즈워드(William Wordsworth, 1770~1850, 영국의 계
관시인〔1843~50〕—역주)는 호수지방(Lake District, 잉글랜드 서북부의 경치가
좋고 호수가 많은 산악지방—역주)을 묘사하면서 전에 그곳에 살던 사람들
을 찬양하는 글을 썼다.

　　지난 60년간 이 골짜기의 상류에는 양치기와 농민의 완전한 공화국
이 있었다. 그들 사이에서 각자의 경작은 자기 가족을 부양하거나 필
요할 때 이웃에 편의를 제공하는 데 국한되었다. 두서너 마리의 암소
가 가족들에게 우유와 치즈를 공급했다. ……이곳에는 고귀한 태생의
귀족도 기사(knight)도 향사(鄕士, esquire, 紳士계급에 속하며 기사 다음
가는 신분—역주)도 없었다. 그러나 구릉지대의 지체낮은 집안의 아들들
은 그들이 걸어다니고 경작하는 땅은 5백 년 이상 그들과 같은 이름과
혈통을 가진 사람들에 의해 소유되어왔다는 의식을 갖고 있었다.[2]

　요먼(yeoman)은 본질적으로 직접 살면서 스스로 경작하는 들을 소유
한 자유보유농(freeholder)이었다. 그러나 요먼이라는 이름은 여러 세대
동안 같은 토지를 경작하는 등본보유농(騰本保有農, copyholder)에도 적
용되었으며, 그리고 어떤 지역에서는 종신차지농(終身借地農, leaseholder
for life)[3]에도 적용되었다. 대요먼(great yeoman)과 소요먼(small yeoman)
이 있었다. 일반적으로 요먼계급의 소멸을 슬퍼한 사람들은 주로 후자
를 염두에 두고 있었다. 그들은 연수입이 80파운드를 넘지 못하는 사
람들이었는데, 대륙의 토지소유농민(paysans propriétaires)과 형편이 아

1) J. Stuart Mill, *Principles of Political Economy*, Ⅰ (ed. in 1848), 300면.
2) Wordsworth, *A Description of the Scenery of the Lakes in the North
   of England*(1832 edition), 64~65면.
3) "이 말을 자영농민(farmer owner)에게 명백히 한정시키는 것은 19세기의
   비교적 새로운 용법이다." Prothero, *English Farming, Past and Present*,
   296면의 주. Curtler, *The Enclosure and Redistribution of our Land*, 71
   면도 참조.

주 비슷했다. [4] 요먼 위에는 향사가 있었고 그 아래에는 차지농(借地農, tenant)이 있었다. 향사는 가난했을는지는 모르지만 신사(紳士)계급의 일원으로 살았다. 향사는 치안판사로 근무하고 국민군(militia, 각주에서 모집하던 일종의 의용군—역주)의 장교로 복무했다. 그리고 향사가 몇 마리의 사냥개를 기르는 경우 그는 그것을 사냥개군(群, pack)이라고 불렀다. [5] 차지농은 부유했을지는 모르지만 토지의 소유자가 아니었다. 차지농은 등본보유농과 마찬가지로 자기의 노동에서 나오는 이윤이 자기 혼자만의 몫이 아니라는 것을 잊어서는 안되었다. 요먼을 그들과 다르게 만든 것은 그의 독립성이었다. 주로 그 독립성 덕분에 요먼은 강건한 성격을 가졌으며 잉글랜드 역사의 옛 시대에서 일정한 역할을 했다. 중세에는 요먼계급으로부터 무시무시한 궁수(弓手)와 창병(槍兵)들이 배출되었는데, 이들은 크레씨(Crécy, 북프랑스의 마을. 여기서 1346년에 에드워드 3세의 군대가 프랑스군을 격파했다—역주), 빠띠에(Poitiers, 프랑스 서부에 있는 도시—역주), 아쟁꾸르(Azincourt, 북프랑스의 마을. 헨리 5세의 군대가 1415년 여기서 프랑스군을 격파—역주)에서 승리를 거두었다. 나중에 요먼은 프로테스탄트와 청교도(Puritan)가 되었다. 그들은 종교개혁의 가장 견실한 지지자들이었으며 페어팩스(Thomas Fairfax, 1612~71, 장군

---

4) 요먼의 두 계급에 관해서는 H. Lévy, "Der Untergang kleinbäuerlicher Betriebe in England," *Jahrbücher für Nationalökonomie und Statistik*, 1903, 149~50면과 158~59면 ; 또 W. Hasbach, "Der Untergang des englischen Bauernstandes in neuer Beleuchtung," *Archiv für Sozialwissenschaft*, XXIV(1907), 6면 이하. 하스바하는 마샬과 A. 영의 증언을 바탕으로 요먼이라는 용어는 18세기말에 1백~6백 파운드의 소득을 내는 토지를 소유한 부유한 농민에게 적용되었다고 옳게 주장하고 있다. 이들은 소신사계급(small gentry)과는 완전히 구분되는 계급이었다는 것이다. 그런데 H. 레비는 대요먼과 소요먼의 차이를 정당하게 강조하고 있는데, H. L. 그레이와 A.H. 존슨은 토지세대장(Land Tax Assessments)을 바탕으로 한 저술에서 그 차이를 충분히 고려하지 않는다. H.L. Gray, "Yeoman Farming in Oxfordshire from the Sixteenth Century to the Nineteenth," *Quarerly Journal of Economics*, XXIV, 293면 이하와 A.H. Johnson, *The Disappearance of the Small Landowner*, 128면 이하.

5) 잉글랜드의 향사를 그린 많은 초상(肖像)들 가운데서 Macaulay 의 빛나는 묘사인 *History of England*, I, 349~55면을 참조.

으로 찰스 1세에 대항하여 의회군을 지휘[1643년]—역주)와 크롬웰의 군대에 참가하여 싸웠다.

17세기말을 지나면서 그들의 세력은 얼마쯤 줄어든 것 같다.[6] 그러나 1688년의 명예혁명 뒤에도 그들은 여전히 그 공동체의 큰 부분을 이루고 있었다.[7] 당시에 발표된 개략적 통계에 따르면 요먼의 수는 16만 명 이상이었다. 가족까지 계산하면 그 수는 왕국 인구 전체의 6분의 1 가량에 이르렀다.[8] 그들의 소득은 40 내지 3백 파운드였는데 대부분은 60 내지 80파운드를 넘지 못했다.[9] 이 소득은 그들 모두에게 비교적 안락한 생활을 보장해주기에 충분했다. 요먼은 토지에서의 노동으로부터만 소득을 올린 것은 아니었으며, 그는 흔히 그 노동에 공업노동을 추가했다. 요먼의 처자들은 양모를 쇄정하거나 방적했다.[10] 여기에 요먼과, 거의 같은 시기에 소멸할 운명이었던 독립소제조업자(independent small manufacturer)의 공통점이 있었다. 양자는 소농업생산 및 소공업생산의 공존 및 긴밀한 결합에 기초를 둔 동일한 사회구조에 속해 있었다.

요먼계급의 최종적 소멸은 언제 있었는가? 이 문제는 우리를 곤란한 논쟁에 빠뜨리는데, 논쟁의 결론은 아직 나지 않은 것 같다.[11] 18세기

6) 이것은 Lecky, *History of England in the Eighteenth Century*, I, 7면에 제시된 뒤에 통설이 되어 있다.

7) A. Eliaschewitsch, *Die Bewegung zugunsten der kleinen landwirtschaftlichen Güter in England*, 7~9면은 18세기초 농촌의 중소 규모 보유지의 중요성에 관해 많은 증거를 인용하고 있다.

8) Gregory King, "Natural and Political Observations upon the State of the Nation"(1696), British Museum, *Harleian MSS.*, No. 1898, 14면. 이 저술은 G. Chalmers, *An Estimate of the Comparative Force of Great Britain* (1804)에 의해 처음으로 공표되었다. Ch. Davenant, *Essay upon the Probable Means of Making a People Gainers by the Balance of Trade*(1697), *Works*, II, 184면도 참조.

9) *Report from the Select Committee appointed to Enquire into the Present State of Agriculture*(1833), 65면.

10) Wordsworth, 위의 책, 52면 ; Defoe, *Tour*, I, 37면.

11) A. Toynbee, *Lectures on the Industrial Revolution in England*, 1st edition, 58~66면 ; H. Rae, "Why have the Yeomanry perished?," *Contemporary Review* (1883), II, 548면 이하 ; H. Lévy, "Der Untergang

말경에는 요먼계급이 이미 멸망한 종족이라고 어떤 사람들은 말하였다. 그들은 "1750년에 거의 전멸했으며 이제는 기억마저 사라져갈 뿐"[12]이라는 것이었다. 이것은 분명히 과장된 것이다. 요먼계급이 1750년에 더이상 존재하지 않았다면 그들의 소멸은 그야말로 갑작스러웠을 것이 틀림없다. 그러나 1732년에 『공유지와 공동지에 울타리를 치는 것은 국민의 이익에 어긋남을 증명하는 에쎄이』(*An Essay proving that enclosing Commons and Common Land is contrary to the Interests of the Nation*)의 저자는 수많은 소지주들을 추방한 것을 개탄했다. 1731년에 로저 노스(Roger North)는 다수의 소토지가 대토지에 흡수된 흔적을 토지대장에서 발견했다.[13] 1773년에 아버스넛(John Arbuthnot, 1667~1735, 스코틀랜드의 풍자작가·의사—역주)은 비록 대규모경작의 공공연한 지지자였지만 요먼계급의 쇠퇴를 개탄했다. "나는 요먼이라고 불리던, 국민의 독립을 진정으로 유지하던 사람들, 이제는 독점적 영주들의 손에 그들의 토지가 들어가 있는……일군의 사람들을 잃은 것을 정말 유감으로 여긴다."[14] 1788

---

kleinbäuerlichen Betriebe in England," *Jahrbücher für Nationalökonomie und Statistik*(1903), 145~67면 ; 같은 저자, *Large and Small Holdings*, 30면 이하 ; W. Hasbach, "Der Untergang des englischen Bauernstandes in neuer Beleuchtung," *Archiv für Sozialwissenschaft*, XXIV, 11~29면과 *History of the English Agricultural Labourer*, 73~76면 ; A. H. Johnson, *The Disappearance of the Small Landowner*, 128~45면 참조. 다음의 책들도 참조할 것. H. L. Gray, "Yeoman Farming in Oxfordshire form the Sixteenth Century to the Nineteenth," *Quarterly Journal of Economics*, XXIV, 293~326면과 H. C. Taylor, *The Decline of Landowning Farming in England*, Wisconsin University Series, 1904.

12) *A Letter to Sir T. C. Bunbury, Bart., on the Increase of the Poor Rates and the High Prices of Provisions, by a Suffolk Gentleman* (1795), 2면. 저자는 독자들이 그의 뜻을 오해하지 않도록 확실히 해두려고 요먼계급에 대한 정의를 내리고 있다. 명예혁명 시대에 "농촌에는 신사와 농민(husbandman) 이외에 요먼계급이라는 종족이 있었다. 이 사람들은 주로 1년에 40~48파운드의 소득을 올리는 농장으로 구성된 자신의 소유지를 경작했다."

13) *A Discoures of the Poor*, A. Eliaschewitsch, 위의 책, 54면에서 인용.

14) J. Arbuthnot, *An Inquiry into the Connection between the present Prices of Provisions and the Size of Farms*, 126면.

년에 마샬(W. L. Marshall)은 "그 대다수가 최초의 구매자로부터 직계상속되어 내려왔던 소토지를 주로 점유하고 있는 3백 명 가량의 자유보유농"[15]이 요크셔의 피커링계곡(Pickering)에 있다고 말했다. 마샬이 보기에도 이것은 특이하고도 주목할 만한 사실이었다. 칼 마르크스는 요먼계급은 18세기 중엽에 소멸되었다고 간단히 받아들였고[16] 토인비는 지나치게 나가지는 않았지만, 그래도 그들의 쇠퇴는 1770년에 시작되었으며 대(對)프랑스대전 시기에는 훨씬 진전되었다는 결론에 이르렀다.

경작방식의 변화를 기술한 당대의 많은 문헌은 요먼계급의 소멸을 조금도 밝히지 못하고 있다는 관찰은 적절하다.[17] 우리는 18세기말에 요먼들이 존재했다는 증거를 가지고 있다. 그리고 1785년 이후에 농업에 유리한 일련의 몇 해는 이 자작농 계급의 수를 떨어뜨리기보다는 증가시키는 쪽으로 나아갔다.[18] 그러나 우리는 자신의 농장에서 4백~6백 파운드의 소득을 얻는 보다 부유한 요먼들과 한정된 소득 때문에 경제적 변화들에 더 좌우되는 소자유보유농 및 등본보유농은 구별되어야 마땅하다고 주장할 수밖에 없다. 소토지소유가 근방의 대토지소유에 흡수

15) W. Marshall, *Rural Economy of Yorkshire*, Ⅰ, 20면.

16) *Das Kapital*, Ⅰ, 747면.

17) Reports of the Board of Agriculture(1793~1815)를 인용하고 있는 Prothero(Lord Ernle), *English Farming, Past and Present*, 293~96면 ; W. Hasbach, *The English Agricultural Labourer*, 73~76면과 "Die Untergang des englischen Bauernstandes in neuer Beleuchtung," *Archiv für Sozialwissenschaft*, XXIV, 27~29면. 1883년에 J. 레이(Rae)는 요먼계급의 쇠퇴는 나뽈레옹전쟁이 끝나고 잇따라 농산물가격이 하락될 때까지는 사실상 시작되지 않았다고 주장했다. ("Why have the Yeomanry perished?," *Contemporary Review*, 1883, Ⅱ, 548~53면) H. C. Taylor, *The Decline of Landowing Farming in England*, Wisconsin University, 1904도 똑같은 견해를 취하고 있다.

18) "산업혁명의 영향을 보다 직접적으로 급속하게 받은 랭커셔 같은 지역들을 제외하면, 1785~1802년에 잉글랜드의 모든 지방에서 고유의 요먼들은 감소되기보다는 오히려 증가했다." A. H. Johnson, *The Disappearance of the Small Landowner*, 144면. H. L. Gray, "Yeoman Farming in Oxfordshire," *Quarterly Journal of Economics*, XXIV, 306면 참조. J. Marshall, *Rural Economy of Norfolk*, 1787, 9면 ; Holland, *Cheshire*(1808), 79면을 볼 것.

되거나 아니면 도시에서 온 구입자들에게 매각되는[19] 경우가 있는가 하
면, 소자작농이 소작농,[20] 심지어는 농업노동자로 전락하는 일도 있었다.
그러나 다른 한편으로는 가장 기업적인 사람들은 수백 년 동안 자신들
의 가계(家系)를 먹여살린 토지를 버리고 행운을 찾아나서는 사람들도
있었는데 이에 대한 증언은 모두 앞에서 말한 소자유보유농과 소등본
보유농에 해당되는 이야기다.

요먼계급의 쇠퇴는 한결같지는 않았다. 그들은 어떤 주(州)들에서는
급속히 소멸되고 있었던 반면에 어떤 주들에서는 나뽈레옹전쟁 기간에 있
었던 잉글랜드 농업의 부자연스러운 번영 덕분에 존속했다.[21] 그러나
강화를 맺은 뒤에 잇따라 나타난 위기는 그들에게 결정적 타격을 가했
다. 농업의 상태에 관한 1833년의 의회보고는 그들이 전국적으로 소멸되
고 있다는 증거를 제시하고 있다.[22] 그러나 얼마 동안 컴벌랜드의 산지

19) J. Holt, *A General View of the Agriculture in the Country of Lanca-
ster*, 1794, 12면 ; D. Walker, *A General View of the Agriculture in
the County of Hertford*(1795), 15면 ; J. Wedge, *A General View of the
Agriculture in the County of Warwick*(1794), 21면 ; J. Aikin, *A Des-
cription of the Country from Thirty to Forty Miles round Manchester*
(1795), 43면 ; F. Eden, *State of the Poor*, Ⅱ(1797), 30면. 이 정보의 일
부가 Reports of the Board of Agriculture(농업개량회 보고서)에서 나왔다
는 사실──그 저자들은 새로운 농업의 견실한 지지자였다──때문에 대규
모 경작에 반대하는 경향에 대한 비난은 제외되어 있다.

20) H. Lévy, *Large and Small Holdings*, 30, 34면.

21) Prothero(Lord Ernle), *English Farming, Past and Present*, 293~96
면에 언급되고 있는 Board of Agriculture Surveys와 Hasbach, *Der
Untergang des englischen Bauernstandes*, 27~29면 참조. 18세기말에 소
요먼들은 노섬벌랜드·더럼·요크셔(웨스트 라이딩)·링컨·스태포드·쎌럽·
우스터·더비·노샘턴·옥스포드·노팅검·케임브리지·에쎅스·윌츠·컴벌
랜드·웨스트모얼랜드에 여전히 존속하고 있었다.

22) *Report from the Select Committee on Agriculture*(1833). 윌트셔 : 50
~3백 파운드의 소득을 올리던 지주들이 사라졌다(65면). 요크셔 : 모든 소
요먼들이 전쟁 뒤에 사라졌다(149면). 체셔 : 요먼들은 아주 나쁜 상태 속에
있다. 그들의 토지는 거의 없어졌다(272면). 슈롭셔 : 모든 소농장이 팔렸
다(285면). 노섬벌랜드와 더럼 : 많은 소지주들이 하인이 되거나 다른 일자
리로 들어갔다(327면). 햄프셔에서 그들은 저당의 부담을 안고 파산하여 싼
값에 토지를 팔았다(466면). 노팅검셔에는 그들이 한 사람도 남지 않았다

(山地)에는 소수의 요먼들이 존속하고 있었다. 1846년에 존 스튜어트 밀은 이렇게 썼다.

> 자작농이 아직도 우세한 잉글랜드의 한 지방이 있는데, 불행히도 그 지방은 매우 작다. 컴벌랜드와 웨스트모얼랜드의 소자작농(statesman)들에 대하여 말하자면, 그들은 전부는 아니겠지만 대부분은 관습에 따라 일정한 공조(貢租)를 바친다. 이 공조는 일정하기 때문에, 토지세가 자작농의 성격에 영향을 미치지 못하는 것과 마찬가지로 그들의 자작농적 성격에 영향을 미치지 못한다. 그 지방의 토지보유제도의 감탄할 만한 효과에 관해서는 그곳에 정통한 사람들 가운데서 오직 한 사람만이 말하고 있을 뿐이다. [23]

그러나 그것은 경제학자가 호기심을 품고 기록한 잔존자에 **불과하고**, 지나간 시대의 마지막 흔적으로서 곧 잊혀지게 되었다. [24]

2. 18세기의 엔클로저법들

요먼계급의 쇠퇴가 18세기말 이전에 시작된 것이 아니라면, 그 쇠퇴는 산업혁명이 가져온 결과들 가운데 하나라고 보아도 무리가 없을 것이다. 가내공업의 몰락은 농촌 주민으로부터 생활수단의 일부를 빼앗지 않았던가? 의심할 바 없이 그것은 한 원인이다. 그러나 그것은 시기적으로 뒤늦게 나타난 원인으로서 요먼계급이 이미 기반을 상실한 이후에

(586면). 2,3개의 주, 즉 우스터셔(84~85면), 컴벌랜드(325면), 헤리포드셔(394면)는 예외였다.

23) J. Stuart Mill, *Principles of Political Economy* (1848 edition), Ⅰ, 300면.

24) 오늘날 요먼계급은 하나의 계급으로서는 더이상 존재하지 않는다. 컴벌랜드의 '소자작농'은 거의 완전히 사라졌다. 남부의 몇몇 주들(글로스터·써머셋·데번·켄트)과 밀을 재배하는 동부지방(특히 링컨셔)에서 아직도 고립된 소지주들의 예를 볼 수 있다. 햄프셔의 마지막 요먼들에 관해서**는** Thorold Rogers, *Six Centuries of Work and Wages*, 55면 참조.

야 그 영향을 감지할 수 있었던 것이다. 대규모 공업과 그것이 가져온 결과들이 요먼계급에 영향을 미치기 시작했을 때, 그들은 이미 수와 중요성이 감소되고 있었다고 오랫동안 보고되어왔다. 그러나 요먼계급만이 퇴퇴한 것은 아니었다. 그들의 운명은 잉글랜드의 농민계급 전체가 참여한 거대한 드라마 가운데 한 에피소드에 불과했다.

우리가 잉글랜드의 법령집(法令集)을 들고 윌리엄 3세의 죽음(1702년 ─역주)으로부터 조지 4세의 즉위(1820년─역주)까지 약 120년에 걸친 시기를 살펴보면, 개인관계의 법은 물론이고 일련의 공공관계의 법률에도 갈수록 자주 되풀이 나타나는 하나의 제목이 눈에 띈다. 그 제목은 다음과 같다. '○○교구(教區)의 공유지, 목장, 목초지, 공동황무지를 분할하고 할당하고 울을 치기 위한 법'. 공란에는 교구의 지명이 들어간다. 이런 귀절로 시작되는 의회의 법은 수백 수천에 이른다.[25] 그런데 이런 법의 수는 시간이 흐름에 따라 해마다 증가했다. 앤여왕의 치세 12년간에는 3개의 법밖에 없었다.[26] 1714~20년에는 해마다 하나꼴로 법이 제정되었다. 18세기의 전반에 그 진전은 점진적이었지만 매우 두드러졌다. 1720~30년에는 33개, 1730~40년에는 35개, 1740~50년에는 38개의 법이 있었다. 1750~60년에는 이런 법이 156개, 1760~70년에는 424개, 1770~80년에는 642개였다. 1780~90년, 다시 말하면 공장제도가 전면적으로 전개된 바로 그 시기에 수치는 284개로 내려갔다. 그러나 1790~1800년에는 506개로 뛰어올랐으며, 1800~10년에는 의회는 '분할하고 할당하고 울을 칠' 목적으로 960개 이상의 법을 통과시켰다. 이 시기의 제정법령은 어느 때보다 많았다.

18세기의 엔클로저법들(Enclosure Acts)의 적용을 받은 토지는 상당한 지역에 걸쳐 있었다. 이들 토지가 전국에 고르게 분포되지 않았다면 그

---

25) 실제의 수에 관한 계산이 몇 번 있었으나 불완전하지 않으면 주의가 부족했다. Chalmers, *Estimate of the Comparative Strength of Great Britain*, 146면에 제시된 거의 모든 수치는 부정확하며 1760년 이전의 수치는 전혀 없다. *Appendix to the Third Report from the Select Committee on Agriculture*, 501면의 통계는 그 수치들을 검증하는 탁월한 방법을 제시하고 있다.

26) 첫번째 것은 앤 8년, 법률 제20호(私法)로서 1709년에 공표되었다.

까닭은 많은 지방에 17세기말 이래 울을 칠 토지가 더 이상 없었기 때문이다. 다른 지방들에서는 울을 치는 작업이 개인적 구매나, 차지계약 종료시 소작지를 병합하는 방법을 통해, 의회의 절차를 거치지 않고 이루어졌다. [27] 토지에 울을 치는 일로 예고된 농업에서의 변화는 극히 광범한 것이기 때문에 총체적 원인들만이 그 변화를 설명할 수 있다.

여기서 선결되어야 할 문제가 하나 제기된다. 이렇게 분할과 할당이 규정된 것은 어떤 토지들이었는가 하는 문제이다. 그런 토지는 종류가 한 가지만이 아니었다. 그 법들은 서로 혼동될 수도 있는 다양한 용어를 토지들에 적용했다. 한편으로 '개방경지'(open fields)와 '공동경지'(common fields)라는 용어가 언제나 짝을 이루는데, 양자는 동의어로 보인다. 다른 한편으로 '공동지'(common lands), '공동황무지'(common wastes), '공동목초지'(common pastures)라는 용어들이 철저히 구별되어 사용되었는데, 이 용어들은 위의 용어들과 명백한 관련을 갖고 있음에도 불구하고 결코 그것을 대치하는 것은 아니었다. 그러나 이 용어들은 토지입법의 관용어에 속하는 것으로서 그 정확한 의미를 규정하는 것은 너무나 쉬운 일이다.

『공동경지의 엔클로저에 있어서 소유자들의 구체적인 몫을 확인하는 일의 성격과 방법에 관한 에세이』(*Essay on the Nature and Method of ascertaining the Specific Shares of Proprietors upon the Inclosure of Common Fields*)의 저자는 다음과 같은 정의를 내리고 있다. "개방경지와 공동경지는 몇몇 소유자의 토지가 혼잡스럽게 분산되어 있는 토지이다."[28] '공

----

27) G. Slater, *The English Peasantry and the Enclosure of Common Fields*, 73면(지도)은 엔클로저법의 영향을 받은 지방들은 대브리튼을 가로질러 비스듬히 놓여 있음을 보여준다. 와이트섬으로부터 써포크에 이르는 동남부지방, 서남부지방(데번·써머셋·콘월)과 서북부지방과 웨일즈는 그 법의 적용을 받지 않았다. 그러나 이와 동시에 그는 의회법이 전혀 없이 엔클로저가 일어난 경위를 설명한다. (같은 책, 152~55면과 187면 이하) 동남부의 주들에서는 모든 토지에 17세기초에 울을 쳤다. Ch. E. Scrutton, *Commons and Common Fields*, 114면 참조. Gonner(*Common Land and Inclosure*, 123면)는 이런 일이 노섬벌랜드·더럼·랭카스터·체스터·데번·콘월·셀럽·헤리포드·써머셋·써쎅스에서도 있었다고 주장한다.

28) H. Homer, *Essay on the Nature and Method of ascertaining the Specific Shares of Proprietors upon the Inclosure of Common Fields*(1767),

동경지'라는 용어는 혼란을 일으킬 가능성이 있다는 불편을 가지고 있
다. 이 용어는 공산주의의 사상을 상기시키고 있는 것이지만 위의 정의
는 그 사상을 완전히 배제하고 있다. 그 정의는 개방경지──덜 모호한
것으로서 이 용어를 사용하자──가 몇몇 소유주의 수중에 있음을 보여주
는데, 그들 각자는 자기의 몫에 대해 합법적인 권리를 가지고 있었다.
어떤 사람들은 자유보유농으로서 토지를 소유하며 다른 사람들은 등본보
유농으로서 영구임대차에 의해 그 몫을 점유할 권리를 지니고 있었다. [29]
그들의 토지는 결합되어서 하나의 분할되지 않은 전체를 이루는 것이
아니라 '혼잡스럽게 분산된' 토지, 다시 말하면 다수의 구획으로 분할
된 토지에 불과했으며 그 모든 구획은 서로 뒤섞여 있었다. 실제로 이
런 것이 개방경지제도라고 알려진 것의 가장 두드러진 특징이었다.

18세기 중엽에 잉글랜드의 한 교구에서 나온 지적도를 보자. 이런 지
적도 하나가 공표된 적이 있다. 그것은 런던의 북방 허트포드셔에 있는
히친읍의 지적도였다. [30] 이 지적도의 모양은 끝없이 얽힌 듯이 보이는
선들이 분기하고 교차하는 거미집을 상기시킨다. 그 선들은 모양이 장
방형에 가까운 지역들의 경계를 이루고 있는데 거의 모든 면적은 서로
크기가 비슷하다. 우리가 그 지적도에서 각개의 소유주별의 구획들을
나타내는 작은 장방형들을 서로 구분되는 색깔로 칠하면 산재한 단편들
로 이루어진 기묘하고 깨어진 모자이크가 나타날 것이다. 1750년에 윌
리엄 루카스라는 사람의 토지는 47개의 땅조각으로 이루어져서 그 읍 전
역에 분산되어 있었다. [31] 그런데 이 분산된 부분들이 모여 얼마간은

1면.

29) '등본보유'(copyhold)에 관해서는 Edward Jenks, *Modern Land Law*, 57
면 이하를 볼 것.

30) F. Seebohm, *The English Village Community* 참조. 안표지의 지적도
는 1750년 그 교구의 상태를 보여주며 6면의 지적도는 1816년이라는 연대를
나타내고 있다.

31) 이런 토지분할방식이 노팅검셔 북부의 랙스턴에 존속하고 있다는 사실이
아주 최근에 보도되었다. (*The Times*, 1925년 12월 24, 30일, 1926년 1월 5,
7, 8일자에 실린 「최후의 앵글로색슨 농장」이라는 기사를 참조) 랙스턴의
토지는 실제로 한 지주, 즉 맨버즈경의 소유이지만 약 30명의 차지농의 수
중에 있다. 그 토지는 약 1천 2백 개의 구획으로 분할되어 있는데, 이것이

명백한 형태를 갖추고 있었으나 전체로서 결합되어 있지는 않았다. 그렇기는커녕 그 부분들을 전지역에 걸쳐서 거의 균등하게 분배하려고 신경을 쓴 듯이 보인다. 현장을 보면 각개의 장방형 구획들은 길고 좁은 지조(地條)를 이루는데, 그 지조는 옆의 지조와 잔디로 만들어진 가느다란 띠로 구분되었다. 지조의 평균 크기는 길이가 40로드(1로드[rod]는 약 5미터—역주), 너비가 4로드로서 이것은 잉글랜드의 1에이커의 실제 면적에 해당된다. 이런 지조들은 흔히 두 개의 동등한 부분으로 분할되었다. 각 부분은 길이가 약 20로드였으며 보크(balk) 또는 옥스갱(oxgang)[32]이라고 불렸다. 그 길이는 밭고랑이 달리는 방향을 나타내는데, 양쪽 끝에는 쟁기를 돌려서 다시 갈아 나가기 위한 빈 공간이 있었다. 이것은 머리땅(headland)이라고 불렸다. 이 독특한 구획방법은 특정의 지역들에서는 아직도 볼 수 있다. 구릉지대에서는 길고 좁은 구획들이 쟁기질을 한 번 한 뒤마다 흙이 미끄러져 내리는 것을 피하기 위해 비탈의 방향과 직각으로 뻗어 있었다. 그 구획들은 차츰 수평이 되어 계단처럼 언덕의 옆을 오르는 좁은 단구(段丘)로 변하고 있는데, 이를테면 그것은 원형극장의 계단 좌석과 같은 것이다. 단구는 일단 형성되면 거기에 그대로 남아 있게 된다. 이런 단지들은 북프랑스의 많은 지방에서는 물론이고 칠턴 힐즈(템즈강가의 구릉지대—역주)와 써쎅스 다운즈에서 볼 수 있다.

이 토지세분제도(système de morcellement des terres)는 특이하게 보이겠지만 그럼에도 불구하고 대브리튼 전역에, 실제로 유럽의 대부분에 널리 보급되어 있었다. "한 여행자는 안달루시아(스페인 남부의 지방—역주)로부터 시베리아까지 사이에서…… 르와르강(프랑스 남부에서 비스께만으로

하나의 개방경지를 이룬다. 그리고 경작방식은 전통적인 삼포제도(三圃制度, triennial rotation)이다. Curtler, *The Enclosure and Redistribution of our Land*, 1면은 엘름스톤 하드위크(글로스터셔)라는 촌락에 이와 비슷한 사례가 있다고 말한다.

32) 옥스갱(oxgang)은 문자 그대로 황소 한 마리가 하루에 경작하는 땅의 면적이다. 이 말은 지역에 따라 다양한 면적에 적용되었다. 그런 용어들은 엔클로져법들에서 더러 보인다. Prothero(Lord Ernle), *English Farming, Past and Present*, 24면은 상이한 지역들의 지조에 붙인 상이한 이름들을 열거하고 있다.

흐르는 강—역주)과 모스크바의 평원에서 그 제도를 만났다"[33]고 한 말은
충분히 그럼직한 일이었다. 그 제도는 16세기 이전의 잉글랜드에서 거
의 예외없이 확립되어 있었으며, 18세기초에도 대부분의 주들에서 여전
히 지배적이었다. 1794년에는 이미 큰 기반은 잃고 있는 중이었지만 여
전히 총 8천 5백 개 교구 가운데 4천 5백 교구에서 존속했다.[34] 그 제
도는 광범위하게 실시되었기 때문에 그 기원에 관한 수수께끼는 갈수
록 흥미를 더한다. 이 문제에 대한 해답을 추구하는 일은 자주 시도되
었지만 최종적 해답이 곧 나올 가능성은 희박하다. 모양과 크기가 같지
는 않지만 일정한 유형을 갖는 지조(地條)들로 토지를 분할하는 방법,
한 사람에게 2, 3에이커 이상을 허용하지 않고 토지를 분산시키는 방법,
이 모든 일이 단순한 우연에서 비롯될 수 있었을까? 이 제도 전체는
원시적 토지분배의 결과라는 주장이 제기된 바 있다. 이 주장에 따르면
원래의 몫은 평등했는데, 이런 평등이 실제적인 것이 되게 하려고 각자
는 한 땅조각이 아니라 다수의 상이한 땅조각들을 자기 몫으로 받았으
며, 할당지(割當地)들은 토질·위치·일조(日照)조건·고도에 따라 가
치가 달랐다.[35] 할당지를 평등하게 유지하기 위해 정기적(定期的)인 재
분배가 있었다고 믿게 하는 사실들도 있다. 예를 들면 일부 목초지의
경우, 할당지를 해마다 추첨으로 결정하였고 어떤 경우에는 목초지가
교체제도(交替制度, system of rotation)에 따라 교환되었다. 아주 드물
기는 했지만 때로는 경작지의 경우도 똑같았다.[36] 주지하듯이 이 가설
전체는 잉글랜드뿐 아니라 독일과 프랑스에서도 격렬한 논쟁의 대상

---

33) *General Report on Inclosures* (Board of Agriculture, 1808), 25면.

34) 베드포드셔에서는 8만 4천 에이커 가운데 2만 4천 에이커가 개방경지로
    남아 있었다. 버크셔에서 그 비율은 43만 8천 에이커에 22만 에이커였다.
    케임브리지셔에서는 14만 7천 에이커에 13만 2천 에이커였다. Prothero (Lord
    Ernle), 위의 책 참조.

35) 이 이론은 Ramsay의 지지를 받고 있다. *The Foundations of England*,
    I, 160면 참조.

36) E. Nasse, *Über die mittelalterliche Feldgemeinschaft in England*,
    9~10면. Seebohm은 거기서 연속되는 두 제도에 관한 증거를 본다. *The
    English Village Community*, 437~39면 참조. 18세기에도 여전히 구획목장
    (lot meadows)과 교체목장(rotation meadows)이 있었다.

이 되었다.[37] 평등주의적 토지점유권을 강요하는 이런 제도가 실제로 존재한 것은 확실한가? 어느 시대에? 그것은 언제쯤 생겼는가? 그 기원은 쌕슨족·브리튼족·게르만족, 그리고 켈트족 가운데서 어느쪽의 것인가?[38] 최초에 그것은 촌락제도였는가 아니면 종족제도였는가? 이 많은 의문들은 오늘날까지도 거의 미해결인 채 남아 있다. 그리고 원시공동체가 퓌스떼 드 꿀랑제의 견해대로 단순히 로마제국 특유의 것

---

37) *Histoire des Institutions Politiques de l'ancienne France ; l'Alleu et le Domaine Rural pendant l'Epoque Mérovingienne*, 171, 198면에 수록된, 독일의 마르크(mark, 게르만족 자유민의 촌락공동체—역주)에 관한 퓌스떼 드 꿀랑제(Fustel de Coulanges)와 마우어(G. L. von Mauer), 글라쏭(E. Glasson)과 비올레(P. Viollet) 간의 논쟁 참조. 퓌스떼 드 꿀랑제는 메로빙시대(프랑스에서 486년의 끌로비스 1세 즉위로부터 까롤링왕조가 등장한 751년까지—역주)에는 촌락공동체가 전혀 없었다는 것을 결론적으로 보이고 있다. 공동지(commons)는 "어디에서도 증거가 전혀 발견되지 않는 가설적인 집단소유권(collective ownership)에서 유래된 것이 아니다. 공동지는 실제의 소유자가 차지인들에게 허락한 점유권(possession)에서 유래된 것이다." (같은 책, 436면) W. G. Ashley(*The Origin of Property in Land*, 18 91), Meitzen(*Siedelung und Agrarwesen der Westgermanen und Ostgermanen*, 1895), Maitland(*Domesday Book and Beyond*, 1897), Kowalevsky (*Ekonomische Entwickelung Europas bis zum Beginn der kapitalistischen Wirtschaftsform*, 1901)의 보다 최근의 저술 참조. 더욱 최근에 스크러튼 (T. E. Scrutton)은 공동권(rights of common)의 기원을 연구한 끝에 촌락공동체는 결코 존재하지 않았다는 결론에 이르렀다. (*Commons and Common Fields*, 1~41면) 그러나 헤브리디즈(스코틀랜드 서쪽의 열도—역주)에서 오늘날에도 실시되고 있는 런리그제도(run-rig system, 아일랜드, 스코틀랜드에서 행해진 토지제도로서 각자의 구획은 극히 좁고 길었으며 인접한 구획은 다른 사람이 보유하고 있었다—역주)가 토지의 정기적 재분배를 암시하고 있는 점에 주목해야 한다. (Slater, *English Peasantry*, 166면 이하) 목초지는 흔히 성촉절(聖燭節, Candlemas, 2월 2일, 성모의 순결을 기념하여 촛불행렬을 벌이는 관습이 있음—역주)과 세례요한축일(6월 24일—역주) 사이에 1년치의 구획으로 할당되었다. (Lord Ernle, *English Farming, Past and Present*, 25~26면) 가장 안전한 길은 메이틀랜드의 현명한 말을 따르는 것이다. "우리는 추측하고 있는 중이며 증명된 것은 아직 없다."(*Domesday Book and Beyond*, 340면)

38) Ramsay(위의 책, 59면)에 따르면 개방경지의 기원은 앵글로쌕슨족이었고 Seebohm(위의 책, 437면)에 따르면 그것은 로마의 정복 이전에 존재했다.

이라 한다면 이런 문제들의 대부분을 제기할 필요도 없었을 것이다.

어떻다고 하더라도 18세기에 여전히 존속했을 가능성이 있는 본래의 분할방법의 모든 흔적들은 갈수록 소멸되고 있었다. 우리가 언급한 예외적인 경우들을 제외하면 하나의 소유지를 구성하는 지조(地條)들은 동일한 것이었다. 그 지조들은 모든 사유재산과 마찬가지로 판매나 상속에 의한 경우를 빼면 소유자가 바뀌지 않았다. 그러다가 그 토지를 집적 또는 분산시키는 판매나 상속이 발생하면 오래 전부터 소유자들 사이에 존재하던 실제 또는 가공의 평등은 깨어졌다. 60개의 지조로 구성되는 총면적 3, 40에이커의 야들랜드(yardland)[39] 옆에, 주거가 서 있는 0.5에이커의 택지(宅地, messuage)만으로 이루어진 별개의 야들랜드가 있었다.[40] 여기에 있어서도 초기의 조직 가운데서 끈덕지게 존속된 것으로서, 개방경지제도와 얽힌 경지제도가 아직도 거의 완전한 상태로 남아 있었다. 그러나 토지의 재편성은 필연적으로 이 농업제도를 소멸시킬 수밖에 없는 것이었다.

3. 개방경지제도

지금 우리 시대의 잉글랜드 농민과 개방경지 시대의 농민을 비교해보면 흥미가 있을 것이다. 오늘날 잉글랜드 농민은 울타리 안에서 편히 지내고 있고 그의 경지는 분산되어 있지 않으며 자기의 토지를 마음대로 다룬다. 그는 자신이 선택하는 바에 따라 토지를 경작할 수도 있

---

39) 야들랜드 또는 버기트(virgate, virgata terra)라는 말은 지역에 따라 다양한 크기의 토지에 적용되었다. 동남부 여러 주의 버기트의 의미에 관해서는 Tait, "Hides and Virgates at Battle Abbey," *English Historical Review*, 1903, 705면 이하 참조.

40) 택지(messuage)는 촌락의 토지 한 필지로서, 거기에 집이 있다. 거의 모든 야들랜드는 택지를 가지고 있다. Seebohm, 위의 책, 26면에 인용된 예를 볼 것. 윈슬로에 있던 한 야들랜드는 택지, 반에이커 넓이의 구획 68개, 4분의 1에이커 넓이의 구획 3개, 1에이커의 목초지 1곳, 0.5에이커의 목초지 4곳으로 구성되어 있었다. 소유지의 불균등한 크기에 관해서는 같은 책, 11면 참조.

고 놀릴 수도 있다. 그는 밀을 심을 수도 클로버를 심을 수도 있다. 그는 자금의 여유가 있는 한, 자기에게 가장 좋다고 생각되는 어떤 생산도구도 사용할 수 있고 어떤 농법도 선택할 수 있다. 그는 경작이나 수확을 할 때 뜻대로 좋은 시간을 택할 수 있으며 이웃의 작업에 신경을 쓸 필요가 없다. 이와 반대로, 옛날의 농부는 주위의 사람들에게 너무나 긴밀하게 의존하고 있었기 때문에 그들의 도움 없이는, 적어도 그들의 동의 없이는 아무 일도 할 수 없었다. 그의 토지는 그들의 토지와 너무나 혼란스럽게 뒤섞여 있어서 이 사람 저 사람의 땅을 한눈에 알아보는 데는 농부의 평생의 습관과 오차 없는 기억력이 필요했다. 그가 인접한 토지에서 행해지는 일을 모른 체하고 어떻게 자기 뜻대로 5, 60 에이커를 경작하려고 들 수 있었겠는가? 소유지가 조금이라도 넓은 경우에는 그것을 돌아보는 데만도 얼마나 많은 시간이 들었겠는가! 더구나 자신의 토지가 다른 사람들의 소유인 네모진 땅 한가운데에 갇혀 있는 경우, 그것은 경비가 많이 들고 부담이 되는 많은 의무를 발생시켰다. 예를 들면 울타리를 전혀 세울 수 없었으며, 게다가 교구의 한 끝으로부터 다른 끝으로 통하는 농로(農路)를 낼 필요가 있었는데, 이것은 아주 많은 경작지가 낭비됨을 의미했다. 소유주 각자가 독자적으로 일하겠다고 고집했다면 그런 복잡하고 불편한 사정 때문에 절망적인 혼란이 일어났을 것이다. 이런 까닭으로 지나친 토지의 세분 상태는 역설적 결과를 가져왔다. 공동규제 하의 경작만이 유일한 경영방식으로 가능하였던 것이다.

대체로 모든 교구의 경작지는 모두 삼경포(三耕圃, three fields)[41]로 분할되었는데, 여기서 작물들은 해묵고 얼마쯤은 조방적(粗放的)인 윤

---

41) 때로는 2 또는 4 경포. H. Homer, *Essay on the Nature and Method*, …… 4면 ; *The Advantages and Disadvantages of Inclosing Waste Lands and Open Fields*, 1772, 13면 ; Prothero(Lord Ernle), 위의 책, 5면과 *Social England*, V, 103~4면 참조. 한 교구 또는 읍구(邑區, township, 교구를 세분한 행정구역—역주)는 3경포가 아니라 2경포씩을 모은 6경포를 가질 수도 있었다. 히친의 경우가 그러했다. (Seebohm, 위의 책, 11~12면) Gray, *English Field System*, 133면은 18세기 중엽 그레이트 튜(옥스포드셔)에 있었던 8회윤작의 사례를 제시하고 있다.

작방식에 따라 교체되었다. 한 경포에 밀이나 보리를 심고 또 한 경포
에 귀리, 완두콩 또는 콩을 심으면 세번째 경포는 놀게 된다. 새로운
계절이 올 때마다 한 해 동안 쉰 토지에는 다시 파종이 되었다. 한 작물
을 생산한 토지는 첫번째와는 다른 두번째 작물을 생산할 준비를 했다.
두 해 연작(連作)을 한 토지는 제 차례가 되면 쉬도록 방치되었다. 시
비(施肥) · 밭갈이 · 파종은 교구 전체를 위해 정해진 날짜에 행해졌다.
오랫동안 공동경작은 실제적 관행이 되어 있었고 농부들은 자기의 자력
(資力)에 따라 비료 · 씨앗 · 쟁기와 쟁기를 끄는 말이나 황소를 제공하기
로 동의했다. 그러나 이러한 방식은 16세기 이래 점점 포기되어[42] 18세
기에는 대부분의 지역에서 사라졌다. 몇몇 경우에 그 방식이 존속했던
지역에서도 소유주의 개인적 권리는 그 때문에 무시되지는 않았다. 이
들테면 지조(地條)는 미경작지의 좁은 띠로 경계가 이루어져 다른 구획
과는 완전히 구별되어 완전히 독립되었던 것이다. 수확기가 오면 각 지
조의 생산물은 두말없이 정당한 소유자의 차지가 되었다. 개방경지제
도는 공산주의적인 것과는 거리가 멀었음을 다시 한번 말해야겠다.

밭에 그루터기, 낫으로 베고 남은 몇 개의 이삭, 또는 경계(境界)에
서 자라는 작은 풀밖에 없을 때인 수확기와 파종기 사이에는 개인적 권
리들을 엄격히 지킬 필요가 없었다. 이때 개방경지는 그 어느 때보다 공
동체적 재산의 양상을 띠었다. 개방경지는 목초지가 되었으며 모든 농
지 소유주는 구별 없이 자기의 돼지 · 양 · 거위를 그곳에서 풀을 뜯게 했
다. 보통 물가나 저지(低地)에 있는 탓에 개방경지 자체의 일부로 여겨
지지 않는 목초지의 경우도 마찬가지였다. 건초 만들기가 끝난 이후에는
목초지는 말 · 암소 · 황소 등의 큰 가축들이 공동으로 풀을 뜯는 땅이 되
었다.[43] 이처럼 해마다 몇 달 동안은——7월말부터 성촉절(聖燭節, 2월

---

42) Prothero(Lord Ernle), *English Farming*, …… 25면 ; Scrutton, *Com-
　　mons and Common Fields*, 115~17면 ; Curtler, *The Enclosure and
　　Redistribution of our Land*, 72면의 주 1을 볼 것. 옛 관습이 보존된 지
　　역들의 사례로는 *Journals of the House of Commons*, XXXVIII, 857면 ;
　　LI, 257면 참조.

43) H. Homer, 위의 책, 7면. 그런 목초지는 정기공동목장(lammas meadows)
　　으로 알려졌다. Cunningham & MacArthur, *Outlines of English Industrial
　　History*, 171면.

2일—역주)까지——토지는 공유의 상태로 남아 있었다. 영구적인 울타리가 전혀 없었기 때문에 해마다 불가피하게 그런 사태가 되풀이되었다. 이제 우리는 개방경지라는 용어의 완전한 의미를 알 수 있다. 이 용어는 자주적이고 폐쇄된 토지와 반대되는, 폐쇄되지 않은 경지에 적용된 것으로서, 비유하자면 중앙집권화된 왕정에 대한 작은 국가들의 연합과 똑같은 것이었다. 그리고 연방헌법이 작은 주권국가들의 존재를 지속시키는 것과 마찬가지로 개방경지제도는 소토지의 존재를 오랫동안 보존했다. 그 제도가 더 이상 존재하지 않게 된 곳에서는 소유자의 수가 보다 적어지고 토지는 보다 광범해지는 것이 관찰되었다.[44] 이처럼 그 제도를 유지하거나 파괴하는 경향을 가진 모든 원인은 소토지소유자 즉 요먼들의 운명에 영향을 미쳤다. 요먼의 몰락은 실제로 옛 토지제도의 소멸과 일치했다.

4. 공동지와 공동권

각 교구에는 수확이 없는 계절의 개방경지의 상태와 비슷하게 일년 내내 남아 있는 토지가 얼마쯤 있었다. 그것은 공동지(共同地, common lands) 또는 황무지(waste lands)였다. 여기서 우리는 공동소유권(common ownership), 즉 실제로 그리고 계속적으로 집단적 자산이었던 토지와 매우 유사한 경우를 보게 되는데, 이것은 옛날의 프랑스에서 흔히 볼 수 있던 '공동지'(biens communaux)와 같았다. 실제로 그 토지들의 주인이 없었던 까닭은 단지 그것이 가치가 없다고 여겨졌기 때문이다. 그 토지들은 황무지(wastes)라는 그 이름이 보여주듯이 경작되지 않은 채로 남아 있었다. 관목·가시금작화·히스(heath)·잡초가 무성한 거친 땅,

---

44) 18세기 말에 헌팅턴셔에서 개방경지는 일부 교구에는 더이상 존재하지 않은 반면에 다른 교구들에서는 보존되었다. 전자의 경우에 한 농장의 평균소득은 50~150파운드, 후자의 경우에는 2백~5백 파운드였다. 노샘턴, 옥스포드셔 등지에서도 마찬가지였다. Marshall, *A Review of the Reports of the Board of Agriculture from the Midland Departments of England*, 334~48면 참조.

갈대가 덮인 늪, 흔들리는 이탄(泥炭)늪, 모래나 바위 위에 아무렇게
나 자란 숲——잉글랜드의 공동지는 대부분 이보다 더 나을 것이 없
었다.[45] 오랫동안 천대받은 이 토지들도 우리 시대에는 일구어지고 경
작되고 있다. 그러나 집약농법은 최근에야 비로소 실시된 것이다. 인간
은 수백 년 동안 가장 비옥한 토지에 씨를 뿌리는 데 만족했다. 그리고
인간은 그 토지가 생산해내는 것이면 무엇이든지 자기의 노동에 대한
즉각적이고 만족스러운 보상으로서 받아들였다.

　비록 공동지에는 작은 가치밖에 부여되지 않았고 전통적 무관심 때문
에 자연 그 상태로 방치되었지만 공동지의 이용권(利用權)은 농민에게
많은 이익을 주었다. 농민은 그곳에 가축을 방목할 수 있었는데, 특히
양은 형편없는 땅에서도 먹이를 찾을 수 있었기 때문에 황무지는 좋은
목초지였다. 이 권리는 공동방목권(common of pasture) 또는 목양권(牧
羊權, right of sheepwalk)이라고 알려졌다. 공동지에 나무가 자라는 경
우 농민들은 재목을 베어 집의 대들보로 쓰거나 문설주를 세울 수 있었
다. 이 권리는 공동벌채권(common of estovers)[46]이라고 알려졌다. 연못
이 공동지 안에 있거나 강이 그곳을 지나는 경우 부락민들은 그곳에서
물고기를 낚을 수가 있었다. 그러므로 여기에 공동어업권(common of
piscary)이라는 또 하나의 권리가 추가되는 것이다. 늪이 있는 경우——
늪은 잉글랜드의 모든 주에서 여전히 광범한 면적을 덮고 있었다——농
민들은 자기가 쓰기 위해 이탄을 캐낼 권리를 갖고 있었다. (공동이탄채굴

---

45) 그러나 때로 공동지는 약간의 가치가 있는 땅을 포함하고 있었는데, 그런
　　토지는 어떤 촌락들에서는 녹색공동지(green common)라고 알려져 있었다.
　　암소들은 그곳에서 풀을 뜯으면서 공동목자(牧者)의 감시를 받았다. 몇몇 경
　　우에는 황소와 종마가 사육되었는데, 경비는 공동부담이었다. Seebohm, 위
　　의 책, 12면과 Nasse, 위의 책, 8면 참조.
46) 중세 프랑스어의 estovoir, estouvoir(필요하다 또는 적합하다는 뜻. 명
　　사형으로는 필요물, 공급품)에서 나온 말. 이 단어는 옛날의 프랑스 법에
　　사용된 것으로서 잉글랜드의 다음과 같은 귀절에 나오는 말과 비슷한 의미를
　　갖고 있었다. "Averont tous lor astovoirs en boix batis de Leheicourt (르
　　에꾸르의 숲에서 누구든지 필요한 것을 취할 것이다). *Rentes de l'Ecclese
　　de St. Hoult* (1258), *Archives de la Meuse*. Godefroy, *Dictionnaire de
　　l'ancienne langue française*, Ⅲ, 634면에 인용.

권〔common of turbary〕)[47] 거기다가 또 다른 잇점은 일정한 공동권은 때로 공동지에 국한되지 않고 교구의 다른 부분에까지 확대되었다는 사실이다.[48]

교구의 모든 주민이 이런 권리들을 누렸던가? 그 권리들 중의 어떤 것은 원시적 평등 상태의 유산이지 않았는가? 올바로 이야기하자면 공동지는 주인이 없는 토지는 아니었다. 그것은 법적으로는 장원의 영주의 소유였다. 영주는 교구의 관할구역 전체에 원칙적으로 일종의 상급소유권을 보유하고 있었던 까닭에 때로는 그것은 영주의 황무지(lord's wastes)라고 불렸다. 그러나 실제로는 이런 권리들의 행사는 결코 배타적이 아니었다. 즉 영주는 개방경지에 대한 권리들을 일부 자유보유농들에게 양보했던 것처럼 그들이 이른바 공동지의 사용권에 참여하도록 허용했던 것이다. 공동지의 경우도 사정은 개방경지와 같았다. 일단 수확이 끝나면 경작지의 모든 주민이 가축이나 가금을 그곳에 방목할 권리가 있는 것이 아니라 교구 안에 토지 한두 필지를 소유한 사람들만이 그런 권리를 가졌다. 공동경작을 끝낸 뒤에 그들은 그 토지를 공동목초지로 함께 이용했다. 이것은 상호 이해와 그들을 결속시키는 협동의 자연스러운 귀결이었다. 공동지는 동등하게 적용되기는 하였으나 모든 부락민의 그것이 아니라 촌락의 모든 토지소유자의 공동지였던 것이다. 공동지는 외양은 어쨌건간에 사용에 아무런 제한도 없는 자유지(terre libre)는 아니었다. 오직 특정의 명백한 자격에 따라, 그리고 그 자격에 비례하여 그곳에 출입할 수 있을 따름이었다.

앞에서 말한 대로 공동지에 대한 개인적 권리들은 그로부터 나오는 이익의 종류에 따라 여러 항목으로 분류된다. 그 권리들은 또 그 기원

---

47) Sir John Sinclair, "Addres to the Members of the Board of Agriculture," *Journals of the House of Commons*, LI, 263면 이하 참조. 이것은 매우 길고 지루한 보고서로서 당시 공동지의 행정과 실태에 관한 완전한 기록이다. 농업개량회의 출판물 가운데 General Report on Enclosures (1808), 26면과 Ed. Jenks, *Modern Land Law*, 160면 이하도 참조.

48) "공동권은 한 사람이 '다른 사람의 땅에서' 가축에게 풀을 먹이고 고기를 잡고 이탄을 캐고 나무를 베는 것 같은 이익이다." Blackstone, *Commentaries*, II, 32면. Hasbach, *Engl. Agric. Labourer*, 89~90면.

과 그로부터 나오는 제한에 따라서 분류될 수도 있다. 흔히 그 권리들은 관습에 따라 봉지(封地), 교구 또는 읍구의 경계선 안에 있는 모든 토지 재산의 점유에 부대(附帶)되어 있었다. (부대적 공동권〔common appendant〕, 구체적으로는 황무지공동방목권을 말한다—역주) 이런 것이 가장 흔한 경우로서, 영구적 공동지제도와 정기적 개방경지제도의 유사성을 가장 잘 보여주고 있다. 때로 이 권리들은, 영주의 증여 행위에서 비롯되어 소유주의 토지보다는 오히려 소유주의 인격에 부수되어 있는 것으로 생각되었다. (부수적 공동권〔common appurtenant〕, 다른 장원의 인접지에 미치는 공동권—역주) 때로 그 권리들은 토지소유와는 무관한 개인의 권리였다. (개인공동권〔common in gross〕) 마지막으로 그 권리들은 분명하지 않은 경계에 의해 분리된 토지를 가지고 어떤 공동의 의무에 따르는 인접한 두 교구 주민들간의 협정에서 나올 수도 있었다. (인접지공동방목권〔common because of vicinage〕)[49] 이 모든 구별에 따라 공동지이용권을 실제적 소유권으로 만들었는데, 이것은 모든 토지소유자 사이에 평등하게 분배되기는커녕 오히려 그들의 불평등을 확인해주는 데 지나지 않는다.

개인이 무제한한 수의 소, 양 또는 돼지를 공동목장에 방목하는 것은 아주 드문 일이었다. 무제한의 방목은 일반적으로 영주 혼자만의 특권으로서, 그는 분할되지 않은 모든 토지의 명목상의 소유자였다.[50] 원칙적으로 각 소유자는 일정한 수의 동물에 대한 방목권[51]을 가지고 있었는데, 그 수는 그의 토지의 규모에 비례했다. 그는 개방경지에서 구획을 많이 점유하고 있으면 있을수록 더 많은 소와 양을 공동지에 보낼 수 있었다.[52] 이처럼 공동지라고 불리던 이 토지들의 이용권은 모든 주민

---

49) Sir John Sinclair, "Address to the Members of the Board of Agriculture, *Journals of the House of Commons*, LI, 263면.

50) 니드우드숲의 공동지(스태포드셔)에 관한 탤보트경(Lord Talbot), 버넌경(Lord Vernon), 배저트경(Lord Bagehot)의 청원 참조. *Journals of the House of Commons*, LVI, 414면.

51) 예를 들면 1783년에 작성된 엔클로저법안에 언급된 토지는 '경지 1,583에이커와 3루드(1루드는 4분의 1에이커—역주), 목초지 71에이커와 2루드, 공동의 말 108마리, 소 259마리, 양 1,681마리'로 구성되어 있었다. (*Journals of the House of Commons*, XXXIX, 110면)

52) 때로 그 수는 경작자가 내는 지대에 바탕을 두고 있었다. 니드우드숲에서

에 의해 공유되지 못했을 뿐 아니라 각자가 이미 소유한 것에 비례하여 할당되었다. 그것은 기존의 부에 추가된 부를 의미했다. 주지하듯이 그 어느 것도 이상적 평등 상태로부터 이처럼 멀리 벗어나 있는 것은 없었 다. 이상적 평등 상태의 전형이라면, 그것은 잘 연구되지 못하고 오해 된 과거에서가 아니라 경험에 입각하여 미래를 준비하는 합리적 사고를 통하여 추구되어야만 하는 것이다.

잉글랜드의 공동지제도는 평등과는 거리가 멀었다 하더라도 빈민층에 게는 약간의 실질적 이익을 주었다. 토지의 면적이나 가치에 비례하는 공동권 이외에 때로는 교구의 모든 주민에게 동일하게 향유되는 다른 공 동권도 있었다. 어떤 지역들에서는 가옥을 가지고 있는 각 가족에게 공 동지에 가축 2, 3마리를 방목하도록 허용되었다. 이것은 기껏해야 소 한 마리, 가금 몇 마리, 겨울이 시작되면 도살해야 하는 돼지 한 마리 정 도의 재산을 가진 빈민들에게는 귀중한 도움이었다. [53] 그리고 권리로서 인정되지 않는 경우에는 관습이 그 역할을 대신했는데, 관습은 법보다 유연성이 있었고 흔히 더 인도적이었다. 해묵은 관용의 덕분으로 잉글 랜드 농민의 대부분은 촌락공동지를 때로는 매우 광범하게 이용하도록 허용되었다. 여자들은 공동지에서 땔감으로 쓸 마른 나무를 해왔다. [54] 요크셔의 일부에서는 가난한 방직공들이 직물을 표백하거나 염색한 뒤에 그것을 공동지에 가져다 널었다. [55] 또 공동지에는 피난소, 오두막, 누추 한 거처들이 있었다. 이 황무지는 거의 가치가 없었으므로 가난한 사람 들이 그곳에 정착하여 사는 것을 막으려 드는 사람은 아무도 없었다. 특 별히 승인받은 권리는 갖지 못했으나 그들은 묵인에 의해 공동지 자체

는 경작자가 농업지대를 3파운드 낼 때마다 소 한 마리를 방목할 수 있는 권리를 얻었다. *Journals of the House of Commons*, LVI, 414면 ; H. Homer, 위의 책, 2면.

53) Sir G. O. Paul, *Observations on the General Enclosure Bill* (1796) 참조.

54) D. 데이비스(Davies)는 공동지에서 모은 나무나 이탄은 1년에 1주 일한 댓가(10실링)보다도 적었다고 계산하고 있다. 같은 양의 땔감을 샀다면 그 액수보다 5배 이상이 들었을 것이다. (*The Case of the Labourers in Husbandry*, 1795, 15면 및 181면)

55) 리즈 부근의 암리를 위한 엔클로저법안(1793)에 반대하는 청원을 참조. *Journals of the House of Commons*, XLVIII, 651면.

에서 구한 간단한 재료로 오두막을 지었다. 그런데 이런 오두막들은 시
간이 지남에 따라 그 수가 늘었다. 오두막농민(cottager)과 무단입주자
(squatter)[56]는 수가 상당히 많았다. 그리고 자기의 소유가 아닌 토지에
서 채취생활을 허용받은 것은 그 가난한 경작노동자들의 고되고 불확실
한 생활에 얼마쯤 도움이 되었다.[57]

  이처럼 실제로 한 계층 전체가 소유지의 한계선상에서 살았다. 그들
은 법적으로는 공동지의 이익을 누릴 권리가 없었음에도 불구하고 공동
지의 보존은 그들에게는 대단히 중요한 일이었다. 개방경지제도에 어떤
변화가 생기면 소지주들의 상태에 심각한 변화가 반드시 나타나듯이 공
동지에 어떤 변화가 생기면 농업노동자들의 생존 자체가 위협받게 되는
것은 분명했다. 우리는 18세기에 농업국 잉글랜드의 구조를 그토록 혼
란시킨 토지변화의 중요성을 이제 완전히 깨달을 수 있다.

5. 엔클로저의 진전

  엔클로저(enclosure)는 토지제도의 변화를 추구하는 데 이용된 방법이
다. 이 말은 깊은 의미를 지닌다. 이제까지 울타리를 치지 않았던 개방
경지와 공동지에 울을 쳐서 폐쇄된 소유지를 만든다는 것은 중요한 의
미를 띤다. 분산된 지조(地條)들을 한데 묶고 공동경작지를 분할한 다
음 이것을 연속된 생울타리(hedges)로 둘러싸인 한덩어리의 소유지로 만
드는 것이 엔클로저였다. 생울타리는 토지의 자율성의 보장이며 동시에
그 표상이었다.

---

56) 대부분의 경우에 오두막농민은 결국 일종의 소지주나 경작자가 되었다.
   무단입주자는 보다 최근의 정착자로서 그의 지위는 그다지 확고하지 않았다.
   슬레이터(Slater, *English Peasantry*, 19면)는 웨일즈에 있는 한 교구(몽고
   메리)의 예를 들고 있다. 이 교구에서는 어떤 사람이든지 하룻밤 사이에 공
   동지에 오두막을 세우고 불을 밝혀 해뜰 무렵에 연기가 지붕으로 솟아오르
   는 것이 보이게 할 수만 있으면 이것으로 거주권을 얻었다.

57) 데포는 1724년 써리에 대해 이렇게 썼다. "수많은 주민은 우리가 오두막
   농민이라고 부르는 사람들로서 주로 큰 공동지와 히스땅의 혜택을 받고 사
   는데, 이 땅은 매우 크다." *Tour*, I, 88면.

이 개념은 사실상 새로운 것은 아니었다. 수많은 해박한 연구[58]의 주제가 되었던 16세기의 엔클로저는 근대를 연 거대한 경제운동의 한 부분이었다. 동산(動産)의 엄청난 증대는 부동산의 상태에 영향을 미친 바 있었다. 교회령의 몰수가 있었던 종교개혁 시대에 이미 많은 토지의 소유주가 바뀌었다. 그로 인해 이득을 본 사람들은 대지주였다. 토지 집적에 맛을 들인 그들은 공동지를 자기들끼리 분할함으로써 그들의 재산을 더 늘리려 했다. 그 분할은 잉글랜드 전역에서 시작되어 대부분의 경우 전적인 폭력에 의해 실현되었다.[59] 16세기초부터 엔클로저와 그 부당함, 그것이 초래한 고통에 대한 불평이 사방에서 들렸다. 무엇보다도 사람들은 엔클로저의 통상적인 결과, 즉 경작지가 목초지로 전환되는 것을 개탄했다. 다수의 교구에서 곡물 재배는 소나 양 사육으로 대체되었다. 많은 농장과 오두막이 철거되거나 폐허가 되었다. 래티머(Hugh Latimer, 1490?~1555. 종교개혁 시대 영국의 주교. 이단자로 몰려 화형당했음—역주) 주교(主敎)는 "아주 많은 농민이 살던 곳에 이제는 목동 한 사람과 그의 개밖에 없는"[60] 사실을 통탄했다. 토마스 모어(Thomas More, 1478~1535. 영국의 사상가. 헨리 8세에게 반역죄로 몰려 런던탑에서 처형당했음—역주)가 유토피아라는 도시를 위한 경이스러운 계획을 작성할 때 그의 눈길은 양이 인간을 삼키는 약탈과 비참의 도시에 가 있었다.[61]

---

58) I. S. Leadam, *The Domesday of Inclosures*, 2 vols. (1897)와 Edwin F. Gay, "The Inquisitions of Depopulation in 1517 and the Domesday of Inclosures," *Transactions of the Royal Historical Society*, New Series, Vol. XIV(1900) 참조. R. H. Tawney, *The Agrarian Problem in the Sixteenth Century* (1912); W. H. R. Curtler, *The Enclosure and Redistribution of our Land* (1920), 64, 105면 이하. E. F. Gay, "Inclosures in England in the Sixteenth Century," *Quarterly Journal of Economics* (1903), 576~97면. 그의 베를린대학 박사학위논문("Zur Geschichte der Einhegungen in England," 7~65면)도 볼 것.

59) 칼 마르크스는 그 사건들을 *Das Kapital*, Ⅰ, 742면 이하에 요약하려고 시도했다. 보다 철저하고 과학적인 연구로는 W. J. Ashley, *Introductions to Economic History and Theory*, Vol. Ⅱ, Chap. Ⅳ를 참조.

60) Latimer, *Sermons*, 100~3면.

61) "아주 온순하고 고분고분하며 소식동물이던 그대들의 양들은 내가 듣기에

엔클로저에 대한 불평이 크게 과장되었다는 것은 많은 사람들이 제시한 바 있다. 어떤 저술가는 엔클로저로 인해 밀 재배지의 소멸이 초래된 적이 결코 없었다고 단언하기까지 했다. 그러나 이 주장은 지나친 듯이 보인다. [62] 그리고 당대의 불만이 전적으로 정당화되지는 않는다는 것을

지금은 대식가가 되고 너무나 거칠어져서 인간 자체를 잡아 삼킨다고 한다. 양들은 모든 경지·집·도시를 소모하고 파괴하고 삼키고 있다. 가장 훌륭하고, 따라서 가장 비싼 양모를 기르는 왕국의 여러 지방을 보라. 그곳에서 귀족, 신사, 게다가 특정의 수도원장들, 하느님께서 아시는 성직자들은 그들의 조상과 그들의 땅에 전에 살던 자들의 수준에 다다른 연수입과 이윤에 만족하지 않고…… 경작할 땅을 남기지 않고 모든 토지에 울을 쳐서 목초지로 만들며, 집들을 쓰러드리고 도시를 잡아 찢어 아무것도 남기지 않으며 양우리로 만들려고 교회만을 남겨둔다. ……이런 까닭에 하나의 탐욕스럽고 물릴 줄 모르는 대식가이자 모국의 역병 같은 자가 돌아다니면서 같은 범위나 울타리 안에 있는 수천 에이커의 땅에 울을 치므로 농민들은 자기의 땅 밖으로 쫓겨나거나, 간계나 사기, 또는 심한 억압에 의해 옆으로 밀려나거나, 비행과 상처에 의해 기진맥진하여 모든 것을 팔 수밖에 없다.*'' Thomas More, *Utopia,* Book Ⅰ, fol. 2(verso), Louvain, 1516.

62) 이 주제에 관해서는 게이(Gay)와 토니(Tawney)의 논쟁을 보라. 게이는 1517, 1519, 1548, 1566, 1607년의 공식 조사를 근거로 16세기에 총 51만 6천 에이커가 엔클로저의 영향을 받았다고 산정한다. 그의 결론은 다음과 같다. "15세기와 16세기의 특수한 엔클로저운동, 다시 말하면 목초 재배보다 큰 이윤을 올리기 위해 개방경지의 인구를 감소시키는 엔클로저는 흔히 주장되는 것과 같은 중요성은 결코 지니지 못했다. ……규모가 제한되어 있던 그 운동은 면적 역시 한정되어 있어서 대체로 잉글랜드의 중부지역에 국한되었다. 그리고 그 운동은 그곳에서조차도 단편적 성격을 띠고 있었다.*'' Quarterly Journal of Economics,* 596면. 이것은 리담(Leadam)이 이미 주장한 바 있었다. 토니는 리담과 게이가 이용한 아주 불완전한 통계를 정확히 해석하기가 얼마나 어려운가를 증명하고 나서, "만약 두 사람이 옳다면, 정부가 그 문제에 쏟은 지속적인 관심도, 농민계급의 반란들도, 존 헤일스(John Hales)처럼 직접적인 지식을 가진 합리적이고 공명한 사람들의 강력한 견해로 설명하기가 쉽지 않다*''고 지적한다. (The Agrarian Problem in the Sixteenth Century,* 11면) 그는 당대인들이 고발한 고난은 진정이었으며 그 운동은 중요한 것이었고 "전통적 농업조직에 심한 타격을 가했다*''고 명확하게 결론을 내리고 있다. A. H. Johnston, *Disappearance of the Small Landowner,* 44면 이하도 게이의 방식에 이의를 제기하고 있다. 어늘경(Lord Ernle)은 비록 과장되었다 할지라도 "곤궁이 존재했다는 사실을 의심할 수는 없다*''고 쓰고 있다. (English Farming,* 58면) 하스바하(Hasbach, *English Agricul-*

우리가 인정한다 하더라도 고려해야만 할 사료들은 여전히 있다. 그 사료란 결코 가공의 것이었다고 여길 수 없는, 엔클로저의 폐해를 치유하기 위한 것으로서 의회에서 제정된 법들을 가리킨다. 헨리 7세가 치세하던 1488년의 한 법은 와이트섬(잉글랜드 남해안의 섬—역주)의 인구감소는 경작지를 목초지로 전환시키고 농장들을 독점한 데 원인이 있다고 보면서 그 섬의 경지 규모에 대한 한계로서 최고소득을 10마크(1마크는 13실링 4페니—역주)로 정했다. [63] 이 법이 제정된 직후에 훨씬 더 광범하게 적용된 그 유명한 촌락파괴방지법[64]이 나왔는데 그 전문(前文)은 다음과 같다.

우리의 군주이신 국왕께서는…… 여러가지 일 가운데서 특히 이 왕국 안에서 가옥을 황폐화하고 파괴하며 고의로 손상함으로써 큰 불편이 날마다 더욱 커지고, 관습적으로 경작에 사용되던 토지를 목초지로 전환함으로써 모든 해악의 근거이며 발단인 태만이 날마다 커지고 있다는 것을 기억하셨다. 어떤 촌락들에서는 2백 명이 정당한 노동을 하면서 살던 곳에서 현재는 2, 3명의 양치기가 일하고 있다. 그리고 나머지 사람들은 게으름에 빠져 있어서 이 왕국 최대의 재원인 농업은 크게 쇠퇴하고 교회들은 파괴되었으며 하느님에 대한 봉사는 중지되고 그곳에 묻힌 시체들을 위한 기도가 올려지지 못한다. 우리의 적들로부터 이 땅을 지키는 일은 약화되고 손상되었다.

그 법은 20에이커의 경지를 소유하고 있는 모든 가옥은 파손되지 않도록 잘 유지되고 농민가족의 거처로 이용되어야 한다고 규정했다. 그러나 그 규정도, 그것을 실시하는 데 분명히 도움이 되었을 벌칙도 큰

---

tural Labourer, 33~34면) 역시 16세기에 매우 요란한 개탄의 대상이 된 폐해가 실제로 있었다는 것을 인정하고 있다. 커틀러(Curtler, 위의 책, 109면)가 언급했듯이 대중의 불만은 엔클로저라는 사실보다는 오히려 경지를 희생시키는 목초지의 증가 때문에 야기되었을 가능성이 있다. 그러나 그 두 사실은 밀접히 결합되어 있지 않았던가? 그 변화들은 통화의 가치하락에서 비롯된 생계비의 상승과 일치했다는 점에 주목해야만 한다.

63) 헨리 7세 4~5년, 법률 제16호.
64) 같은 해, 법률 제19호.

효력을 발휘한 것 같지는 않다. 왜냐하면 1515, 1516, 1533, 1535, 1552 년에 비슷한 법들이 여럿 제정되었기 때문이다. 이 법들에는 버려진 오 두막을 수리하라는 규정이 있었고,[65] 한 사람이 소유할 수 있는 양의 수가 제한되었으며,[66] 모든 새로운 목초지에는 그 목초지에서 나오는 소 득의 절반까지 과세를 했다.[67] 이런 법들이 자주 제정되었다는 사실이 나, 또 그 법들이 한 가지의 폐해에 대해 적용하려고 한 해결책들이 다 양했다는 것은 그 법들의 효력이 없었다는 최상의 증거일 것이다.[68]

그 운동은 16세기 내내 계속되었다. 어느 곳에서나 개방경지의 분할 과 공동지의 수탈이 대규모 영지를 증가시키고 목초지를 확대했다. 이 와 동시에 중소 규모의 토지를 가진 사람들은 새로운 시대의 상업정신 을 접촉하고는 곡물 재배보다는 양모 생산이 유리하다는 것을 깨달았다. 1549년에 여러 주에서 엔클로저에 반대하는 폭동이 일어났다. 3천 5백 명의 폭도가 살해되고 그들의 지도자 로버트 케트(Robert Kett)는 교수 형을 당했다.[69] 바로 이때 존 헤일즈는 이렇게 썼다.

---

65) 헨리 8세 6년, 법률 제 5 호(1514). 1514년 2월 5일 이후에 철거된 모든 농가는 1년 안에 재건되고 농가에 딸린 토지는 다시 경작되어야만 했다. 그 법은 이듬해에 영구적인 것이 되었다. (헨리 8세 7년, 법률 제17호) 1517년 에 대대적인 조사가 있었는데, 그 보고서는 *Domesday of Inclosures*로 알 려져 있다.

66) 헨리 8세 25년, 법률 제13호(1533년). 최고한도는 2천 마리였다. 그 법의 전문에 따르면 어떤 지주들은 양을 2만 4천 마리나 갖고 있었다.

67) 헨리 8세 27년, 법률 제22호(1535년)와 에드워드 6세 5~6년, 법률 제15 호(1552년).

68) F. Bacon, *History of King Henry VII, Works* (1878 edition)는 농업의 쇠퇴와 싸우는 수단을 발견한 왕과 의회의 감탄할 만한 지혜를 찬양하고 있 다. 데이비드 흄(David Hume)은 그 찬사가 어느 정도나 근거가 있는가에 대해 맨 처음으로 의문을 제기하면서 베이컨이 감탄한 입법은 거의 전적으로 효력이 없었다는 것을 입증했다. (Curtler, 위의 책, 92면 참조) "모든 법은 하나같이 회피되었다. 왜냐하면 그 집행권이 그 법들에 가장 반대하는 사람 들의 수중에 있었기 때문이다. ……그 법들은 여러 방법으로 회피되었다. 가옥철거에 대한 법은 목자의 방 하나를 수리함으로써 명목상으로만 지켜졌 다. 아직도 경작되고 있음을 보이려고 밭에 단 하나의 밭고랑이 파여졌으며 영지는 아들과 하인들의 이름으로 유지되었다."

69) 같은 책, 94면 이하.

어찌 된 셈인가! 이 엔클로저가 우리 모두를 파멸시키고 우리가 차지하고 있는 땅에 대해 보다 비싼 소작료를 치르게 하고 우리가 돈을 벌기 위해 경작할 땅을 가질 수 없게 만들고 있으니. 모든 토지는 양을 위해 또는 소를 방목하기 위해 목초지로 사용되고 있다. 그 결과 나는 최근 7년간 내 주위의 6마일 이내에서 쟁기가 열두 개나 버려진 것을 알고 있다. 그리고 40명이 생활하던 곳에서 이제는 한 사람과 그의 양치기가 모든 것을 소유하고 있다. ……그렇다, 그 양들은 이 모든 해악의 원인이다. 왜냐하면 양들은 전에 온갖 종류의 식량을 증산하던 이 지방의 농업을 몰아냈기 때문이다. 그래서 지금은 온통 양떼, 양떼들뿐이다. [70]

엔클로저의 발전은 16세기 후반에 완만해진 것 같다. [71] 그러나 그 발전은 결코 저지되지 않았으며 17세기 내내 계속되었다. [72] 1626년 동부 여러 주에서 시작된 늪지대의 간척작업과 더불어 이 작업으로 회복된 토지에 울을 치는 일이 행해졌다. [73] 다른 곳에서도 경지를 목초지로 전환시키는 작업은 종전과 같은 이유로 추진되었다. 1622년에 럽튼(Lupton)은 이렇게 썼다. "엔클로저는 가축을 살찌게 하고 가난한 사람들을 여위게 한다." 1620년과 1633년에 추밀원은 엔클로저에 관한 조사를 명령했다. 특히 공화정시대(1649~60년—역주)에는 이 문제에 관해 다수의 팜플렛이 간행되었다. [74] 16세기에 제기된 불평과 마찬가지 불평에 대한 응

---

70) John Hales, *A Discourse of the Commonweal of this Realm of England* (1549), ed., Lamond, 15, 20면. 이 귀절은 더욱 의미심장하다. 왜냐하면 저자는 엔클로저의 물리적 이익과 경지를 목초지로 전환시킨 사람들이 올리는 이윤을 인정하는 사람의 입을 빌어 그 말을 했기 때문이다.

71) 이것은 F. E. 게이가 작성한 통계표의 가장 명백한 결과 가운데 하나이다.

72) Miss Leonard, "Inclosure of Common Fields in the Seventeenth Century" (*Transactions of the Royal Historical Society*, New Series, XIX, 122면 이하). Gonner, *Common Land and Inclosure*, 153~86면.

73) Scrutton, *Commons and Common Fields*, 107면 이하. Prothero(Lord Ernle), *English Farming, Past and Present*, 115면 이하.

74) *London and the Country Carbonadoed* (Harleian Miscellanies, IX, 326면); J. Bentham, *The Christian Conflict* (1635); Rob. Powell, *Depopu-*

답으로 엔클로저에 찬성하는 경제적 주장들이 갈수록 더 많이 제시되었
는데, 어떤 저자들은 엔클로저는 '합법적일 뿐 아니라 찬양할 만한 것'
이라고 선언했다는 사실을 주목해야만 한다. 농업 발전의 관념이 더욱
명확해지고 보다 부유하고 개명된 지주들 사이에서 토지의 소출을 증대
시키고 싶다는 욕구가 더욱 강렬해지는 것과 비례하여 옛 토지제도는 갈
수록 더 위협을 받았다. 여기에 18세기의 농업국 잉글랜드의 문제의 전
부가 있다.

6. 농업개혁

몇몇 사람들이 요먼계급의 소멸은 공장제도의 결과라고 주장했듯이
공업의 발달이 잉글랜드 농업개혁의 원인이라고 설명될 수도 있다. 소
비자들의 수요는 농업생산에 결정적 자극을 주었다고 이야기된다. 제조
업 중심지들의 출현과 도시인구의 성장은 경작자를 위해 갈수록 수요
가 증가하는 새로운 시장을 열어주었다. 한 경지의 수확이 이웃 마을이
나 자치도시(borough, 勅許狀에 의해 특권을 부여받은 도시로 런던시 다음의
지위를 가졌음—역주)를 넘어가지 않던 시절은 지났다. 광산·공장·창고
가 인접해 있는 인구가 과밀한 도시에서는 그들의 식량을 농촌에서 구
하는 노동자들이 다수 있었다. 이번에는 농장들이 개량된 방법에 따라
식료품을 대량으로 생산하는 공장이 되어야만 했다. 농업의 발전, 또는
산업사회의 필요에 대한 농업의 적응은 유기적 필연성, 다시 말하면 상

lation arraigned, convicted and condemned by the Lawes of God and Man (1636) ; H. Holland, *Enclosure thrown open* (1650) ; S. Taylor, *Common Good, or the Improvement of Commons, Forests and Chases by Inclosure* (1652) ; A. Moore, *Bread for the Poor, promised by Enclosures of the Wastes and Common Grounds of England* (1653) ; J. Moore, *Crying Sin of England of not caring for the Poor, wherein Inclosure being such as doth unpeople Towns and uncorn Fields is arraigned* (1653) ; 같은 저자, *A Scripture Word against Inclosure* (1656); 저자 미상, *Considerations concerning Common Fields and Inclosures*(1654) ; 같은 저자, *A Vindication of the Considerations,* …… (1656).

호의존적인 여러 기능간의 필수적 상관관계의 결과였다.[75] 언뜻 보기에 이런 설명은 만족스럽다. 이 설명은 실제로 의문의 여지가 거의 없고 우리가 우리 자신의 시대에 목격한 많은 사실들에 대해 오늘날까지 적용될 수 있는 보편적 진실을 표현하고 있다. 그러나 그 설명은 잉글랜드 농업운동의 역사적 기원을 올바르게 밝히고 있는가? 실제로 그 운동은——요먼계급의 소멸과 마찬가지로——근대적 공장제도에서 비롯된 인구증가가 있기 오래 전에 진행되었다. 인구의 증가가 갑작스럽게 일어난 것은 아니었다. 그것은 초기의 기술적 발명들과 동시에 일어났던 것도 아니고 또 그럴 수도 없었다. 또는 그 증가가 그때 일어났다면 그것은 공장제도와는 전적으로 연관이 없는 원인들로부터 비롯되었을 것이 틀림없다. 잉글랜드의 농업이 변혁기에 들어선 것은 18세기 전반기, 즉 공업의 여러가지 시행착오가 막 이루어지던 시기였다. 이로부터 30년이 지난 다음에야 비로소 방적기를 발명하게 되는 것이다.

17세기에 농업문제들이 완전히 무시되었다고 말할 수는 없다. 공화국 **시대**의 웨스턴(Weston)과 하틀리브(Hartlib), 명예혁명 뒤의 도널드슨(Donaldson)의 저작은 그에 대한 반증이다.[76] 그러나 근대농학의 그 선구자들의 권고가 경청되었음을 보이는 자료는 전혀 없다. 다니엘 데포가 잉글랜드를 묘사하던 시절에 많은 지방에는 황무지가 남아 있었다.

---

75) Prothero(Lord Ernle), *Pioneers and Progress of English Farming*, 65면 ; 같은 저자, *Social England*, V, 106〜7면 ; W. Lecky, *History of England in the Eighteenth Century*, Ⅵ, 189〜90면.

76) R. 웨스턴경(Sir R. Weston)은 *A Discourse of Husbandry used in Brabant and Flanders* (1652)의 저자였다. Prothero(Lord Ernle), *English Farming, Past and Present*, 107면 이하에 따르면 R. 웨스턴경은 특히 무우와 클로버를 기초로 하는 윤작제의 분야에서 개척자였다. 밀턴(John Milton, 1608〜74, 시인, 『실락원』의 저자—역주)의 친구 쌔뮤얼 하틀리브는 크롬웰의 보호를 받았다. 그는 농업과 관련이 있는 다수의 사료를 수집했다. 그는 *A Design for Plenty by a universl Planting of Fruit Trees* (1652) 와 *The Complete Husbandman* (1659)을 썼다. *Samuel Hartlib, his Legacy or an Enlargement upon the Discourse on Husbandry* (1651)라는 제목의 책은 흔히 그의 저술로 통용된다. 그러나 W. Cunningham, *Growth of English Industry and Commerce*, Ⅱ, 568면에 따르면 이것은 잘못이다. 도널드슨(Donaldson)이 *Husbandry Anatomized* (1697)의 저자였다.

써리(Surrey)의 서부는 "가난했을 뿐 아니라 완전한 불모지로 황폐해져 있어서 보기에 끔찍하고 무서웠다. ……그곳의 대부분은 사막이다. ……실제로 이곳은 불모지에서 자라는 히스(heath 또는 heather)만이 무성했다."[77] 요크셔에서는, 리즈의 문턱에 이르면 "검고 험상궂고 황량한 황무지"를 만나는데, "여행자들은 늪과 구덩이에 빠지지 않게 하려고 세운 푯말에 의해 경주마처럼 안내를 받는다."[78] 전(前)세기의 간척사업에도 불구하고 케임브리지셔 · 헌팅턴셔 · 링컨셔의 늪지대는 여전히 한데 어우러져 끝없는 수렁을 이루고 있었다. 특히 잉글랜드의 북부지방은 거칠고 경작되지 않은 상태로 남아 있었다. 하늘 높이 나는 새라면 더비셔의 북쪽 경계로부터 노섬벌랜드의 북쪽 경계까지의 150마일에 걸치는 경작되지 않은 이 지역이 하나의 직선처럼 보였을 것이다.[79]

토지가 경작되는 경우에도 그것은 흔히 매우 원시적인 방식으로 경작되고 있었다. 3년에 1년씩 경지가 쉬는 삼포제도는 거의 유일한 관습이었다. 농구는 크게 개량될 필요가 있었다. 일부 지역에서 보면 보습은 나무로 만들어졌으며 단지 금속의 날을 달았을 뿐이었다. 밭을 갈기 위해 황소 10~12마리를 불필요하게도 하나의 멍에에 묶었다. 겨울에 먹일 사료가 더러 부족해서 가을에는 가축의 일부를 도살해야만 했다.[80] 축산 기술은 거의 알려져 있지 않았다. 가축들은 깡마르고 몸체가 작았으며 야생의 상태에 있는 것과 다름이 없었다.[81] 지주들과 차지인들 역

---

77) Defoe, *Tour*, I, 84면.

78) 같은 책, III, 126면.

79) Prothero(Lord Ernle), *Pioneers of English Farming*, 56면. 18세기 말에는 약간의 진보가 있었음에도 불구하고 이든은 여전히 이렇게 쓸 수가 있었다. "대브리튼의 그 어느 곳과도 마찬가지로 무수한 히스, 공동지와 황무지 때문에 볼상사나운 데다 골머리를 앓고 있는 이 나라는 이탈리아와 스페인에서 입는 그 크고 주체하기 힘든 외투와 닮아 보인다. 그 외투 가운데 아주 적은 부분만이 입은 사람에게 도움이 되고 나머지는 쓸모가 없을 뿐 아니라 성가시고 괴롭다."F. M. Eden, *State of the Poor*, I, xxi면.

80) 그런 관행들이 차츰 수정되는 방식에 관한 많은 정보를 Young의 여행기에서 볼 수 있다. *A Six Weeks' Tour through the Southern Counties of England and Wales* (1768)와 *A Six Months' Tour through the North of England* (1770)를 참조.

81) 주로 군사적인 이유 때문에 언제나 보살핌을 받던 종마(種馬)들은 예외였

시 무지하고 판에 박힌 구습(舊習)에 빠져 있었으며, 서로간의 의심이 그들 사이를 갈라놓았다. 경작자가 차지 기간의 마지막 몇 해 동안에 평년보다 풍성한 수확을 조금이라도 더 거두기 위해 지력(地力)을 고갈시킬까봐 두려워하여 지주는 일정 기간의 차지계약을 맺는 것을 거부하고 임의해약소작제(tenure at will)라고 알려진 불안정한 방법을 선호하였다. 그 결과 경작자가 기업심을 갖거나, 일을 끝마치는 데 상당한 기간이 필요한 사업을 하는 것은 전혀 불가능했다. 왜냐하면 경작자는 당장에 해약당하거나 1년 내내 해온 노동을 잃어버릴 수도 있는 부단한 위협 아래서 살았기 때문이다. 이리하여 구습의 결과는 구습을 재생산하는 데 이르고 말았다. [82]

잉글랜드의 농업을 개혁하기 위해서는 장기간에 걸친 일련의 체계적 노력이 필요했다. 그 출발점은 1731년 제스로 털(Jethro Tull)의 책이 발간된 때까지 거슬러올라갈 수 있다. [83] 이 저자는 단순한 이론가가 아니었다. 그는 프랑스·독일·네덜란드에서 사용되는 방식들을 비교한 뒤에, [84] 자기의 영지인 버크셔의 마운트 프로스퍼러스(Mount Prosperous)에서 30여 년을 연구와 실험으로 보냈다. 그는 집약농법에 관한 근대적인 아이디어를 처음으로 고안해낸 사람 가운데 하나였다. 그는 깊은 괭이질과 쟁기질, 그리고 순환식 윤작을 권장했다. 이 덕분에 지력은 고갈됨이 없이 연속적으로 다양한 수확을 낼 수 있었으며 휴경(休耕)이라는 쓸모없는 관행이 폐지되거나 줄어들 수 있었다. 그는 가축의 겨울 사료의 중요성을 설명하고 무우, 사탕무우 같은 식용근식물(食用根植物)을 이용하는 방법을 설명했다. 그의 위대한 독창성은 고정된 전통을 관찰과 추리에 바탕을 둔 방식으로 대치하려고 애쓴 점에 있었다. 그는

다. 경주마 사육은 18세기까지는 시작되지 않았다.

82) 임의해약소작제도의 비참한 결과는 최근까지 아일랜드에서 볼 수 있었다. 이곳에서 그 제도는 부재지주제(absenteeism)에 못지않게, 아니 그 이상으로 농업의 발달을 저해했다.

83) Jethro Tull, *The New Horse Houghing Husbandry, or an Essay on the Principles of Tillage and Vegetation*, London, 1731. Prothero(Lord Ernle), *Social England*, V, 107~9면에 제시된 1733년이라는 연도는 제2판이 나온 때이다.

84) 1693년부터 1699년까지.

과학정신 바로 그것을 대표하지는 않았지만 적어도 그것과 비슷한 그
무엇, 다시 말하면 흔히 인간을 발견으로 이끈 바 있는 개명된 경험주의
(empirisme éclairé)를 대표했다.

제스로 털의 이론은 적절한 때에 나타났다. 지주인 귀족계급은 한 세
대 내내 그 이론들을 채택하여 자신의 영지에서 실험하려 하고 있었
다. 명예혁명 이래 잉글랜드의 귀족계급은 부를 늘리려는 욕구에 사
로잡혀 있었다. 금융과 무역에 종사하는 중산계급이 그들의 질투를 일
으켰던 것이다. 그들은 자존심과 탐욕이 뒤섞인 야릇한 감정을 품은 채
'자본가들'(moneyed men)을 증오했지만, 자본가들의 가족과 결혼관계를
맺음으로써 그들의 부를 이용하려고 애썼다. 한 각료가 '양심의 매매'
를 조직했다고 자랑하던 때에, 귀족계급은 공금을 사취해서 자기들의
몫을 차지하는 일에도 뒤떨어지지 않았다. 다수의 귀족이 수상한 사
업, 악명높은 협잡에 무턱대고 뛰어들었는데, 그 가운데 가장 큰 것은
남해회사(南海會社, South Sea Company) 사건이었다. 그들은 큰 이윤을
올린 뒤에 더 큰 이득을 거두려고 그 사건을 비난했다. 돈이 갈수록 위
신과 권력의 척도가 되고 있던 사회에서, 어떤 댓가를 치르더라도 자
기들의 지위를 유지하겠다는 욕구는 흔히 그 귀족들을 불명예스러운 모
험으로 이끌고 가는 한편, 그들의 활동력을 일깨우는 효과를 내기도 했
다. 그들의 일부는 소득의 새로운 원천을 사방에서 찾는 대신에 자기들
이 이미 수중에 넣게 된 소득을 증식시키기로 결심했다. 그들은 거대한
영지의 소유자였으며, 거기서 나오는 수입은 그들을 유력한 부호로 만
들기에 충분했음이 분명하지 않은가? 그러나 이 영지들은 관리가 부실
하고 경작이 잘못 되며 나태하고 판에 박힌 구습의 희생이 되어 있었
다. 그 영지들로부터 최상의 수익을 올리기 위해서는 조직적인 개발이
있어야만 했는데, 그것은 대단한 기업심과 주의와 인내를 필요로 하는
큰 사업이었다. [85] 침체에 빠져 있었을 뿐 아니라 4분의 3의 독일 혈통을

85) 좀바르트(Sombart)는 자본제 기업의 특징들 가운데 하나는 목적과 수단
의 정확한 계산이라는 것을 분명히 보인 바 있다. "그것의 상징은 대장(臺
帳)이다. 그 제도의 등뼈는 차변(借邊)과 대변(貸邊)이다." *Moderne Kapi-
talismus*, I, 198면.

갖고 있던 하노버왕조(조지 1세에서 빅토리아 여왕까지의 영국 왕조—역주)의 궁정은 앞 세기의 스튜어트왕조의 궁정처럼 귀족계급의 마음을 끌지 못했다. 더구나 귀족의 일부는 토리주의(Toryism, 혁명에서 제임스 2세를 옹호하고 그 뒤 스튜어트왕조를 지지했으며 앤여왕이 죽은 뒤 조지 1세의 즉위에 반대한 토리당의 행동방식—역주) 때문에, 또는 망명한 군주들의 입장에 충성을 바친다는 혐의 때문에 왕권의 총애를 그다지 받지 못했다. 그들은 자신의 영지에 정착하여 농업에 전념했다.

작위를 가지고 있었던 농업가들 가운데서 가장 유명한 사람은 타운센드자작이었다. 그는 주(駐)네덜란드대사, 잉글랜드와 스코틀랜드 합병의 협상자, 나중에는 대(對)프랑스 강화의 협상자, 앤여왕이 사망했을 때는 섭정경(攝政卿), 그 다음에는 아일랜드 지사, 국무대신 두 차례, 추밀원 의장을 지냈다. 그는 로버트 월폴 경(Sir Robert Walpole)과의 유명한 논쟁을 벌인 다음 1730년 공직에서 물러나 노포크의 레이넘(Rainham)에 있는 영지로 은퇴했다. [86] 그 영지는 모래와 늪이 번갈아 나타나는 드넓은 황무지로서 풀조차 발육이 좋지 않았고 드물었다. [87] 타운센드경은 네덜란드에서 행하는 방식을 보고 영감을 얻어 그 토지의 경작에 착수했다. 그는 토지의 배수를 하고 이토(泥土)와 퇴비를 뿌려 일부 지역을 개량했다. 그리고 나서 그는 지력을 고갈시키거나 휴경시킴이 없이 규칙적으로 윤작되는 작물들을 심었다. 그는 네덜란드의 보기를 따라 주로 소와 양 사육에 눈길을 돌렸다. 이 일에 있어서는 큰 양모시장인 노리치 일대가 신속하고 확실하게 이윤을 보장해주었다. 제스로 털의 가르침에 못지않게, 오히려 그 이상으로 이 목적은 인공 목초지와 겨울사료에 그가 특별한 관심을 갖게 했다. 그는 잉글랜드의 농업을 개량했을

---

86) A. Young, *Annals of Agriculture*, 120~21면 참조. 영은 레이넘의 영지를 여러 차례(특히 1760년과 1786년에) 방문하고, 잉글랜드의 지주들과 경작자들이 따라야 할 본보기로서, 감탄을 품고 그것을 묘사했다.

87) "그것은 국왕 찰스 1세가 공로(公路)를 만들기 위해 잉글랜드의 모든 주에 분배되어야 한다고 말하곤 하던 지방이었다. 그의 시대에는 클로버 들판과 경작되지 않은 공동지만이 그곳에 있었던 것이 사실이다. 그 토지의 10분의 1도 경작되지 않았다." Alexandre and François de La Rochefoucauld-Liancourt, "Voyage en Suffolk et Norfolk," II, 1784년 9월 24일자의 편지.

뿐더러 일로 발전할 수 있는 길에 올려놓았다.

처음에 사람들은 농부로 변신한 이 왕국의 귀족을 비웃었다. 그는 터니프(turnip, 무우) 타운셴드라는 별명을 얻었다. 그럼에도 불구하고 자기의 일을 계속하여 그는 몇 해 만에 가난한 불모의 지역을 왕국에서 가장 번성하는 지역의 하나로 바꾸었다. 이웃의 지주들이 그를 본받았다. 1730~60년의 30년 사이에 노포크주의 땅값은 3배로 뛰었다.[88] 웬트워스의 로킹검후작, 워번의 베드포드공작, 페트워스의 에그러몬트경, 에쎅스의 클레어경, 그리고 캐스카트경과 핼리팩스경 같은 사람들[89]도 똑같은 역할을 했으며, 그들 역시 많은 사람들의 본보기가 되었다. 곧 이 방식은 보편적인 것이 되었고 모든 귀족은 자신의 영지에서 몸소 농업경영을 지휘하고 있다고 자랑했다. 그 앞 세대의 온갖 관심은 사냥에 있었다. 그들의 대화는 말과 개말고는 없었다. 지금 세대의 대화는 온통 퇴비·배수·윤작·클로버·자주개자리풀·무우뿐이었다. 대규모의 내란에서 싸운 17세기의 기사에 뒤이어 신사농업가(gentleman farmer)가 나타난 것이었다.

1760년경에 소수의 귀족이 준 충동은 전국으로 확대되었다. 그것은 당시 사방에서 착수된 대규모 공공사업, 즉 도로 건설, 운하건설, 늪지 간척에 의해 촉진되었다.[90] 새로운 사회계급인 대차지농계급이 나타난 것은 바로 이때이다. 그들에게 있어 경작은 곧 투자였다. 그리고 그들은 상인이 업무관리에 쏟아넣는 것과 똑같은 기업정신과 세심한 주의를 경작에 쏟아넣었다. 홀캄의 코크는 1776년에, 1년에 약 2천 파운드의 수익

---

88) Prothero(Lord Ernle), *Pioneers of English Farming*, 44~47면.

89) A. Young, *North of England*, 273~305면 참조. 같은 저자, *Southern Counties*, 62~63면 ; Prothero(Lord Ernle), *Pioneers of English Farming*, 79면. 같은 저자, *English Farming, Past and Present*, 173면.

90) 이런 취지로 케임브리지셔·베드포드셔·헌팅던셔·링컨셔의 늪지대에서 상당한 공사가 진행되었다. *Statutes at Large*, 조지 2세 30년, 법률 제32, 33, 35호 ; 조지 2세 32년, 법률 제18, 19호 ; 조지 2세 32년, 법률 제13, 32호 ; 조지 3세 2년, 법률 제32호 ; 조지 3세 7년, 법률 제53호 ; 조지 3세 13년, 법률 제45, 46, 49, 60호 ; 조지 3세 14년, 법률 제23호 ; 조지 3세 15년, 법률 제12, 65. 66호 ; 조지 3세 17년, 법률 제65호 ; 조지 3세 19년, 법률 제24, 33, 34호 등 참조.

이 나오는 한 영지에 살러 갔다. 그가 죽었을 때 그 수익은 2만 파운드
에 이르렀다. 91) 그는 개량된 농기구를 처음으로 사용한 사람 가운데 하나
였다. 그는 장기(長期) 차지제도를 체계적으로 실시했는데, 차지인들은
오로지 이 제도에 의해서만 안정감을 느끼고 조심스럽고 끈질긴 노력을
하도록 고무될 수 있었다. 그는 자신을 교육가로 여겼다. 그는 인근의
경작자들이 새로운 방식을 택하도록 전환시키기 위해 때로 그들을 소집
하곤 했다. 코크의 동시대인인 베이크웰은 근대적 대목축업자의 원형이
었다. 92) 그는 가축의 종(種)을 체계적으로 개량하기 시작하여, 인위적
도태(淘汰)와 교묘한 이종교배(異種交配) 덕분에 성공했다. 실제로 그
는 인위적 도태의 방식을 창안했다. 이에 관한 면밀한 연구를 함으로써
다윈은 생물학의 일반적 법칙 몇 가지를 발견하게 된다. 1710년에 스
미스필드시장(런던의 유명한 정육시장—역주)에서 팔린 황소들의 평균 무게
는 370파운드, 송아지는 50파운드, 양은 38파운드였으나 1795년에는 베
이크웰과 그 추종자들의 노력을 통해 그 수치는 각각 800파운드, 150파
운드, 80파운드로 올랐다. 93) 디쉴리와 더럼의 황소 같은 유명한 품종
들은 그 시기에 생겨난 것이다. 그리고 그것의 체격은 18세기의 목축업
자가 무엇을 염두에 두었는가를 그 어떤 문헌보다도 훌륭하게 입증하고
있다. 날썬한 뼈대, 짧은 다리, 작은 머리와 뿔은 고기의 엄청난 양과
뛰어난 질에 도움이 되지 않는 것이면 무엇이나 제거하려고 그들이 신
경을 썼다는 증거이다. 그들은 "소의 끄는 힘보다는 쇠고기가, 그리고
양모보다는 양고기가 더 큰 보상을 받을" 날이 가깝다는 것을 깨달았던
것이다.

91) E. Rigby, *Holkham, its Agriculture*, 21~24면. 라 로쉬푸꼬-리앙꾸르
   공작의 아들들은 1784년에 그 영지를 방문하고 "Voyage en Suffolk," Ⅱ, 1784
   년 9월 24일자의 편지에 그것을 묘사했다.
92) Léonce de Lavergne, *L'Économie Rurale en Angleterre*, 27~29면은 디
   쉴리 그레인지(Dishley Grange)의 목장에 관한 간략한 기록을 기원부터 제
   시하고 있다. Arthur Young, *On the Husbandry of the three Celebrated
   Farmers, Bakewell, Arbuthnot and Ducket* (1811) 참조.
93) F. M. Eden, *State of the Poor*, Ⅰ, 334면. 좀바르트는 런던시장이 목축
   업과 농업 일반에 미친 영향을 옳게 보이고 있다. (*Moderne Kapitalismus*,
   Ⅱ, 155~59면)

공장제도가 출현한 때에 근대적 농업은 이미 기초를 닦아놓고 있었다. 오직 맹목적 전통의 마지막 지지자들만이 개종되어야 할 사람들로 남아 있었다. 이러한 개종은 아서 영 같은 사람의 업적이었다. 그는 1767년 이래 잉글랜드 전역을 여행하면서 작물의 상태는 어떻고 어떤 개량이 시도되고 있으며 개혁가들의 노력이 성공하는지 실패하는지, 지주·경작자·노동자들의 상태는 어떤지를 날이면 날마다, 옮기는 발걸음마다 기록하였다. 1789년에 그가 유명한 프랑스 여행을 시작했을 때, 그의 목적은 자기가 20년 이상 수행한 조사의 결론으로서 잉글랜드와 대륙 사이의 일련의 비교를 얻어내기 위한 것이었다. 열성적인 선전가인 영은 여행기 이외에 다수의 저작을 남겼다.[94] 그는 1784년부터 계속『농업연감』

---

94) 그의 주요한 저작의 목록은 다음과 같다. (1784~1809년에『농업연감』에 발표된 많은 논문들이 여기에 추가되어야 한다) *Sylvae, or occasional Tracts on Husbandry and rural Economics* (1767) ; *The Farmer's Letters to the People of England* (1767); *A Six Weeks' Tour through the Southern Counties of England* (1768) ; *Letters concerning the State of the French Nation* (1769) ; *Essay on the Management of Hogs* (1769) ; *The Expediency of a free Exportation of Corn at this Time* (1769) ; *A Six Months' Tour through the North of England*, 4 vols. (1770) ; *The Farmer's Guide in hiring and stocking Farms* (1770) ; *Rural Economy* (1770) ; *The Farmer's Tour through the East of England*, 4 vols. (1771) ; *The Farmer's Calendar* (1771) ; *Proposals to the Legislature for numbering the People* (1771) ; *Political Essays concerning the present State of the British Empire* (1772); *Observations on the present State of the waste Lands of Great Britain* (1773); *Political Arithmetic* (Vol. I, 1774; Vol. II, 1779); *A Tour in Ireland, with general Observations on the present State of that Kingdom*, 2 vols. (1780); *The Question of Wool truly stated* (1788); *Travels in France, Italy and Spain during the years 1787, 1788 and 1789*, 2 vols. (1790~91); *Example of France a Warning to Britain* (1793); *General View of the Agriculture in the County of Suffolk* (1794); *General View of the Agriculture in the County of Lincoln* (1799), *Hertfordshire* (1804); *Norfolk*, 2 vols. (1804), *Essex*, 2 vols. (1807), *Oxfordshire* (1809); *The Constitution safe without Reform* (1795); *An Idea of the present State of France* (1795); *National Danger and the Means of Safety* (1797); *An Inquiry into the State of the Public Mind amongst the lower Classes* (1798); *The Question of Scarcity plainly*

(*Annals of Agriculture*)을 편찬했는데, 조지 3세도 이 작업에 협력하기
를 아끼지 않았다고 한다. 존 싱클레어 경(Sir John Sinclair)의 이름은 영
의 이름과 결부될 만한 가치가 있다. 영은 싱클레어경과 더불어 1793년
에 농업의 발달을 촉진하고 조직화할 목적으로 중요한 기관을 창설했다.
이것이 농업개량회(Board of Agriculture)였는데, 그는 30년 동안 이 기관
의 열성적인 실무 책임자로 일하면서 모든 방면으로부터 정보와 아이디
어를 수집하고 왕국의 모든 주의 조직적 조사를 감독했다. 95) 비록 그는
가장 절박한 개량이 지연되고 있는 현실을 계속 불평했지만 이미 이루
어진 발전의 범위를 평가해야 하는 위치에 있었다. 그가 지도권을 떠맡
고 있던 운동은 미래가 불확실한 일시적 사업이 아니었다. 그것은 이미
강력해졌으며, 곧 저항할 수 없는 대상이 되었다. 이것을 확실히 알기
위해서는 혁명 전야의 프랑스 농촌의 상태를 묘사한 몇 페이지를 읽으
면 충분하다. 그가 보기에 프랑스의 농촌은 불가사의할 만큼 방치되었
고 비참한 상태였다. 하지만 프랑스의 농촌은 50년 전의 잉글랜드의 상
태 바로 그것이었다. 96)

  아서 영과 그의 협력자들은 공장제도의 발달을 목격했다. 그들은 공
장제도는 자기들이 몰두해온 농업의 발달과 연결되어 있다고 이해했다.
여러 차례 그들은 동시에 일어난 그 두 큰 사건의 상호작용에 주목했

---

stated (1800); *Inquiry into the Propriety of applying waste Lands to
the better Maintenance and Support of the Poor* (1808); *Essay on
Manures* (1804); *On the Advantages which have resulted from the
Establishment of the Board of Agriculture* (1801); *On the Husbandry
of the three celebrated Farmers Bakewell, Arbuthnot and Ducket*(1811);
Inquiry into the progressive Value of Money (1812); *Inquiry into the
Rise of Prices in Europe* (1815).

95) 농업개량회는 1794년부터 계속해서 여러 주의 농업상태에 관한 일련의 보
   고서들을 간행했다. 약 1백 종에 이르는 그 보고서들은 『농업조사』(*Agri-
   cultural Surveys*)라는 일반적 명칭으로 알려져 있다. 개량회의 다른 간행물
   들 중에서 적어도 한 가지, 즉 주목할 만한 *General Report on Enclosures*
   (1808)를 언급해야만 한다. 이 보고서의 편자는 존 싱클레어 경이었다.

96) 그런데 그 반대로, 루이 16세 치하에서 프랑스 농업을 개혁하려고 애쓴
   사람들은 잉글랜드를 본보기로 여겼다. 농학을 연구하도록 젊은 사람들이
   잉글랜드에 파견되었다.

다.[97] 그런데 그들은 농업개혁을 아주 최근의 성과로 여기는 경향[98]——
때로는 그들 이전에 다른 사람들이 기울인 노력을 망각하기까지 하는 경
향——은 있었지만 그 개혁을 공업운동의 결과라고 표현하는 잘못을 범
하지는 않았을 것이다. 그들은 만년에 이르러서야, 같은 땅에서 자라난
그 검고 인구가 조밀한 바로 그 도시들이 잉글랜드의 농업을 풍요하게
했던 것보다 더 빨리 그것을 파멸시킴을 보게 된다. 목축업의 개량조차
공업 중심지들의 수요에 자극을 받은 것은 분명했지만, 그것은 처음에
는 전적으로 상이한 이유들에서 비롯되었다. 오랫동안 목축업을 저해해
온 주된 원인, 즉 겨우내 가축을 먹이는 어려움의 해소가 원인이었던
것이다. 소와 양을 보살피는 일은 대부분의 작물을 경작하는 것만큼의
노동력을 필요로 하지 않았다. 여기에 경작자들을 유혹하기에 충분한
잇점이 있었는데, 그것은 고기가 여전히 싼 가격으로 팔리고[99] 고기의
소비가 비교적 소량에 머물러 있던 때에도 그러했다. 게다가 잉글랜드
는 아득한 옛날부터 목초지가 아니었던가? 잉글랜드의 국민들은 잉글
랜드의 가장 오랜 부의 원천 가운데 하나를 보다 능동적인 형태로 되살
린 데 불과했던 것이다.

7. 개방경지는 농업개량의 장애가 된다

새로운 경작방법의 적용은 하나의 장애에 부딪쳤다. 장애란 개방경지

97) 아서 영은 여행을 하는 중에 작업장과 공장들에 관한 조사를 결코 빠뜨리
지 않았다. 그는 공업임금에 주목하면서, 그것을 농업노동자들의 임금과 비
교했다. 그는 농업인구에 비해 공업인구가 증가하고 있는지 감소하고 있는
지 등에 관한 정보를 구했다.

98) 1770년에 영은 지난 6년 동안에 그 이전의 1백 년 동안보다 더 많은 실험,
더 많은 발명, 더 많은 분별력이 농업의 발달에 이용되었다고 썼다. *Rural
Economy*, 315면.

99) Thorold Rogers, *History of Agriculture and Prices in England*, Ⅵ,
284~306면(대단히 중요한 통계자료들을 담고 있는 도표들은 불행하게도 가
장 불편한 방식으로 작성되어 있다) 참조. Arthur Young, *North of England*,
Ⅲ, 12, 170, 293~313면 ; *East of England*, Ⅳ, 311~26면에 수록된 정보
도 참조. 1770년에 쇠고기 값은 지역에 따라 1파운드에 2.5~3.1페니였다.

라는 존재였다. 그 '울을 치지 않은 경지'의 대부분은 경작상태가 매우 형편없었다. 휴경하는 해에도 똑같은 작물들을 단조롭게 교체함으로써 개방경지의 지력은 고갈되었고, 목초지는 방치된 상태여서 히스와 가시 금작화가 무성했다. 목초지가 그런 상태를 모면할 수 있었겠는가? 개개의 경작자는 공동의 규칙에 묶여 있었다. 교구 전체를 위해 채택된 윤작제도는 토지들의 일부에만 적합했고, 다른 토지들은 그 때문에 손해를 입었다. [100] 소와 양은 잡초를 먹고 살았다. 그들은 난잡하게 섞여지냈으며 그것은 가축전염병의 원인이 되었다. [101] 개량(改良)에 관해 말하자면, 그것을 시도한 사람은 모조리 망했을 것이다. 많은 이웃의 동의와 찬성 없이는 자기 경지의 물을 배수(排水)할 수가 없었다. 각구획은 고정된 경계선 안에 들어 있어서 제스로 털이 권장한 교차파경 (交叉杷耕, cross-harrowing)을 하기에는 너무나 비좁았다. 경작자가 씨를 뿌리기 위해 스스로 시간을 선택할 수 있으려면, 개방경지를 해마다 여러 달 동안 공동방목장으로 사용하도록 허용하는 관습이 먼저 폐지되어야만 했다. [102] 흔히 소비하지 않는 작물을 재배하거나 호밀 또는 보

100) "교구의 모든 경작자는 전적으로 다른 땅을 갖고 있는데, 그 모든 땅을 똑같은 윤작으로 경작하라고 강요하는 제도보다 더 지독한 야만적 제도가 있을 수 있겠는가!" *Board of Agriculture, General Report on Enclosures*, 218～19면.

101) H. Homer, *An Essay on the Nature and Method of ascertaining the specific Shares of Proprietors.* 개방경지제도의 여러 불이익에 관해서는 A. H. Johnson, *Disappearance of the small Landowner*, 96～97면을 참조.

102) "개방경지 상태에서 한 경작자가 가능한 온갖 노고를 들인다 해도 자기의 토지에서 어떻게 상당한 개량을 이룰 수 있겠는가? 그는 자기의 노고에 대한 댓가를 결코 받을 수 없다. 개방경지에서는 언제나 그렇듯이 그의 토지가 혼재(混在)되어 있는 곳에서 그가 개량을 할 시간이나 의지를 갖고 있다 하더라도, 개량이 이루어지는 데 비해 경비가 더 많이 든다. 토질이 좋은 목초지로 변할 수 있는 것이고 경비의 10분의 1로 점유자들에게 더 큰 가치를 줄 수 있는 것이라 하더라도, 그는 비용이 많이 드는 경작방법에 묶이는 셈이다." Board of Agriculture, *A View of the State of the Agriculture in the County of Rutland*, 31～32면. *Gentleman's Magazine*, 1732, 454면 ; John Sinclair, *An Address to the Members of the Board of Agriculture*, 22면 ; *Journals of the House of Commons*, XXV, 511면, XXVII, 70면, XXXVII, 71면, XXXIX 904면 ; J. Tuckett, *A History of*

리가 있던 곳에 클로버를 심는 것 같은 일은 생각될 수가 없었다. 거기에다 제도의 엄청난 복잡함, 그 불가피한 결과인 끝없는 분쟁과 소송이 추가되어야만 한다. 농업이 전통적 직업, 즉 인간을 해마다 부양해 주는 유산으로서 받아들여지던 옛날의 소작농에게는 이런 제도는 참을 수 있는 것이었다. 그러나 농업을 기업이라고 여기고 비용과 이윤을 정확히 계산하는 근대의 농부가 보기에, 한편으로는 낭비가 강요되고 다른 한편으로는 소출을 증대시킬 수 있는 어떤 일을 할 가능성이 전혀 없다는 것은 전적으로 견딜 수 없는 일이었다. 따라서 개방경지제도는 소멸될 운명에 처해 있었다. [103]

16~17세기의 엔클로저와 18세기의 엔클로저 사이에는 본질적인 차이가 있었다. 전자는 국왕의 행정부의 반대에 부딪쳤고 후자는 그와 반대로 의회의 지원과 격려를 받았다. [104] 튜더왕조와 스튜어트왕조 치하에

the past and present State of the labouring Population, Ⅱ, 395면 참조. 개방경지제도의 모든 불이익은 Prothero(Lord Ernle), *English Farming*, 154~56면에 아주 적절하게 윤곽이 요약되어 있다. 그는 농업개량의 통신원들의 보고서들(같은 책, 226면 이하)을 분석하고 다음과 같은 결론을 내리고 있다. "이 저량의 증거가 남긴 일반적 인상은 개방경지제도 아래서 토지 혼재의 농업상 결함은 압도적이면서도 근절할 수 있다는 것이다." Johnson, *Disappearance of the small Landowner*, 96~97면. 그리고 Gonner, *Common Land and Inclosure*, 308면 이하도 참조.

103) 공동지를 분할하자는 제의가 나와, 바로 그런 이유 때문에 지지를 받았다. *A Method humbly proposed to the Consideration of the Honourable the Members of both House of Parliament, by an English Woollen Manufacturer*라는 제목으로 1744년에 발간된 저자 미상의 팜플렛을 참조. "이 왕국의 일부 지역에는 아직도 경작되지 않은 토지의 큰 구획들이 있다. ……여기에 울을 친다면…… 일부는 좋은 경지, 일부는 좋은 목초지가 될 것이다."(5면) 이 저자에 따르면 공유지의 분배와 매각은 적어도 7백만 파운드를 거두어들일 것이 틀림없다. 그는 구매를 조장하기 위해 토지 두 구획을 사는 사람을 향사로 만들자고 제의했다. 네 구획은 기사, 여덟 구획은 준(準)남작을 만들자는 것이었다.

104) 종전과 비교할 때 나타나는 18세기 엔클로저의 이런 면은 칼 마르크스 (*Das Kapital*, 3rd edition, Ⅰ, 749면)의 주목을 받았다. Sir William Ashley, *Introduction to English Economic History and Theory*, Vol. Ⅱ, sect. 50은 관습적 차지농들의 추방은 승인된 어떤 권리를 실제로 침해하지 않고 진행될 수 있었음을 보이고 있다.

서 엔클로저는 순전한 농지수탈의 결과이거나 교구 내의 모든 지주들간의 사전 협정의 결과였다. 그러나 강자들은 어떤 반대도 억누를 수 있는 수단을 마음대로 쓸 수 있었다. "엔클로저를 원치 않는 일반 농민들은 장기적이고 경비가 많이 드는 소송이라는 위험부담의 위협을 받거나 아니면 그들은 대지주들의 박해를 받을 수밖에 없다. 대지주들은 자신의 직영지(demesne)에 도랑을 파서 그들이 먼 길을 돌아가게 하거나 인접한 땅에 심술궂게 토끼와 거위를 기름으로써 그들의 작물에 손해를 끼친다."[105] 일단 대법원(Chancery)에 등록되면 협정은 더 이상의 어떤 수속 없이도 집행될 수 있었다. 18세기에는 그 방식이 더욱 개선되었다. 상호협정증서를 조인하는 데 필요한 동의를 얻기가 불가능할 때에는 사법당국이 개입할 수 있었다.[106] 『법령집』(*Statute Book*)에 수록된 수많은 엔클로저법들은 예외없이 지주들의 만장일치의 동의를 얻을 수 없었던 경우가 매우 많이 있었다는 증거이다. 그러나 요청이 없는 한 법률적인 행동을 취할 수는 없었다. 여기서 우리는 누구의 주도로, 누구의 이익을 위해 엔클로저가 이루어졌는가를 알 수 있다.

맨 처음으로 새로운 농업의 규준에 따라 소유지를 조직적으로 개발하는 데 착수한 것은 대지주들이었다. 그들은 개방경지제도가 과하는 규제들을 가장 못견뎌하던 사람들이었다. 그래서 그들은 거의 모든 경우에 엔클로저법안을 마련하라고 의회에 청원하는 데 앞장섰다.[107] 일반적으로 그들은 회의를 소집하여 그 절차의 법률적 측면을 담당할 변호사를 선임하는 일부터 시작했다. 다음 단계는 지주 전원의 총회를 소집하는 일이었다. 회의에서의 결정은 단순히 다수결에 의하는 것이 아니라 각 투표권은 소유토지의 면적에 비례했다. 청원이 심의되는 데 있어서 서명자의 수는 별로 중요하지 않았다. 그러나 서명자들의 소유면적은 울을 칠 토지의 5분의 4를 대표해야만 했다.[108] 나머지 5분의 1을 소

---

105) Gonner, *Common Lands and Enclosures*, 182면. Prothero(Lord Ernle), *English Farming*, 161~62면 참조.

106) H. Homer, *An Essay on the Nature and Method of Ascertaining the Specific Shares of Proprietors*, 42면.

107) A. Young, *North of England*, Ⅰ, 222면.

108) H. Homer, 위의 책, 43면.

유한 사람들은 아주 수가 많았고, 때로는 그들이 절대다수였다. [109) 어떤 청원서에는 2, 3명의 이름만이 들어 있었고 어떤 것에서는 단 하나의 이름만을 볼 수 있었다. [110] 그것은 사회적으로 위세가 당당한 이름들로서, 의회의 주의와 경의를 환기하는 직위와 칭호들이 거기에 포함되어 있었다. 만약 어떤 소지주의 동의가 필수적인 경우에는 그는 거의 거절할 수 없는 방식으로 동의하라는 요구를 받았다. 지방의 유력자들——장원의 영주, 교구목사, 지방에 거주하는 신사(squire)[111]——은 우리가 추측하기에 간청이라기보다는 명령에 가까운 어조로 그에게 요청을 했다. 만약 저항하는 경우 그는 협박을 당했다. 그래서 그는 나중에 그것을 철회할는지는 모르나 서명을 했다. [112] 그러나 사태가 거기까지 가는 경우는 거

109) 1801년 퀘인턴(버킹검셔)에는 34명의 지주가 있었다. 3명은 엔클로저법안을 위해 청원을 했고 22명은 청원에 반대했으며 4명은 중립을 지켰다. 처음의 8명이 토지세로 낸 액수는 합계 203파운드 3실링 11.75페니, 22명의 반대자는 39파운드 12실링 6.25페니였다. 전자는 개인당 평균 28파운드 8실링 8페니, 후자는 1파운드 16실링이었다. *Journals of the House of Commons*, LVI, 544면. 같은 책, XXIII, 559면 참조.

110) Petition of the Earles of Derby and Aylesford for the enclosing of Meriden (Warwickshire), *Journals of the House of Commons*, XXIX, 904면. Petition of the Duke of Marlborough for enclosing Westcote (Buckinghamshire,), 같은 책, XXX, 56면.

111) 장원 영주의 서명은 필수적이었다. H. Homer, 위의 책, 43면 참조. 다음의 글은 그런 청원서들 가운데 하나를 하원에 제출한 데 관해 기록한 의사록의 매우 특징적인 서두이다. "신사이며 요크주의 클리블랜드에 있는 페이스비 장원의 영주들인 윌리엄 써튼과 에드먼드 번팅, 전술한 페이스비 교구 교회의 서기이며 교구목사인 윌리엄 디슨, 준남작 윌리엄 파울리스 경, 향사 에드워드 윌슨, 프란시스 토프햄, 매슈 듀에인, 신사 존 리차트슨과 데이비드 버튼, 전술한 장원과 페이스비 읍구의 미망인이며 자유보유농 겸 지주인 마가렛 앨릴리와 메리 앨릴리의 청원서가 하원에 제출되어 낭독되었다." *Journals of the House of Commons*, XXV, 511면.

112) 윈프리스 뉴버그(도세트셔)의 경작자 수명의 청원서 참조. "청원자들 가운데 몇 사람은 위협과 협박에 의해 전술한 법안을 위한 청원서에 서명하도록 설득당했읍니다. 그러나 되돌아보면, 그리고 그들이 그 엔클로저에 의해 당하게 될 파멸을 생각하건대, 전술한 청원서에 그들이 의견상으로 순종한 것을 지금 취소할 자유를 갖도록 허락해주십시오." *Journals of the House of Commons*, XXI, 539면.

의 없었다. 촌사람들은 불만을 감히 나타내지를 못했다. 무엇보다 그들
이 두려워한 것은 '윗사람들에게 반항하는 일'이었다. [113]

일단 청원서에 정식으로 서명이 되면 그것은 의회에 제출되었다. 그
다음에는 경비가 많이 드는 일련의 절차가 시작되는데, 부유한 지주들
이 그 비용을 떠맡았다. [114] 의회는 모두 그들의 편이었다. 그들 자신의
대리인·친구·친척이 의회에 앉아 있지 않았던가? [115] 상원에 의석을
차지하고 있는 오랜 귀족계급의 수령들은 하원의 많은 지방 신사들처
럼 대지주 세력의 대표들이었다. 사전 조사도 없이 갑자기 법안이 기
초되는 일도 흔히 있었다. [116] 조사 명령이 내려지면 그 결론은 거의
변함없이 청원자들의 바람과 일치했다. 반대청원은 오직 하나의 경우,
즉 그것이 유산(有産) 지배계급에 의해 제출될 때에만 효과를 보았다.
자신의 종전의 권리들을 삭감당하지 않으려고 하는 장원 영주들의 요구,
10분의 1세에 대한 보상을 원하는 교구목사의 요구는 유리하게 받아들
여질 가능성이 매우 컸다. [117] 만약 단 한 사람이 울이 쳐질 면적의 5분

---

113) St. Addington, *An Inquiry into the Reasons for and against Enclosing
the Open Fields*, 24~25면.

114) Report on Waste Lands(1800), *Journals of the House of Commons*,
LV, 392면 참조. 하나의 엔클로저법안을 통과시키는 데 드는 의회의 수수
료는 평균 85파운드 10실링에 이르렀다. 여기에 사무변호사(solicitor, 법정
변호사와 소송의뢰인 사이에서 주로 사무만을 다룸―역주)와 변호사에 대한
사례, 해당사건을 조사하기 위해 임명된 의회의 위원회에 증인들을 출두시
키는 데 드는 경비 등이 추가되어야만 했다. Lecky, *History of the Eigh-
teenth Century*, Ⅵ, 199면에 따르면 총액은 180~300파운드였다.

115) J. L. and B. Hammond(*Village Labourer*, 65~70면)는 왕의 쎄지무어
(Sedgmoor, 잉글랜드 서남부의 광대한 평원―역주)를 위한 엔클로저법안의
경우를 언급하고 있다. 이 법안은 볼링브로크경에게는 특별한 관심이 있는
것으로서 그의 형제인 쎄인트 존 경이 앉아 있던 한 위원회에 회부되었다.

116) *Journals of the House of Commons*, XXV, 285, 494면; XXX, 56면 등
참조.

117) Petition from the Duke of Dorset and the Mayor of Stratford-on-Avon
against the enclosing of Shottery(Warwickshire), *Journals of the House
of Commons*, XXXII, 304면. 그 엔클로저법안은 철회되었다. 교구목사의
요청에 따라 법안이 수정된 사례들에 관해서는 같은 책, XXV, 236면과
XLIII, 317면 참조. 이와 정반대로 때로 지주들은 교구목사가 너무나 높은

의 1을 소유했다면, 그의 반대는 모든 것을 압도하기에 충분했다. [118] 이처럼 대지주들이 행한 일은 대지주들에 의해서만 취소될 수 있었던 것이다.

'엔클로저 법안'이 통과된 뒤에 어떤 일이 일어났는가? 일반적으로 이 법의 본문은 복잡한 조문들이 들어 있는 긴 문서이기는 했지만, 시행에 관한 일반적 조건들을 규정하고 있는 데 불과했다. 즉 오로지 현장에서, 관련된 당사자들이 지켜보는 가운데서 세부사항들이 해결될 수 있다는 식이었다. 그 다음에는 중요하면서도 매우 곤란한 업무가 수행되어야만 했다. 그 업무는 모든 소유지의 상태를 확인하고 그를 구성하는 각 지조를 측량하며 그 소유지에서 나오는 소득을 계산할 뿐 아니라 각 소유주가 누리는 공동지에 대한 권리들의 상대적 가치를 평가하는 것이었다. 공동경지와 개방경지를 포함한 교구의 전 토지를 일괄하여 대상으로 삼아, 앞으로 그것을 대체할 산재소유지(散在所有地)와 같은 가치의 할당지로 나누고, 필요한 경우에는 보상을 하며, 이제 한 사람의 토지를 이웃의 토지와 구분하는 울타리를 세우는 일을 지도·감독하고, 법이 엔클로저에 대한 보완책으로서 규정한 공동의 이익을 위한 사업 즉 도로의 건설이나 보수, 배수, 관개 같은 사업이 옳게 수행되도록 하는 것이 필요했다. [119] 한마디로 이 모든 일은 교구 전역에 걸친 엄청난 혁명을 하는 것이나 마찬가지였다. 말하자면 토지를 몰수하여 완전히 새로운 방식으로 지주들에게 다시 나누어주는 것이었는데, 이 방식은 지주 각자의 종전의 권리들을 존중하는 것이었다. 이 분배가 공평하게 실시되도록 보장하고 실수와 독단적인 조치를 피하기 위해서는 얼마나 세심한 배려, 얼마나 훌륭한 평가 감각, 그리고 또 불편부당함과 사리(私利)에 대한 초연함이 요구되었겠는가!

바로 그 중요하고 미묘한 업무는 수가 3명, 5명 또는 7명인 위원

보상을 받았다고 불평했다. 같은 책 XLVIII, 217면(Petition of W. Willder against the enclosing of Peopleton, Worcestershire).

118) A. Young, *North of England*, I, 225면.

119) H. Homer, *An Essay on the Nature and Method*, … 44면 이하. Sir John Sinclair, "General Report on the Present State of Waste Lands" (1800), *Journals of the House of Commons*, LV, 384면.

〈commissioner〉들에게 위임되었다. [120] 엔클로저에 관한 한, 그들은 무제한의 권한을 행사했다. 아서 영의 말을 빌면 "그들은 일종의 전제군주로서, 교구의 토지는 그들의 손에 맡겨져 그들의 마음대로 재편성, 재분배되었다."[121] 오랫동안 그들의 결정에 대한 항소(抗訴)는 제기된 바 없었다. 그러므로 그 위원들은 누구였으며, 어떤 사회계급 출신이고, 누가 그들을 임명했는가를 알아보는 것은 흥미있다. 이론상으로 그들은 의회로부터 권한을 부여받았다. 그들의 이름은 엔클로저법에 들어 있었다. [122] 그러나 의회는 위원들이 해결해야 할 지역의 문제들에 전혀 관심을 보이지 않았고 지식도 없었기 때문에 위원들은 사실상 청원자들에 의해 지명되었다. 이것은 그들의 임명이 종전의 모든 절차와 마찬가지로 대지주들에 달려 있음을 의미했다. 여기서 다시 한번 똑같은 인물들이 주역을 맡았다. "토지의 영주, 교구목사, 평민 중 중요 인물 몇 사람이 임명을 독점하고 분배한다."[123] 그들은 스스로 위원에 취임하지 않는 경우에는 자기들에게 헌신적인 사람들을 선택했다. [124] 위원들의 무제한한 권한은 그들 자신의 것이나 다름없었다. 그들이 그 권한을 당연히 자신의 이익을 위해 사용했다는 것은 그다지 놀라운 일이 아니다. [125]

---

120) H. Homer, 위의 책, 60면. Board of Agriculture, *General Report on Enclosures*(1808), 72면.

121) A. Young, *North of England*, I, 226면.

122) 1775년 이후로는 적어도 이런 것이 관행이었다. *Journals of the House of Commons*, XXXV, 443면.

123) J. Billingsley, *A General View of the Agriculture in the County of Somerset*, 42면.

124) *Report respecting the Persons to be appointed Commissioners in Bills of Enclosure*(1801), 4면.

125) 엔클로저에 관한 몇몇 저술가들은 위원들을 옹호했다. "엔클로저와 그 판정에 관한 행위를 전체적으로 고려해보면, 어떤 특정 계급을 위한 일반적인 편애가 있다고 볼 근거는 없는 것 같다. 그 작업은 언제나 잘 이루어지는 것은 아니지만 정직하게 행해지고, 소박하게 기꺼이 취하는 공정성이라는 특징을 갖고 있었던 듯이 보인다." Gonner, 위의 책, 76면. "약간의 실수와 경실이 있음에도 불구하고, 위원들이 터무니없는 편파성(그들은 흔히 이런 태도를 보였다는 비난을 받는다)을 띠고 행동했다고 생각할 만한 이유는 전혀 없다. 그리고 대체로 그들은 업무를 정직하고 공평하게 수행했다." Curtler, *The Enclosure and Redistribution of our Land*, 159면. 그러나

이것의 폐해는 너무나 명백했으므로 엔클로저의 가장 단호한 지지자
들, 그리고 대지주들의 이익에 반대할 가능성이 가장 적은 사람들도 그
것을 격렬하게 비난했다. 1770년에 아서 영은 위원들을 지주 총회에서
선출하여 주(州)의 행정관들에게 책임을 지게 하라는 요청을 제기했
다. [126] 그러나 그의 항의는 주목을 받지 못했다. 그리고 1801년——이
때 모든 엔클로저법들에 공통되는 조문들을 최종적으로 정할 목적으로
하나의 일반적인 법안이 제정되었다[127]——까지는 심각한 부정행위를 막
기 위한 그 어떤 조치도 취해지지 않았다. 장원의 영주, 그를 위해 일
하고 있거나 그 직책을 떠난 지 3년 미만인 집사(steward), 토지관리인
(bailiff), 대리인(agent), 또는 "울을 칠…… 예정인 늪지대, 공동지나 황
무지, 반년지(半年地, half-year land), 울을 치지 않은 토지에 직접 이해
관계를 가진 지주나 인물"[128]을 위원으로 임명하는 것은 금지되었다. 이
때부터 위원들은 터져나오는 모든 불평을 듣고 그것을 보고서에 기록할
의무를 갖게 되었다. 불만을 품은 사람은 누구나 위원들의 결정에 대해
사계재판소(Quarter Sessions)에 항소를 제기할 권리가 있었다. [129] 이 뒤
늦은 입법은 한 세기 동안 수탈이 자행되면서도 처벌을 받지 않았던 사
실에 관한 증거가 된다.

그녀는 "많은 경우에 관리의 잘못이 있었으며 일부 위원들의 행동에는 독단
적인 성격이 크게 나타났다"는 것을 인정한다. 그는 "할당(allotment)은 전
체적으로 법적인 권리들을 따랐다"고 덧붙인다. 그러나 문서에 의해 뒷받침
되지 않은 모든 요구를 보상 없이 일축하는 것은 영세 경작자들에게는 큰
손실이었다. "영세한 농장들로부터 공동지의 혜택을 빼앗으면 그들은 모두
일격에 땅에 쓰러진다." *Inquiry into the Advantages and Disadvantages
resulting from the Bills of Enclosures*, 1780, 14면.
126) A. Young, *North of England*, I, 232면.
127) 조지 3세 41년, 법률 제109호.
128) *Report respecting the Persons to be appointed Commissioners*, 4면.
129) Sir John Sinclair, *Report on the State of Waste Lands, Journals of
the House of Commons*, LV, 382면 ; *Report from the Committee appointed
to amend the standing Orders…respecting the Bills of Enclosures* (1801),
Journals of the House of Commons, LVI, 663면.

8. 사회·경제적 결과들

소경작자──그에게 있어서 경지는 자본이 아니라 생활수단에 불과하다──는 그런 변화들이 일어나는 동안 무기력하게 지켜볼 수밖에 없었다. 그리고 자기의 토지에 대한 소경작자의 권리는 그의 생활조건 바로 그것과 더불어 문제가 되어 있었다. 소경작자는 위원들이 보다 부유한 사람들을 위해 가장 좋은 토지를 떼어놓는 것을 막을 수 없었다. 그는 할당받은 땅이 종전의 자기 토지와 같은 가치를 갖는다고 생각하지 않더라도 그것을 받아들일 수밖에 없었다. 이제 그는 분배될 예정인 공동지에 대한 권리들을 잃었다. 그 공동지의 한 부분이 실제로 그에게 할당되었으나 그 크기는 그가 영주의 황무지에서 방목하던 짐승들의 수에 비례했다. 이리하여 다시 한번 가장 많이 가진 자가 가장 많이 받았다. 일단 새로운 토지를 소유하게 된 요먼은 그 둘레에 울타리를 쳐야만 했다. 그런데 이 일을 하는 데는 노동과 돈이 들었다. 그는 법을 집행하는 데서 발생하는 경비 가운데 그의 몫을 지불해야만 했다. 그런데 그 경비는 아주 과중한 경우가 흔했다.[130] 그는 빚을 지지 않는다 하더라도 전보다 가난한 상태로 남을 수밖에 없었다.[131]

공동지에 살면서,[132] 거기서 땔나무를 모으고 아마도 젖소를 기르도록

---

130) 2천 파운드가 평균 수치로 생각되었다. *General Report on Enclosures*, 331~34면 참조. 그 경비를 갚는 데 흔히 6,7년 이상이 걸렸다. A. Young, *A Six Months' Tour through the North of England*, I, 230면.

131) St. Addington, *An Enquiry into the Reasons for and against enclosing the Open Fields*, 35면. 엔클로저 때문에 영세지주가 짊어진 짐에 관해서는 Prothero(Lord Ernle), *English Farming*, 251면. J.L. and B. Hammond, *The Village Labourer*, 97면. Gonner, *Common Land and Inclosure*, 373 면. Eliaschewitsch, *Die Bewegung zugunsten der kleinen Landwirtschaftlichen Güter in England*, 58면을 참조.

132) 마르크스가 다음과 같이 쓴 것은 잘못이었다. "F. W. 이든경은 한 교묘한 변론에서 공동지를 대지주들의 사유재산이라고 표현했다. 이들이 봉건영주들의 자리를 차지했다는 것이다. 그러나 그는 의회가 공동지의 분할을 승인하기 위해 하나의 일반적인 법안을 통과시켜야만 한다고 요구했을 때 자

전통적으로 허용받았을 오두막농민(cottager)에 관해 말하자면, 그는 자기의 소유라고 생각하던 모든 것을 일거에 빼앗겼다. 공동지는 결국 다른 사람들의 재산이었기 때문에 오두막농민은 불평을 할 권리도 전혀 없었다. 유산계급들은 하나같이 "빈민들을 강탈한다고 하는 주장은 그릇된 것이다. 그들은 공동지에 대한 법적 권리가 전혀 없다"[133]고 생각했다. 분명히 이것은 사실이었다. 그러나 그때까지 그들은 오랜 전통에 의해 승인된 기정사실로서의 이익을 누렸다. 어떤 저술가들은 그들이 얻는 이익은 대수롭지 않았고 그들이 그것을 잃는다고 해서 오두막농민들이 심각한 손해를 입을 수는 없다고 주장한 바 있다.[134] 그러나 법률은 그들에게 가해지는 심각한 부정이 있음을 인정했던 것 같다. 1757년에 통과된 한 의회법은 엔클로저위원들에게 "황무지·삼림·목초지에

신의 말을 부정한 셈이었다. 그렇게 함으로써 그는 공동지를 사유재산으로 바꾸기 위해 예외적인 입법이 필요하다는 것을 인정했을 뿐 아니라 쫓겨난 빈민들에게 보상을 하라고 의회에 요구한 것이었다." *Das Kapital*, Ⅰ, 749면. ① 엔클로저 일반법령은 공동지의 분할을 승인하기 위해 제정된 것이 결코 아니라 그 분할의 절차를 위한 일반적 규칙들을 작성하기 위한 것이었다. ② 관습적인 점유권의 상실에 대한 보상은 실제적 권리의 인정을 의미하지는 않는다. 잉글랜드의 공유지의 상태에 관한 마르크스의 개념은 실제 상태와는 약간 동떨어진 것처럼 보인다.

133) Matthew Boulton, 호크스베리경에게 보낸 1790년 4월 17일자의 편지 (S. Smiles, *Lives of Boulton and Watt*, 168면). H. Homer, 위의 책, 23면 참조.

134) "오두막농민들과 빈민들이 공동지와 황무지에서 얻는 이익은 실질적이라기보다는 오히려 외견상의 것이다. 그들은 좋은 땔감을 살 수 있게 해주는 어떤 노동에 집착하는 대신에 몇 개의 마른 막대기를 줍는 데 시간을 허비한다. …… 그들의 굶주린 돼지 한두 마리는 몇 마리의 떠도는 거위새끼와 더불어 …… 그것들을 기르는 데 필요한 보살핌, 시간, 구입한 사료에 따라 비싼 댓가를 받는다." F. M. Eden, *State of the Poor*, Ⅰ, XIX. Curtler, *The Enclosure and Redistribution of our Land*, 228면에 따르면, 세 계급의 사람들이 "공동지에 관한 권리에 상당한 규모로 의존하고 있어서 그것을 박탈하는 것은 그들의 수가 크게 감소되게 만드는 한 원인이 된다." 그들은 ① 소유주나 차지인으로서 적은 구획을 경작하는 노동자들 ② 자기 가족의 도움을 받아 보유지를 경작하는 영세농민들 ③ 1백 에이커 미만의 농장을 소유하고 경작하는 영세 요먼들이었다. Eliaschewitsch, *Die Bewegung zugunsten der kleinen Landwirtschaftlichen Güter in England*, 46면 참조.

울이 쳐진……교구나 읍구에 사는 빈민들을 구제하는 데 쓰일"[135] 어떤 보상을 구빈법(救貧法, Poor Law) 당국자들이 시행할 것을 명령했다. 이것은 공동지의 분할이 어려움의 원인이라는 사실을 인정하는 것이었다. 그 어려움을 덜기 위해 하나의 조치가 더 취해졌다. 교구의 보다 가난한 주민들 즉 토지 없는 오두막농민들이 사용하도록 토지 한 뙈기를 분할하지 않은 채로 두거나,[136] 그들의 비참한 가축을 방목할 수 있는 적은 구획들을 그들에게 주었다.[137] 그러나 이런 보상은 거의 허용되지 않았고,[138] 어떤 경우에도 기대하기 힘든 것이었다. 이와같이 분배된 할당지는 너무나 적고 불충분했으므로 오두막농민들은 그것을 처분할 기회가 오면 냉큼 달려들어 약간의 돈과 바꾸었다. 그들은 오래 기다리지 않아도 되었다.

왜냐하면 엔클로저가 이루어지고 몫이 할당되고 토지의 각 구획 둘레에 울타리가 쳐진 뒤에도 아직 모든 일이 끝난 것은 아니었기 때문이다. 대지주들은 그 사업에서 기대하는 모든 이윤을 아직 거두지 못했다. 그들은 자신의 영지를 확고히 굳히고 나서는 영지를 늘리려고 애썼으며, 빼앗을 것이 남아 있지 않을 때는 살 각오가 되어 있었다. 어떤 대지주들은 경지나 목장을 늘리기를 원했고 어떤 지주들은 정원이나 사냥터를 확대하고 싶어했으며,[139] 또 다른 지주들은 흔하지는 않았지만 "저택 부근

---

135) 조지 2세 31년, 법률 제41호.

136) The Act of Enclosure for the parish of Walton-upon-Thames and for the manor of Walton Leigh (Surrey), 조지 3세 40년, *Local and Personal Public Acts*, 법률 제86호. 5파운드 이하의 지대로 오두막 한 채를 점유하고 있는 모든 사람은 이렇게 해서 보유된 토지의 구획을 사용하고 목초지, 삼림 등에 관한 권리들을 행사할 자격이 있다. 위의 경우에 미분할 토지는 260에이커에 이르렀다.

137) 1801년의 법(조지 3세 41년, 법률 제109호)은 이런 할당지를 분배하도록 규정했다.

138) "개방경지 교구들의 가난한 주민들은 공동지에서 가시금작화, 뗏장 등을 베는 특권을 누린다. 그들은 엔클로저가 이루어질 때 공동지에 대한 어떤 보상도 받는 일이 거의 없다. 이기적인 지주는, 그들은 그런 특권을 누릴 권리가 전혀 없고 관용이나 묵인에 의해 그것을 누리도록 허락될 뿐이라고 우긴다." H. Homer, 위의 책, 23면.

139) 도체스터의 백작은 애비 밀턴의 교구(도쎄트셔) 전체를 사들인 뒤에 마

에 있는 오두막들을 사려고 했는데, 그 목적은 그 오두막들을 폐쇄하여
쇠락하게 만들려는 것 이외에는 전혀 없었다. 왜냐하면 그들은 빈민들
을 이웃으로 두고 사는 것을 좋아하지 않았기 때문이다."140) 그리고 이
미 대지주가 된 사람들말고 다른 사람들——상인, 은행가, 그리고 나중
에는 제조업자——도 그들과 같은 대열에 서고 싶어했다. 시기적으로도
매우 유리한 때였다. 토지의 재분배는 땅에 가장 밀접하게, 가장 충실
하게 결부되어 있던 계급 사이에 동요를 일으켰던 것이다. 정직하고 근
면하나 멀리 못 보는 요먼, 즉 단지 다져진 길을 따라가는 사람인 요먼
은 주위의 변화들에 당황해했으며, 근대적 방식으로 운영되는 대농장들
의 끔찍한 경쟁을 통해 다가오는 위험을 느꼈다. 기가 꺾였건 다른 곳
에서 운을 찾는 쪽을 택했건간에 그들은 부자의 제의에 유혹당해 토지
를 팔았다.141)

거의 모든 곳에서 개방경지에 울을 치고 공동지를 분할한 뒤에는 아
주 많은 소유지의 매각이 뒤따랐다. 농장의 엔클로저 및 매점(engross-
ing)은 18세기의 여러 저술가들이——거기에 찬성하건 반대하건간에——
불가분의 것으로 여기는 두 가지 사실이다. 농장 매점이 언제나 엔클로저
의 결과인 것만은 아니었다. 그와 반대로 때로 매점은 엔클로저보다 앞
서 일어났다.142) 그러나 엔클로저의 결과이건 목적이건 우리는 18세기
후반에 농장의 총수가 훨씬 적어졌다는 것을 확실히 알고 있다. 1780년

올을 무너뜨리고 그 자리에 양어장을 팠다. F. M. Eden, *State of the Poor*,
Ⅱ, 148면.

140) F. A. Wendeborn, *A View of England towards the Close of the
Eighteenth Century*, Ⅱ, 287면.

141) "집사는 영주의 어느 장원 안이나 부근에서 토지를 팔려고 하는 모든 자
유보유농의 의향을 가장 훌륭하게 조사하여, 영주의 이익과 편리에 가장 합
당한 가격으로 그것을 사도록 최선의 노력을 해야만 한다는 것을 잊어서는
안된다." E. Laurence, *The Duty of a Steward to his Lord*, 1727, 36면.
G. Slater, *The English Peasantry and the Enclosure of Common Fields*
의 결론과 Hasbach, *Die Englischen Landarbeiter in den letzten hundert
Jahren und die Einhegungen*, 110~11면 참조.

142) H. L. Gray, "Yeoman Farming in Oxfordshire from the Seventeenth
Century to the Nineteenth"(*Quarterly Journal of Economics*, XXIV, 293
면)에 따르면 후자의 경우가 더 잦았다.

에 30개의 농장이 있었던 도세트셔의 한 촌락은 15년 뒤에는 토지 전체가 2개의 보유지로 분할된 상태가 되었다. 허트포드셔의 한 교구에서는 지주 3명이 24개 이상의 농장을 매점했는데, 평균 면적은 50∼150에이커였다.[143] 엔클로저의 나쁜 결과를 과장하는 경향이 거의 없는 엔클로저의 한 찬미자는 1740∼1788년에 각 교구당 평균 4개꼴로 작은 농장들이 큰 농장들에 흡수되었다는 숫자를 제시했는데, 이렇게 보면 왕국 전체에서의 총수는 4∼5만이 된다.[144] 이것은 매우 중요한 사실이었다. 비록 당시의 여론을 동요시키는 데서는 훨씬 덜했지만`그 사실은 공동지의 분할보다 더 중요했음이 분명하다. 매점은 신중하게, 의회나 지방당국의 어떤 간섭도 없이 사적인 매매를 통해 이루어졌다. 그리고 그것은 거의 주목을 받지 않았다. 그러나 그것은 대지주들의 노력이 궁극적으로 겨냥한 진정한 목적이었다. 엔클로저와 법적인 절차에 관한 그들의 모든 조치는 주로 경작자들이 토지를 팔도록 강제하거나 최근의 구매에 의해 확대된 영지를 경영하려는 수단이었다. 50년도 채 못 되는 기간에 4∼5만의 농장이라는 숫자(이것은 과장으로 보이지 않는다)는 그 반세기 동안 토지재산에 일어난 변화가 얼마나 광범위했는가를 보여준다.

한 농장의 소멸이 반드시 토지소유의 소멸을 의미하지 않는다는 것은 분명하다. 흔히 독점은 한 영지에서 몇 개의 작은 보유지들을 하나의 보다 큰 농장으로 결합시키는 작업이었다.[145] 그런데 바로 그 변화는 하

---

143) 더웨스턴의 교구를 가리킨다. F. M. Eden, *State of the Poor*, Ⅱ, 148면; Th. Wright, *A Short Address on the Monopoly of Small Farms*, 3∼5면.

144) J. Howlett, *The Insufficiency of the Causes to which the Increase of the Poor and of the Poor Rates have been commonly ascribed*, 42면. 1765년 이래 농장 독점은 곡물 가격의 앙등으로 보다 큰 이윤을 올릴 수 있다는 전망 때문에 고무되었다. H. Levy, *Large and Small Holdings*, 10면 참조.

145) Hasbach, 위의 책, 36∼37면 참조. A. H. 존슨(Johnson)은 엔클로저에 잇따라 반드시 적은 보유지들의 흡수가 있었던 것은 아니라는 결론을 내리면서도 "엔클로저와 통합의 관계를 약간 조심스럽게 연구한" 뒤에, "1785년까지, 그리고 대략 이 무렵에는 흔히 엔클로저에 잇따라 그런 결과가 나타났다"는 것을 인정한다. (*Disappearance of the Small Landowner*, 147면)

나의 혁명과 맞먹는 것이었다. 왜냐하면 그것은 경작방식과 노동력의 고용에 심각한 수정을 가져오는 것이기 때문이다.

18세기의 3분의 2 동안에는 튜더왕조 시대처럼 소농경영은 후퇴를 계속했고, 그에 잇따라 목초지가 확대되었다.[146] 아서 영은 『농업가의 편지』(*Farmer's Letters*, 1767)에서 농장은 목축을 통해 경작보다 좋은 이윤을 올릴 수 있고 노동력도 덜 든다고 썼다.[147] 종전의 엔클로저 운동에도 불구하고 경작이 여전히 지속되고 있던 다수의 주들은 이제 하나의 새로운 양상을 띠게 되었다. 작물로 유명했던 레스터셔는 18세기말에는 거의 전부가 인공목장으로 덮였다. 더비셔의 절반, 체셔의 4분의 3, 랭커셔의 4분의 3 이상이 목초지가 되었다.[148] 1765년 무렵 이래 물가앙등은 곡물 재배를 자극했고 경지를 목초지로 전환시키려는 움직임은 완만해졌다.[149] 귀리나 밀의 경작이 양 사육보다 더 많은 노동을 필요로

로렌스(Laurence)에 따르면 작은 농장들을 큰 농장들에 흡수하기 위해 일하는 것은 집사들의 의무였다. "집사는 빈민들에게 임대되어 있는 모든 작은 농장들을 큰 농장들에 합병하려고 노력해야만 한다." E. Laurence, 위의 책, 35면.

146) Prothero(Lord Ernle), *English Farming*, 168면 참조. A. H. Johnson, *Disappearance of the Small Landowner*, 98면; Hasbach, *Die englischen Landarbeiter*, 39면.

147) A. Young, *The Farmer's Letters*, 95면.

148) J. Aikin, *A Description of the Country round Manchester*, 18, 44, 69~70면; F. M. Eden, *State of the Poor*, Ⅱ, 531면; W. Pilkington, A *View of the Present State of Derbyshire*, Ⅰ, 301면.

149) H. Lévy, *Die Entstehung und Rückgang des landwirtschaftlichen Grossbetriebes*, 18면(*Large and Small Holdings*). Prothero(Lord Ernle), *English Farming*, 168면. "차지인에게는 물론이고 지주에게도 이윤이 즉각 크게 나왔기 때문에 그밖의 모든 생산물은 감소되었을 뿐 아니라 실제로 이 상품의 증가에서 나오는 대단한 이익을 거두겠다는 의도에 희생되었다. 이 목적을 위해 경작자는 자기 토지의 구석구석을 경지로 바꾸었다. 그리고 심지어는 오두막농민조차도 작은 암양 한 마리를 버리고 보잘것없는 과수원을 경지로 전환시켰다." *An Enquiry into the Advantages and Disadvantages resulting from the Bills of Enclosure*(1780), 23면. 이 기록이 전하는 인상은 크게 과장된 것이다. 왜냐하면 농업개량회가 간행한 『엔클로저에 관한 전반적 보고서』(*General Report on Enclosures*, 229~31면과 232~52면)의 수치들을 비교하면 우리는 1760~1800년에 경지면적이 약간 감소된 것을 알

했지만 어쨌든 농장 일꾼의 **총수**는 줄었다. 이런 감소는 실제로 종전에 개방경지에 분산되어 있던 구획들을 통합하고 농장들을 독점했던 **작업**의 주요한 목표 가운데 하나가 아니었을까? [150]

엔클로저 법안들은 적극적인 반대에 부딪힌 적이 거의 없었다. 그 이유를 찾아내기는 어렵지 않다. 가장 불평을 많이 해야 마땅한 사람들이 감히 목소리를 높이는 일은 거의 없었다. 만약 그들이 용기를 내어 의회에 요구나 청원서를 제출한다면 그들에게 남는 유일한 결과는 헛되이 돈을 쓰는 일뿐이었다. 즉 법적 경비, 전문가들인 변호사 및 사무변호사에 대한 보수가 그것이었다. 그들은 고작 이웃인 대지주들이 기초한 청원서에 서명하기를 거부하곤 했을 뿐이었다. 심지어 그런 때에도 그들은 그 청원에 반대할 뜻은 없다고 즉석에서 선언하곤 했다. [151] 그것은 말 그대로 "우리는 어리석은 행동을 안 한다"는 것을 보이는 태도였다. 이런 까닭으로 공식적인 항의는 비교적 드물었다. 그렇지만 몇 건의 항의에 대해 우리는 알고 있다. 때로 그 항의는 엔클로저의 원칙 자체가 "청원자들에게 매우 해롭고 많은 사람, 특히 보다 가난한 사람들을 파멸시키는 경향이 있다" [152]고 공격했다. 때로 항의자들은 엔클로저 사업이 "편파적이고 불공정하며…… 특히 청원자들과 공동체 전체에 해롭다" [153]고 비난했다. 1760년 이후에 이런 항의는 더 잦고 거세어졌다.

게 되기 때문이다(약 1만 에이커). 엘리아셰비치(Eliaschewitsch, 위의 책, 23면 이하)는 실제로 1760~1793년에 물가의 앙등은 목축업과 경작 모두에 유리했음을 입증하고 있다. 그는 일련의 인용문의 뒷받침을 받아 H. 레비에 반대하면서, 18세기의 엔클로저는 대체로 목초지 확대의 결과였다고 주장한다. (34면 이하) 그리고 그는 『엔클로저에 관한 전반적 보고서』(1808)의 다음과 같은 결론에서 자기의 의견을 확인한다. "사실이 그렇다는 것은 부정할 수도 없고 부정할 필요도 없는 것이다."

150) 존 싱클레어 경은 이것을 인정했다. "엔클로저가 인구에 미치는 영향을 고려해볼 때, 그것은 확실히 농업에 고용된 노동자의 수를 감소시키는 경향을 갖고 있다." Witt Bowden, *Industrial Society in England towards the End of the Eighteenth Century*, 241면에 인용.

151) 이런 사실들은 아주 자주 있었다. 예를 들면, *Journals of the House of Commons*, XXX, 607, 608, 613면 등 참조.

152) *Journals of the House of Commons*, XXVIII, 1031면; XXIX, 563, 612면; XXXI, 539면.

153) 같은 책, XXXIII, 459면.

촌민들의 억압된 분노가 갑자기 폭발하곤 했다. 어떤 교구들에서는 엔클로저의 발표로 인해 폭동이 일어났다. 법안을 제시하는 것을 강제로 막는 폭도들의 방해 때문에 공고문을 교회 문에 붙일 수 없었다. 그 법안들을 담당한 경찰관은 몽둥이와 갈퀴로 무장한 군중의 위협에 부딪혔다. 써포크의 한 마을에서는 일요일마다 세 차례에 걸쳐 공고문이 경찰관의 손에서 찢겨지고 그는 도랑에 던져져 돌세례를 맞았다. [154]

촌민들이 지니는 타성적인 소심함과는 뚜렷하게 대조되는 이 격렬한 반대는 변화에 대한 본능적 불신 이외에는 달리 원인이 없었을는지 모른다. 그러나 우리는 수많은 문헌과 사실들이 그 반대로 뒷받침하고 있음을 본다. [155] 이 문헌 및 사실들에 따르면 엔클로저는 보다 부유한 계급이 토지를 매점하는 결과를 낳았다. 엔클로저는 그 시기의 모든 폐해, 다시 말하면 엄청난 필수품 가격, 하층계급의 사기 저하, 빈곤의 악화의 뿌리를 이루고 있었다.

4,5명의 부유한 목축업자가 울이 쳐진 큰 영지를 독점하는 것은 드문 일이 아니다. 전에 그 땅은 2,30명의 경작자, 같의 수의 영세 차지인 또는 지주의 수중에 있었다. 이로 인해 이 모든 사람들은 생활 수단을 잃게 되고, 그들 자신의 노동자들과 하인들 외에 대장장이, 목수, 수레바퀴목수, 여타의 숙련공, 장인처럼 그들에 의해 주로 고용되어 부양을 받던 수많은 다른 가족도 마찬가지 처지가 되었다. [156]

---

154) *Journals of the House of Commons*, LVI, 333면; LVIII, 387면. 엔클로저법안이 제출된다는 것을 관련된 당사자들 모두에게 알리는 공고문은 여러 주 전에 게시되어야만 했다. (같은 책, XXXV, 443면 참조)

155) **The British Museum Library**는 엔클로저에 관한 팜플렛들을 대량으로 소장하고 있다. 그 책들은 1780~90년의 기간에 특히 많다. 다음은 보다 흥미있는 책들 가운데 몇 가지의 제목을 소개한 것이다. *An Inquiry into the Advantages and Disadvantages resulting from the Bills of Enclosure* (1780); *Observations on a Pamphlet entitled: 'An Inquiry into the Advantages, ⋯⋯'* (1781); *A Political Inquiry into the Consequences of enclosing Waste Lands* (1785); *Cursory Remarks upon Enclosures, showing the Pernicious and Destructive Consequences of Enclosing Common Fields* (1786). British Museum, T 1945~1950.

156) Stephen Addington, *An Inquiry into the Reasons for and against inclosing the Open Fields*, 38면.

소지주는 자기의 토지를 포기하고 그 지역을 떠나거나 노동자의 처지로
전락할 수밖에 없었으며, 오두막농민은 공동지로부터 쫓겨났고, [157] 대
농장들은 비교적 적은 노동을 필요로 했기 때문에 다수의 편력공들이
실업자로 남아 있었다. [158]

어디에서나 그렇지는 않았지만 적어도 많은 농촌지역에서 그 결과는
인구의 감소로 나타났다. "농가는 철거되거나 쓰러지는 피해를 당하고
헛간 하나만이 그들의 방에 남아 있게 될 것이다. 촌락들은 주민을 잃
는다……"[159] 이런 불만과 비난의 메아리가 올리버 골드스미스의 유명
한 시행(詩行)들 속에서 울려나왔다.

> 미소짓는 달콤한 마을이여, 가장 사랑스러운 초원이여,
> 그대의 즐거움은 달아나고 그대의 온갖 매력은 사라졌다.
> 그대의 집들 사이에 폭군의 손이 보이고
> 황량함이 그대의 모든 초원을 슬픔에 빠뜨린다.
> 오직 한 주인이 그대의 토지 전체를 움켜잡고서
> 경지의 반조차 그대의 미소짓는 평원에 내주기를 아까워한다……
> 약탈자의 손을 피해 몸을 떨고 움츠리면서
> 그대의 어린이들은 멀리, 멀리 그 땅을 떠나간다……
> 끊임없는 과시의 압력을 벗어나려면
> 어디에, 아! 어디에 가난은 머물러야 하는가?

---

157) 공동지에 이해관계를 가진 상이한 계급들에 대해 엔클로저가 미친 영향
은 Hasbach, *English Agricultural Labourer*, 107면에 적절하게 묘사되어
있다.

158) 경작방식의 개량도 비슷한 결과를 빚었다. "40년 전에 모든 절기에는 말
4마리와 남자 2명 또는 적어도 남자 1명과 소년 1명이 딸려 일을 했던 데
반해, 현재 이 주 전역에서는 보편적으로 모든 쟁기에 남자 1명과 말 2마리
가 딸려 몰이꾼 없이 일을 하고 있다. 그리고 내가 가장 공들여 관찰한 바
에 따르면 남자 1명과 말 2마리는 전에 남자 2명과 말 4마리가 하던 것만큼
일을 한다." G. Buchan Hepburn, *A General View of the Agriculture in
East Lothian* (1794), 114면.

159) *An Inquiry into the Causes of the present High Prices of Provisions*
(1767), 114면; David Davies, *The Case of the Labourers in Husbandry*
(1795), 35~36면; *Gentleman's Magazine*, LXXI, 809면 참조.

변변찮은 풀을 구하려다 그가 길을 잘못 들어
가축떼를 몰고 어떤 공동지의 경계선 안으로 들어간다면
부자의 아들들이 그 울타리 없는 경지를 분할하고
불모의 공동지조차 그에게 주지 않으리……
그대 진실의 벗들이여, 부자의 힘이 커지고 빈자의 힘이 쇠퇴하는
것을 보고 있는 그대 정치가들이여,
찬란하고 행복한 땅 사이에
얼마나 넓게 경계선이 그어져 있는가를 판단하는 것은 그대들의 일
이다……
토지는 병들어, 성급한 악폐의 먹이가 되고
부가 쌓이는 곳에서 사람들은 쇠약해간다.
제후와 영주들이 번성하든가 쇠망하든가,
숨결이 전에 그들을 만들었듯이 숨결이 그들을 다시 만들 수 있다.
그러나 나라의 자랑인 농민은
한번 파괴되면 결코 다시 만들 수가 없다.[160]

엔클로저를 찬양하는 사람들도 있었는데, 이들은 엔클로저의 부인할
수 없는 이익[161]을 강조하면서 엔클로저가 가져오는 나쁜 결과의 대부분

---

160) Oliver Goldsmith, *The Deserted Village*, 1770, 35, 64, 265~82, 303~
8행. 비록 그런 시도를 하기는 했지만 이 시행들이 엔클로저의 현장을 봄으로
써 얻어진 것이라고 인정하기는 어렵다. F. 모튼 이든(Morton Eden)은
"버림받은 촌락들은 현재 시의 묘사 안에서만 보인다"고 썼다. *An Estimate
of the Number of Inhabitants of Great Britain and Ireland* (1800), 49면.
"골드스미스 박사가 자기의 「버림받은 마을」은 시적 허구에 불과하다"고 고
백하는 말을 들은 일이 있다. *Gentleman's Magazine*, LXX, 1175면. 골드스
미스는 특히 한 마을의 경우를 염두에 두지 않았을 가능성이 아주 크다. 그
러나 그가 사용한 시어들은 너무나 분명하고 여러 전거를 통해 우리에게 알
려진 사실들과 너무나 부합되기 때문에 「버림받은 마을」이 순전한 상상이라
고 일축할 수 없게 만든다. 이 시는 하나의 사실에 관한 증거로 인용될 수
없다 하더라도 그것이 쓰여진 때에 널리 퍼진 감정을 표현했음이 분명하다.
161) Curtler, *The Enclosure and Redistribution of our Land*, 182~226면을
볼 것. 커틀러는 엔클로저가 가져온 일반적 결과에 대하여 농업개량회의 보
고의 결론을 요약하고 있다. "다음 두 가지 점에 대하여 증거는 압도적이다.
그들은 먼저 엔클로저가 가져온 이익을 이론의 여지가 없고, 공동지의 불이
익은 그 혜택보다 훨씬 크다고 생각했다. ……공동지는 원시적 농업의 유물
이며, 그 주된 용도는 소멸되었다……"

은 순전히 허구적인 것임을 입증하려고 애썼다. 그들 가운데 가장 열성적
인 사람들은 농업에 관한 저술가들이었다. 그들이 보기에 토지의 분배
는 토지의 생산성보다 훨씬 덜 중요했다. 그들에게 있어서 최고의 논리
는 대농경영이 농업의 실제적·이론적 발전을 위해 가장 훌륭한 조건을
제공한다는 것이었다. 아서 영은 큰 농장을 큰 작업장에 비유하고, 핀 제
조에 관한 아담 스미스의 유명한 귀절을 인용한 뒤에 이렇게 덧붙였다.

　농업은 이것〔분업〕을 허용하지 않을 것이다. 왜냐하면 어떤 사람들
은 평생 동안 씨뿌리는 일에, 어떤 사람들은 쟁기질에, 어떤 사람들
은 울을 치는 일에, 또 어떤 사람들은 호미질 등에, 이런 식으로 고
용될 수 없기 때문이다. 그러나 우리가 이것에 접근할 수 있다면 그
만큼 더 나을 것이다. 이 일은 대농장에서만 이루어질 수 있다. 소농
장에서는 똑같은 사람이 양을 돌보고 돼지를 기르고 소를 키우고 쟁기
질을 하고 씨를 뿌린다. 그는 하루에 여남은 종류의 다른 노동을 하
고 신경을 쏟아야 하므로 결국 자신의 독특한 습관적 기술을 획득하
지 못한다.[162]

요먼의 농장들은 경작상태가 형편없었고 "일반적으로 가난과 비참의
소굴"[163]이라는 것이었다. 대지주는 풍부한 지성과 창의력을 더 많이 갖
고 있었다. 그리고 특히 그는 실험을 할 수 있었고 다소 경비가 드는
개량을 시도할 여유가 있었다. 엔클로저가 일어나고 대농장들이 세워
진 곳이면 어디에서나 지대가 올랐다.[164] 농학자들에게 이것은 결정적

---

162) A. Young, *On the Size of Farms*, in *Georgical Essays*, Ⅵ, 564~65
　　면. *The Farmer's Letters*, 56면.
163) A. Young, *On the Size of Farms*, 560면.
164) C. Hutsall, *A General View of the Agriculture in the County of*
　　Pembroke, 21면. A. Young, *Southern Counties*, 22면. "비숍의 버튼
　　(Bishop's Burton) 주위에는 내가 본 것 가운데 가장 대단한 개방경지가 있
　　다. 이곳은 개방되었을 때는 지대가 1에이커에 18실링, 20실링이었는데 엔
　　클로저법안이 통과된 현재는 에이커당 약 30실링으로 올랐다고 한다." *Nortı*
　　of England, Ⅰ, 447면 참조. 엔클로저로 인한 앙등과 1793~1815년에 농
　　산물의 기근시세(물건이 부족해서 생기는 비싼 가격—역주)와 관련된 앙등
　　은 구별해야만 한다.

논거였다. 그들은 또 경제학자이기도 했다. 그래서 그들이 보기에 생산과 이윤이 문제가 될 때 인간은 별로 중요하지 않았다.[165]

그들은 토지의 통합이 소규모 보유지의 흡수라는 결과를 낳기 십상이라는 사실을 거의 반박할 수가 없었다. 하지만 그들은 노동자들의 상태가 결과적으로 악화되었다는 것을 부인했다. 그들의 의견이 공동지의 분할과 관련하여 어떠했는가를 우리는 알고 있다. 그들이 분할에 반대하는 논거는 "잘못된 인도주의 원칙에 바탕을 두고 있다"[166]는 생각이었다. 그들은 농업노동력 수요의 감축과 촌락 인구의 감소에 관한 불평을 불합리한 이야기라고 일축했다. 토지의 일부를 휴경지로 방치하고 나머지 토지를 가장 소출이 적도록 경작하는 것이 최대 다수의 사람들을 사용하고 먹여 살리는 수단이라고 믿을 사람이 과연 누가 있었겠는가?

내가 빈약하게나마 이해하기로는 이것은 가장 엄청난 역설로 보인다. 내가 사는 곳 부근에는 약 1천 에이커의 훌륭한 히스벌판이 있다. 그 황야는 현재의 미경작 상태로는 단 한 사람의 가난한 가족도 먹여 살릴 수 없고 그 어떤 사람도 거기서 이익을 얻을 수 없다. 다만 그곳에 따로 가축 몇 마리를 보내는 부근의 농민들 몇 사람만이 이익을 얻는다. 이에 반해 그곳에 울을 쳐서 잘 경작하고 개량한다면 1년에 70~100파운드의 수익을 올리는 6~8개의 훌륭한 농장이 생길 것이다. 이 농장들은 경작자들과 그들의 식솔 몇 가구말고도 약 30명의 노동자를 필요로 할 것이다. 그 노동자들은 처자와 더불어, 그들 각자의 수요를 공급하는 데 필요한 장인들과 직공들을 추가시켜 이 단일 지역의 인구를 단기간에 적어도 2백 명으로 끌어올릴 것이다.[167]

---

165) "나는 인구는 이차적인 대상이라고 생각한다. 토지는 인구라는 개념이 전혀 없이 가장 많은 댓가를 낼 용도에 이용되어야만 한다. 경작자는 인구가 어떻게 되건간에 나쁜 농업에 묶여서는 결코 안된다. 국가의 부를 늘리는 대신에 국가에 대한 부담이 되는 인구는 해로운 인구이다." A. Young *Political Arithmetic*, I, 122면.

166) *First Report from the Select Committee appointed to take into Consideration the Means of promoting the Cultivation of the Waste Lands* (1795), 47면.

167) J. Howlett, *An Examination of Dr. Price's Essay on the Population of England and Wales*, 29, 30면. 이 문제는 최근 몇몇 엔클로저 관계 저술가들에 의해 다시 검토·논의되었다. G. Slater, *The English Peasantry*

이런 낙관적 계산을 보다 신빙성있게 만들기 위해서, 〔토지〕독점의 나쁜 결과는 황무지의 경작에 의해 충분한 보상을 받았음을 보이는 세심하게 선별된 수치들이 제시되었다. [168] 대규모 경작은 노동과 임금 양면에서 농촌 인구에게 가장 좋은 기회를 제공하게 될 제도라는 주장까지도 있었다. [169] 이와 동시에 엔클로저에 적대적인 의견집단을 대표하

---

and the Enclosure of Common Fields, 265~66면에 따르면 엔클로저의 결과로 지방의 인구는 감소되었다. 이와는 반대로 고너(Gonner) 교수는 이용가능한 모든 수치를 비교한 뒤에, "농촌의 인구는 18세기 말에 엔클로저에 따라 변하지 않았다"는 결론을 내리고 있다. (Common Land and Enclosures, vi면 및 411~12, 448면) 1801년 이전에는 추산만 있었을 뿐, 인구통계는 없었다는 것을 기억해야만 한다.

168) A. Young, North of England, IV. The Advantages and Disadvantages of Enclosing the Waste Lands 라는 제목의 팜플렛(42면)에서 우리는 다음과 같은 수치들을 보게 된다.

		엔클로저 이전			엔클로저 이후		
	토 질	임 금	가 족		임 금	가 족	
개방경지	비 옥	400파운드	20		100파운드	5	
개방경지	보 통	400파운드	20		325파운드	16. 25	
공 동 지	비 옥	10파운드	0. 5		100파운드	5	
공 동 지	보 통	10파운드	0. 5		325파운드	16. 25	

연대와 장소에 대한 언급이 없어서 입증이 불가능하지만, 이 수치들을 검토해보자. 이 수치들은 농업인구의 수(41가족이 42.5가족으로)와 지급된 임금의 총액(820파운드가 850파운드로)이 약간 증가했음을 보이고 있다. 그런데 발생한 일체의 증가는 공동지와 황무지의 엔클로저에서 비롯되었다. 이와는 반대로 개방경지의 엔클로저는 인구와 임금 모두를 현저히 감소시키는 결과를 빚었다. (40가족이 21.25가족으로, 800파운드가 425파운드로) 그 두 종류의 엔클로저의 비율이 농촌에서 어떠했는가는 앞으로 검토할 문제로 남아 있다. 개방경지에서 사라진 가족들과 분할된 공동지에서 일자리를 찾은 가족들은 같은 계급에 속할 수 없다는 데 주목해야만 한다. 전자의 집단은 지주나 등본보유농을 분명히 포함했던 데 비해 후자는 오직 노동자들로만 이루어져 있었다.

169) A. Young, The Farmer's Letters, 66~72면; J. Howlett, An Examination of Dr. Price's Essay, 20면; Sir John Sinclair, "Address to the Members of the Board of Agriculture," Journals of the House of Commons, LI, 258면.

던 사람들은 반대파들에게 반박이 손쉬운 논거를 제공하는 하나의 실책을 저지르고 있었다. 그들은 왕국 전역에서 인구가 감소되고 있다고 믿었으며, 그 놀라운 사실을 엔클로저의 결과로서 제시했다. 농업 전문가들의 일파는 잉글랜드의 인구감소에 관한 이 주장이 단순한 공상에 불과하다는 것을 어렵지 않게 입증했다. 또 그들을 그 정반대로 인구가 늘어나는 주(州)의 경우를 볼 때마다 그것을 토지소유제도의 유익한 변화 덕분이라고 공을 돌렸다. [170] 아담 스미스의 제자들로서, 그들이 다음과 같은 경제적 관점, 즉 최소의 비용으로 최대량의 재화를 생산하는 체제는 공동체 전체를 위한 최선의 체제라는 관점을 채택하자 그들의 승리는 훨씬 더 쉬워졌다. 만약 이것이 인정되지 않는다면, 터키인들이 필사업(筆寫業)에 해를 끼칠 인쇄기의 도입에 반대하는 태도가 옳고 "개화된 유럽 전체가 잘못을 범하는 셈"[171]이라고 그들은 말했다. 농민이 쟁기를 버리고 삽을 들어 흙을 파는 것이 보다 많은 사람들에게 노동을 제공한다는 구실을 들어, 농민이 그렇게 해야만 한다고 주장할 정도로 분별없는 사람이 있겠느냐는 것이었다.

그러나 그들은 몇 가지 중요한 증언을 했다. 그들은 낙관주의를 품고 있음에도 불구하고 그들의 눈앞에서 빈민들에게 피해를 가하던 부정에 관해 증언했다. 한 엔클로저위원은 이렇게 썼다. "나는 한 교구당 20가족의 비율로 빈민 2천 명에게 해를 끼친 일에 방조자가 된 것을 슬퍼한다. 공동지를 근거로 살아가던 많은 사람들은 자기들의 권리를 입증할 수가 없었다. 그리고 많은 사람들, 즉 할당지를 받은 대부분의 사람들은 실제로 1에이커 이상을 갖지 못한다. 이것은 그가 가진 소에게도 불충분한 것이어서 대개 소와 토지는 부유한 경작자들에게 팔려 버린다."[172] 농업개량회는 공정한 조사를 한 뒤에, 대부분의 경우 빈민들은 가장 작은 것까지 빼앗겼음을 인정했다. 어떤 촌락에서는 빈민들은 어린이들에게 줄 우유를 구할 수가 없었다. 언제라도 제시할 수 있는 그 증거는 천

---

170) W. Wales, *An Inquiry into the Present State of Population in England*, 38~41면 참조.

171) F. M. Eden, *State of the Poor*, I, XIV.

172) *Annals of Agriculture*, XXXVI, 516면.

편일률적이면서도 가슴을 찢는 듯하다.[173] 레스터백작은 흘캄에 새로 지은 그의 성(城)에 대한 축하를 받고는 회한과 우수가 어린 목소리로 이렇게 대답했다. "한 사람이 자기의 거주지역에 혼자 있다는 것은 슬픈 일이오. 나는 아무리 주위를 돌아보아도 내 집말고는 볼 수 없읍니다. 나는 이야기 속의 귀신처럼 내 이웃을 모두 잡아먹은 것이오."[174]

이 말은 그 이웃들이 모두 사라졌으며 마치 야만인의 무리에 짓밟힌 한 민족처럼 말살되었다는 뜻인가? 물론 그렇다고는 할 수 없다. 그러나 농촌 인구의 일부는 그들을 먹여 살리던 토지로부터 멀어져나가 집을 잃고, 그들이 전에 맺고 있던 유대가 깨어지는 것을 보면서 정착하지 못한 채 떠돌게 되었다.[175] 한편에서는 소지주들과 농민들이, 다른 한

---

173) Board of Agriculture, *General Report on Enclosures* (1808), 18면. 베드포드셔의 터베이 : "내가 알기에 엔클로저 이전에 가난한 주민들은 어린이들에게 줄 우유를 구하는 데 전혀 어려움이 없었다. 엔클로저 이후에 그들은 갖은 어려움을 겪고서야 우유를 조금이라도 구할 수가 있다. 암소는 110 마리에서 40마리로 줄었다." 버크셔의 레트콤 : "빈민들이 최대의 피해자로 보인다. 그들 가운데 다수가 전에 길렀던 암소 한 마리를 더이상 기를 수가 없다. 그래서 그들은 지금 교구의 부양을 받고 있다." 버킹검셔의 워데스던 : "빈곤이 매우 두드러지게 증대되었다. 농민들은 일자리를 구하러 교구를 찾아온다. 토지는 목초지가 되어버렸다." 체셔의 크래니지 : "빈민들의 암소와 양은 있을 곳이 전혀 없다." 글로스터의 토데녤 : "빈민 이외에는 아무것도 증가하지 않았다. 8개의 농장건물에 그들이 가득 차 있다." 허트포드셔의 노턴 : "오두막농민들은 아무런 보상도 받지 못한 채 그들의 암소들을 빼앗겼다." 링컨셔의 도닝턴 : "오두막농민들은 엔클로저로 인해 암소(140마리)를 잃었다." 노포크의 렌덤 : "오두막농민들은 암소를 팔아야만 했다." 노샘턴의 패쎄녈 : "오두막농민들은 암소를 빼앗겼으며, 돼지를 잃음으로써 큰 손해를 입었다." 스태포드셔의 애쉬포드 : "대단히 비참하다." 요크셔의 애크워스 : "교구는 약 1백 명의 지주에게 속해 있는데, 이들은 엔클로저 이후에 교구에 온 사람의 거의 전부이다." 같은 책, 150면 이하. H. Lévy, *Large and Small Holdings*, 42~43면은, 한때 "엔클로저를 가장 열렬히 주창했던" 아서 영은 엔클로저가 어떤 해를 끼쳤음을 인정하면서 오두막농민들이 가축을 잃은 것을 유감으로 생각하고 할당지의 부활을 제창했으며 거기에 반대하는 맬더스의 논거를 반박했다고 말한다. *Annals of Agriculture*, XXXIV, 251면 ; XXXVI, 515면 ; XLI, 231면 등을 참조.

174) Karl Marx, *Das Kapital*, I, 716면.

175) 고너는 엔클로저가 인구 감소를 일으켰다는 견해에는 반대하면서 엔클로저의 결과로 "전에는 견고한 관습을 바탕으로 조직되어 있던 인구가 변화하

편에서는 오두막농민들과 편력공들이 다른 곳에서 더 나은, 아니 실제
로 소박한 생활을 할 수만 있다면 농촌을 떠나기 위해 준비를 하고 있
었다.

9. 도시를 향한 이주가 시작되다

이 두 계급을 차례로 고찰해보자. 하나[소지주와 농민]는 영세 요먼
계급 바로 그들로서, 그들의 쇠퇴에 대해서는 이제 이해를 할 수 있을
것이다. [176] 새로운 농업의 사도(使徒)들이 조직하고 엔클로저법이라는
수단으로 실현된 그 체제에는 그들이 들어설 여지가 없었다. 아서 영은
로마 초기처럼 자작농에 의해 경작되는 한 지방 전체를 갖고 있다 하더
라도 "사람들을 먹여살린다는 단순한 목적(이 자체는 가장 무용한 목적이
다)을 제외하면"[177] 그것이 근대국가에 무슨 쓸모가 있겠느냐고 물었다.
부유한 지주들이 개발을 하고 있던 대규모 영지에서는 새로운 유형의
경작자[대차지농]가 나타났는데, 소(小)수공업자(millowner)가 도장인제
조업자(master manufacturer)에 비교되듯이 그는 구(舊) 경작자에 비교
된다. 그는 고율의 지대를 냈으며 높은 이윤이 기대되었다. 그리고 그
가 누릴 수 있었던 종류의 생활은 앞 세대의 스콰이어(squire)가 본다면
호사스럽다고 여겼을 수준이었다. [178] 이 대차지농은 잘 먹고 지냈으며,

고 정착하지 못하게 되었다"고 인정하고 있다. (Gonner, *Common Land and Enclosures*, 444면)

176) 19세기 전야에 요먼계급이 완전히 사라졌다는 것은 사실과 거리가 멀다
는 것을 되풀이 말해야겠다. 엘리 알레비(Elie Halévy, *Histoire du Peuple Anglais au XIXe Siècle*, I, 208면)의 말을 빌면, "18세기에 급속히 진전
된 요먼계급의 쇠퇴는 1815년에 끝나는 농업 변영의 기간에 완화되었던 것
같다. 그 연대 이후에 그 쇠퇴의 길로 곤두박질쳤다."

177) A. Young, *Political Arithmetic*, I, 47면.

178) "스콰이어 채링턴의 아버지는 고용인들과 함께 떡갈나무 탁자머리에 앉
아 그들을 향해 식사 때의 감사기도를 하고 고기와 푸딩을 자르곤 했다. 그
는 고용인들에게 독한 맥주가 전혀 없을 때 그것을 한 잔 들 수 있었다. 그
런데 그것이 그들의 생활방식에 나타난 차이의 거의 전부였다." W. Cobbett, *Rural Rides*, 243면.

친구들을 만찬에 초대했을 때는 클라레(프랑스 보르도산 붉은 포도주—역주)와 포트와인(포르투갈 산의 달콤하고 붉은 포도주—역주)을 대접했다. 그의 딸은 하프시코드(16~18세기에 피아노의 전신으로 사용된 건반악기—역주)를 연주하는 법을 배우고 "공작의 딸처럼"[179] 옷을 입었다. 대차지농과 그가 고용한 노동자 사이에는 공통점이 전혀 없었다. 그리고 대차지농은 더러 요먼계급 출신이기는 했지만, 옛날의 요먼과는 전혀 달랐다. 그러나 종전의 독립성을 일부 상실했으나 번영하는 차지농의 자리를 차지하는 데 성공한 한 소지주를 위해 얼마나 많은 사람들이 임노동자로 밀려가거나 그들의 마을을 떠나야 했던가?

실업노동자들에게 일을 찾아가겠다는 유혹은 훨씬 더 커졌다. 많은 지방에서 교구의 구호(救護)를 필요로 하는 사람들은 일자리를 구하도록 이 농장에서 저 농장으로 보내졌는데, 그들의 임금 가운데 일부는 구빈세(poor rates)에서 지급되었다.[180] 이처럼 그들은 일정한 부동적(浮動的) 층을 이루었으며, 빈민을 교구에 묶어두는 구빈법이 그들에게 강요하던 예속상태를 탈피할 수 있을 때마다 직업을 찾아 어느 곳으로나 갈 각오가 되어 있었다.[181] 농업에 있어 새로운 체제를 지지하던 사

---

179) "그들의 접대는 우아한 만큼이나 비용이 들었다. ……이 신종의 농민들 가운데 한 사람이 한번 접대할 때 10~12파운드를 쓰는 것은 드문 일이 아니었으며, 우아한 음식을 뱃속에서 깨끗하게 씻어내기 위해 가장 비싼 포도주, 그런 종류 가운데서도 최상의 포도주를 마신 것이 분명하다. ……옷에 관해 말하자면, 부유한 차지농의 딸을 개인적으로 알지 못하는 사람은 옷을 보고 그녀를 공작의 딸과 구별할 수는 전혀 없었다." *Cursory Remarks on Inclosures* (1786), 21면. *Gentleman's Magazine*, LXXI, 588면도 참조.

180) "이곳에는 일자리가 대단히 부족한 것 같다. 대부분의 노동자들은 세상에서 쓰는 말에 따르면 '떠돌아 다니고' 있다. 다시 말하면 그들은 겨울에 교구 일대에서 이집 저집으로 일자리를 찾아 다닌다. 때로는 40명이 떠돌아 다닌다." F.M. Eden, *State of the Poor*, Ⅱ, 29, 30면. 다음은 최근의 실례였다. "그 교구의 한 노인은, 엔클로저가 있기 이전에는 토지가 1에이커에 10실링으로 임대되지 않았으며 자기가 젊었을 때에는 떠돌이들의 이름이 교구에 알려져 있지 않았다고 말한다."(같은 책) 이 점에 관해서는 Hasbach, *Agricultural Labourer*, 188~90면과 J.L. and B. Hammond, *Village Labourer*, 164면을 참조.

181) 빈민의 강제 정착과 1795년에 그것을 폐지한 데 관해서는 제 3 부 제 3 장 참조.

람들에 따르면, 이것은 엔클로저에 반대하는 논거로 이용되던 농촌의 외견상의 인구감소를 설명해줄 수 있는 것이었다. "사람들이 사라진 것은 아니다. 오히려 땅과 마찬가지로 보다 훌륭하게 사용되고 있다."[182] 만약 시간과 노동이 토지에 덜 허비되었다면 그것은 도시와 도시의 상업에 이익을 주는 것이었다. 1760년 이전에는 "농촌의 교구로부터 시장도시들로, 양자로부터 수도로" 향하는 하나의 움직임을 볼 수 있었다. "그결과 농촌의 교구들에서 태어난 대다수의 사람들이 대도시나 소도시, 특히 상당한 제조업이 행해지고 있던 도시들에서 지속적으로 정착지를 얻고 있었다."[183] 실제로 공업은 전통적 직업으로부터 떨어져나간 수많은 사람들을 위한 유일한 피난처였다. 제조업은 그들이 토지에서 더이상 얻을 수 없게 된 생계수단을 그들에게 제공하게 된다.

농촌 노동력이 일자리를 찾아 이렇게 이동한 데 관하여 정보는 극히적고 믿을 수가 없다. 그러나 그런 정보가 획득될 때마다, 그것은 토지노동자들이 공업도시로 꾸준히 이동했음을 밝혀준다.

40여 년 전에——이 글은 1794년에 씌어졌다——이 주(워리크셔)의 동부와 남부는 대체로 개방경지로 이루어져 있었는데, 그곳에 현재는 주로 울이 쳐져 있다. ……개방경지에 모두 울이 쳐지자 농장들은 일반적으로 훨씬 더 커졌다. 현재 방목되고 있는 이 토지들은 전에 개방된 상태로 있을 때보다 관리할 인력을 훨씬 적게 필요로 한다. 이

---

182) *An Inquiry into the Connection between the present Price of Provisions and the Size of Farms*, 124, 136면; Howlett, *Examination of Dr. Price's Essay*, 32면.

183) J. Massie, *A Plan for the Establishment of Charity Houses* (1758), 99면. S. 애딩턴(Addington)은 많은 지역에 두드러지게 나타나는 곤궁함을 묘사한 뒤에, 번창하는 어떤 공업 때문에 인근에서 일을 구할 수 있을 때는 더러 곤궁을 면할 수 있었다고 덧붙인다. (*An Inquiry into the Reasons for and against inclosing the Open Fields*, 38면) "만약 토지가 소수의 대차지농들의 수중에 들어간다면 그 결과로 소차지농들은 남을 위해 노동함으로써 생계를 유지하는 인간집단으로 바뀔 것이다. ……노동에 대한 강요가 더욱 심할 것이기 때문에 아마 더이상의 노동이 있을 것이다. ……그리고 도시와 제조업이 증가할 것이다. 왜냐하면 더 많은 사람들이 살 곳과 일자리를 찾아 도시로 몰려갈 것이기 때문이다." R. Price, *On Reversionary Payments*, Ⅱ, 149면.

런 원인 때문에 촌락의 강건한 요먼계급이 일자리를 찾으러 버밍검, 코벤트리, 그리고 다른 공업도시들로 몰려들었다. [184]

노샘턴셔의 한 농촌교구 주민들이 서명한 청원서는 그 지방의 농민계급이 "궁핍과 일자리 부족 때문에 무리를 지어 대거 공업도시들로 몰려든다. 공업도시에서 그들은 직기와 노(爐)에서 일하게 되는데, 그 작업의 성격 자체가 그들의 힘을 허비시키고, 결과적으로 그들의 후손을 쇠약하게 만든다"[185]고 표현하고 있다.

이리하여 엔클로저와 농장독점은 궁극적으로 공장제도의 발달을 가능하게 만드는 노동자원과 에너지를 공업의 재량에 맡기는 결과를 낳았다. [186] 실제로 공업은 나라 한가운데 있는 새로운 땅, 천여 명석 이민을 끌어들이는 또 하나의 아메리카가 되고 있었다. 차이가 있다면 그것이 발견이라기보다 하나의 창조였고 그 새로운 세계는 인구증가에 의해 조건지어지고 있었다는 점이다. 신참자들은 고향을 떠나기 전에 절약해 두었던 것을 가지고 왔다. 요먼들 가운데서 토지 재분배로 손해를 가장 적게 입고 토지재산에 대한 정당한 댓가를 받을 수 있었던 사람들은 적은 자본을 소유했던 자들이다. 그들은 자신의 의지와는 다소 어긋나지만 뿌리깊은 전통과 관습을 포기하고 이제는 사방에서 그들의 모험심을 유혹하는 사업을 시작함으로써 새로운 분야에서 운을 시험해볼 준비가 되어 있었다. 그들 사이에서 제조업자의 제1세대 가운데 다수가 생겨나게 되는데, 이들은 공업운동을 시작하여 선도했고 멀지않아 부와 영향

---

184) John Wedge, *A General View of the Agriculture in the County of Warwick*, 21면.

185) *Journals of the House of Commons*, LII, 1797, 661면; "엔클로저는 언제 있었는가? 9년 전이다. 최근 7년 동안에 합리 주민들의 상태는 크게 개선되었는가? 개선되었다는 것을 나는 모른다. 나는 자기 집에서 일하던 많은 사람들이 공장으로 일하러 갈 수밖에 없게 된 것을 알고 있다." *Report from the Select Committee appointed to consider the State of the Woollen Manufacture* (1806), 22면.

186) 고녀 교수에 따르면 도시 이주의 원인은 "농업과 공업의 결별, 공장제도의 초기의 발달이었다." *Common Land and Inclosure*, 444면. 이 말은 새로운 공업들이 발달하기 시작한 그 뒤의 시기에도 적용된다.

력에서 당시 그들의 토지를 소유하고 있던 대지주들에 필적하는 인간들의 계급을 이루게 된다. [187] 그러나 말할 것도 없이 극소수만이 그 정도의 성공을 거두었다. 임노동자의 상태로 전락한 영세 요먼과 농민 가운데 다수는 일을 찾아 도시로 가는 노동자들과 같은 운명을 겪었다. 그들은 가진 것이 없었고 제공할 것이라고는 노동뿐이었다. 이들은 노동인구, 공장의 이름없는 대중, 즉 산업혁명의 군대를 형성하게 된다.

농촌생활 상태의 여러 변화들은 공업의 발달에 훨씬 더 직접적인 영향을 미쳤다. 가내공업제도의 특징 가운데 하나는 촌락들에 작업장이 분산되어 있는 것이었으며, 그 제도의 기반 자체는 오두막공업과 소농경영의 긴밀한 결합으로 이루어져 있었다는 것을 우리는 알고 있다. 방직공이 땅 한 뙈기의 생산물로 생계를 근근히 이어간 과정과 농촌의 가족들이 저녁에 상인제조업자를 위해 양모를 방적하던 과정을 우리는 살펴본 바 있다. 농민적 토지소유에 가해진 타격은 경작노동과 공업노동의 그 유서깊은 결합을 깨뜨렸다. 촌락의 장인은 그의 경지, 그리고 공동지에 대한 권리를 빼앗기자 가내노동을 계속할 수가 없었다. 그는 외견상의 형식적 독립을 모조리 포기하고 고용주의 작업장에서 그에게 제공되는 임금을 받아들일 수밖에 없었다. 이리하여 기계의 경쟁이 결정적으로 촌락공업들을 파괴하기도 전에 노동은 갈수록 더 집중되고 있었다.

따라서, 잉글랜드의 농업을 변혁시킨 이 운동과 공장제도의 대두 사이에는 밀접한 관련이 있다. 그 관련은 원인과 결과 간의 단순한 관계만큼 명백하지 않은 성격을 띠고 있으므로, 그 두 사건은 언뜻 보기에 전혀 다른 원천으로부터 발생하여 각기 발전하는 과정에서 서로 영향을 미친 데 불과한 듯이 여겨질는지도 모른다. 예를 들면 요먼계급의 소멸은 산업혁명에 그 원인이 있었던 것이 아니며 단지 산업혁명이 그것을 보다

---

187) 제 3 부 제 2 장 참조. 제조업자가 되는 요먼들에 관한 사례는 공장제도가 그 어느 곳보다도 급히 발전한 면공업지역에 특히 자주 있었다. "전에는 수가 많고 존경받을 만하던 요먼계급은 최근에 크게 감소되었는데, 그들 가운데 다수는 공업에 투신했다." J. Aikin, *A Description of the Country from Thirty to Forty Miles round Manchester*, 23, 48면. J. James, *History of Bradford*, 376면과 비교할 것.

급속하고 완벽하게 만들었던 것이다. 노동력의 농촌으로부터 도시로의
이동이 공업의 발달을 결정할 수 있는 것은 아니었지만 발달에 도움을
주었음은 분명하다. 그 두 요인 가운데 하나가 결여되었다면, 공업의 발
달은 다소 다른 과정을 밟았을 가능성이 매우 크지만 다른 요인은 나름
대로 계속 발전하지 않았을까? 농촌 인구의 대부분이 토지에 계속 남
아 있었다면 공장제도의 승리는 더 늦게 나타났을는지도 모른다. 그러
나 프랑스의 경우가 결론적으로 보여주듯이 그 승리가 무한정으로 미루
어질 수는 없었다. 따라서 농업의 변모와 공업의 변모 사이에는 몇몇 우
발적인 영향들만 있었던 것이 아닐까? 즉 두 경우 모두에 있어 농법의
개량과 공업기술의 개량은 별도의 평행적인 발달을 해명해주는, 전적으
로 다른 설명원리가 아닐까?

그러나 이 개량은 비록 그 진전이 독자적인 것으로 보일는지 모르지
만 보다 일반적인 진화의 일부에 불과했다. 그리고 개량의 성공은 대체
로 상호간의 지원에서 비롯되었다. 농업생산이 많은 공업인구의 필요를
충족시킬 정도로 조직되지 못했다면 대공업 중심지들의 발달은 불가능
했을 것이다.[188] 그리고 다른 한편으로 농업생산은 소비자가 점점 늘어
나는 시장들을 공업지역들이 충분히 공급하지 않았다면 발달할 수 없었
을 것이다. 이것은 엔클로저 옹호자들이 애용한 논거 가운데 하나였다.
"생산물이 증대됨으로써 제조업자들을 위한 잉여가 생길 것이며, 이런
수단을 통해 이 나라의 자원 가운데 하나인 제조업은 생산되는 곡물의
양에 비례하여 증가할 것이다."[189] 그리고 그 두 움직임이 이처럼 각자
의 결과를 통해 연관되어 있는 한편, 보다 강력한 또 하나의 연관은 그
원인들간의 것이었다. 농촌의 상태의 변화, 엔클로저, 공동지의 분할과
농장매점의 원인을 설명해주는 것은 농업경영에의 상업정신의 도입으로
서, 그 이후로 지주들은 토지를 자본으로 생각하면서 개량된 개발방식

---

188) *An Inquiry into the Connection between the Present high Price of
Provisions and the Size of Farms*, 129면.

189) 농업개량회의 『전반적 보고서』에 실린, 엔클로저에 의해 마침내 해방된
지주에 관한 찬사를 볼 것. "그의 재능, 그의 에너지, 그리고 그의 자본은
그 자신의 이익을 위해 자유롭게 사용된다"라는 표현 등. *General Report*,
220면.

에 의해 토지로부터 더 나은 소득을 끌어낼 수 있다고 여기게 되었다. 공업에서처럼 농업에서도 자본가의 주도권은 자기본위적이면서도 공동체에 유익한 것임이 드러났다. 왜냐하면 그 주도권은 노동자들이 여전히 보호를 구하고 있던 해로운 일상적 절차와 낡은 제도들을 동시에 없애버렸기 때문이다. 기업이 성공하기 위한 조건은 비용의 감축과 이윤의 증대이다. 엔클로저는 노동의 감소와 생산의 증가라는 결과를 빚었다. 그 효과와 기계 도입의 효과를 비교하는 것은 얼마든지 정당한 것이다.[190] 왜냐하면 양자의 궁극적인 기원은 똑같은 것이었기 때문이다.

---

190) F. M. Eden, *State of the Poor*, I, XIV.

제 2 부

발명과 공장

제 1 장

섬유공업에 있어서 기계의 출현

    기계의 사용은 그 자체로서는 산업혁명에 관한 충분한 정의나 설명이 못 된다 하더라도, 어쨌든 주도적인 사실로 남는다. 산업혁명이라는 위대한 역사적 과정에서 나타난 이밖의 모든 사실은 그것과 관련하여 연구되어야만 한다. 그 까닭은 이러한 사실들 하나하나가 궁극적으로 기계의 사용에 좌우되었고 그 운동과 법칙들을 따라야만 했기 때문이다. 그러나 우리는 먼저 우리가 사용하는 말들의 의미를 명백히 밝혀야 한다. 우리가 기계(machinery)라는 말을 인간의 노동을 간편하게 하고 단축해주는 모든 인공적 수단이라고 이해한다면, 우리가 연구하려는 사실들이 최초로 나타난 연대를 확정하기란 불가능하지는 않겠지만 상당히 어려워질 것이다.

1. 기계사용과 기계제공업의 구별

    아득한 옛날부터 인간은 혼자 힘으로 도구를 만들 수 있었다. 이것은 인류의 최초의 특징, 아마 가장 근본적인 특징 가운데 하나일 것이다. 그러나 어디서 도구가 끝나고 기계가 시작되는가를 말하기는 무척 어렵다. 실감개대나 망치는 분명히 기계가 아닌 데 반해 자까르직기(Jacquard loom)는 틀림없이 도구 이상의 그 무엇이다. 그런데 이러한 극단적 예들 사이에는 확실치 않은 경우가 들어설 여지가 있다. 도대체 펌프

나 물레를 어떻게 분류할 것인가? 우리는 기계를, 인간의 노동을 도울
뿐더러 그 노동을 폐지하고 대신하는 그 무엇이라고 정의할 수 있을까?
아주 간단한 도구라도 상당량의 노동을 절약해준다는 것이 이에 대한
대답이 될 것이다. 삽 한 자루를 가진 사람은 땅을 파헤칠 것이라고는
손톱밖에 가지지 못한 사람 20명만큼의 일을 할 것이다. 반면에 아주
완벽한 자동기계라도 인간적 요소를 완전히 없앨 수는 없다. 왜냐하면
그런 기계는 관리할 사람을 필요로 하기 때문이다.

  그런데 바로 여기서 하나의 구별이 명백해진다. 그런 기계를 맡고 있
는 노동자는 그것을 작동하고 정지시키고 원료를 공급하고 제대로 기능
하도록 해야만 한다. 그러나 그는 그 기계의 속도를 늦추거나 가속시키
거나, 기껏해야 그 기계가 덜컹거리거나 멈추지 않고 원활하게 작동하
도록 하는 일말고는 그 기계가 하는 실제의 일에서 아무런 역할도 하지
못한다. 그의 민활함이나 태만함이 기계가 하는 일에 주는 변화는 그
질보다는 양에서이다. 그는 일을 하는 것이 아니라 그 일을 측정하고
규제하기 위해 거기에 있을 뿐이다. 이와 반대로 도구는 노동자의 손
안에서 수동적이다. 가장 작은 세부사항에 이르기까지 생산을 결정하는
것은 노동자의 근력, 타고난 혹은 획득된 기술이다. 기계의 독자적 특
징이 그 동력(motor power)이라고 말한다면 그 차이가 적절히 표현될 수
있는 것일까? 그러나 사람의 손으로 크랭크(z자 꼴로 굽은 자루—역주)
를 움직여서 작동되는 기계라고 하여 그것이 더 이상 기계가 아니라고
할 수 있을까? 그럴 경우에 실제로 일어나는 일은 인간 자신이 기계의
힘의 일부로 변하는 것이다. 기계는 인간의 팔 힘을 이용하면서 인간의
손을 불필요한 것으로 만드는 것이다. 이것이야말로 기계의 본질이다.
기계는 노동자의 손 안에서 하나의 도구가 되는 것이 아니라 그 자체
가 인공적인 손이다. 기계는 그것을 계속 작동하도록 하는 자동적 힘에
의해서보다는 그것이 수행할 수 있는 운동, 다시 말하면 손의 공정(工
程)·습관·숙련을 대신할 수 있도록 만드는 엔지니어의 기술에 의해
설계되는 메카니즘에 의해 도구와 구별된다. 물레는 기계라고 말하기
어렵다. 왜냐하면 물레는 실을 잣기는 하지만 자아진 실을 끌어내는 것
은 인간의 손이기 때문이다. 펌프는 일종의 기계이다. 왜냐하면 그것

을 작동시키기 위해서는 피스톤을 앞뒤로 움직이는 일만이 필요한데,
이 일은 단순한 완력에 의해 이루어질 수 있기 때문이다. 따라서 우리
는 기계를 다음과 같이 정의할 수 있다. 어떤 동력에 의해 작동되고,
전에 한 사람 또는 몇 사람이 맡아 하던 기술적 작업의 정교한 운동을
수행하는 메카니즘이라고. 1)

이 정의는 기계사용의 최초의 사례를 아득한 고대로 거슬러올라가 찾
게 만들곤 하던 많은 잘못된 사례들의 문제를 쉽사리 해결해버린다. 하
지만 우리는 기계가 근대 이전부터 오래도록 사용되었다는 것을 인정
해야만 한다. 고대인들은 아주 복잡하고 강력한 전쟁용 기계뿐 아니라,
예를 들면 물레방아 같은 공업용 기계까지 가지고 있었다.

근대 경제생활의 특징은 단순히 기계를 수시로 사용하는 기계제공업
(machine industry) 자체이다. 이 표현은 특정 공업에는 물론 공업 전체와
관련해서도 사용할 수 있다. 기계제공업은 보편화되기 전에는 특수한
지역적 현상에 지나지 않았다. 기계제공업이 엄청나게 발전한 오늘날
조차——심지어 가장 고도로 발달한 문명국들에서도——기계제공업에 대
한 예외는 아직 많이 있다. 기계가 생산을 돕는 데 이용된다는 단순한
이유만으로 '기계제공업'이라는 말을 수공업 분야에 적용하는 것은 적
합하지 않은 일이었다. 그러기 위해서는 기계제공업이 생산의 필수적
요인, 즉 제품의 양·질·가격을 결정하는 요인이 되어야만 했다. 16세
기부터 제철업은 기계를 이용해왔다. 처음에는 지레로 나중에는 수차
(水車)로 작동된 대장간의 해머, 2) 그리고 수차 또는 당나귀나 말에
달린 활차(滑車)에 의해 작동되던 송풍기(送風機)가 바로 그것이었다. 3)

---

1) 이 정의는 뢸로의 다음과 같은 정의보다 만족스럽고 더 완전한 것 같다.
  "기계는 견고한 부분들의 결합으로서, 그것을 통해 자연력이 어떤 명백한
  움직임을 일으킬 수 있도록 고안된 것이다." F. Reuleaux, *Theoretische
  Kinematik*, 38면.
2) Georgius Agricola 의 『야금지』(冶金誌, *De Re Metallica*, Basle, 1546)에
  나오는 탁월한 목판화들을 참조. (H.C. and L.H. Hoover 가 1912년에 영역)
  몇 작품은 Ludwig Beck, *Geschichte des Eisens in technischer und kultur-
  geschichtlicher Beziehung*, Ⅱ, 147, 149, 479, 482, 483, 531면 등에 복사되
  어 있는데, Vannuccio Biringuccio 의 『화공술』(火工術, *Pirotechnia*, Ve-
  nice, 1558)에서 취한 비슷한 그림들도 함께 수록되어 있다.
3) Beck, 위의 책, Ⅱ, 130~42면을 볼 것.

조금 뒤에 금속선반(metal lathes), 자동압연기(automatic rolling mills), 절단기(slitting mills)가 나타났다.[4] 그럼에도 불구하고 연료의 부족으로 인해 선철(銑鐵)을 소량밖에 얻을 수 없다거나 공들여 망치질을 해서 철근을 만들 수밖에 없는 한, 공업의 발달에 영향을 미치는 데 있어 기계제는 이차적인 역할을 했을 뿐이다. 더구나 기계공업은 등급이 다양했다. 인쇄는 분명히 기계제공업이며 그것은 출발부터 그러했다. 그러나 인쇄는 증기나 전기로 작동되는 운전기가 구식의 수동인쇄기를 대신한 이래 훨씬 더 기계제공업의 성격이 강해졌다. 정판기가 정판공이 하는 작업의 실질적 부분을 차츰 대신하게 됨으로써 인쇄는 갈수록 더 기계제공업의 성격이 커지고 있었다.

경제발달의 역사보다는 오히려 지적 발달의 역사와 관련하여 볼 때 더 흥미가 있는 인쇄를 논외로 하면, 섬유공업은 가장 완벽한 의미에서 기계제공업의 최초의 예가 된다. 일련의 기술적 발명을 통해 이루어진 면공업의 급속한 변모는 이 공업을 근대적 대규모 공업의 최초의 그리고 고전적 예로 만들었다. 이것은 슐째-게버니쯔(Schulze-Gävernitz)가 「대공업」("der Grossbetrieb")이라는 일반적 제목의 전공논문을 쓰면서 왜 면공업만을 유일하게 다루었는가를 설명해준다. 우리가 그 일련의 단계들을 연구하려고 하는 면공업의 발전은 매우 급격하기는 했지만 준비 없이 일어난 것은 아니었다. 면밀한 연구를 하면 가장 놀라운 변화로 보이는 무엇인가의 휘하에서 일정한 연속성을 가지고 발달이 이루어졌음을 알게 될 것이다. 기계제공업은 여타의 모든 중요한 사실들과 마찬가지로 그 전조들을 갖고 있었는데, 그것들은 기계제공업에 앞서 있었고 멀리서부터 기계제공업의 출현을 예고했다.[5]

비록 제한적인 영향밖에 주지 못했지만 가장 흥미있는 것 가운데 하나는 1598년에 케임브리지대학 출신의 윌리엄 리(William Lee)가 발명한 양말편직기(stocking frame)였다.[6] 어떤 공업에서 중대한 기능을 수행하

---

4) Diderot, *Encyclopédie*, Vol. Ⅳ, 'Forges ou Art du Fer' 항의 도판(圖版)들을 참조.

5) 우리는 이미 야금공업에 대해 언급했고 그 공업을 별도로 분류해야 하는 이유를 제시했다. 이 책의 제2부 제3장에서 그것을 다시 검토하겠다.

6) 그 뒤의 경과에 관해서는 W. Felkin, *History of the Machine-wrought*

므로 그것을 도입하면 그 공업에 전적인 혁명이 일어날 수밖에 없는 **기계**가 있다면, 양말편직기는 바로 그러한 기계에 해당되는 것이었다.[7] 그 뒤에 살았던 수많은 발명가들이 겪은 것과 똑같은 불행한 운명이 리에게 닥쳤다고 해서 그것이 이상하게 생각될 수 있을까? 그의 기계는 다수의 노동자들에게 생계수단을 박탈할 위험을 가진 해로운 발명으로 여겨졌다. 이런 거부는 그 이후에 계속 반복되어왔으며 오늘날에도 공업기술의 발전을 종종 지연시키고 있다. (이제는 중단시킬 수 없지만) 잉글랜드를 떠날 수밖에 없었던 리는 프랑스에서 피난처를 구했다. 그는 거기서 앙리 4세(재위 1589~1610—역주)의 계몽(啓蒙)된 정부 덕분에 9,10명의 노동자들과 더불어 루앙(프랑스 북부 쎄느강가의 도시—역주)에 자리를 잡았다. 그러나 왕이 죽자 잉글랜드에서처럼 노르망디에서도 인기가 없어진 데다가 외국인이고 프로테스탄트라고 혐오를 받던 그 발명가는 또다시 작업을 포기할 수밖에 없었다. 그는 빠리로 가서 가까스로 생활을 꾸려가다가 마침내 완전히 잊혀진 채로 죽었다. 그 뒤 그의 동료들은 잉글랜드로 돌아가서 노팅검 부근에 정착했는데, 그곳에서 처음으로 그의 발명은 실험에 옮겨졌다. 이 고난의 시기가 지난 뒤에 기계편직은 마침내 그곳에서 뿌리를 내렸다.

한 세기가 지나서 기계편직은 손으로 하는 작업을 거의 완전히 몰아내고 이미 정상적인 실력을 갖춘 하나의 기계제공업이 되어 있었다. 그것은 큰 작업장에 노동자들을 집합시키는 결과를 빚어낸 것은 분명 아니었다. 편직기는 방직기처럼 가정에서 사용되었다. 그러나 그것은 노동자가 소유하기에는 너무나 비싼 기계였다. 따라서 예의 묘한 제도가 대대적으로 실시되었는데, 그에 관한 주요한 여러 조건들은 앞에서 묘

Hosiery and Lace Manufacture, 23~31면, 그리고 *Dictionary of National Biography*의 Lee(Wm.) 항목을 참조.

7) "그것은 매끄러운 철로 만들어진, 아주 정교하게 고안된 기계였다. 여기서 그 구조를 묘사하는 것은 불가능하다. 왜냐하면 그 기계의 부속품들의 수가 많고 다양하기 때문이다. 그래서 그 기계를 보는 사람조차 그것이 어떻게 작동하는가를 이해하는 데 정말로 어려움을 느낄 것이다."(*Encyclopédie Méthodique 'Manufactures'*, I, 220면) 그러나 Diderot, *Encyclopédie* Vol. II, 'Métier à faire des bas' 항)의 도판들은 그 양말편직기를 아주 분명하게 표현하고 있다.

사한 바 있다.[8] 노동자는 편직기를 임차했으며 그의 '편직기 임대료' (frame rent)는 임금에서 공제되었다. 원료와 도구의 소유자이기도 한 자본가는 전권을 갖고 있었으며 자기의 권력을 잔인하게 휘둘렀다. 때로 고용주들은 놀고 있는 편직기 몇 대를 임대하여 편직기 임대료를 받기 위한 목적만을 위해서, 노동자들에게 줄 일거리도 없이 그들을 고용하곤 했다.[9]

이 공업에는 고대적 특징과 근대적 특징이 기묘하게 혼합되어 있었는데, 그 특징들이란 어떤 것은 전통적 공업들로부터 전해진 것이고 또 다른 것들은 곧 닥쳐올 변화들의 선구가 되는 것이었다. 중세의 길드를 본받은, 양말편직공들의 동업조합이 하나 있었다. 도장인들도 노동자들도 이 조합에 속해 있었고 가입은 강제적이었으며 가입자의 수는 제한되어 있었다. 도장인·편력공·도제들은 모두 규제와 관습의 복잡한 제도에 따라야 했다.[10] 그러나 16세기의 공업규제에 바탕을 두고 세워진 이 규제들은 모든 도구의 소유자이자 노동의 분배자인 고용주의 이익에 어긋나게 되자 유명무실해졌다. 고용주들은 풍부하고 값싼 노동력의 공

---

8) 제 1 부 제 1 장, 60, 81면을 볼 것. *Journals of the House of Commons*, XXXVI, 635, 728면과 조지 3세 28년, 법률 제55호의 전문 참조. "편물, 양말, 그밖에 양말류 제조소나 편물 제조소의 다른 품목들과 상품을 만드는 데 쓰는 편직기는 매우 귀중하고 비싼 기계로서 일반적으로 양말 제조업자나 편물제조업자의 자산인데, 그들은 노동자들이나 편직공들에게 바로 그것을 대여한다……"

9) *Journals of the House of Commons*, XXXVI, 742면과 XXXVII, 370면 참조. 이와같은 폐해는 최근까지도 되풀이하여 제기된 불평의 주제였다. "고용주는 직공이 일거리를 받건 못 받건간에 기계 임대료를 착취한다. 따라서 편직공들이 편직기에 대한 임차료를 내면서 주장했듯이, 고용주들은 필요한 것보다 훨씬 더 긴 기간에 걸쳐 작업을 끌고 싶은 유혹에 빠진 나머지, 편직공들이 가능한 한 오래 임차료를 내도록 하려고 작업량을 아주 조금씩 할당한다. 그리고 매클레스필드의 견직공들은 자기들이 언제나 반(半)고용 상태에 있으며, 작업 배당자는 가능한 한 많은 별개의 직기에서 작업이 이루어지도록 함으로써 이익을 얻고 있고, 각개의 직기에서 1주간의 임대료를 받아내고 있다고 불평했다." B. and S. Webb, *Industrial Democracy*, I, 317면.

10) 이 주제에 관해서는 Held, *Zwei Bücher zur sozialen Geschichte Englands*, 484면 이하에 있는 상당히 완벽한 연구를 참조할 것.

급을 고집했고 따라서 도제들의 수를 제한하는 규칙들은 늘 지켜지지 않았다. 이 공업에서 우리는 제조업자와 교구의 조정에 의한, 최초의 집단적 도제계약서를 찾을 수 있다. 이 도제계약서는 교구가 구빈원 (workhouse)의 어린이들을 쫓아낼 좋은 기회를 제공했고 제조업자가 무상(無償)의 노동력을 확보함으로써 성인노동자들의 임금을 끌어내릴 수 있게 했다. [11] 이리하여 전통적 형식들의 존속에도 불구하고 기계제공업이 미치기 시작한 영향은 손의 기술을 기계적 과정으로, 소수의 장인을 노동자의 무리로 대치하려는 경향으로 더욱 강력해졌다.

비록 그 영향은 제한적이었지만, 기계제공업의 지역적 발달에 관한 또 하나의 사례는 견직공업에서 볼 수 있다. 실제로 견직공업의 시작은 잉글랜드 밖에서 찾아야만 한다. 잉글랜드에서 견직공업은 부분적으로 토착화된 데 불과했으며 그것을 전적으로 변화시킨 발명은 이탈리아에서 나왔다.

견직물 제조는 17세기말 잉글랜드에서 급속히 발달했다. 그 당시 낭뜨칙령의 폐지에 따라 프랑스에서 쫓겨온 숙련노동자들의 거류지가 런던 근교에 막 세워져 있었고, 스피털필즈 견직공들의 명성이 차츰 알려지고 있었다. 그러나 잉글랜드의 제조업자들은 심각한 어려움에 직면해야만 했다. 비록 생사(生糸)는 외국에서 살 수밖에 없더라도──영국의 기후로는 뽕나무를 경작하고 누에를 기르는 일이 불가능했으므로──그들은 독자적으로 견연사(絹撚糸, thrown silk)를 생산하는 게 유리했을 것이다. (견연사라는 것은 고치에서 나온 가느다란 섬유를 꼬아 만든 견사이다.) 그런데 밀수업자들은 무척이나 싼 견사를 잉글랜드 시장에 투입했다. 사람들은 그 견사가 어떻게 생산될 수 있는가를 궁금하게 여겼다. [12] 소문에 따르면 이탈리아에는 견연사를 만드는 기계가 있다는 것이었다. 그러나 아무도 그것을 보지 못했으며 그 기계가 어떻게 만들어지는가를 알 수가 없었다. 1702년경에 더비의 크로체트(Crotchett)라는 사람이 이것에 관한 아무런 지식도 없이 기계를 만들려고 시도했

---

11) 같은 책. 1744년에 개정된 편직공 동업조합 규약은 *Journals of the House of Commons*, XXVI, 779∼94면에 수록되어 있다.
12) Cooke Taylor, *Introduction to the History of the Factory System*, 358면.

다. [13] 그는 실패했고 이탈리아의 견연사는 계속 이 나라에 **밀수되었** 다.

이 기계들은 실제로 존재하고 있었다. 그것들이 언제 발명되었는지는 아무도 모른다. 확실한 것은 1621년 빠두아(이탈리아 동북부의 도시―역주) 에서 발표된 기계에 관한 저서에 그런 기계들이 묘사되었다는 사실이 다. [14] 물론 이 책이 잉글랜드에 알려졌다 하더라도 분명 완전히 잊혀졌 을 것이다. 아주 하찮은 제조 공정까지도 여전히 비밀에 붙이고 있던 그 당시의 사정으로 미루어본다면 그 기계들 자체는 분명 철저히 보호 되었을 것이다. 이탈리아에 가서 그 귀중한 비밀을 알아내는 것은 위험 하기까지야 않았겠지만 어려운 모험이었다. 그래서 그런 원정에 관한 이야기가 나중에 낭만적인 이야기들로 윤색되는 것도 아주 당연하였 다.

1716년에 존 롬(John Lombe)이 그런 여행을 했다. [15] 그는 리보르노 (영어로는 Leghorn. 이탈리아 서북부의 항구도시―역주)로 가서 그 기계들을 찾아냈고 그것들이 놓여 있는 건물에 들어가는 데 성공했다. 그는 한 이탈리아 사제의 도움을 받아 몰래 도면을 몇 장 작성하여 비단필 속에 숨겨 잉글랜드로 보냈다. 그 위험한 임무를 끝내고 돌아오는 배에 탔다 가 그는 붙잡힐 뻔했다고 한다. 쌍돛단배가 그의 뒤를 따랐으나 그는 운좋게 탈출했다. 그는 고국에 돌아가서 몇 해 뒤에 아주 젊은 나이로 죽었다. 소문에 의하면 그는 이탈리아인에 의해 독살되었다고 한다.

그는 돌아오자마자 1717년에 더비 부근에, 그가 이탈리아에서 가지고

---

13) A. Barlow, *History of Weaving*, 30면.

14) Vittorio Zonca, *Nuovo Teatro di Macchine ed Edifici* (Padua, 1621), 68~75면(도판과 함께).

15) 이 전설적 기록은 W. Hutton, *History of Derby*, 161면 이하에 실려 있 다. 그 기록은 특히 M. G. Townsend Warner (*Social England*, V, 111~ 12면)의 비판을 받은 바 있다. 그에 따르면, 그 기계에 관한 존카(Zonca)의 묘사를 볼 수 있었기 때문에 그 여행은 불필요했다. 그러나 존 롬이나 그 당 시의 다른 잉글랜드 상인이 *Nuovo Teatro di Macchine* 를 읽었을 가능성은 거의 없다. 워너는 1692년에 연사기(撚糸機)를 잉글랜드에 도입할 가능성에 관한 논의가 있었다고 덧붙인다. (*Calendar of Home Office Papers*, 1683~ 93, 293면) 이것은 그런 기계들의 설계와 기능이 드러나지 않았을 뿐이지 그 존재는 잉글랜드에 알려져 있었음을 보여준다.

온 설계도에 따라 제작한 연사기를 설치했다.[16] 그의 형제인 토마스 롬이 필요한 자본을 공급했고, 그는 1718년에 14년간의 특허를 받았다.[17] 그 직후에 잉글랜드에서는 최초로 한 공장이 더웬트강의 어느 섬에 세워졌다. 그 건물의 크기는 모든 사람을 놀라게 했다. 길이가 5백 피트, 5·6층 높이에 460개의 창이 뚫린 그 건물은 거대한 막사 같았다. 안으로 들어가면 놀라움은 훨씬 더 커졌다. 기계들은 매우 높고 모양이 원통형이었으며 수직의 축 위에서 회전했다. 그 주위에 놓인 여러 줄의 얼레(bobbin)들은 실을 받아서 급속한 회전운동에 의해 필요한 실꼬기 작업을 했다. 꼭대기에서는 견연사가 자동적으로 실패에 감겨, 모두 판매를 위해 타래로 만들어지도록 되어 있었다. 그 기계들을 구성하는 무수한 부분품들은 모두가 단 하나의 바퀴(더웬트강이 이것에 동력을 제공하고 있었다)에 의해 작동되었는데, 작업의 정확성과 신속성, 공정의 정밀함은 전에 이런 종류의 물건을 전혀 본 적이 없는 사람들에게 매우 생생한 인상을 주게 마련이었다. 노동자의 주업무는 실이 끊어질 때마다 다시 이어주는 것이었다. 1인당 실 60가닥을 맡고 있었다.[18] 따라

---

16) 쏘라꼴레라는 이탈리아인의 도움을 받았다. Defoe, *Tour*, Ⅲ(1727년판), 38면과 Ⅲ(1742년판), 68면.

17) *Chronological Index of Patents and Inventions*, No. 477. Windham Hulme, "On the History of Patent Law in the Seventeenth and Eighteenth Centuries," *Law Quarterly Review*, 1902, 280면 이하.

18) "여기에 매우 희한한 성격의 신기한 물건이 있는데 그것은 잉글랜드에 단 한 종류밖에 없는 것이다. 내가 말하는 것은 더웬트강에 있는 공장이다. 이 공장은 생사나 견연사를 만들기 위해 이탈리아제의 거대한 엔진 세 개를 작동시키고 있다. 이 기계가 발명되기 전에 잉글랜드의 상인들은 이탈리아에 선뜻 돈을 주고 견연사를 사왔다. ……이 엔진에는 22,586개의 바퀴와 97,746개의 기계장치가 달려 있는데, 바퀴가 한 번 돌 때마다 73,726야드의 견사가 나온다. 바퀴는 1분에 3번 돌아, 24시간에 318,504,960야드를 뽑아낸다. 수차(水車)는 나머지 모든 바퀴와 기계장치들을 가동시키며, 그것들은 하나씩 별도로 정지시킬 수 있다." Defoe, *Tour*, Ⅲ(1742년판), 67면. 되풀이 인용된 바 있는 Anderson, *Chronological History and Deduction of the Origin of Commerce*의 한 귀절은 데포의 묘사를 복사한 데 불과하다. A. Young, *North of England*, Ⅰ, 225면과 W. Hutton, *History of Derby*, 163면 그리고 존카의 책과 『백과사전』(*Encyclopédie*, Supplement, Ⅺ, 'Soieries' 항, 도판 8~20)도 참조. 이와 비슷한 기계들이 프랑스에서는

236 제 2 부 발명과 공장

서 우리는 비로소 여기서, 자동장치를 갖추고 지속적이고 무제한한 생산을 하며 직공의 기능이 정밀하게 전문화된 근대적 공장을 갖게 된 것이다.

산업자본주의의 발달은 기계제공업의 발달과 병행했다. 우리가 방금 양말편직공업에서 살펴본 것과 똑같은 사실들이 훨씬 더 뚜렷하고 의미심장하게 다시 여기에 나타난다. 공업의 집중 현상이 보다 명확하게 드러나는데, 공장의 존재가 그 현상을 구체적이고 두드러지게 하였다. 토마스 롬의 공장은 노동자 3백 명을 고용했다. 이 공장을 모델로 삼은 공장들은 대체로 그보다 더 크지는 않았지만 그 정도의 규모였다. 1765년 견직공업에 관한 의회의 조사가 진행되는 도중에 위원회에 출두한 고용주 몇 명은 각각 4백~8백 명을 고용하고 있었다. 존 셰라드라는 사람은 한번에 1천 5백 명의 노동자에게 임금을 지급한다고 밝혔다. [19] 물론 집에서 작업을 하는 사람들도 있었다. 그러나 어쨌든 실을 꼬는 작업은 대규모 작업장의 기계에 의해 이루어졌다. 런던의 나다니엘 패터슨은 12대의 연사기를 갖고 있었는데, 모두가 한 지붕 아래 있었다. [20] 부유한 상인의 유형과는 구별되는 대공장주의 유형(이때까지 대공장주는 부유한 상인과 반쯤은 동일시되어왔다)이 이때 비로소 뚜렷이 부상한다. 토마스 롬은 15년 만에 12만 파운드의 재산을 모았다. [21] 그는 런던시의 참사, 다음에는 주지사를 거쳐 기사(騎士)의 작위를 받았다. 그리고 1732년에 의회가 다른 제조업자들의 요청에 따라 그의 특허를 갱신하기를 거부했을 때 그는 그에 대한 보상과 보수로 1만 4천 파운드를 받았다. [22] 그는 부유하고 유력한 인물이었을 뿐 아니라 국가 스스로가 그에게 빚을 지고 있다고 인정한 공적인 은인으로 여겨지기도 했다.

이런 이유로 존 롬의 여행은 잉글랜드의 공장제도의 진정한 효시로 보

잉글랜드와 대략 같은 시기에 처음으로 사용되어 삐에몽떼즈 기계라고 알려졌다.

19) *Journals of the House of Commons*, XXX, 209~20면.
20) *Journals of the House of Commons*, XXX, 212~13면.
21) *Gentleman's Magazine*, 1739, 4면.
22) 조지 3세 5년, 법률 제 8 호. *Journals of the House of Commons*, XXI, 782~95면.

인다. 그런데 어떻게 해서 이 중요한 사건이 그토록 무시되고, 말하자면 당연히 견직공업에 돌아가야 하는 명예로운 자리를 면공업이 빼앗게 되었는가? 이것은 과연 근대적인 대규모 공업에 순수하게 영국적인 기원을 부여하기를 원하는 국민적 자부심에서 비롯된 것일까? 우리가 근대적 공장제도라는 용어를 쓸 때 그것은 사회경제적 세계 전체를 의미하는데, 이 세계란 추상적인 조건들의 집합이 아니라 살아 있는 현실로 고려되어야 한다는 것을 잊어서는 안된다. 우리는 그 제도의 이론적 기원이 아니라 역사적인 출범을 찾고 있다. 우리가 경제적 또는 철학적 관점에서 현상들을 정리하고 분류할 때 그 특징들만을 고려한다면 그 작업만으로도 충분하다. 그러나 역사적 관점으로 볼 때 우리는 우리가 그 현상들의 부피와 무게라고 부를 수 있는 것, 주위의 현상들에 그 현상들이 미친 실제적 영향, 여러 사실의 실질적 관계를 결정하는 모든 것도 고려해야만 하는데, 이것은 원칙과 결과의 논리적 연쇄와는 간혹 아주 다르다.

기계를 도입하고 대공업이 탄생된 뒤에도 잉글랜드의 견직공업은 이차적인 지위밖에 차지하지 못했다. 몇 군데가 생산의 중심지가 되었다. 런던, 더비, 맨체스터 부근의 스톡포트,[23] 매클레스필드가 그것인데, 이 곳들에서 견연사 제조업에 1761년에 약 2천 5백 명의 노동자가 고용되었다.[24] 그러나 이 중심지 가운데 그 어느 곳에서도, 면방적기계의 발명에 의해 랭커셔와 더비셔에서 일어난 변화에 필적할 만한 공업의 변화는 결코 없었다. 잉글랜드 견직공업은 특히 사르디니아의 왕이 견직의 수출을 금지한 이래 엄청나게 높아진 생사의 가격, 그리고 부분적으로 천연적 잇점 때문에 우세를 누리던 프랑스와 이탈리아의 (잉글랜드를) 위축시키는 경쟁이 그 발전을 방해하고 있었다. 이것은 잦은 위기를 몰고왔는데, 보호조치로 대처를 했으나 성공을 거두지 못했다.[25] 또 그

---

23) 1770년 스톡포트에는 4개의 공장과 노동자 1천 명이 있었다. *Journals of the House of Commons*, XXXIV, 240면.

24) *Journals of the House of Commons*, XXX, 215면 이하. 코벤트리의 리본공업은 독자적 역사를 갖고 있다.

25) 조지 3세 3년, 법률 제21호 ; 조지 3세 5년, 법률 제48호 참조. 이 조치는, 밀수에 대한 중벌과 더불어 외국산 직물의 완전한 금지를 여러번 요구한 제조업자들을 반쯤밖에 만족시키지 못했다. *Journals of the House of Com-*

것은 고용주들의 거듭되는 불만, 노동자들의 폭동,[26] 그리고 급기야는
공업 성장의 저지라고 표현할 수 있을 그런 사태를 유발했다. 이 사태
는 다른 섬유공업들의 발달과는 크게 대조를 이루었다.[27]

기술의 발달도 이와 동시에 정지되었다. 연사기의 도입은 어떤 새로
운 발명의 출발점도 되지 못했다. 원료를 직조하고 마무리손질을 하는
데 있어서 소규모 생산체제와 더불어 과거의 공정이 그대로 유지되었
다. 우리가 그들의 동맹·파업·폭동에 대해 앞에서 언급한 바 있는
스피털필즈의 방직공들은 가내노동을 했으며 그들의 고용주들은 제조업
자라기보다는 상인이자 기업가였다. 따라서 그들간의 대립의 이유라는
것은 당시 완만하면서도 확실하게 구공업을 변모시키고 있던 원인과 다
를 바가 없는 것이었다. 더웬트강에 공장을 갖고 있던 존 롬과 토마스
롬은 창시자라기보다는 선구자였다. 산업혁명은 예고되었으나 아직 시
작되지는 않고 있었다.

2. 잉글랜드 면공업과 그 출발

면공업의 지속적 발전은 이 불완전한, 아니 어쨌든 제한된 발달과 대
조를 이룬다. 그런 가운데 면공업으로부터 결정적 추진력이 터져나왔는
데, 이 추진력은 몇 해 만에 섬유공업 전체로 퍼졌으며 그 기원이 보다 최
근의 것인만큼 훨씬 더 두드러진다. 여러 세기 동안 코튼(cotton)이라는
말은 영어의 일부로서의 자격을 지녀왔다. 그러나 17세기까지의 이 말
의 의미는 오늘날 그것이 가지는 의미와는 달랐다. 그 말은 잉글랜드
북부에서 만들어진 특정의 거친 모직(woollen)을 가리키는 말로 사용되
었다.[28] 그 말은 오랫동안 그런 의미를 지녔으며, 심지어는 오늘날에도

---

mons, XXX, 87, 93, 725면.

26) 제 1 부 제 1 장 참조.

27) G. B. Hertz, "The English Silk Industry in the Eighteenth Century"
(*English Historical Review*, 1909, 710~29면)를 참조.

28) "1700년에도 …… 코튼은 여전히 '모직제품' 축에 끼여 열거되었다."(윌리
엄 3세 11, 12년, 법률 제20호) G. W. Daniels, *Early English Cotton In-
dustry*, 7면. "랭커셔에서 만들어진 코트·융단·프리즈(frieze, 한쪽만 보풀

컴벌랜드와 웨스트모얼랜드의 어떤 지역들에서는 여전히 그런 것 같다. [29] 우리는 맨체스터가 코튼 제조업으로 가장 유명한 지역 가운데 하나라는 데 주목해야만 한다. [30] 그러나 캠든(William Camden, 1551~1623. 영국의 고고학자·역사가—역주)의 『브리타니아』(*Britannia*)[31]에 언

을 세워 거칠게 짠 외투용 모직—역주)"에 대해서도 언급하고 있는 1552년의 한 법(에드워드 6세 5,6년, 법률 제 6 호)에서 길이 22야드, 너비 4분의 3야드인 한 필의 최저 중량이 30파운드라는 것은 분명히 모직을 의미했다. 엘리자베스 5년의 법률 제 4 호(1563년)에서 "컴벌랜드·웨스트모얼랜드·랭카스터·웨일즈 같은 주들에 살면서 프리즈, 코튼, 주부용의 천을 짜는" 사람들은 모직공으로 표현되었다. 랭커셔의 양모공업은 13세기 이래 번성해 왔다. (*Victoria History of the Country of Lancaster*, Ⅱ, 37면) 스페인과 이탈리아에서는 꼬똔(coton), 꼬또네(cotone)라는 말이 우리 시대의 의미와 마찬가지로 오랫동안 사용된 데 비해 잉글랜드에서 코튼이라는 말이 모직에 적용되었다는 것은 놀랍게 여겨질 것이다. 그러나 A. 데 깐돌레(A. de Candolle)는, 코튼을 나타내는 아랍어(Kutn)와 아마를 나타내는 아랍어(Kattan 또는 Kittan)가 실제로는 같기 때문에 비슷한 혼란이 이 말의 기원 자체에도 있다고 말한다. (*Origine des Plantes Cultivèes*, 325면) 이탈리아와 스페인에서 12세기 이래 면을 방적·방직해왔음은 물론이고 남부 독일에서는 14세기에 언급된 '바르헨트'(barchent)라는 직물이 아마의 날실(經糸)과 면의 씨실(緯糸)로 이루어졌다는 데 주목해야만 한다. R. Lévy, *Histoire Économique de l'Industrie Cotonnière en Alsace*, 3, 4, 7면과 G. W. Daniels, *Early English Cotton Manufacture*, 14면. 후자는 이렇게 쓰고 있다. "랭커셔의 모직물 제조에 식물성 섬유가 사용되었을는지도 모른다는 의혹을 떨쳐버리기가 힘들다……" 같은 책, 7면.

29) *A Complete History of the Cotton Trade* (1823), 40면 ; A. Ure, *The Cotton Manufacture of Great Britain*, Ⅰ (1836), 31면을 볼 것. "켄덜 코튼(Kendal cottons)이라고 불리는 거친 모직의 일종." Eden, *State of the Poor*, Ⅱ, 751면.

30) "그 시대(16세기)에 이 도시는, 거기서 제조되었고 수요가 컸으며 일반적으로 맨체스터 코튼이라고 불리던 모직물로 인해 대단히 중요시되었다." R. Hollingsworth, *Mancuniensis*, 64면. 이 책은 17세기 중엽에 씌어져 1839년 W. Willis에 의해 간행되었다.

31) "이 도시는 주위의 여러 도시에 대해 그 설비, 다수의 인구, 양모공업, 시장, 사원(寺院), 그 다음에는 명사들로부터 우리가 들은 바에 따르면 그리슬레이스(Grislaeis)나 라 와리스(La Waris)에 의해 세워진 조합 등에 의해 탁월한 지위를 보이고 있다. 그러나 전에는 모직물(사람들은 이것을 맨체스터 코튼이라고 부르고 있다)의 명성에 의해, 또 아씰리움권(asyli jure, 망명자 보호권—역주)에 의해 한층 탁월해져 있었다. 후자는 의회의 권위로

급된 공업과, 오늘날 맨체스터의 부(富)를 이룬 공업 사이에는 그 이름 말고는 공통점이 많지 않다.

동양 특히 인도에서 제조된 면직물은 아득한 옛날부터 지중해 여러 나라에 수입되어왔던바, 이곳의 주민들은 일찌기 그것을 모방하려고 시도했다. 북방의 나라들에서는 이런 모방이 훨씬 후대에 있었다. 14세기에야 비로소 베네치아의 상인들이 레반트(시리아·레바논·팔레스티나 등 동부 지중해안의 나라들—역주)에서 수입한 원면(原綿)이 플랑드르에 나타났다. 안트워프는 면방적과 면방직의 최초의 중심지였다. 그것은 당시 플랑드르 전역에서 번창하던 양모공업과는 어느 면에서도 경쟁이 불가능한 미미한 공업이었다. 알레싼드로 파르네제(Alessandr Farnese, 1545~92. 스페인왕 필리쁘 2세 밑에서 일한 이탈리아의 군인, 스페인령 네덜란드 총독—역주)가 안트워프를 포위하여 함락시킨 뒤인 1585년에 일단의 노동자들이 잉글랜드로 이주했다. 슐쩨-게버니쯔에 따르면 이것이 잉글랜드 면공업의 기원이었다. [32]

이 공업에 대해 명백하게 언급하고 있는 최초의 문헌은 1610년에 발견된다. 그것은 모리스 피터스——플랑드르식의 이름——라는 사람이 "페르샤 땅에서 재배하는 것과 같은, 모직류가 아닌 능직(綾織, bombazine) 제조에서"[33] 날마다 일어나는 사기행위를 규탄하기 위해 쏠즈베리백작

헨리 8세 때에 체스트리암(Cestriam)으로 이전되었다."(원문은 라틴어)
William Camden, *Britanniæ Descriptio*(1586), 429면.

32) Schulze-Gävernitz, *La Grande Industrie* (프랑스어판), 27면.

33) *State Papers, Dom.*, LIX, 5면. W.H. Price, "On the Beginning of the Cotton Industry in England"(*Quarterly Journal of Economics*, XX, 608~13면)은 London Guildhall Library에 소장되어 있는 1620년의 한 청원서를 인용하고 있다(*Petitions and Parliamentary Matters*, 1620~21, No. 16). 이 청원서에 따르면 잉글랜드의 면공업은 17세기초 또는 16세기말까지 거슬러 올라간다. "약 20년 전에 이 왕국, 주로 랭카스터주에 있는 여러 사람들이 작은 관목 위에서 자라는 대지의 열매인 일종의 봄바스트(bombast, 심으로 쓰는 솜—역주)나 면모(綿毛, down)로 만들어진 퍼스티언(fustian, 한쪽에만 보풀을 세운 능직면포—역주)을 제조하는 방법을 발견했다. 이 원료는 스미르나(터키 서부의 항구인 이즈미르의 옛 이름—역주)·키프로스·아크라·시돈으로부터 이 왕국에 수입된 것인데, 흔히 원면(cotton wool)이라고 불리었다.……잉글랜드에서는 적어도 4만 필의 퍼스티언이 제조되었다.…… 그리고 수천 명의 빈민이 이 퍼스티언을 제조하고 있다."

에게 보낸 청원서이다. 30년 뒤에는, "런던시의 상인이며 선장이었던" 루이스 로버츠가 목격한 대로 맨체스터에 그 공업이 확립되었다. 그는 맨체스터와 아일랜드의 통상관계에 대하여 언급하고 있다.

> 그들의 근면함은 거기에서 그치지 않는다. 그들은 애초에 키프로스, 스미르나로부터 오는 원면을 런던에서 사서 바로 그것을 집에서 가공하여, 퍼스티안(fustian), 버밀리언(vermilion), 디미티(dimity)라고 불리는 직물이나 그밖의 직물로 마무리손질을 한 다음에 런던으로 돌려보낸다. 런던에서는 바로 그 직물이 판매되는데, 훨씬 용이한 조건으로 앞에 말한 최초의 원료를 공급할 수 있는 자원을 가진 외국의 여러 지방에 직물을 보내는 일도 드물지는 않다. [34]

그러므로 17세기초에 랭커셔 특히 맨체스터는 유명한 특산품을 갖고 있었다고 말할 수 있다.

이 초기 잉글랜드 면공업에 있어서 제품의 질은 매우 보잘것없었고 그 양은 미미했다. 런던과 주요 도시들에서 팔리는 면직물의 거의 대부분은 주로 인도로부터 직접 수입된 것이었다. 단정짓기는 상당히 어렵지만, 한편으로는 이 유서깊은 수입(輸入)과 다른 한편으로 이 새로 출현한 제품사이에는 매우 긴밀한 연관이 있었다. 우리는 이미 식민지무역, 특히 인도무역의 발달은 17세기말에 나타난 대규모 경제운동의 주된 특징의 하나라는 것을 살펴본 바 있다. 영국의 대중들에게 잘 팔리고 그에 대한 수요가 갈수록 늘어난 주요한 제품 가운데 하나는 착색하거나 날염(捺染)을 한 꽃무늬를 넣은 면직물이었다. 이 면직물은 유행하였고, 이내 큰 인기를 얻었다.

> 우리는 상류인사들이 인도산 융단직물로 옷을 지어 입은 것을 보았는데, 이것은 몇 해 전에만 해도 그들의 하녀들이 자기들에게도 너무나 수수한 것이라고 여겼던 직물이었다. 친츠(chintz, 착색한 서양목—역주)는 마루에 깔려 있다가 상류인사들의 등으로, 양탄자에서 속곳으로 승격했으며 그 당시 여왕 자신[35]도 중국풍과 일본풍으로 입고

---

34) Lewis Roberts, *The Treasure of Traffic*, London, 1641, 32면.
35) 오렌지공 윌리엄의 아내인 메리 여왕.

나타나기를 즐겨했다. 물론 여기서는 중국의 비단과 캘리코(흰 무명의
일종—역주)를 말하는 것이다. 이것이 물론 전부는 아니었다. 그 직물
은 우리의 집과 밀실과 침실에까지 스며들었다. 커튼·쿠션·의자 그
리고 마침내는 침대까지도 캘리코나 인도산 직물로 만들어졌다.[36]

이와 동시에 사방에서 호된 비난과 불평이 터져나왔다. 이와같은 외
국의 경쟁이 허용된다면 왕국의 주산업으로 특혜를 받고 있는 양모공업
은 어떻게 될 것인가? 우리는 양모공업이 그 어떤 경쟁에도 굴복하지
않은 불요불굴의 것이었음을 알고 있다. 의회는 양모공업 지원을 서둘
렀다. 1700년에 인도·페르샤·중국으로부터 날염직물의 수입을 절대적
으로 금지하는 법이 통과되었다. 이 법령에 위반되어 압수된 상품은 모
두 몰수되어 경매에 붙여지거나 재수출되었다.[37]

이 강경조치는 기대했던 결과를 얻을 수가 없었다. 왜냐하면 당장
에 불평이 새롭게 일어났기 때문이다.[38] 1719년경에는 불만이 아주 거
세어져서 의회는 다시 청원서들로 에워싸였다.[39] 모직물 제조업자들은
날염면직물을 매도하는 많은 팜플렛을 발간하였다.[40] 그리고 그들은 말

---

36) Defoe, *Weekly Review*, 1708년 1월호.

37) 윌리엄 3세 11, 12년, 법률 제10호. 수출무역을 위한 상품 꾸러미들은 영
국의 항구에 들어오는 것이 일시적으로 허용되었다. 단 세관에 신고하고 보
세창고에 위탁하는 경우에만 그러했다. Bal Krishna, *Commercial Relations
between India and England from 1601 to 1757*, 194면 이하와 C. J. Ha-
milton, *Trade Relations between England and India* (1660~1896).

38) 1706년의 한 팜플렛은 "인도로부터 수입된 날염 또는 착색된 캘리코를 입
는 것"을 개탄하고 있다. J. Haynes, *A View of the present State of the
Clothing Trade in England*, 19면.

39) 아주 신기하게도 이 청원서들 가운데 하나는 나머지 모든 청원서에 반대
하는 입장을 취하고 있다. 그 청원서는 모직물의 이익을 위해 면직물의 입장
을 변호하면서 잉글랜드 모직물의 가격이 떨어지면 그에 잇따라 틀림없이
수출량이 증가할 것임을 보이고 있다.

40) *The just Complaints of the poor Weaver truly represented* (1719) ; *A
brief State of the Question between printed and painted Calicoes and
Silk Manufactures* (1719); *The Weaver's true Case* (1720) ; *The further
Case of the Woollen and Silk Manufacturers*(1720). 그리고 반대입장을
취한 책들은 Asgill, *Brief Answer to a brief State of the Question, ...*
(1719) ; *The Weaver's Pretences examined* (1719)이다. 우리는 폭스웰
(Foxwell) 교수 덕분에 이 팜플렛들 대부분에 관한 지식을 얻을 수가 있다.

로만 하지 않았다. 여러 곳에서 소요가 일어났다. 계속되는 실업상태에
격분한 방직공들은 거리에서 면직물을 입은 사람들을 공격하여 그들의
옷을 찢고 태우기 시작했다. 집에 침입하여 약탈하는 일까지 일어났다. [41]
이 동요는 먼저의 법령보다 훨씬 명백하고 광범한 새로운 금지법이 통
과된 뒤에야 겨우 끝이 났다. "의복·가재(家財)·가구 등에 날염·착
색·얼룩무늬염색을 한 캘리코의 직조(織造)와 그 사용은 본 왕국의
모직물 및 견직물 제조업을 크게 저해하고 과다한 빈민 증가를 초래하
는 경향이 있음이 매우 명백하므로, 그것을 효율적으로 방지하지 않으면
앞에 말한 제조업들과, 생계를 전적으로 거기에 의존하고 있는 폐하의
수많은 신민과 가족들을 완전히 몰락시키거나 파멸시킬 가능성이 있기
때문에," 잉글랜드에 거주하는 모든 사람은 이 직물들을 팔거나 입거나
소유하는 일이 금지되었으며, 위반하면 개인은 5파운드, 상인은 20파운
드의 벌금을 내야 했다. [42] 이런 사실들은 잉글랜드의 면공업 발달에 영
향을 미칠 수밖에 없었다. 인도산 면직물의 수입이 아무런 제한을 받지
않았을 때 그 면직물이 창출한 수요는 그것을 모방할 수 있는 사람이면
누구에게나 성공과 축재를 약속해주었다. [43] 1700년의 〔수입〕금지 뒤에
이런 기회는 훨씬 더 늘었다. 가장 좋아하는 품목을 빼앗긴, 아니 어쨌
든 불법적인 통로를 통해 그것을 확보할 수밖에 없게 된 대중은 여전히
잉글랜드 방직공들이 만든 조악품(粗惡品)을 환영했다.

면공업의 맹아가 이미 싹트기 시작했던 랭커셔는 그 공업의 발달에
가장 유리한 기반을 제공했다. 전세기(17세기)에는 원면이 스미르나로부
터 런던으로 수입되어, 런던에서 맨체스터로 옮겨졌었다. 그런데 리버
풀이 성장하면서 동양과 서인도제도로부터 면을 직접 수입할 수 있게
되었다. [44] 동양은 더이상 면 재배를 독점하지 못했다. 면 재배는 앤

41) *The Weaver's true Case*, 40면 ; *The Weaver's Pretences examined*, 16
면을 참조.
42) 조지 1세 7년, 법령 제 1 호, 법률 제 7 호.
43) 존 바크스테드라는 사람은 "서인도제도에 있는 폐하의 농원들에서 재배·
생산하는 원면으로 캘리코 모슬린(muslin, 무명의 일종—역주) 및 같은 종
류의 정교한 직물을 제조하는" 특허권을 1691년에 받았다. *Chronological
Index of Patents*, No. 276 (1691년 9월 22일자) 참조.
44) 18세기의 후반에 들어서서야 비로소 리버풀은 대규모 원면시장으로서 런던

털리즈열도(서인도제도에 있는 열도—역주)와 브라질에서도 번성했다. [45] 더구나 인도와 중국은 잉여직물만을 수출한 데 반해 아메리카는 실제로 직물 전체가 유럽의 항구들로 보내졌다. 이런 식으로 수입의 두 흐름이 리버풀에서 합류했다. 그러나 랭커셔 면공업의 성장이 보장되기에 이런 조건만으로는 불충분했을 것이다. 면방적은 특별한 기후조건이 요구된다. 즉 상당히 습도가 높아야 하고 최고기온과 최저기온이 큰 차이를 보이지 않아야 한다. 랭커셔는 이런 조건을 구비하고 있었다. 볼턴(Bolton)의 여름 평균기온은 약 15.6°C이고 겨울에는 약 4.4°C이다. 연평균 습도는 82%, 가장 습기찬 달에는 93%, 또 가장 건조한 달에는

올 앞질렀다. (Th. Ellison, *The Cotton Trade of Great Britain*, 170~71면) 그러나 18세기초에도 리버풀의 상인들에 의해, 또 화이트헤이븐과 랭카스터의 보다 작은 항구들을 통해 많은 면이 이미 수입되었다. *Journals of the House of Commons*, XXII, 566~67면. (G. W. Daniels, *The early English Cotton Industry*, 57~58면에 인용) Dumbell "Early Liverpool Cotton Imports and the Organization of the Cotton Market in the Eighteenth Century," *Economic Journal*, XXXIII, 363면 이하도 참조. 1752년에는 리버풀에 선적을 둔 배 220척 가운데 106척이 서인도와 아메리카 무역에 종사하고 있었다.

45) 북아메리카의 식민지들은 훨씬 나중에야 면 재배를 시작했다. 1747년 이후에 수시로 언급되는 찰스턴이나 뉴욕으로부터의 면 수입은 아마도 북아메리카의 어떤 항구들에 정박한 배들에 실린 서인도제도의 면 수입품이었을 것이다. Th. Ellison, *Cotton Trade of Great Britain*, 81면과 E. von Halle, "Baumwollproduktion und Pflanzenwirtschaft in den Nordamerikanischen Südstaaden"(*Staats-und Sozialwissenschaftliche Forschungen*, 15, I, 9면). 이 책은 1748년 아메리카 선박 한 척을 통해 수입되어 미합중국산이라고 신고된 면 8꾸러미를 리버풀에서 하역하는 데 입회했던 세관 관리들이 보인 놀라움을 설명하고 있다. 그들은 이 신고를 받기를 거부하고 그 면꾸러미들을 항해조례에 따라 압수했다. 그들이 서인도제도산이라고 믿은 면은 외국 국기를 단 배로 수입되어서는 안된다고 정해져 있었다. 그리고 이 일은 베르사이유조약이 마침내 북아메리카 식민지들을 모국으로부터 분리한 1년 뒤에 일어났다. (Bishop, *History of American Manufactures*, I, 354면 ; Th. Ellison, 위의 책, 82면) 당시 프랑스의 한 문헌 "Considération sur les Manufactures de Mousseline et de Callico dans la Grande Bretagne" (*Archives des Affaires Étrangères, Angleterre, 'Mémoires et Document,'* LXXIV, 182면 이하)에도 이 사건이 언급되어 있다.

78%이다. [46] 애쉬턴과 로치데일로 향해 있는, 맨체스터 동부와 북부의 구릉은 바다에서 오는 구름을 멈추게 하며, 이 구름은 그 구릉의 가파른 비탈에 대부분의 비를 뿌리는데 이 주 전체의 강우량은 연평균 40인치에 이른다. 공기 속의 일정한 습도 덕분에 특히 가느다란 번수(番手, counts, 방적한 실의 굵기의 단위―역주)의 실을 방적할 수 있는 이 습한 지역에 점점 더 많은 공장들이 자리를 잡는 경향이 나타났다. [47]

랭커셔의 남녀 방적공들에게 결여된 것은 단 하나 인도 노동자들의 유연한 손가락과 비범한 기술이었다. 인도에서 사용되는 것보다 실제로 좋지 않은 도구[48]를 가지고 방적한 면사는 아주 거칠거나 약했다. 따라서 면마교직포(綿麻交織布)를 제조하는 습관이 생겨났다. 면이 씨실을 이루고, 좀더 튼튼한 아마사가 날실이 되었다. [49] 이것이 처음에 맨체스터의 명성의 기초를 닦은 직물이었다. 조각된 도판을 가지고 손으로 날염한 이 직물은 인도산 직물에 필적할 수는 없었지만 적어도 어느 정도는 그것의 대체물의 구실을 했기 때문에 금지조치에도 불구하고 대중의 기호를 만족시킬 수 있었다.

모직물상인들이 두려워한 사태는 바로 이것이었다. 1715~20년에 그들이 벌인 캠페인은 모직물공업이 영국의 기간산업이라는 명분하에 외

46) Sir Benjamin Dobson, *Humidity in Cotton Spinning*, 17~22면. 어 책의 도판들(44, 45, 59, 67, 73면)은 면사(綿糸)의 점착성(粘着性)과 균질성(均質性)은 공기의 습도에 따라 다르다는 것을 보이고 있다.
47) Schultze-Gävernitz, *La Grande Industrie*, 58, 108면. 채프먼씨의 다음과 같은 글은 자연적인 원인의 영향을 과소평가하고 있는 것 같다. "실제로 면공업이 랭커셔에 정착한 것은 다른 특별한 이유 때문이 아니라 양모공업이 이미 거기에 있었고 외국인들이 자유롭게 받아들여졌으며 맨체스터가 자치체(corporation)가 아니었다는 이유 때문이었을 것이다." 그럼에도 불구하고 그는 "랭커셔의 일부 지역들이 갖는 물리적 특징의 가치를 깨닫기 시작하자마자 다른 지역의 제조업들이 이 공업의 주요한 본거지로 점점 강하게 끌려들어오는 경향이 나타났다"고 인정하고 있다. S. Chapman, *The Lancashire Cotton Industry*, 154면.
48) 몇 가지 개량품, 예를 들면 방차(紡車)와 금속제 얼레빗이 양모공업으로부터 채택되었다.
49) 조지 2세 9년, 법률 제 4 호의 전문(前文)을 참조. "아마사와 면사로 직조된 다량의 직물이 지난 여러 해 동안 이 대브리튼왕국에서 날염, 착색되어……"

국산 상품만을 겨냥한 듯이 보였다. 그러나 사실 문제는 바로 잉글랜드 자체에서 확립됨으로써 더욱 위험한 존재가 되고 있던 한 경쟁상대를 억누르는 것이었다. 우리 시대의 조직화된 상업세력의 이기심은 아마 그 당시의 그것만큼이나 무자비할 것이다. 그러나 그 이기심은 이제는 서투르게 표현되지는 않는다. 오늘날에는 그 누구도 나라 안에 새로운 산업을 확립하려는 시도를 범죄라고 규탄하는 글을 쓰지는 않을 것이다.

마치 영국국민 속에도 국민을 파멸시킬 일단의 사람들이 없지 않다는 듯이, 동인도의 친츠와 날염된 캘리코에 대한 외국으로부터의 수입이 금지되자마자 영국의 몇몇 사악한 자식들은 온갖 술책을 동원하여 금지법을 회피하고 보다 정교한 인도산을 모방하기 위해 사람들을 고용하고 그것을 제조업으로 만듦으로써 불만을 정당화했다. [50]

대부분의 사람들이 일과 빵을 빼앗길 처지에 놓인 많은 사람들의 운명을 슬퍼하고 있을 때, 사태를 한편으로 치우치지 않고 보았던 몇몇 인물들은 다른 한편으로 문을 열려고 하는 새로운 작업장들에서 다수가 일자리를 얻게 될 것이라고 지적하지 않을 수 없었다. [51] 여기에 대해서는 다음과 같은 대답이 나왔다. 즉 면공업에 고용된 노동자의 수는 아주 적다는 것이었다. [52] 그러나 이 공업이 그렇게 미미했다면, 어떻게 그 도전이 유서깊고 강력한 양모공업에 대한 무서운 위협이라고 표현될 수 있었는가?

이처럼 탄생기의 면공업을 분쇄하기 위해 온갖 수단이 동원되었다. 그러나 그 공업은 살아남았다. 착색한 캘리코와 날염한 캘리코의 사용만이 금지되었을 뿐 직물 제조는 중단되지 않았다. 날염에 관해서 볼 때 우리는 그것이 곧 용인되었다고 믿을 만한 이유를 얼마든지 제시할 수 있

---

50) *The first Complaints of the poor Weaver truly represented*, 14면.

51) Asgill, *Brief Answer to a brief State of the Question between printed Calicoes and the Woollen and Silk Manufactures* ; *The Weaver's Pretences examined* ; *Reasons humbly offered to the House of Commons by the Calico Printers.*

52) *The just Complaints of the poor Weaver*, 25면.

는데, 법률이 유행을 이기는 일은 드물었던 것이다. 1735년에 제조업자들은 아마와 면의 교직물 전부를 1721년의 금지령으로부터 공식적으로 제외시키는 법을 의회가 통과시키도록 했는데, 그 근거는 그것이 "유서깊은 퍼스티언 제조의 한 분야"[53]라는 것이었다. 날염되거나 착색된 순수한 면직물에 대한 금지령은 존속했다. 그것은 리차드 아크라이트 (Richard Arkwright, 1732~92. 영국의 면직물업자. 자칭 방직기계 발명자—역주)의 요청에 따라 1774년에야 비로소 폐지되었다. [54]

면공업의 출범에 관한 이 이야기는 여러 면으로 흥미가 있다. 그것은 상업의 발달이 공업의 발달에 영향을 미친 데 대한 명백한 사례이다. 그 새로운 공업은 동인도무역이 낳은 산물이었다. 그 공업의 탄생은 외국제품의 수입에 뒤이어 일어났고, 그것이 확립된 입지와 조건은 부분적이긴 하나 원료가 외국으로부터 수입된다는 사실에 의해 결정되었다. 이에 못지않게 흥미있는 양상은 유서깊은 섬유공업이 한 역할이다. 독점에 대한 맹목적 정열 때문에, 한때는 경쟁을 부채질하다가 몇 해 뒤에는 다시 그 경쟁을 없애려고 애쓴 것은 바로 그 섬유공업이었다. 다시 말하면 잉글랜드제 면직물이 인도산 섬유의 대체물로서 성공한 것은 1700년의 금지령이 나온 때부터였다. 결국 이렇게 해서 그 이후부터는 계속해서 그 두 공업이 서로 뚜렷하게 대비가 되었기 때문에 우리는 면직공업의 급속한 발전과 옛 섬유공업의 보다 어렵고 더딘 발달을 이해할 수 있게 된다. 이 새로운 공업은 비록 전통이라는 특권은 없었지만 대신에 자유의 모든 잇점을 가지고 있었다. 그 공업이 전통에 얽매이지 않았다는 사실, 그리고 기술의 개발을 정지시키거나, 아니면 적어도 저해하는 규제의 밖에 서 있었다는 사실은 말하자면 그 공업을 발명과 온갖 종류의 창의력의 영역으로 만들었다. 이는 기계제공업의 건설을 위한 유리한 기반을 마련해주는 것이었다.

---

53) 조지 2세 9년, 법률 제 4 호, G. W. Daniels, *Early English Cotton Manufacture*, 20면 이하에 있는 1721년과 1735년의 법에 관한 짧은 역사를 참조.
54) 조지 3세 14년, 법률 제72호.

3. 기계사용 이전의 면공업

면공업은 도구는 물론이고 노동의 조직에 있어서도 모든 면에서 양모
공업과 비슷하게 시작되었다. 그것은 오두막공업(cottage industry)이었다.
랭커셔의 방직공은 농촌에서, 자기의 땅뙈기에 있는 집에서 일했다. [55]
여자와 어린아이들은 쇄정과 방적을 했다. [56] 농업과 공업의 긴밀한 결
합이 이만큼 필요한 곳은 그 어디에도 없었다. 습하고 안개가 많은 기
후와 황무지 및 늪지가 많은 토지 조건은 농촌사람들이 농업노동 이외에
다른 생활수단을 찾지 않을 수 없게 했다.

여기에서 우리는 가내공업제도에 흔히 나타나는 특징들과 나란히 전
개되는, 자본제적 요소를 점차적으로 끌어들인 자연스런 발전의 흔적
을 다시 보게 된다. 1740∼50년경에 랭커셔에 모든 면에서 남서부지방
의 상인제조업자와 비슷한 집단이 나타났는데, 그들은 퍼스티언 도장
인(fustian master)이라고 불렸다. 그들은 원료·아마사·원면을 사서
방직공들에게 분배했으며 방직공들은 쇄정(刷整, carding)·조방(粗紡,
roving)·정방(精紡, spinning) 같은 준비공정을 맡음으로써 노동자 겸
하청업자가 되었다. 실제로 우리는 그들 밑에 중간자적인 제 2 의 계급
즉 방적공들이 있음을 흔히 보게 되는데, 그들은 방직공들로부터 보수

---

55) E. Butterworth, *History of Oldham,* 105∼7면.
56) 1770년 렐러에서는 "5, 60명의 경작자 가운데 소작지의 농산물로부터만 지대
   를 거두어들이는 사람은 6, 7명에 지나지 않았다. 나머지 전원은 양모·아마·
   면의 방적과 방직 같은 수공업 분야에서 부분적으로 지대를 얻어내고 있었
   다." 오두막농민들은 겨울에는 방적공 또는 방직공이었으며 여름에는 들에
   서 일했다. W. Radcliffe, *Origin of the new System of Manufacture,
   commonly called Power Loom Weaving,* 9, 59∼60면. "농장들은 대체로
   우유·버터·치즈 생산을 위해 경작되었다. ……그리고 그 일이 끝나면 그들
   은 양모나 면을 쇄정·조방·정방하는 일뿐 아니라 직기에 걸 수 있도록 그
   것을 날실로 만드느라고 바빴다." S. Bamford, *Dialect of South Lanca-
   shire,* iv, v 면. 면공업의 가내공업제도에 관한 생생한 묘사로는 Louis W.
   Moffit, *England on the Eve of the Industrial Revolution,* 210면 참조.

를 받으면서 그들 쪽에서도 쇄정공과 조방공에게 보수를 지급했다. [57]
일단 방직된 직물은 퍼스티언 도장인에게 인도되었고, 그는 그것을 실
제의 상인들에게 다시 팔았다. [58] 이처럼 분업은 상당히 진전되어 있었
다. 뿐만 아니라 방적업이 아직 농촌의 마을에서 행해지고 있는 동안
에 방직업은 특정의 지역들에 집중되는 경향이 나타났는데, 가장 중요
한 곳은 맨체스터였다.

이렇게 조직된 면공업은, 하마터면 이 공업을 희생시킬 뻔했던 질투
와 경계가 충분히 나올 만한 것이었음을 보여주지는 못했지만, 적어도
그 공업의 활력과 장미빛 미래에 대한 긍정적 의견이 나오도록 하기에
는 충분할 정도로 발전을 했다. [59] 18세기 중엽에 맨체스터는 면제품을
이탈리아, 독일, 북아메리카의 식민지들, 아프리카, 소아시아, 그리고
러시아를 통해 중국에까지 보냈다고 한다. [60] 그러나 세관기록에 따르
면, [61] 잉글랜드로부터 수출된 면제품의 총액은 4만 6천 파운드를 넘지
않았다. 그리고 1760년의 조지 3세 대관식에 맨체스터는 "어울리는 의복
과 휘장을 갖춘"[62] 동업조합의 큰 행렬을 내보냈는데, 이때 면방적공들
과 면방직공들의 대표는 없었다. 면제조업은 대규모 양모공업에 비하면
아직도 영세하고 약했다. 그러나 면공업의 급속한 변모(여기에 뒤이어

57) R. Guest, *Compendious History of the Cotton Manufacture*, 10면 ; E.
 Butterworth, *History of Oldham*, 103면. 버터워스가 인용하는 사실들 가
 운데 일부는 게스트에게서 원용한 것으로 보인다.

58) 양모공업에서와 마찬가지로 염색과 마무리손질은 상인의 비용으로 이루어
 졌다. R. Guest, 위의 책, 11면. G. W. Daniels는 17세기초에 험프리 체
 섬은 맨체스터에서 도장인제조업자의 역할을 하고 있었다고 말한다. (*Early
 English Cotton Manufacture*, 35~36면)

59) J. Smith, *Memoirs of Wool*에 수록된 "The Late Improvements in
 Trade, Navigation and Manufactures considered"(1739)를 참조. 또 다니
 엘스가 그의 책, 25~26면에 인용한 1751년의 자료도 참조할 것. 이 자료에
 는 맨체스터에 관해 이렇게 씌어 있다. "이 도시로부터 매주 나가는 하물의
 양은 줄잡아 계산해도 5백 꾸러미에 이르는데, 상업에 있어서 그 도시에 필
 적할 만한 곳은 우리의 항구들말고는 전국 어디에도 없다."

60) W. Radcliffe, *Origin of Power Loom Weaving*, 12, 131~33면.

61) E. Baines, *History of the Cotton Manufacture*, 215면에 인용.

62) *The New Manchester Guide*(1804), 43면.

다른 모든 섬유공업의 변모가 나타났다)를 일으키게 될 일련의 발명들
은 이미 시작된 상태였다.

우리가 경계해야만 하는 하나의 오류는, 언제 어디에서나 기술적 발
명을 과학적 발견의 결과로 여기는 통상적인 오류이다. 물론 우리는 과
학의 진보가 기술의 진보에 미친 결정적 영향을 한순간이라도 부정하
지는 않는다. [63] 그러나 이 주제를 보다 면밀하게 검토하면 (19세기의
기술의 승리에 선행하는) 이 발전이 명백한 두 단계로 나누어질 수 있
다는 것이 드러난다. 제 2 단계에서야 비로소 과학이 나타난다. 제 1 단
계는 경험주의와 시험적인 노력이 전부로서, 경제적 필요와 이 필요가
일으킨 자발적 노력에 의해 충분히 설명된다. 온갖 기술적 문제는 무엇
보다도 먼저 실제상의 문제이다. 그 문제는 이론적 지식을 가진 사람들
이 풀어야 하는 과제로 제기되기 전에 극복되어야 하는 곤란, 또는 획
득해야 하는 실질적 이익으로서 수공업자들에게 제기된다. 말하자면 의
식적 노력보다 앞서서 나타날 뿐 아니라 의식적 노력이 나타나기 위한
필요조건이기도 한 하나의 본능적인 움직임 같은 것이다. 써젼트 아데
어(Serjeant Adair)는 1785년에 리차드 아크라이트를 변호하면서 이렇게
말했다. "공예와 제조업의 모든 분야에서 이루어진 가장 유용한 발견들
은 사변적인 철학자들이 밀실에서 이룬 것이 아니라 당대의 실용적 방
법에 정통하고 발견의 주제를 실제로 잘 알고 있는 독창적 직공들이 이

---

63) 그 다음에 잇따라 일어나는 일은, 18세기의 경제적 대사건은 과학의 영향
  아래 공업기술이 변모한 것이라는 일반적 관념(Sombart 의 *Moderne Kapi-
  talismus*, II, 60면에 아주 분명하게 제시되어 있다)과 모순되는 것은 결코
  아니다. 그러나 바로 그 사건은 순전히 경험적 근원에서 비롯된, 그 이전의
  일련의 발명 때문에 일어날 수 있게 된 것이었다. 이와 동시에 개명된 대중
  이 수공업 기술에 대해 보인 관심(이것은 이 세기의 한 특징이었다)은 기계
  발명을 고무하는 수단을 발견하는 데 도움이 되었다. 잉글랜드기술협회(So-
  ciety of Arts in England)의 설립(1754년)은 프랑스의 디드로(Diderot)가
  여러 수공업에 관한 기념비적 묘사를 한 『대백과사전』(*Encyclopædia*)을
  발간한 것과 같은 시기였다. 이런 협회들의 증가와 활동에 관해서는 W.
  Bowden, *Industrial Society in England towards the End of the Eighteenth
  Century*, 10~12. 38면 이하를 참조. H. Sée, "Les Origines de l'Industrie
  Capitaliste en France," *Revue Historique*, CLXVIII(1923), 188면 이하와 비
  교해볼 것.

룬 것임은 잘 알려져 있다. "64)

한 천재의 마음에 갑자기 떠오르는, 그리고 그것을 응용하여 역시 일순에 경제혁명을 일으키는 생각이라는 것은 발명에 관한 낭만적 이론이라고 표현해도 좋은 것이다. 65) 개인적 영감의 신비한 힘으로만 설명을 할 수 있는 기적처럼 터져 나오는 '무(無)로부터'(a nihilo)의 이런 창조에 관한 증거를 우리는 어디에서도 발견하지 못한다. 발명의 역사는 발명가들의 역사일뿐더러 집단의 필요에 따라 제기된 문제들을 점진적으로 해결하는 집단적 경험의 역사이기도 한 것이다.

섬유공업을 변모시켰으며 기타 모든 발명의 기원으로 여겨져야 마땅한 최초의 발명은 구식 방직기의 간단한 개량, 즉 1733년 존 케이(John Kay)에 의한 '비사'(飛梭, fly shuttle)의 발명이었다. 1704년 랭커셔의 베리 부근에서 태어난 존 케이는 처음에 콜체스터의 한 모직업자 밑에서 일했다. 1730년경에 그는 방직기의 바디(comb)를 만들고 있었다. 66) 따라서 그는 반은 방직공이고 반은 기계공으로서 익숙하게 기계를 사용하기도 했고 뒤에는 그것의 개량을 시도하기도 했다. 같은 해인 1730년에 그는 첫번째 발명, 즉 "모헤어(mohair, 명주같이 가는 양털—역주)와 소모사를 쇄정하고 조방하는"67) 새로운 공정을 제시했다. 초기의 방직기에 달던, 나무나 뿔로 된 바디 대신에 철제 바디를 도입한 것도 그의 공적으로 되어 있다. 68)

비사의 발명은 제조업자들이 날마다 겪던 실제적 곤란 때문에 이루어졌다. 2명 이상의 노동자를 고용하지 않으면 일정한 너비를 넘는 직물을 얻을 수가 없었다. 노동자가 혼자서 북을 한 손에서 다른 손으로 보내면서 만들 수 있는 직물의 너비는 그의 팔길이로 분명히 한정되었다. 케이

64) R. *Arkwright versus Peter Nightingale*, 1~2면.
65) J. A. 홉슨(Hobson)은 '영웅이론'(heroic theory)이라는 표현을 쓰고 있다. (*Evolution of Modern Capitalism*, 57면) L. Brentano, *Über die Ursachen der heutigen sozialen Not*, 30면 참조.
66) Bennett Woodcroft, *Brief Biographies of Inventors*, 2면.
67) *Abridgments of Specifications relating to Weaving*, I, 3면 (Patent No. 515).
68) R. W. Cooke-Taylor, *Introduction to the History of the Factory System*, 405면.

는 북이 한쪽으로부터 반대쪽으로 자동적으로 보내지도록 방직기를 고 안했다. [69] 이런 목적을 위해 그는 작은 바퀴들을 북에 달고, 날실이 번 갈아 오르고 내리는 것을 방해하지 않도록 고정된, 일종의 홈을 판 나 무에 그것을 장치했다. 그는 북이 좌우로 왕복운동을 하도록 수평의 막 대기 위에 걸린 목제 해머를 양쪽 끝에 두 개 달았다. 해머 두 개는 하 나의 손잡이에 달린 두 개의 줄에 의해 한데 묶여 있어서, 한 손으로 북을 양쪽으로 움직일 수 있었다. 그 장치는 다음과 같은 방식으로 작 동했다. 즉 방직공이 민첩한 솜씨로 핸들을 치면 막대기 위에서 두 해 머가 잇따라 움직였다. 그것이 북을 치면, 북은 홈을 따라 미끄러졌다. 각개의 막대기 끝에는 해머를 정지시켜 제자리에 돌려놓는 용수철이 있 었다. [70]

비사는 보다 폭이 넓은 직물을 짤 수 있게 했을 뿐 아니라, 방직이 전 보다 훨씬 빨리 이루어질 수 있게 했다. 존 케이는 발명가들에게 언제나 퍼부어지는 불평을 피할 수가 없었다. 콜체스터의 방직공들은 자기들의 나날의 빵을 빼앗으려고 한다고 그를 맹렬히 비난했다. 1738년에 그는 리 즈에서 자신의 운을 시험해보았다. 그곳에서 그는 앞서에 못지않게 맹렬 한 제조업자들의 적대적 행동에 부딪쳤다. 그들은 그의 북을 사용할 용 의는 있었으나 그가 요구하는 사용료를 내는 것은 거부했다. 소송이 끝없 이 이어졌고 제조업자들은 경비를 마련하기 위해 '셔틀클럽'(Shuttle Club)

---

69) 한 세기 동안 사용된 '네덜란드 방직기'(Dutch loom)는 북이 톱니바퀴체 계에 의해 움직여지는 졸렬한 장치였을뿐더러 리본을 짜는 데만 이용되었다.
70) 1733년 5월 26일자의 특허장에 붙은 발명 명세서를 참조. "폭이 넓은 직물, 폭이 넓은 사지(bay), 돛 만드는 천, 그밖의 다른 폭넓은 상품을 보다 훌륭 하고 정교하게 방직하기 위해 발명된 새로운 북…… 이 북은 구식의 것보다 훨씬 가벼운데 날실의 아래 장치되어 방직기의 틀에 고정된 약 9피트 길이의 널판 위를 네 개의 바퀴로 활주하여 아래쪽에 있는 직물의 날실 위로 움직인 다. 그리고 이 새로 고안된 북은 그런 목적을 위해 발명되어 방직기의 틀에 부착된 두 개의 목제 북상자와 방직공의 손으로 움직이는 작은 끈으로 움직 여지는데, 방직공은 직기의 한가운데 앉아서 아주 편안하고 편리하게 끈을 약 간 당김으로써 앞에 말한, 새로 발명된 북을 기분좋게 한쪽 끝에서 반대쪽 끝 으로 던진다……" *Abridgments of Specifications relating to Weaving,* I, No. 542. 프랑스의 *Encyclopédie,* I, 증보판, Vol. Ⅲ, 'Draperie' 항에 실린 도판들을 참조.

을 구성했지만 케이는 재판 비용 때문에 파산했다.[71] 1745년에 그는 리즈를 떠나 고향인 베리로 돌아왔다. 그에게 반대한 사람들의 적대행위는 그곳까지 그를 따라와서, 1753년에는 폭동까지 일어나 폭도들이 그의 집에 침입하여 약탈을 했다. 그 비참한 발명가는 처음에는 맨체스터로 달아났다. 소문으로는 그는 그곳을 떠나 양모 자루에 숨어[72] 프랑스로 갔다고 한다. 여러 해 동안 여전히 계속된 반대에도 불구하고 비사의 사용은 곧 일반화되어, 1760년까지는 그 영향이 섬유공업의 모든 분야에 미치기 시작했다.[73]

이 발명은 헤아릴 수 없이 많은 결과를 낳았다. 한 공업에 있어서 다양한 여러 공정은, 하나의 전체를 이루며 모두가 똑같은 리듬에 따르는 상호의존적 운동체계에 비유될 수 있다. 이 작용들 가운데 단 하나만을 가속화하는 기술개량은 공동의 리듬을 깨뜨리는, 말하자면 그 체계의 균형을 뒤엎는 결과를 낳는다. 그 다양한 공정들에 기복이 생기고 평형을 얻는 데 성공하지 못할 때 그 공업 전체는 불안한 상태로 동요할 수밖에 없다. 이 동요는 서서히 보다 규칙적인 것으로 조정되어 마침내 생산의 새로운 리듬을 낳는다.[74] 섬유공업에 있어서 주된 두 공정은 방적과 방직이다. 정상적이라면 이 두 공정은 똑같은 보조로 이루어져야만 한다. 특정의 시간에 방적된 실의 양은 같은 시간에 방직될 수 있는

---

71) A. Barlow, *Principles and History of Weaving*, 96면 ; B. Woodcroft, *Brief Biographies of Inventors*, 3면 ; "Cotton-Spinning Machines and their Inventors," *Quarterly Review*, CVII, 49면.

72) B. Woodcroft, 위의 책, 4~5면 ; *A Complete History of the Cotton Trade*, 302면.

73) 1767년에 런던에서는 '소폭(小幅) 방직공'과 '기계방직공' 사이에 격렬한 충돌이 일어났다. *Annual Register*(1767), 152면 참조. 일부 지역에서는 비사가 훨씬 뒤에야 도입되었다. 윌트셔와 써머셋에는 그것이 19세기 전에는 나타난 적어 거의 없었다. *Journals of the House of Commons*, LVIII, 885면. J. L. and B. Hammond, *The Skilled Labourer*, 159면은 1822년에 '용수철 방직기'가 도입됨으로써 프롬에서 일어난 소요에 언급하고 있다. 1760년 로버트 케이(존 케이의 아들)에 의한 상·하(上下)북상자(drop box)의 발명은 비사의 발명을 완성하고 최종적인 승리에 기여했다.

74) 이 과정은 J. A. Hobson, *Evolution of Modern Capitalism*, 59면에 아주 훌륭하게 묘사되어 있다.

직물의 양과 일치해야 한다. 방직기는 실이 부족하다는 이유로 쉬고 있어서는 안되며 방적공장은 너무나 빨리 방적을 했기 때문에 가동을 멈추는 위험부담을 안아서는 안된다.

옛 섬유공업에서는 이 균형을 유지하기가 어려웠다. 우리는 단 한 대의 방직기가 5, 6대의 물레에 일거리를 제공했다는 것을 알고 있다.[75] 수입을 했음에도 불구하고 실은 거의 항상 부족했다.[76] 비사의 출현으로 방직공의 작업속도가 훨씬 빨라지자 방사의 부족은 더욱 격심해졌다. 방사의 가격이 오를뿐더러 일정 기간에 쓸 필요량을 확보하기도 불가능해지는 경우가 많았다. 이 때문에 물품의 인도가 늦어지고 제조업자는 손해를 입었다.[77] 방적공들에게 급료를 지급해야만 하는 방직공들은 생활을 꾸려 나가기가 어려웠다. 이런 사태는 계속될 수가 없는 것이어서 새로운 균형이 이루어져야만 했다. 방직공들과 보조를 맞출 정도로 빠르게 방사(紡糸)를 생산하는 수단이 고안되어야만 했다. 이런 필요가 갈수록 더 절실해짐에 따라 연구가 더욱 활발해져서, 마침내 실용적 해결책이 발견되었다.

4. 최초의 방적기

면공업은 실험의 영역으로서 매우 적합했다. 면공업은 기계방적의 문제에 있어서 발명가들에게 특히 유리한 조건을 제공했다. 왜냐하면 면은 양모보다 접착성이 강하고 탄력이 덜하기 때문에 계속 이어지는 실로 꼬아서 펴기가 더 쉬웠기 때문이다.

---

75) 제 1 부 제 1 장 참조.

76) 방사는 특히 전농촌인구가 경작에 동원되던 여름에 부족했다. 소모사위원회 위원장인 Henry Hall 의 증언 참조. James, *History of the Worsted Manufacture*, 312면에서 인용.

77) 비슷한 사태가 똑같은 이유 때문에, 잉글랜드와 거의 동시에 독일에서 벌어졌다. J. Kulischerk, *Die Ursachen des Übergangs von der Hadarbeit zur maschinellen Betriebsweise um die Wende des 18ten und in der ersten Halfte des 19ten Jahrhunderts, Jahrbuch für Gesetzgebung*, XXX (1906), 38~40면을 참조.

방적기의 기원은 아직도 모호한 상태에 있다. 존 와이어트(John Wyatt) 와 루이스 폴(Lewis Paul) 두 사람이 발명에 관여했는데, 그들 각자가 어떤 역할을 했는가는 밝히기가 어렵다.[78] 보다 중요한 인물은 루이스 폴인 것 같다. 그는 1738년에 특허장 원본을 받았는데, 여기에는 와이어트의 이름이 언급조차 되어 있지 않다.[79] 그의 동시대인들이 발명자로 여긴 사람은 그였다. 그럼에도 불구하고 폴은 훨씬 적은 일을 했고, 겉으로 드러난 사실로 판단해보면 와이어트가 생각보다 훨씬 많은 일을 했을 가능성이 크다.

존 와이어트는 1700년 리치필드(스태포드셔의 도시─역주) 부근의 한 촌락에서 태어났다. 처음에 그는 배의 목수가 되었다.[80] 그런데 그는 타고난 발명가로서, 특이한 기질(이것이 발휘되는 것은 본능과 아주 긴밀하게 결부된다)을 지니고 있었다. 그는 평생 발명을 계속했다. 그리고 그가 잇따라 고안해낸 것의 다양함은 그 수에 못지않게 놀랍다. 총으로 쏘는 작살, 개량된 저울들, 도로를 보수하고 평탄하게 만드는 기계들이 그것이었다. 버밍검 중앙자유도서관에 보존되어 있는 그의 노트들은 발명명세서와 도면으로 가득 차 있다.[81] 그의 첫번째 발명은 금속을 다듬

---

78) 찰스 와이어트(Ch. Wyatt, *On the Origin of Cotton Spinning by Machinery, Repertory of the Arts, Manufactures and Agriculture*, Series Ⅱ, Vol. XXXII, 1818)는 발명의 명예는 자기의 아버지가 차지해야 한다고 주장한다. 이와 반대로 로버트 콜(Robert Cole, *Some Account of Lewis Paul* [French, *Life of Crompton*의 부록으로 발간])은 루이스 폴이 실제의 발명자라고 주장하고 있다. E. Baines, *History of the Cotton Manufacture*, 119면 이하에 따르면 그 기계는 와이어트가 발명하고 루이스 폴이 개량했다. B.P. 돕슨(Dobson)은 루이스 폴의 권리를 가장 마지막으로 지지한 사람이다. (*The Story of the Evolution of the Spinning Machine*, 51~52면) 그러나 그는 나중에 인용될, Birmingham Central Free Library 소장의 원고들에 나오는 증거를 반증할 만한 새로운 증거를 전혀 제시하지 않고 있다.

79) *Abridgments of Specifications relating to Weaving*, Ⅰ, No. 562. W. 제임스가 서점주인 워런에게 보낸 1740년 7월 17일자의 편지. "어제 우리는 폴의 기계를 보러 갔는데, 그것은 쇄정과 방적 양면에서 우리를 완전히 만족시켰읍니다." R. Cole, *Some Account of Lewis Paul*, 256면.

80) John Wyatt, *Master Carpenter and Inventor*, 1~4면.

81) *Wyatt MSS.*, Ⅰ, 1, 8, 21면과 Ⅱ, 16, 25, 30, 32면.

어 구멍을 뚫는 기계였는데, 리차드 힐리라는 버밍검의 무기제조업자가 그것을 샀다. [82] 그러나 이 사람은 재정적인 곤란에 빠져, 아무래도 자기의 약속을 지킬 수가 없을 같자 마침내 자기의 권리를 제삼자에게 양도했다. 이 새로운 소유자가 루이스 폴로서, 그는 이리하여 와이어트와 접촉하게 되었다. 이 두 사람이 힐리가 포기한 발명품을 개발하기로 계약을 맺은 날짜는 1732년 9월 19일로 기록되어 있다. [83]

프랑스인 망명자의 아들이며 샤프츠베리공작의 피후견인이었던 루이스 폴은 총명하고 박력이 있었다. 그는 신사의 매너를 지녔으며 자기의 신분에 조금 벗어나는 허세를 보였다. 그는 부유하고 저명한 인물들, 예를 들면 『신사잡지』(*Gentleman's Magazine*)의 편집인 케이브, 그리고 존슨 박사(Samuel Johnson, 1709~84. 저명한 사전 편찬자・문인—역주)와 교우 관계를 맺고 있었다. [84] 와이어트는 필시 그를 이용하고 싶어했을 테고, 폴은 자기가 돈을 가졌다고 그가 믿도록 했던 것 같다. [85] 어쨌든 그들은 힘을 모았고 그들의 제휴는 10년 이상 지속되었다.

우리가 아들인 찰스 와이어트의 말을 믿는다면, 존 와이어트는 루이스 폴을 만났을 때 벌써 방적기에 관한 구상을 하고 있었다. 그는 이듬해(1733년)에 그것을 만들어냈다.

1730년경에 리치필드 부근의 한 촌락에 살고 있던 우리 부친은 그 계획을 처음으로 생각해내고는 그것을 실행에 옮길 준비를 했다. 그리고 1733년에 써튼 콜드필드 부근의 한 작은 건물에서 약 2평방피트의 모형에 의해, 그 실연(實演)을 지켜보는 한 사람의 증인도 없이

---

82) *Wyatt MSS.*, Ⅰ, 4면.
83) "하느님의 은총 등에 의해, 우리의 군주 조지 2세 치세 제 6 년에, 즉 서력 1732년에, 미들쎄스주 홀본에 있는 쎄인트 앤드루스 교구의 신사 루이스 폴을 한편으로, 스태포드주 위포드교구의 목수 존 와이어트를 다른 한편으로 9월 19일에 완전히 합의하여 작성한 정・부(正副) 2통의 계약서." 폴은 발명품이 생산되면 와이어트에게 5백 파운드를 지불하기로 약속했다. *Wyatt MSS.*, Ⅰ, 2면.
84) *Birmingham Weekly Post*, 1891년 8월 22일, 29일, 12월 29일자에 실린 편지들을 참조.
85) 와이어트가 언제나 그를 완전히 믿었던 것은 아니다. 1733년 9월 25일과 10월 28일에 형제에게 보낸 편지들을 참조. *Wyatt MSS.*, Ⅰ, 8, 10면.

인간의 손가락의 개입도 없이 최초의 면사가 방적되었다. [86] 그 자신의 말을 빌면 발명가인 그는 작업의 과정에서 줄곧 즐거움과 전율을 느꼈다고 한다. [87]

존 와이어트의 자필 서류에 있는 몇 가지 언급은 이 기록과 일치한다. 그는 여러 통의 편지에서 자기가 대단한 것으로 기대하고 있는 새로운 발명을 암시하고 있다. 그는 자신의 형제에게 보낸 편지에 "나는 하찮은 것이기는 하지만 내가 생각하기에는 상당히 중요한 물건을 갖고" 있고, 버밍검으로 이사할 거라고 쓰고 있다. [88] 그 다음에는 1733년 8월 12일과 14일자의 상당히 혼란을 일으키는 문서들이 나타나는데, 이 문서들은 루이스 폴이 "어떤 목적을 가진 어떤 엔진, 기계 또는 도구"[89]의 유일한 소유자가 되게 하는 조건들을 적고 있었다. 이 고의적으로 애매하게 쓴 표현과 이 신비한 기계에 대한 교환조건으로 와이어트에게 상당한 금액이 약속되어졌다는 것은, [90] 우리로 하여금 그 발명이 아직은 불완전해서 당장에 수익을 올릴 수는 없지만 큰 가치가 있는 하나의 비밀이 담겨 있다고 생각하게 한다.

몇 해가 지나서야 그것은 실제로 사용될 수 있었다. 두 제휴자간의 편지는 그들이 느낀 실망을 보여주고 있다. 1736년에 그들의 서로에 대한 비난은 파국을 일으킬 뻔했다. 와이어트는 폴의 약속때문에 빈곤에 빠졌다고 불평했다. 그는 "빈민보다도 훨씬 가난하다"고 불평했다.

---

86) 그것이 정말로 최초였는가? 특허장목록은 1678년에 리차드 디어햄과 리차드 헤인스(No. 202)가 만든 것과 1723년에 토마스 스웨이츠와 프랜시스 클리프턴(No. 459)이 만든 비슷한 두 가지 발명을 언급하고 있다. 어쨌든 이 발명들에는 실제의 결과가 전혀 뒤따르지 않았다.

87) Ch. Wyatt, 위의 책, 80면.

88) *Wyatt MSS.*, I, 9면. 이 편지는 날짜가 밝혀져 있지 않지만, 똑같은 말이 낯익은 용어로서 되풀이 나타나는 1733년의 다른 편지들보다 앞선 것이 분명하다. 나중에 그것은 일종의 관용적 숫자, 즉 25 Gymcrak 또는 25로 변모된다. I, 13면. 같은 원고,

89) *Wyatt MSS.*, I, 1, 5면.

90) 그는 2천 5백 파운드를 받기로 되어 있었다. 그가 4년 안에 죽으면 그의 상속자는 450파운드, 아내는 1백 파운드의 연금을 받기로 되었다. 같은 원고.

"……나는 당신에게 내가 지은 그 어떤 죄보다, 무모하게도 쉽게 믿은 것이 잘못이 아닌지 의문을 품게 됩니다." 루이스 폴은 그가 자기의 재량에 달려 있다는 것을 상기시켰다. "나는 당신의 대단한 비밀을 알고 있으며 내 좋을 대로 당신을 이용할 수 있소."[91] 그러나 그는 돈이 없었다. 그래서 1737년 당시 그는 굶주리고 있는 와이어트를 도울 형편이 못 되었다. 와이어트는 자기가 떠맡은 계획을 이행하는 데 절망했던 것 같다. "내가 생각하기에 당신은 우리 두 사람을 파멸로 건네주는 다리에 대해 아직도 꿈을 품고 있는 듯하오. ……당신이 이성적으로 판단했다면 거의 아무런 희망도 걸 수 없었던 사업에 모든 것을 걸었다는 것은 끔찍히도 경솔한 짓이었소."[92] 이듬해가 되어 그 기계에 요구되는 개량을 분명히 할 수 있게 되자 그들은 다시 용기를 얻었다. 그들은 1738년 6월 24일에 특허를 받아 그것을 등록했다.

이 특허는 공업기술의 역사에서 대단히 중요하다. 그 본문은 그 이후에 사라진 와이어트의 기계의 원형에 관해 아주 분명한 개념을 전달할 정도로 명확하다.

전술한 기계, 엔진 또는 발명은 양모나 면을 원사, 방사 또는 소모사로 방적할 것이다. 양모나 면을 기계에 넣기 전에 우선 다음과 같은 방식으로 준비를 해야 한다. 즉 쇄정을 필요로 하는 모든 종류의 양모나 면은 쇄정하는 분량 전부를 접착 또는 회전시킨 뒤에 그 덩어리가 원모나 원면의 줄모양 또는 실모양이 되도록 결합시켜야 한다. ……그 덩어리의 끝에서는 줄, 실 또는 슬라이버(sliver, 올이 굵은 섬유—역주)가 한 쌍의 롤러·씰린더·원추(cone)[93] 또는 이런 기계 장치 사이에 삽입되는데, 이 장치는 움직임에 따라 회전하면서 그런 롤러·씰린더 또는 원추에 가해진 속도에 비례하여 방적되는 양모나 면의 원료덩어리를 끌어들인다. 이렇게 준비된 덩어리가 이 롤러·씰

---

91) *Wyatt MSS.*, Ⅰ, 23~28면. (폴이 와이어트에게 보낸 날짜 미상의 편지, 24면 ; 와이어트가 폴에게 보낸 1736년 4월 21일, 9월 21일자 편지, 25면 이하)
92) *Wyatt MSS.*, Ⅱ, 69, 71~75면 그리고 Ⅰ, 35~37면.
93) 이 씰린더들 가운데 하나의 표면은 매끄러웠고 다른 하나는 "거칠고 톱니가 있고 가죽, 천, 거친 털, 때로는 머리털이나 솔 또는 뾰족한 금속으로 덮여 있었다." *Wyatt MSS.*, Ⅰ, 45~48면. 이것이 그 장치들을 밀착시켰다.

린더·원추 안이나 사이를 통과할 때, 처음 것보다 비교적 더 빨리 움직이는 다른 장치들이 줄모양의 실이나 슬라이버를 필요한 등급의 번수(番手)로 끌어들인다. 94)

이것은 후에 아크라이트의 것이라고 하는 기계에서도 발견되는 필수적 장치이다. 실이 점점 더 빨리 회전하는 롤러들 사이를 통과하면서 퍼져서 더욱더 가늘어지는 과정은 이해하기가 쉽다. 이 점에 관해서 특허장의 본문은 상당히 모호하다. 아마 이 발명의 약점은 거기에 있었을 것이다. 95)

일단 방적된 실은 방추(紡錘)나 핀(나무막대기)에 감겼는데, 이것들은 가장 빨리 돌아가는 롤러의 회전에 따라 그 회전이 조절되었다. 필요한 경우에 이 방추들은 다른 목적에 이용될 수 있었다. "어떤 경우에는 롤러·실린더·원추 가운데 첫번째 한 쌍만이 사용된다. 그런데 이때 원사, 방사 또는 소모사를 감는 얼레(bobbin, spole 또는 quill)는 첫번째 롤러, 실린더 또는 원추가 실을 주는 것보다 훨씬 빨리 실을 끌어당기도록 고안되어 있으며 첫번째 [실] 덩어리, 줄모양의 실, 또는 슬라이버가 감소되는 것과 같은 비율로 감소되도록 설계되어 있다." 이 경우에 롤러는 실을 모으는 데만 쓰였다. 스스로 회전하면서 실을 펼쳐 꼬기까지 할 수 있는 것은 방추였다. 이것이 실제로 하그리브즈(James Hargreaves, 1745~78. 1770년에 방적기를 발명—역주)의 제니방적기(jenny, 이하 제니로 표기—역주)의 원리였다. 이처럼 30년 뒤에 기계방적의 문제에 최종적 해결책을 제공하게 되는 주요한 두 발명은 모두 와이어트의 기계로부터 나온 것이었다.

동력에 관해서 말하자면, 그 발명가는 애초에 동력이라는 것을 생각해보지 못했던 것으로 보인다. 그러나 그는 아무튼 동력이 여러 개의 기계를 동시에 움직일 수 있다는 것을 자명한 명제라고 생각했다. 그는 동력이라는 것이 말, 물, 또는 바람에 의해 회전되는 바퀴들을 가진 물

---

94) *Abridgments of Specifications relating to Weaving*, Ⅰ, No. 562.

95) 이 주제에 관해서는 A. Ure, *The Cotton Manufacture of Great Britain*, Ⅰ, 200면의 언급을 참조.

레방아와 같은 것이라고 상상했다. [96] 자기의 발명이 소규모 생산의 필요에 적응할 수도 있다는 생각은 나중에 그의 머리에 갑자기 떠올랐다. "방적공들이 직물업자들로부터 멀리 떨어져 살고 있는 곳에서, 또는 그들이 물레방아 같은 편리한 기계를 갖지 못했을 때에는 한두 가족에게 필요한 양을 방적하도록 만들어진 이동 가능한 소형 기계들이 유익할 것이다."[97] 하그리브즈의 제니는 나중에 이런 식으로 사용된 데 비해 아크라이트의 기계는 대규모 방적공장을 출현시켰다.

와이어트는 공장제도와 그 제도가 낳게 될 결과를 예견했다. 그의 계산에 따르면, 기계의 사용은 필요한 노동의 3분의 1을 감축하고, 그 결과는 분명히 제조업자에게 이익이 되는 것이었다. 그런데 이 이익은 노동자와 대중의 손실을 수반하지 않겠는가? 와이어트는 **그렇게 생각하지 않았다.**

직물업자에게 돌아가는 추가이득은 당연히 그의 공업을 자극할 뿐 아니라 그가 기계를 통해 얻은 이득에 비례하여 영업을 확대할 수 있게 한다. 마찬가지로 그는 영업을 확대함으로써 실업 상태에 있는 노동자의 33퍼센트를 고용할 수 있을 것이다. ……그 다음에 그는 영업의 다른 모든 부분에서 방적공·전모공(剪毛工)·세모공(洗毛工)·소모공 등 보다 많은 일손을 필요로 하게 된다. ……이제 완전히 고용된 이 노동자들은 종전보다 가족의 수입을 증대시킬 수 있을 것이다. [98]

국민 전체가 이익을 얻게 된다는 것이었다.

공업에 있어서 이런 개량 하나하나는 틀림없이 나라에 이익이 되는데, 특히 우리나라처럼 공업을 크게 일으키는 나라에서 그러하다. …… 그것은 이웃사람들보다 빠르게 작업하는 사람이 틀림없이 가족에게 더 많은 수입을 가져다줄 수 있는 것과 마찬가지이다. 또는 어떤 사람이 개량이나 기술에 의해 가족 중의 한 사람이 전에 가족 전원이

---

96) *Wyatt MSS.*, I, 34면.
97) 같은 원고.
98) *Wyatt MSS.*, I, 33면 (1736년 10월 21일).

벌던 것보다 더 많은 수입을 올리게 할 수 있다면, 그는 가족 가운데 나머지 인원이 다른 수단을 통해 벌 수 있는 몫을 틀림없이 얻고 있는 셈이다. [99]

잉글랜드를 풍요하게 만들게 되는 이 발명은 적어도 그 최초의 제작자들을 부유하게 만들지는 못했다. 1740년 이전에 그것이 응용되었다는 증거는 찾을 수 없으며, 그러는 동안 루이스 폴은 빚 때문에 투옥당했고 기계는 그의 가구와 함께 압수되었다. [100] 그러나 결국 한 작은 공장——분명히 폴의 친구들이 제공한 자본으로 설립되었다——이 버밍검에 세워져 발명가들 자신에 의해 운영되었다. 그 기계는 당나귀 두 마리에 의해 작동되었고 10명의 여성 노동자에 의해 관리되었다. [101] 이 기계는 훌륭하게 작동하거나 질이 좋은 실을 생산하지 못하며, 따라서 이것은 그 사업의 실패를 보여주는 것이 될 것이라는 주장이 종종 있었다. [102] 이 말은 직접적인 목격자들이 제시한 증거와 일치하지 않는다. 제임스 박사는 서점 주인 워런에게 이렇게 썼다. "어제 우리는 폴씨의 기계를 보러 갔는데, 그것은 쇄정과 방적 양면에서 우리를 완전히 만족시켰소. ……만약 폴이 1만 파운드를 가지고 시작할 수 있다면 그는 20년 안에 런던시가 소유한 것보다 많은 돈을 벌 것이 틀림없다고, 아니 적어도 그럴 가능성이 있다고 나는 확신하오."[103] 그 기계가 지녔던 한 가지 약점은 부분품들이 약하다는 것이었는데, 이런 원인 때문에 그 기계는 자주 고장이 나서 많은 수리비가 들었다. [104]

분명한 사실은 폴과 와이어트는 그 1만 파운드를 결코 구하지 못했고

---

99) *Wyatt MSS.*, Ⅰ, 32면.

100) 1739년 1월 6일자 루이스 폴의 편지. 4월 17일자 와이어트의 편지(*Wyatt MSS.*, Ⅰ, 50~57면). 바로 이때 루이스 폴은 런던고아원에서 자기의 기계를 시험해보라고 베드포드공작에게 요청했다.

101) Ch. Wyatt, 위의 책, 81면, *Local notes and Queries*(Birmingham Library), 1889~93, Nos. 2811, 2815, 2832.

102) A. Ure, *Cotton Manufacture*, Ⅰ, 217면.

103) R. Cole, *Some Account of Lewis Paul* (French, *Life of Crompton*의 부록, 256면).

104) B. P. Dobson, *Evolution of the Spinning Machine*, 50면을 보라.

규모가 작은 그 공장마저도 문을 닫아야만 했다는 것이다. 그들은 17
42년에 파산했고[105] 그들의 발명은 『신사잡지』 편집인인 에드워드 케이
브에게 팔렸다. 그는 사업을 대규모로 경영하려고 노력했다. 그는 기계
5대를 가진 작업장을 노샘턴에 세웠는데, 각개의 기계에는 50개의 방
추가 장치되어 있었다. 더비의 견연사공장과 마찬가지로 이 기계들은
넨강의 물로 돌리는 물방아에 의해 작동되었다. 쇄정은 루이스 폴이 발
명한 원통형 소면기(梳綿機)로 이루어졌다.[106] 그 공장은 남녀 노동자
50명을 고용했다. 노동자의 반은 소면작업을 했으며 나머지는 기계를
감독하고 끊어진 실을 연결했다.[107] 당시에 결여되어 있던 것은 자본이
아니라, 기업의 성공에 있어 자본에 못지않게 필수적인 요인, 즉 상업
과 기술의 두 관점에서 본 훌륭한 경영이었다. 와이어트의 계산에 따르
면 그 사업은 1년에 1천 3백 파운드 이상의 이윤을 분명히 올려야 마땅
했다. 그러나 기계의 결함 또는 관리자들의 경험부족과 부주의로 그 사
업은 이윤을 못 올리는 영업으로 존속하면서[108] 1764년까지 가까스로 그
존재를 유지했다.[109] 결국에는 리차드 아크라이트가 그 설비를 사들였
다. 이 노샘턴의 공장은 비록 그 존재가 언제나 불확실하고 주목을 받
지 못했지만, 그럼에도 불구하고 잉글랜드 최초의 면방적 공장이었으
며, 따라서 그 무수한 굴뚝들은 현재 랭카스터·글라스고·루앙·로웰
(미국 매사추세츠의 도시—역주)·켐니츠(동독의 도시—역주)는 물론이고 봄
베이와 오사까까지 에워싸고 있는 모든 공장들의 효시였다.

양모공업을 묘사하고 찬양하기 위해 쓴 다이어(John Dyer, 1700~58,
웨일즈 태생의 시인—역주)의 시에는 묘하게 와이어트의 발명을 언급한 한
귀절이 있다. 저자는 콜더계곡에 있는 직물공장을 방문하는 동안 다음
과 같은 것을 보았다.

　　새로 설계된 회전기계는

105) *Wyatt MSS.*, Ⅰ, 65면 ; Ⅱ, 82면.
106) 특허번호 636.
107) *Wyatt MSS.*, Ⅰ, 76면 이하.
108) *Remarks on Mr. Cave's Works at Northampton* (1743), *Wyatt MSS.*,
　　Ⅰ, 82면.
109) Ch. Wyatt, *On the Origin of Spinning Cotton by Machinery*, 81면.

원통형이다. 그 기계는 필요없는 손들의 지루한 노고 없이

실을 끌어당겨 방적한다.

마루 아래 있는 보이지 않는 바퀴는 그 조화로운 장치의 각 부분에

필요한 운동을 부여한다. 열중한 사람이

그 일을 감시한다. 그는 말한다. 소모가

저 썰린더들 주위에 부드럽게 얹히면

상냥하게 돌아가는 썰린더가 그것을 직립한 방추들의 저 열(列) 속

으로 보내고

방추들은 급히 회전하면서

길고 고른 실을 뽑아낸다고. [110]

이것은 와이어트의 기계가 1760년 이전에 양모를 방적하는 데 사용되었다는 결정적 증거는 아니다. 아마도 다이어 하나의 전형적인 공장을 묘사하고자 했을 것이며 따라서 그는 현실에 근거를 둔 허구를 통해, 노샘턴의 공장에서 가동되는 것을 본 적이 있는 기계를 이 전형적 공장에 도입했던 것이다. 그 공장은 그 존재에 있어 논란의 여지가 없는 유일한 것이었다. [111]

확실한 사실은, 와이어트의 발명은 실제로 성공을 거두지 못했으며 그것을 작동시키려던 노력은 거의 주목을 받지 못했고 방직공들은 실이 귀하고 값이 비싼 데 대해 계속 불평했다는 것이다. 몇 해 전에 설립된 기술공업장려협회(Society for the Encouragement of Arts and Manufactures)는 다음과 같이 시작되는 각서를 1760년에 발표했다.

우리의 양모·아마·면직물 제조업자들은, 방적공들이 수확을 하러 들에 나가 있을 때는 그들의 방직공들이 계속 작업을 진행하기에 충분한 일손을 구하기가 어려우며, 우리의 제조업의 이 분야에서 적절

---

110) Dyer, *The Fleece*, Book Ⅲ, 291∼302행.

111) 292행에 붙은 각주를 참조. ˝'회전 기계'──폴씨가 발명한 아주 신기한 기계. 그것은 지금 면방적을 위해 고안되어 있는데 가느다란 소모사를 방적하도록 제작될 수도 있다.˝ 이 말은, 다이어 자신의 고백을 바탕으로 해서 보면 양모 방적에 기계를 사용했다는 것은 H. 히튼(Heaton, *The Yorkshire Woollen and Worsted Industries*, 356면)이 믿는 것과는 반대로 하나의 가능성에 불과했음을 명백히 보이고 있다.

한 처리가 이루어지지 않기 때문에 온갖 종류의 상품에 대한 상인들의 주문이 흔히 대단히 지연되어 제조업자, 상인, 일반 국민에게 손해를 끼치고 있다는 보고를 본협회는 받았다······

이 협회는 이것을 시정하려는 온갖 연구를 장려할 필요가 매우 크다고 여기고 "한번에 양모, 아마, 또는 비단의 실 6가닥을 방적하는 기계, 그것을 작동하고 관리하는 데 한 사람만을 필요로 하는 기계를 가장 완전하게 발명하는 사람에게"[112] 두 가지 상을 주겠다고 했다. 이처럼 그 문제는 여전히 미해결로 남아 있어서 사람들은 몹시도 해결책을 요구하고 기다리게 되었다. 만약 20년 전에 와이어트와 폴이 이처럼 끈질긴 요구를 받았다면 그들의 노력은 분명히 더 나은 결과를 낳고 더 나은 보상을 받았을 것이다. 그러나 그들의 출현은 너무나 일렀다. 왜냐하면 하나의 발명은, 그것이 충족시키려고 하는 요구가 가장 강하게 나타나는 시기보다 너무 이르게 나타나면 손해를 보기 때문이다.

5. 하그리브즈의 제니방적기 발명

마침내 이런 순간이 왔다. 그 성공이 섬유공업에 혁명을 일으킨 두 가지 발명이 거의 동시에 나타났다는 것은 신기한 일이다. 하그리브즈의 제니와 아크라이트의 수력방적기(water frame)[113]는 서로 1, 2년 시차를 두고 제작되었다. 수력방적기의 발명은 1767년경에, 제니의 발명은

---

112) *Transactions of the Society for the Encouragement of Arts and Manufactures*, Ⅰ, 314~15면. "본협회의 초기 역사에 정통했던 로버트 도씨는 그 문제에 대한 그들의 관심은 1736년에 루이스 폴이 특허를 받아 실패로 끝난 방적기에 관한 지식 때문에 생겼다고 우리에게 전한다." W. Bowden, *Industrial Society in England towards the End of the Eighteenth Century*, 48~49면. 1764년에 해리슨이라는 남자는 한 물레를 만들었는데, "이것으로 어린이 한 명이 어른 한 명이 보통 물레로 방적할 수 있는 것의 배나 되는 양을 방적할 수 있었다." A. Warden, *The Linen Trade*, 371면.
113) 아크라이트가 이것을 발명했다는 주장은 근거가 없을 것이다. 제 2 부 제 2장을 참조.

1765년경에 이루어진 것 같다. 둘 다 1768년에 사용되기 시작했다. 그
리고 말하자면 두 발명의 공식적 탄생을 공고하는 특허장은 각각 1769
년과 1770년에 나왔다. 양자는 경제적 원인의 한 흐름에서 나온 두 결
과였다.

그런데 이 두 발명은 기원은 같았지만 그 결과는 아주 달랐다. 비록
양자는 사실상 동시에 나타나기는 했지만 산업 발전의 연속적인 두 단
계를 대표하고 있었다. 하그리브즈의 발명은 보다 간단한 것으로서, 작
업체계에 심각한 변화를 덜 일으켰다. 그것은 육체노동으로부터 기계
공업으로, 가내공업 또는 소규모 '매뉴팩처'로부터 공장제도로 넘어가
는 과도기를 나타내고 있었다.

우리는 제임스 하그리브즈의 생애와 특성에 관해 아는 것이 거의 없
다. 그는 1740~60년에 랭커셔의 블랙번 부근에 정착하여 그곳에서 방
직공 겸 목수로 일했다.[114] 그가 기계를 다루게 된 것은 필시 그의 목
수로서의 유능함 때문이었을 것이다. 전문적 엔지니어가 없던 그 당시
에는 목수, 자물쇠제조공, 시계제조공, 나무나 금속을 다루는 데 익숙
하거나 톱니바퀴를 세우고 기계를 조립할 수 있는 사람이면 누구나 실
제로 엔지니어의 역할을 어느 정도 하고 있었다. 이 속성(速成) 엔지
니어들 가운데서, 최초의 공장들을 세우는 데 그 도움이 필수적이었던
물방아 제조공(millwright)들은 특별한 위치를 부여받아야 한다.[115] 물
방아 제조공은 선반공, 목수 또는 대장장이의 도구를 사용하는 방법을 알
고 있었고 산술과 실제의 역학에 관해 약간의 지식을 가지고 있었다.

114) *A Complete History of the Cotton Trade*, 77면.
115) "그들의 직업은 (대장장이로부터 약간의 도움을 받는) 목수일의 한 분야
   였는데, 그것은 상당히 과중하면서도 매우 정교한 작업이어서 이 일을 이해
   하고 수행하기 위해서는 역학에 대한 소질을 갖거나, 적어도 산술에 대한 지
   식을 약간 가져야만 했다. 이 일에 종사하려는 사내아이는 기술을 배우기 전
   에 이런 교육을 받아야 했다. 왜냐하면 물방아는 아주 다양했을 뿐만 아
   니라 그 구조와 그것을 운전하는 기술도 여러가지여서, 어떤 것은 말로, 어
   떤 것은 바람으로, 또 다른 것은 뿜어오르는 물로, 어떤 것은 아래로 흐르
   는 물로 움직였다. 그러니 불로는 물론이고 엔진으로 움직이는 것이 제때에
   나오지 말라는 법이 어디 있었겠는가?" W. Fairbairn, *Mills and Millwork*,
   I, V~Ⅵ; *Webb MSS.*, *Engineering Trades*, I을 참조.

그는 도면을 작성하거나 바퀴의 속도와 힘을 계산할 수 있었다. 펌프를 수리하는 일이건 도르래를 조작하는 일이건 수도관을 설치하는 일이건 간에 어려운 일은 모두 그에게 맡겨졌다. 그는 무엇에나 손을 댈 수 있다는 평판을 얻고 있어서, 그 누구도 그의 도움 없이는 새로운 사업을 할 수가 없었다.

하그리브즈의 이웃에는 캘리코를 날염하는 사람이 살았는데, 그는 위대한 필(Peel)가문의 창시자였다. 1762년에 하그리브즈는 그를 위해 소면기를 만들었다. 아마 루이스 폴의 모델을 본떠 만든 것 같다.[116] 이것은 엔지니어 겸 발명가로서의 그의 생애의 시작이었다.

점점 벌어지고 있던 방적과 방직 간의 거리는 이 공업에 실제로 불안감을 일으키고 있었다. 방직공들 사이에는 실업자가 많았으며, 상인들은 점점 늘어나는 수요를 충족시킬 수 있는 방법을 늘 궁리하고 있었다. 아주 많은 사람들이 섬유공업에 의존하고 있던 랭커셔에서는 이 문제가 부단히 논의되어 모든 사람이 해답을 찾아내려고 애쓰고 있었다.[117] 많은 사람들이 하그리브즈가 마침내 해결해낸 문제를 풀려고 시도하고 있었다.[118]

이 기계의 최초의 형태는 구조나 작용에 있어서 매우 단순했다. 그것은 네 개의 다리가 달린 직사각형의 틀로 이루어져 있었다. 한쪽 끝에는 한 줄의 수직 방추들이 있었고 그 틀을 가로질러 두 개의 목제 레일이 평행으로 서로 가까이 놓여 있었는데, 이 레일은 일종의 운반대 위에 장치되어 원하는 대로 앞뒤로 미끄러졌다. 종전에 쇄정,

---

116) *A Complete History of the Cotton Trade*, 79면. 폴의 기계는 매우 간단했는데 금속 톱니바퀴를 장치한 일종의 오목한 홈통과 손잡이로 움직이는 원통형의 소모기로 이루어져 있었다.

117) 시계제조공 케이(Kay)와 리차드 아크라이트가 워링턴의 선술집에서 나눈 전형적 대화를 참조. (*The Trial of a Cause instituted by R. P. Arden, Esq., His Majesty's Attorney General by Writ of Scire Facias, to repeal a Patent granted on the 16th December, 1775, to Mr. Richard Arkwright*, 63면)

118) 이런 까닭에 하그리브즈는 그의 발명의 최초 또는 유일의 고안자가 아니라는 비난을 받게 되었다. R. Guest, *The British Cotton Manufacture*, 176~80면을 참조.

조방되던 면은 이 두 레일 사이를 통과한 다음에 방추에 감겼다. 방적공은 한 손으로 운반대를 앞뒤로 움직이고, 다른 손으로는 방추를 움직이는 손잡이를 돌렸다. 이런 식으로 실은 동시에 끌려나와서 꼬였다. [119]

이것이 제니의 원리였다. 전해지는 이야기에 따르면 하그리브즈는 옆으로 쓰러진 물레가 몇 초간 여전히 돌아가면서 두 손가락 사이에 잡은 실이 계속 방적되는 것을 보고 제니에 대한 아이디어를 생각해냈다고 한다. 분명 제니는 물레에서 유래한 것이지만, [120] 물레보다 큰 잇점을 가지고 있었으니 노동자 한 사람이 한번에 여러 가닥의 실을 방적할 수 있었다. 하그리브즈가 제작한 최초의 모델들에는 방추가 8개밖에 없었다. 그러나 이 숫자는 동력의 한계만 없다면 아무 제한 없이 늘어날 수 있었다. 하그리브즈의 생시에도 80개 이상의 방추가 달린 제니들이 제작되었다.

하그리브즈는 자기가 한 발명의 중요성을 완전히 깨달았는가? 어쨌든 그는 여러 해를 보낸 뒤에야 그것을 공개했다. 처음에 그는 자기 집에서 그것을 시험하는 일만을 했다. 1767년에야 그는 판매용 기계를 몇 대 만들었는데, 당장에 그 시절의 발명가라면 누구나 좀체로 벗어나기 어려운 악명의 희생자가 되었다. 블랙번의 노동자들이 그의 집에 침입하여 기계들을 부쉈다. [121] 그는 노팅검으로 이사했다. 랭커셔와 마찬가지로 그곳에서도 섬유공업은 구식의 방적 방식의 미흡함 때문에 위기에 놓여 있었다. [122] 그는 특허를 받아[123] 발명을 이용하기 시작했다. 그는 다수의 제니를 팔았지만 존 케이처럼 제조업자들의 부정직한 행위와 싸울 필요가 없었다면 큰 재산을 모았을 것이다. 그는 사용료를 내기를

119) *Abridgments of Specifications relating to Spinning*, 19면 (No. 962); *Transactions of the Society for the Encouragement of Arts and Manufactures*, Ⅱ, 32~35면 ; J. James, *History of the Worsted Manufacture*, 345~46면 ; R. Guest, *Compendious History of the Cotton Manufacture*, 13~14면, E. Baines, *History of the Cotton Manufacture*, 158면.
120) "제니는 바퀴를 여러 개로 늘린 것에 불과하다." A. Ure, *The Cotton Manufacture of Great Britain*, Ⅰ, 203면.
121) Abram, *History of Blackburn*, 205~6면.
122) J. Felkin, *History of the Hosiery and Lace Manufacture*, 81~97면.
123) 특허번호 962 (1770년).

거부한 사람들을 상대로 소송을 제기했다. 그에게 돌아올 이익이 이미 너무나 커졌기 때문에 그는 발명에 대한 권리금으로 제공된 3천 파운드를 거부했다. [124] 그러나 불행하게도, 법원은 그의 제니모델이 특허를 받기 전에 이미 공업에 이용되었으며 따라서 그의 권리는 소멸되었다고 선고되었다. 그러므로 그는 선배들처럼 심한 절망을 이겨내야만 했다. 그러나 비록 의회와 대중 사이에서 하그리브즈에 대한 동정을 일으키려는 의도에서 아크라이트가 그 증거를 내세우려고 애쓰기는 했으나 하그리브즈가 궁핍 속에서 죽었다는 것은 전혀 진실이 아니다. [125] 그와는 정반대로, 그는 1768년 당시에는 여전히 가난했지만 1778년에는 상속자들에게 7천 파운드 이상을 남긴 것으로 알려지고 있다. [126] 그것은 제니의 발명이 빚어낸 엄청난 양의 부에 비하면 물론 사소한 액수였다. 하그리브즈가 죽은 지 10년 뒤에 잉글랜드에 이런 기계들이 2만 대 이상 있고 가장 작은 기계라도 6~8명의 방적공이 맡는 일을 해낼 수 있다는 계산이 나왔다. [127] 랭커셔에서 그 기계들은 놀라운 속도로 보급되어나가 몇 해 만에 물레를 완전히 능가했다. [128] 이 뒤에 잉글랜드의 그 지역에서 그다지 번영한 적이 없던 양모공업은 포기되다시피 했다. "면, 면, 면이 고용에 있어서 거의 보편적인 재료가 되었다. 수동식 물레는…… 헛간에 버려지고 원사는 모두가 흔한 제니로 방적되었다." [129] 제니는 간단한 기계여서 저렴한 비용으로 제작할 수 있었다. 그 기계는 아주 작은 면적을 차지했으므로 특별한 작업장을 만들지 않아도 됐다. 그것은 외부의 동력 없이 작동될 수 있었으며, 그것을 사용하는 일이 노동자의

124) A. Ure, *The Cotton Manufacture*, Ⅰ, 198면.

125) *The Trial of a Cause*, ··· 98면에 수록된 "The Case of Richard Arkwright."

126) Abram, *History of Blackburn*, 209면.

127) *An Important Crisis in the Calico and Muslin Manufacture of Great Britain*(1788), 2면.

128) J. Kennedy, "A Brief Memoir of Samuel Crompton" (*Memoirs of the Literary and Philosophical Society of Manchester*, Series Ⅱ, ⅴ면 및 330면); R. Guest, *The British Cotton Manufacture*, 147면.

129) W. Radcliffe, *Origin of the new System of Manufacture*, 61면. (멜러 촌락의 상태를 묘사하고 있다)

작업습관을 크게 방해하지는 않았다. 어쨌든 외관상으로 그 기계는 섬유공업의 체계를 크게 변화시키지 않았다. 이것은 분명히 그 기계가 그렇게 빨리 성공을 거둔 이유 가운데 하나였다. 그 기계는 가내공업을 파괴하기는커녕 처음에는 그 공업을 부활시키는 듯이 보였다. 그것은 자기 손으로 일하는 영세 고용주들이 경영하는 작업장에도, 물레가 여러 세대 동안 경작의 수입에 보탬을 주어온 농장에도 있었다. 그러나 산출의 급격한 증가, 그리고 노동과 비교해볼 때 기계장비가 갖는 중요성은 이미 공장제도의 출현을 예고하고 있었다. 그리고 하그리브즈의 제니가 구시대의 물레를 대신하고 있는 동안에 노팅검, 크롬포드, 더비, 벨퍼, 촐리 그리고 맨체스터에는 리차드 아크라이트의 방적공장이 건설되고 있었다.

제 2 장

공   장

아크라이트의 이름은, 경제사의 수많은 사건과 인물들을 오랫동안 에 워싸온 박명(薄明) 속에서 처음부터 빛나던 몇몇 이름 가운데 하나이 다. 전해오는 이야기에 따르면 그는 스스로의 노력과 발명에 의해 부유 해진 위대한 제조업자일뿐너러 근대적 공장제도의 진정한 창시자라고 이야기된다.[1] 1830년경에는 그는 정치경제학의 영웅이 되었고,[2] 문학 조차도 그를 경멸하지 않았다. 칼라일은 이렇게 그를 생생하게 묘사하 고 있다.

평범하고 상스럽기까지 하며 턱이 자루 같고 배가 불룩 나왔으며 고통스럽게 성찰을 하는 듯하면서도 자유롭게 소화하는 풍부한 능력 을 지닌 랭커서사람…… 오 독자여, 저 자루턱이며 배불뚝이이고 인내 심이 강하고 많은 발명을 하는 이발사는 얼마나 대단한 역사적 현상 인가! 프랑스혁명이 무르익고 있었다. 제국의 황제들은 어떤 수단으 로든지 혁명을 막는 데 있어 잉글랜드의 면과 모직물이 없었다면 무 력했을 것이다. 그런데 잉글랜드에 면의 힘을 준 장본인은 바로 이 사람이었다.[3]

그러나 이 글은 칼라일에 의하면 아크라이트의 천재에 기인하는 산업변

---

1) 예를 들면 *A Complete History of the Cotton Trade*, 92면 이하에 나오는 그의 생애에 관한 이야기를 참조.
2) A. Ure, *Philosophy of Manufactures*, 15면 이하 참조.
3) R. Carlyle, *Chartism*, Chap. Ⅷ (New Eras). *Miscellaneous Essays*, Chapman & Hall edition, 166면.

화의 직접적 결과만을 언급하고 있을 뿐이다. 산업혁명으로 태어난그 새로운 세계에 관한 생생한 묘사를 발견하기 위해서는 칼라일의 다른 책⁴⁾을 보아야 한다. 그는 그 새로운 세계를 그가 이상화한 과거의 세계 와 아주 신랄하게 비교했다. 여기에서 우리가 할 일은 아크라이트가 실 제로 한 역할을 정확하게 규정하는 것이다. 만약 우리가 그가 정말로 차지할 만한 자리를 결정할 수 있다면 그것은 보다 중요한 하나의 문제 를 해결하는 데 도움이 될 것이다. 왜냐하면 사회적 변화의 발단에서 개인의 행동이 차지하는 몫을 정확히 평가하기 위해서 우리는 먼저 여 러가지 사실들을, 그 사실의 언저리에서 생겨나 발달하고 그리고 보다 일반적인 원인들에 비해 흔히 개별적 요인을 너무나 크게 강조하는 전 설(傳說)과 구분해야 하기 때문이다.

1. 아크라이트, 그의 출발

리차드 아크라이트는 1732년 12월 23일 프레스턴(Preston, 랭커셔의 항 구—역주)에서 가난한 대가족의 막내로 태어났다.⁵⁾ 그는 아직 젊었을 때 이발사와 가발제조공을 겸하는 사람의 도제가 되었는데, 읽고 쓰는 법 을 겨우 배울 정도의 시간밖에 가질 수 없었다. 그는 50세에 문법과 철 자법을 공부했다. 그는 1750년에 소도시인 고향에서 몇 마일 떨어진 볼 턴에 자리를 잡았다. 이곳에서 그는 처음에는 지하실에서, 그 다음에는 아주 초라한 가게에서 오랫동안 이발업을 해나갔다. 그는 두 번 결혼했 다. 그의 첫번째 아내는 워링턴과 볼턴 사이에 있는 리(Leigh) 출신이었 다.⁶⁾ 그녀에 대한 자세한 이야기는 다소 흥미롭다. 두번째 아내는 약간 의 지참금을 가지고 왔다. 그는 이 돈 덕분에 이발관을 떠나 보수가 더

4) *Past and Present* (1843).
5) R. Guest, *Compendious History of the Cotton Manufacture*, 21면; Whittle, *History of Preston*, Ⅱ, 213면; Hardwick, *History of the Borough of Preston*, 361면 이하; E. Baines, *History of the Cotton Manufacture*, 52면.
6) R. Guest, *The British Cotton Manufacture*, 14면.

나은 직업인 모발장수를 할 수 있었다. 그는 시장을 돌아다녔고 시골 처녀들의 모발을 사기 위해 농장을 방문했다. 그리고는 그는 자신이 만든 물감으로 모발을 처리하여 가발 제조공들에게 그것을 다시 팔았다. 가발이 대유행이던 그 세기(世紀)에 가발 제조공들은 그의 기꺼운 구매자들이었다. [7]

아크라이트의 초년의 생활에 관한 이 이야기는 그 자체로서 흥미있을 뿐더러 우리가 그의 성격을 통찰할 수 있게 함으로써 그가 실제로 한 역할을 판단하는 데 도움을 준다. 먼저 우리는 그에게는 발명가를 암시하는 경력이 전혀 없다는 사실에 주목해야만 한다. 그는 존 케이와 하그리브즈처럼 방직공이 아니었고 와이어트처럼 목수 겸 기계공도 아니었으므로 기술적 경험이 없었다. 그가 섬유공업 및 그 공업의 요구나 위기에 관해 알고 있던 모든 것은 그가 이발관에서 나눴던 대화를 통해서나 랭커셔의 촌락들을 돌아다니는 동안에 얻은 것임에 틀림없다. 다른 한편으로 그는 그의 성공을 설명해주는 그 자질들을 아주 초년에 보였다. 그는 출세를 하려는 욕망이 있었고, 세상에서 입신하는 수단을 생각해내는 두뇌가 발달해 있었으며, 솜씨있는 흥정을 할 줄 알았는데, 그가 익힌 이 일종의 외교술은 행상이나 말장수들과 비슷한 방식이었다.

그의 주요한 여러 발명들의 기원은 애매모호함으로 둘러싸여 있다. 그가 어떻게 기계방적이라는 문제에 관심을 갖게 되었는가를 이해하기는 어렵지 않다. 왜냐하면 랭커셔에서는 누구나 그 일을 통해 재산을 모을 수 있다는 것을 알고 있었기 때문이다. 하지만 그가 발명가로 충분히 자격이 있음을 입증해보라는 요구를 받았을 때 그는 당황하여 애매한 설명밖에 할 수가 없었는데 여기에는 그럴 만한 이유가 있었다. [8] 그가 용의주도하게도 결코 부인하지 않은 우스꽝스럽고 모순되는 이야기들이 그의 생시에 찬미자들에 의해 끝없이 유포되었다. 어떤 사람들

7) 같은 저자, *Compendious History*, 21면.
8) 그의 특허의 취소로 끝난 소송의 내막을 282면에서 참조. 소송의 과정에서, 그의 주된 발명은 랭커셔에 있는 리 촌락의 토마스 하이즈라는 사람으로부터 차용——점잖게 말하면——한 것이라는 증거가 제시되었다.

에 따르면 그는 빨갛게 단 철봉을 펴는 원통형의 철사제조기를 보고 방적기계의 원리를 암시받았다고 한다.[9] 다른 사람들에 따르면, 그는 더비에서 연사기(撚糸機)의 기능을 공부했거나,[10] 자기 이발관에서 어느 선원이 중국인들이 사용하는 기계에 대해 설명하는 것을 엿들었으며,[11] 브라운이라는 금고제조공에게서 귀중한 비밀을 알아냈는데 브라운은 아무도 모르는 비밀을 자신이 발견했지만 마찬가지로 불가사의하게도 그것을 이용할 수 없었다고 한다.[12] 터무니 없는 또다른 이야기에 따르면, 아크라이트는 1768년경에 역학에 대해 돌발적이고도 예기치 못한 정열에 사로잡혀 영구운동(perpetual motion)의 문제에 대한 연구를 하여 발명을 진전시켜 나갔다고 한다.[13]

발명의 역사가 아주 모호한 데 비해서 아크라이트의 사업의 역사는 명확하고 추적하기가 쉽다. 그 기계는 1768년 프레스턴에 있는 중학교 (Free Grammar School)에 접해 있는 조그만 방에서 제작되었다.[14] 아크라이트는 비사(飛梭)의 발명자인 케이와 이름이 같은 워링턴의 시계제조공의 도움을 받았다. 우리가 앞으로 알게 되겠지만 이 도움은 많은 것을 설명해준다. 분명히 아크라이트는 필요한 자금을 모으는 데 큰·어

---

9) *Beauties of England and Wales*, Ⅲ, 518면. (아크라이트의 동업자들 가운데 하나인 제데디아 스트러트의 아들이 제공한 정보) 암연에 의해 단단한 첫덩어리를 펴는 일과 면섬유나 양모섬유로 실을 만드는 일 사이에 진지한 비교가 이루어질 수 없다는 것은 지적할 필요도 없다.

10) *Gentleman's Magazine*, LXII, 863면. 이 유추 역시 매우 피상적이다. 연사 공정은 누에가 이미 만든 실을 튼튼하게 할 뿐인데, 이 경우에는 누에가 방적공의 역할을 하는 것이다.

11) *Wool encouraged without Exportation, or practical Observations on Wool and the Woollen Manufacture* (1791), 50면.

12) *Mechanics' Magazine*, Ⅷ, 199면.

13) R. Guest, *Compendious History*, 21면 ; A. Ure, *The Cotton Manufacture, of Great Britain*, 224면. 이 이야기는 *Quarterly Review*, CVII, 59면의 "Cotton-spinning Machines and their Inventors"라는 기사에 나온 것을 게스트가 인용했을 것이다.

14) *The Trial of a Case*, …… 98면에 수록된 "The Case of Richard Arkwright". 이 연대에 대해서는 의문이 제기된 적이 결코 없다. 한두 해 빠르게 잡는 것이 아크라이트에게 이익이 되었겠지만 그는 그렇게 하지 않았다.

려움을 겪었다. 처음에 그는 어떤 과학기구 제조업자를 찾아갔으나 그 업자는 그의 말을 진지하게 받아들이려고 하지 않았으므로[15] 다음에는 친구이자 술집주인인 존 스몰리라는 사람을 찾아갔다.[16] 이듬해에 그는 14년간 유효한 특허를 받았다.[17]

우리는 이 특허장의 본문을 읽을 수 있을 뿐만 아니라 사우스켄싱턴 박물관에 보존되어 있는 그 기계의 원형도 볼 수 있다.[18] 그것은 완전히 목재로 되어 있으며 높이가 약 32인치이다. 우리가 판단하는 한, 그것은 1733년에 존 와이어트가 발명하고 루이스 폴이 개량한 기계와 아주 비슷하다. 하나의 바퀴가 4쌍의 롤러를 작동시켜 속도를 가속화시킨다. 각개 롤러의 꼭대기 씰린더에는 가죽이 덮여 있고 맨 아래 씰린더에는 세로로 홈이 파여 있다. 실이 롤러를 통과하면 롤러의 점차적인 가속운동이 실을 점점 더 펴서, 실은 수직의 방추 위에서 꼬여 감긴다. 일반적으로 이 기계는 오직 세부적인 면에서만 와이어트의 기계와 다르다. 이 사소한 차이는 무력하게 실패하고 만, 그보다 재간이 있는 사람들과 달리 아크라이트가 자랑스럽게 성공한 일에 대한 설명이 되지는 못한다. 그의 성공은 그의 사업가적 능력에서 비롯된 것으로서, 그것은 거의 즉각적으로 입증되었다.

무엇보다도 자본을 모으는 일이 필요했다. 스몰리는 그다지 부유하지 못했다. 그런데 아크라이트는 이미 대사업을 꿈꾸고 있었다. 그래서 하그리브즈의 불운을 알면서도 아크라이트는 그의 예를 따라 노팅검으로 이사했다.[19] 이 도시는 자본제적 조직이 기계설비 발달의 뒤를 따라 나타났던 양말편직공업 중심지였다. 아크라이트는 라이트형제(Wright Brothers)

---

15) E. Baines, *History of the Cotton Manufacture*, 155면.

16) 술집주인 겸 페인트공. R. Guest, *Compendious History*, 22면 ; Whittle, *History of Preston*, Ⅱ, 216면을 볼 것.

17) 특허번호 931 (1769년 7월 3일).

18) Victoria and Albert Museum, Machinery and Inventions Division (Southern Galleries), No. 1252 (354). *Catalogue of the Machinery, Models, ······ in the Machinery and Inventions of the South Kensington Museum*, Ⅱ, 104면에서 찾아볼 것.

19) *The Trial of a Cause*, ······ 98면에 실린 "The Case of Richard Arkwright".

의 지방은행이 자기의 계획에 관심을 갖도록 하는 데 성공했다. 그곳에
는 이런 지방은행이 아직도 매우 적었으므로 지방은행은 그 영업대상인
지역들에서 더욱 더 중요했다. 그러나 이윤이 급속히 나타나지 않았음
은 물론이며 어느 해의 연말에 라이트형제가 지원을 철회했으므로[20] 그
사업의 성공은 발명가가 그렸던 눈부신 가능성의 약속만큼 대단하지 못
했다. 그러나 아크라이트는 곤란을 벗어나는 방법을 알고 있었다. 1771
년에 그는 부유한 양말제조업자들인 노팅검의 니드, 더비의 스트러트와
계약을 맺었다.[21] 니드와 스트러트는 상인제조업자계급에 속해 있었다.
그들은 자신의 집에 다수의 노동자들을 고용하고 있었으며, 편직기로
양말을 짜는 작업장도 가지고 있었다. 이처럼 공장제도는 '매뉴팩처'를
바탕으로 하고 있지는 않았지만 '매뉴팩처'와 유사한 생산제도에 접목
되어 있었다.

2. 아크라이트의 성공

아크라이트가 노팅검에 세운 최초의 작업장은 30년 전에 와이어트와
폴이 버밍검에 세웠던 것보다 별로 크지 않았다. 그곳에는 말들이 움직
이는 기계 몇 대밖에 없었다.[22] 아크라이트가 더비 근처의 크롬포드에
정착한 것은 그가 니드 및 스트러트와 힘을 합친 해인 1771년이었다. 크
롬포드는 더웬트강 유역에 있는데, 이 지점에서 강물은 그 수원지의 그림
같은 구릉에 아주 가까운 협곡을 빠르고 힘차게 통과한다. 그 강의 약간
상류 쪽에서는 매틀로크온천의 뜨거운 물이 흘러들어 겨울에도 얼지
않았다. 그러므로 그곳은 공장(mill)을 세우기에 적합한 장소였다. '밀'
(mill)이라는 말은 수력이 거의 어디에서나 증기로 대체된 뒤에도 오랫

---

20) F. Espinasse, *Lancashire Worthies*, Ⅰ, 388면; Tuckett, *History of
   the Past and Present State of the Labouring Population*, Ⅰ, 212면.

21) 제데디아 스트러트(Jedediah Strutt)에 관해서는 Felkin, *History of the
   Hosiery and Lace Manufacture*, 89~97면을 참조.

22) F. Espinasse, 위의 책, Ⅰ, 390면.

동안 계속 공장(factory)을 의미했다. 몇 마일 떨어진 곳에 있던 롬형제
의 공장은 그 건물과 작업장의 모델이 되었다. [23] 몇 해 만에 크롬포드
방적공장은 성장하여, 1779년경에는 수천 대의 방추를 설치하고 노동자
3백 명을 고용했다. [24]

그 사업의 성공을 아주 확실하게 해준 것은 생산의 속도는 물론이고
생산품의 질이었다. 그 새로운 기계(이것은 손으로 작동하는 제니와 구
별하기 위해 수력방적기[25]라고 불리었다)는 최고로 숙련된 방적공이 물
레로 만드는 것보다 훨씬 더 튼튼한 실을 생산했다. 따라서 일부는 아
마이고 오직 일부만이 면이었던 직물 대신에, 모든 측면에서 인도산 면
직처럼 완벽한 순수 면직물을 짤 수 있었다. 처음에 크롬포드공장은 니
드와 스트러트 공장의 부속공장에 불과했다. 그 공장에서 방적한 모든
실은 양말을 짜는 데만 사용되었다. 그러나 1773년에 아크라이트와 그
의 동업자들은 더비에 방직공장을 세웠는데 여기서는 사상 처음으로
순면(純綿) 캘리코가 제조되었다. [26]

여기에서 하나의 장애가 생겼다. 이 위험한 경쟁자를 대단한 혐오감
을 품고 보던 영세제조업자들이 그에게 제동을 걸 방법을 마침내 발
견했다고 생각했다. 교직물 제조를 허용했던 1735년의 법은 날염면직물
금지조치를 승인한 바 있었다. 유사한 공업이 잉글랜드에 자리잡을 가
능성을 예견하지 못했던 것이다. 따라서 그 법은 아크라이트와 그의 동
업자들의 경우에 적용되어 이미 무거운 물품세[27]를 내고 있던 그들의

---

23) R. Guest, *Compendious History*, 26면.

24) R. March, *A Treatise on Silk, Wool and Cotton* (1779), Foxwell
    Library ; E. Butterworth, *History of Oldham*, 118면.

25) 방추가 8개 달린 수력방적기의 모형이 Victoria and Albert Museum,
    Machinery and Inventions Division (No. 1253 (355), *Catalogue*, Ⅱ, 105
    면)에 전시되어 있다.

26) *The Trial of a Cause*, ······ 99면에 수록된 "The Case of Richard
    Arkwright"; *A Second Letter to the Inhabitants of Manchester on the
    Exportation of Cotton Twist*, 9면; *A Complete History of the Cotton
    Trade*, 101면.

27) 1야드에 6페니. *Journals of the House of Commons*, XXXIV, 496~97
    면 참조.

면직물은 당시에 유행하던 날염직물로 만들어진다면 금지상품으로 압수
될 위험의 소지를 안고 있었다.

아크라이트는 의회에서 자기의 공업을 변호했다. 오직 외국상품이 이
왕국에 들어오는 것을 막기 위해 제정된 법이 잉글랜드에서 잉글랜드인
에 의해 제조된 상품에 불리하게 적용되어야 하는가? 정당하게 허가되
어 충분한 납세를 한다면 이 새 공업은 틀림없이 나라 전체를 위한 부
의 원천이 될 수 있다는 것이었다. "앞에서 말한 제조업은 그렇게 무
거운 세금에 짓눌리지 않는다면 급속히 증가하여 수많은 영국 빈민을
위해 효과적인 새 일자리를 제공하고 본왕국의 세입을 증대시킬 것입니
다. ……완전히 면으로만 제조되는 면직물은 현재 아마로 된 올실로
제조되는 면직물류보다 질이 훨씬 우수할 것이고 표백·날염·세탁이
더 잘 되고 내구력이 더 클 것입니다." 따라서 아크라이트는 다음과
같이 요청했다. "완전히 원면으로 만들어지고 또 대브리튼왕국 안에서
제조된 것이라면, 앞에서 말한 흰 면직물에 날염, 착색, 얼룩무늬를 들
이거나 염색을 할 때 1야드당 3페니의 과세율을 확정하고 모든 사람들
이 의복·가재·가구 또는 **그밖의 모든 용도를** 위해 앞에서 말한 종류
의 면직물을 자유롭게 판매, 착용, 사용할 수 있도록 하는 법안의 제출
을 허락해야만 합니다……"[28] 의회는 간단한 조사를 한 뒤에[29] 아주 정
당한 이 요청에 동의했다.[30] 그때부터 계속해서 면공업과 더불어 기계
제공업은 장애 없이 발달할 수 있었다.

이듬해(1775년)에 아크라이트는 두번째 특허를 받았는데,[31] 이 특허
장의 본문은 매우 길고 모호해서 줄곧 여러가지 문제를 일으켰다. 그 특
허장은 중요성이 각기 다른 몇 가지 별개의 발명을 기술하고 있는데,

28) *Journals of the House of Commons*, XXXIV(1774), 497면.
29) 같은 책, 709면.
30) 조지 3세 14년, 법률 제72호. 이 법의 본문은 아크라이트가 요청했으나
   승인받지 못한 수출장려금에 관한 부분을 제외하면 그의 청원서의 귀절들을
   거의 되풀이하여 사용하고 있다.
31) 특허번호 1111 (1775년 12월 16일). *Abridgments of Specifications rela-
   ting to Spinning*, 19면. 1785년의 소송문서는 이 특허장의 전문을 제시하
   고 있다. *The Trial of a Cause*, …… 4~10면을 참조.

이 가운데 일부는 (나중에 지적되었듯이) 너무 호기심이 강한 독자의 머리를 혼란시키고 기를 꺾기 위해 포함된 데 불과한 것 같다.[32] 가장 중요한 것은 소면기, 크랭크와 콤, 조방기와 급면기(給綿機, feeder)였다. 소면기는 직경이 다르고, 굽은 금속제 톱니 3개로 덮인 3개의 씰린더로 이루어져 있었다. 첫번째 씰린더는 회전방향 쪽으로 굽은 톱니로 면섬유를 끌어당겼다. 두번째 씰린더는 똑같은 방향으로 그러나 훨씬 더 빨리 회전하면서 톱니와 동작이 정반대인 세번째 씰린더와 접촉함으로써 소면을 했다.[33] 크랭크와 콤은 소면이 연속적인 면이 되어 나오도록 하는 방식으로 소면을 분리해내는, 소면기의 마지막 부분품이었다. 그 이름이 가리키듯이 그것은 팔굽 모양의 연결쇠에 장치된 일종의 빗으로서, 규칙적인 간격을 두고 세번째 씰린더와 접촉함으로써 면을 찢지 않고 분리해냈다.[34] 조방기는 리본 모양의 소면을 자체적으로 약간 꼬인 원통형의 조방사(組紡糸, strand)로 변형시켰는데, 이것은 실이 되는 앞단계였다. 그 구조는 방적기와 비슷했으나 보다 단순했고, 한 쌍의 씰린더와 다른 씰린더 간의 가속운동은 훨씬 적었다. 면은 방추에 감기는 대신에, 그것을 필요에 따라 꼬아주는 회전원통 안으로 들어갔다.[35] 마지막으로 급면기는 영구적으로 회전하는 띠 모양의 피대로서, 경사진 도관(導管)을 통해 원면이 공급되면 그것을 소면기 쪽으로 운반했다. 면공업에서 기계가 이 공정에서 어떤 역할을 했는가를 보이기 위해 우리는 전문가들의 비판의 위험을 무릅쓰고 감히 이 모든 세부사항을 살펴보고 있다. 일찌기 1775년에 섬유기계류는 하나의 체계로 발전했고, 그 체계의 독자적인 부분품들은 가장 어려운 마지막 공정인 방직을 제외하면 섬유공업의 연속적인 모든 작업을 수행할 수 있었다는 것을 알 수

---

32) 예를 들면 발명명세서의 제목으로 나타나는 '아마를 분쇄하는 데 쓰는 해머' 같은 귀절.

33) Victoria and Albert Museum, Machinery and Inventions Division, No. 1244(357), *Catalogue*, II, 98면.

34) Victoria and Albert Museum, Machinery and Inventions Division, No. 1244 (357), *Catalogue*, II, 98면.

35) Victoria and Albert Museum, Machinery and Inventions Division, No. 1251(353), *Catalogue*, II, 103면(1780년에 개량된 모델).

있다.

아크라이트는 새로운 특허장에 첨부된 발명명세서에 방적기의 실질적 또는 외양상의 개량에 관한 항목들을 용의주도하게 삽입한 바 있었다. 그는 이런 식으로, 1783년에 시효가 끝나는 첫번째 특허의 효력을 몇 해 연장하고자 했다. 미래에 대해 자신을 가진 그는 계속 사업을 확장해나갔다. 1776년에 그는 크롬포드와 더비 사이에 있는 벨퍼에 세 번째 방적공장을 세웠다. [36] 따라서 그 시기에 더웬트강과 트렌트강 유역, 즉 랭커셔 외곽의 좁은 지역에는 그의 공장들이 집중되어 있었는데 잉글랜드의 면공업이 처음으로 발달하고, 성장에 가장 유리한 조건을 가진 곳은 랭커셔였다. 몇 해 전에 고향을 떠날 때는 가난하고 무명이었던 아크라이트는 이미 부유하고 유명해져서 고향으로 돌아갔다. 그는 그곳에 몇 개의 공장을 세웠다. 촐리 부근의 버케이커에 있던 공장[37]은 그때까지 잉글랜드에 세워진 공장 가운데 최대의 것으로 여겨졌다. [38] 그 공장은 우리가 나중에 살펴보아야 할 기계파괴폭동(anti-machine riot) 기간인 1779년에 약탈당해 타버렸는데 손실은 4천 4백 파운드로 추산되었다. [39] 1780년에 맨체스터에 세워진 또 하나의 방적공장은 그에 못지않게 중요했는데 노동자 6백 명을 수용할 수 있던 그 건물만도 4천 파운드 이상의 가치가 있었다. [40] 아크라이트는 양말제 조업자인 니드 및 스트러트와의 동업만으로는 새로운 사업을 위한 자금을 모두 조달할 수가 없었다. 그는 필요에 따라 다른 동업자들을 구할 수 있었는데, 그들의 권리를 아주 교묘하게 제한했다. 어느 곳에나 그 혼자만이 나타나서 모든 회사에 참여하고 실제로 그 회사들 전부를 관리했

36) F. Espinasse, *Lancashire Worthies*, Ⅰ, 421면; A. Ure, *The Cotton Manufacturer*, Ⅰ, 257면. 제데디아 스트러트의 소유인 밀포드 방적공장도 비슷한 시기에 건설되었다.
37) 프레스턴과 위건 사이에 있었다.
38) 이 공장은 노동자 5백 명을 수용할 수 있었다. E. Butterworth, *History of Oldham*, 118면.
39) *Manchester Mercury*, 1779년 10월 12,16일자와 아크라이트가 하원에 보낸 청원서(*Journals of the House of Commons*, XXXVII, 926면)를 참조.
40) F. Espinasse, 위의 책, Ⅰ, 421면.

다. [41]

1769년과 1775년에 그가 받은 두 특허는 수력방적기와 거기에 부수되는 발명들의 독점적 소유권을 그에게 부여했다. 그러나 그는 다른 사람들의 사용을 허가할 수 있었는데, 그들은 소정의 사용료를 내야만 했다. [42] 1775~80년에 이와같이 어느 정도 그에게 종속되어 있는 몇 가지의 새로운 사업이 시작되었다. 이 가운데는 정치가 로버트 필(Robert Peel, 1788~1850. 영국수상—역주)의 할아버지와 아버지인 두 로버트 필 소유의 벅스턴공장과 베리공장이 있다. [43] 그런데 질투는 물론이고 돈에 대한 욕망이 방적공들이 부정한 행위를 하게 만들었다. 그들은 비록 세부적인 면에서만 그렇다 하더라도 아크라이트의 기계와 차이가 있는 기계를 만들려고 애를 썼다. [44] 1781년에 그는 이런 기계들 가운데 9가지를 상대로 특허권 침해 소송을 제기하기에 이르렀다. [45] 그들은 특허장의 미심쩍은 모호함을 지적함으로써 자신들을 변호했다. 발명자 자신도 무엇이 그에게 속하는가를 명확하게 정의하려 들지도 않고 정의할 수도 없는데 자기들이 어떻게 그것을 알 수 있느냐는 것이었다. 아크라이트는 패소(敗訴)했다. 따라서 그의 특허권도 정상적인 유효기간이 끝나기 전에 정지되었다.

그는 패소하리라고는 생각하지 않았다. 그는 1782년 2월 6일 의회에 청원서를 제출하여 자기 권리의 확인뿐 아니라 연기까지를 요청했다. [46] 이

---

41) E. Butterworth, 위의 책, 118면은 맨체스터의 아크라이트-심프슨-휘튼베리 회사(the firm of Arkwright, Simpson & Whittenbury)를 언급하고 있다. 스코틀랜드에서 아크라이트는 한때 오웬의 장인 데이비드 데일의 동업자였다. (R. Dale Owen, *Threading My Way*, 7면) 니드 및 스트러트와 그의 동업은 1781년까지만 계속되었다. Felkin, *History of the Hosiery and Lace Manufacture*, 97면 참조.

42) *The Trial of a Cause*, …… 99면.

43) Sir Lawrence Peel, *A Sketch of the Life and Character of Sir Robert Peel*, 20면; Wheeler, *Manchester*, 519~20면.

44) *The Trial of a Cause*, …… 109면.

45) 소환장이 별도로 9통 날부되었다. 그러나 한 사건, 즉 아크라이트 대 모돈트(Mordaunt)의 사건만 심리되었다. Eaines, *History of the Palatine County of Lancaster*, Ⅱ, 447면.

46) *Journals of the House of Commons*, XXXVIII, 687면.

와 동시에 그는 각서[47]를 발표하여 자신의 발명의 중요성을 지적하고, 자신이 그 발명을 위해 치른 희생을 상기시키면서 경쟁자들의 부정한 책동을 다시 비난하고 자신의 공적을 찬양했다. 그는 1775년의 특허장이 완벽하게 명확하지 않다는 것을 인정하면서도 그런 식으로 특허장이 작성된 것은 애국적인 배려에 의한 것으로 외국인들이 이처럼 무진장한 부의 원천을 이용하는 것을 막기 위해서였다고 말했다. 조국의 부를 위험에 빠뜨리기보다는 오히려 부당한 의혹을 감수하겠다는 사람은 확실히 적과 맞서는 데 있어서 도움을 받을 자격이 있었다. 그러나 의회는 그의 청원을 귀담아 듣지 않았다.

그래서 아크라이트는 다시 법정에 호소했다. 그는 경쟁자 가운데 한 사람인 피터 나이팅게일을 상대로 새로운 소송을 제기했는데 이 사건은 1785년 2월 민사법원에서 심리되었다. 논점은 두번째 특허장에 첨부된 발명명세서의 모호함에 전적으로 집중되었다. 아크라이트는 다시 애국심을 자랑하면서 그때까지는 순수하게 영국이 독점했던 공업을 프랑스인들이 희희낙락하면서 갖게 되었을 것(이 소송은 미국 독립전쟁 직후에 있었다)이라고 말했다. 몇몇 중요한 증인이 그에게 유리한 증거를 제시했다. 증기기관 발명자인 제임스 와트는 논쟁의 대상이 된 문서를 읽어본 뒤에 자기가 보기에는 충분히 명확하다고 말하면서, 필요하다면 더이상의 설명 없이 그 특허장에 언급된 여러 기계를 제작하겠다고 선언했다.[48] 이번에는 아크라이트가 승소했다. 법원은 그의 권리의 타당성을 확인하고 그가 청구한 손해배상을 승인했다.

---

47) 이 각서는 아마 그의 변호사들 가운데 한 사람이 기초했을 것이다. 그것은 *The Trial of a Cause,* …… 97면 이하에 전문이 실려 있다. (*The case of Messrs. Richard Arkwright & Co. in relation to Mr. Arkwright's invention of an engine for spinning cotton,* …… *into yarn, stating his reasons for applying to Parliament for an Act to secure his right in such invention, or for such other relief as to the Legislature shall seem meet*)

48) *Richard Arkwright versus Peter Nightingale* (Court of Common Pleas, 1785년 2월 17일)(3*∼7*면). 윌킨슨의 증언(2*∼3*면), 존 스테드의 증언(9*면), 에라스무스 다윈의 증언(15*면), 토마스 우드의 증언(19*면)도 참조.

그러나 이 판결은 너무나 많은 기득권을 방해하는 것이었으므로[49] 이론이 나올 수밖에 없었다. 1781년과 1785년의 판결 사이에는 분명한 모순이 있었으므로 랭커셔와 더비셔의 방적업자들[50]은 처음에 승소했다가 나중에 패소한 소송을 끝까지 밀고 나가기 위해 단결했다. 그들은 '예고영장'(scire facias, 불복이유를 제시하는 서류—역주)을 통해 이 사건을 고등법원의 왕좌부(Court of King's Bench)에 제소했다. 거기서 그들은 특허장의 용어들을 공격했을 뿐 아니라 의도적이든 아니든간에 그 모호함에는 기만이 숨어 있다는 것을 입증하려고 노력했다.

3. 1785년의 재판

이 소송의 전과정을 좌우했으며 그 문제를 결정지은 사건은 토마스 하이즈(Thomas Highs)[51]의 법정 출두였다. 이 남자는 서약을 하고, 아크라이트가 발명자라고 주장한 방적기가 1767년에 자기 마을인 리에서 제작되었었다고 밝혔다. 하이즈는 여러 부분품들을 조절하여 맞추는 데 한 시계제조공의 도움을 받은 바 있는데, 그 시계제조공은 바로 그로부터 1년 뒤에 아크라이트가 고용한 워링턴의 존 케이로 판명되었다.[52] 이 진술은 케이에 의해 직접 확인되었다. 그는 1768년 당시에 이발사 겸 말장수였던 아크라이트와 사귀게 된 경위를 이야기했다. 아크라이트가 그를 찾아와서 어떤 사소한 일거리를 맡기면서 선술집으로 데리고 갔다는 것이었다. 그곳에서의 대화는 그 일대 전체의 화제거리였던 '롤

---

49) E. Baines, *History of the Cotton Manufacture*, 184면. 당시 아크라이트의 경쟁자들이 시작한 사업의 자본 총액은 약 30만 파운드였다.

50) 그들의 명단은 Wheeler, *Manchester*, 522면에서 볼 수 있다. 로버트 필이 거기에 있고, 증기기관을 처음으로 이용한 방적업자 가운데 한 사람인 피터 드링크워터도 있다.

51) *The Trial of a Cause*, …… 57면 이하에는 그의 이름이 헤이즈(Hayes)라고 표기되어 있다. 그러나 게스트는 리촌락의 교구 기록에 씌어진 대로 하이즈(Highs)라고 쓰고 있다. (*The British Cotton Manufacture*, 18면)

52) *The Trial of a Cause*, …… 57~58면.

러에 의한 방적'을 둘러싸고 전개되었다. "그가 이렇게 말했읍니다.
'그 일은 절대로 결실을 맺지 못할 것이오. 신사 몇이 그 일 때문
에 파산하다시피 했소.' 내가 말했지요. '나는 그 일을 실현시킬 수
있다고 생각합니다.'라고요. 그날 밤에 주고받은 것은 그 애기가 전
부였읍니다." 이튿날 새벽 아크라이트는 다시 그를 찾아와 방적기의 모
델을 제작할 수 있겠느냐고 물었다. "나는 몇 가지 품목을 가져와서 소
형의 목제 모델을 만들었읍니다. 그는 그것을 맨체스터로 가지고 갔읍
니다."[53]

독자는 아크라이트가 리 출신 여자와 결혼했다는 사실을 기억할 것이
다. 그는 여러 해 동안 하이즈를 알고 지냈고[54] 틀림없이 그의 발명에
관한 소문을 들었을 것이다. 더구나 그가 워링턴으로 케이를 찾아간 것은
우연이 아니었다. 이들의 대화가 있은 뒤 오래지 않아 그는 갑자기, 어
떤 준비과정도 없이 발명가로 등장했다. 게다가 그 뒤 몇 해 동안 그와
케이의 관계는 좀 아리송했다. 그는 우선 케이를 고용했고 그 다음에 그
들은 갑자기 사이가 틀어졌다. 아크라이트는 케이가 도둑질과 횡령을
했다고 고발했고 케이는 달아났다.[55] 이것이 케이의 증언에 대해 약간
의 의혹을 일으켰는데 아크라이트의 번호사 아데어는 이 기회를 놓치
지 않았다. 유명하고 존경받는 사람의 말과 부정직한 행위로 해고당해
복수를 하려고 애쓰는 사람의 말을 놓고 누가 선택을 망설이겠느냐는
것이었다.[56] 그러나 케이에 대한 고발은 불명확한 상태로 남아 있었고
결코 기소나 조사로 발전하지 않았다는 데 주목해야만 한다. 그에게 퍼
부어진 협박이 정당한 것이건 아니건간에 그의 도망은 이것으로 충분
히 설명된다. 왜냐하면 "어떤 가난한 사람에게 있어서 유력하고 부유
한 사람이 발각되는 것을 두려워하는 비밀을 알고 있는 것보다 더 비
참하고 위험한 상황은 없기"[57] 때문이다.

53) 같은 책, 62~63면.
54) 같은 책, 59면.
55) 같은 책, 65~66면.
56) 같은 책, 109면.
57) 같은 책, 166~67면에 나와 있는 관선변호사 베어크로프트의 말. 게스트
   (R. Guest, *The British Cotton Manufacture*, 43면)가 생각하듯이 케이가

그러나 만약 하이즈가 아크라이트의 발명으로 되어 있는 기계를 고안한 사람이라면 그는 왜 20년 뒤에야 자기의 권리를 주장했을까?[58] 그것은 확실히 매우 놀랍다. 그러나 우리가 그 남자의 생활과 성격을 알게 되면 놀라움은 감소된다. 그는 우리가 익히 알고 있는 유형의 타고난 발명가 계급에 속한다. 그는 단순하고 교육을 받지 못한 기계공으로 본능에 따라 일했고 작업장에서만 편안함을 느꼈으며 사업에 대해서는 아는 것이 전혀 없었다. 그는 독자적으로 방적공장을 세우려고 여러 번이나 시도했으나 언제나 자본과 사업능력의 부족으로 실패하고 말았다.[59] 무엇보다도 그는 아크라이트에게 결단력과 힘을 부여한 재산을 모으겠다는 집요한 의지가 부족했다. 그는 소면기제조공[60]의 지위를 벗어나서 공장주들이 고용하는 엔지니어의 지위로 올라가는 것으로 만족했다. 그는 발명의 재능을 몇 번이나 입증했다. 1772년 그는 맨체스터 증권거래소에서 56개의 방추를 장치한 복식(複式) 제니방적

아크라이트에게 동업할 것을 요구함으로써 불편한 처지에 놓였을 가능성도 없지는 않다.

58) 이것은 존 케이와 토마스 하이즈 자신이 법정에 제시한 증거를 반증하기 위해 다니엘스(G. W. Daniels, *The Early British Cotton Manufacture*, 110면)가 이용한 가장 중요한 논거였다. "대단히 어려운 것은 왜 하이즈는 맨체스터에 친구들이 없지 않았는데 그렇게 오래 권리를 주장하지 않고 방치했는가를 이해하는 일입니다. 그 친구들은 조금이라도 기회가 있었다면 늑장부리지 않고 아크라이트의 특허를 공격했을 것이라고 추측할 수 있읍니다." 아크라이트의 경쟁자들의 감정과 욕구에 대해서는 의문이 있을 수 없다. 그러나 어째서 아크라이트나 그의 변호사는 이 논거를 이용하지 않고 케이와 하이즈는 거짓 증인이라고 선언하기만 했는가? 다니엘스는 아크라이트가 루이스 폴(또는 와이어트)의 기계에 대해 약간 아는 바가 있었을지 모른다고 생각하고 있다. 그러나 이런 말을 하면 특허와 명성을 구할 수 있는데도 아크라이트가 거기에 대해 한마디도 하지 않았고 자기가 한 발명의 기원에 관해 분명하고도 만족스러운 설명을 결코 하지 않았다는 것 역시 놀랍지 않은가? 다니엘스는, 게스트가 (1823년에) 하이즈를 위해 제시한 증거는 그 사건이 끝난 지 60년 뒤에 노인들이 한 말에 주로 의존하고 있다고 쓰고 있다. (위의 책, 96면) 여기에 인용된 증거는 모두 같은 해(1785년)에 발표된 소송기록에 의한 것이며 게스트의 증인들이 한 확증의 가치는 공개적인 문제로 남아 있다는 데 주목하기만 하면 족할 것이다.

59) R. Guest, 위의 책, 203~5면.

60) 그는 방직기를 위한 소면기를 만들었다.

기를 전시하고 상금으로 2백 기니(4천 2백 파운드—역주)를 받았다. [61] 목격자들(이들의 약간 의심스럽고 뒤늦은 증거는 그의 사후에 그를 옹호하는 그의 전기 집필자인 게스트에 의해 수집되었다)에 따르면 그는 수력방적기의 발명자였을 뿐만 아니라 하그리브즈 이전에 제니를 발명했다고 한다. 그리고 결코 설명된 적이 없는 이 기계의 이름은 그의 딸 가운데 하나의 이름이라는 것이다. [62]

설령 이것이 입증된 사실이라 하더라도 하그리브즈가 단순한 표절자로 간주되어야 마땅하다는 이야기는 아니다. 그는 누군가가 자기보다 앞서 발명한, 그리고 그것에 대하여 알지 못하고 있던 그 무엇을 재발견했는지 모른다. 아크라이트의 경우는 전혀 다르다. 그가 그전에는 방적이나 기계학에 관해 전혀 지식이 없었다는 사실, 그리고 그와 케이의 수상한 거래는 그가 남의 발명을 소유하게 된 경위를 매우 분명하게 밝혀준다. 더구나 그는 의혹을 피하려고 애쓴 듯이 보인다. 그는 첫번째 특허를 받을 때 자신을 시계제조공이라고 거짓으로 기록했는데, 아마 자기가 기계학에 관한 약간의 지식을 갖고 있음을 암시하기 위해서 그렇게 했을 것이다. [63] 훨씬 더 흥미있는 자료는 1772년 맨체스터에

---

61) R. Guest, 위의 책, 203면.

62) 같은 책, 176~80면(1823년 8월 29일과 1827년 11월 1일 토마스 레더와 토마스 윌킨슨이 리교구의 서기 앞에서 한 증언). 이 두 증인의 증언을 우리가 거리낌없이 믿지 못하는 까닭은 문제의 사건들이 반세기 전에 일어났을 때 그들은 각각 12세와 14세밖에 되지 않았기 때문이다. A. 헬트(Held, *Zwei Bücher zur sozialen Geschichte Englands*, 591면)는, 제니는 하이즈가 발명하고 하그리브즈가 개량했다는 결론을 내릴 수 있다고 믿었다. 이 경우에 나는 다니엘스의 회의론에 공감한다.

63) "Richard Arkwright of Nottingham in the County of Nottingham, clockmaker," *Calender of Home Office Papers*, 1766~69, 425면 참조. 아크라이트를 가장 과대하게 찬양한 우어(Ure)는 그를 변호하려고 애쓴다. "아크라이트는 이처럼 〔케이와 사귐으로써〕 시계제조에 관심을 쏟은 것이 분명하다. 따라서 그는 '그 기술에 약간의 개량을 가했다고 당연히 생각하면서' (강조는 필자) 1769년의 드로잉롤러(drawing-roller, 원면을 풀어서 뜨는 기계—역주) 특허장에 자신을 시계제조공이라고 기록하기도 했던 것인데, 이것은 용서할 만한 사칭(詐稱)이다." A. Ure, *The Cotton Manufacture of Great Britain*, I, 221면. 이것은 매우 서툰 설명이다.

서 있었던 하이즈와 아크라이트의 면담에 관한 하이즈의 기록이다.

우리는 대화를 시작했고 나는 그가 내 발명을 차지했다고 그에게 말했읍니다. 나는 그 모델과 내가 롤러를 사용하려고 하는 방식을 존 케이씨에게 제시한 적이 있다고 그에게 말했지요. 존 케이씨의 부인이 무슨 일이 있었는가를 전에 말한 적이 있기 때문에, 아크라이트 씨와 그 부부는 그것을 부인할 수가 결코 없었읍니다. ……그는 거기에 대해서는 거의 말을 하지 않았읍니다. 당신이 나를 통하지 않았다면 그 롤러를 결코 갖지 못했을 것이라고 내가 말을 하자 그는 이런 식으로 손을 내리면서 한 마디도 하지 않았읍니다. ……내가 그건 내 발명이라고 말하자 그는 또 이렇게 말했읍니다. 그는, 그렇다고 칩시다, 하지만 만약 어떤 사람이 한 물건을 발견해서 그것을 쓰기 시작했더라도 계속 사용하지 않고 버려두면 여러 주 여러 달(지금은 잊어버렸읍니다만)이 지난 뒤에 다른 사람이 그것을 차지할 권리를 갖고 특허를 받는 것이요라고 말했지요.[64]

이처럼 분명한 고발에 부딪쳤을 때 법정에서 아크라이트가 침묵한 것을 어떻게 생각해야 할까? 그의 변호사는 아크라이트의 이름으로, 하이즈와 케이는 위증자라고 말했으나 아크라이트는 자기의 발명의 기원에 관해 만족할 만한 설명을 전혀 하지 못했다.

이와 반대되는 그 어떤 증거도 없으므로[65] 우리는 아크라이트에게 대부분의 부와 명성을 가져다준 주요한 발명은 실제로 그의 것이 아님을 인정할 수밖에 없다. 1775년의 특허장에 열거된 사소한 발명들의 경우에도, 우리가 1785년의 재판에서 그에게 불리한 많은 증인들의 증언을 믿는다면 그는 이것에 대한 권리 역시 주장할 수 없었다. 그들

---

64) *The Trial of a Cause,* …… 59면.

65) 아크라이트에게 유리하게 제시된, 중요성을 가진 유일한 사실은 다음과 같다. 즉 하이즈는 아크라이트의 모델이 제작된 지 1년 뒤인 1769년까지 자기의 셀린더를 완성하지 못했다(하나는 반쯤 홈을 파고 다른 것은 가죽을 씌웠다)고 인정했던 것이다. (*Trial,* 58면) 그러나 존 와이어트가 1738년에 사용했으므로 이 설계에는 새로운 점이 전혀 없었다. *Wyatt MSS.,* Ⅰ, 45면.

의 증언에 따르면 급면기는 1772년에 존 리스(John Lees)라는 맨체스터의 퀘이커교도가, [66] 크랭크와 콤은 하그리브즈가 발명했으며[67] 소면기는 다니엘 본(Daniel Bourne)이 1748년에 특허를 받은 것과 거의 동일했다. [68] 조방기에 관해 말하자면, 그 셀린더는 하이즈의 기계에서 빌어온 것이었고 수직의 축 위에서 회전하는 원추형의 상자는 1759년 이래 벤자민 버틀러(Benjamin Butler)가 사용해온 것이었다. [69] 이제 우리는 1775년의 발명명세서가 왜 그렇게 모호한 용어로 작성되었으며 그 의미를 알아내는 데 왜 와트의 천재가 필요했던가를 이해할 수 있다. 아크라이트는 최선을 다해 표절행위를 은폐하려고 애썼다. 그러나 1785년 6월의 심리에서 그것이 명백하게 드러났다. 아데어가 아크라이트를 위해, 베어크로프트가 〔관선변호사로서〕 국왕을 위해 탁월한 변론을 한 뒤에 배심원들은 서슴지 않고 아크라이트의 유죄를 선고하여, 그의 특허권은 무효가 되었으며 경쟁자들의 행동은 정당하고 적절하다고 선언되었다. [70]

이 재판은 그 판결과 더불어, 아크라이트가 아닌 다른 사람이었다면 그 누구라도 완전히 짓이겨져 버렸을 것이다. 그러나 그는 그렇게 쉽게 기가 꺾이지 않았다. 특허를 박탈당하기는 했지만 그는 여전히 잉글랜드에서 가장 부유한 면방적업자였으며 그의 공장들은 수가 가장 많고 가장 중요하고 가장 훌륭하게 운영되었다. 그는 계속 사업을 개발해나갔다. 그는 1784년에 데이비드 데일[71]과 함께 뉴라나크 방적공장을 세

---

66) Evidence of Lees, Th. Hale and H. Marsland, *Trial*, 38~40면.

67) Evidence of Elizabeth and George Hargreaves, *Trial*, 41~45면. Evidence of Whittaker, 45~48면. *Dictionary of National Biography* 에서 하그리브즈에 관한 항목의 집필자는 휘테이커의 증언에 이의를 제기하고 있다. "아크라이트는 그의 주장대로 이 개량의 발안자였으며 하그리브즈는 아크라이트가 고용한 노동자들 가운데 하나를 통해 거기에 관한 정보를 얻었다는 것을 우리는 지금 알고 있다." E. Lipson, *History of the Woollen and Worsted Industries*, 151면.

68) 특허번호 628 (1748년 1월 20일).

69) B. Woodcroft, *Brief Biographies of Inventors*, 11면.

70) *Trial*, 107~87면.

71) Robert Dale Owen, *Threading my Way*, 7, 13면; D. Bremner, *The*

웠는데, 이 공장은 클라이드강의 폭포로부터 동력을 끌어들였다. 그는
크롬포드 부근의 워크스워스와 베이크웰에 다른 공장들을 세웠고, 옛
공장들도 소홀히하지 않으면서 그 건물을 확장하고 설비를 개선했다.
그가 증기기관을 처음으로 이용한 곳은 산업가로서의 생애를 시작한 노
팅검이었다. 명예 역시 그에게 주어졌다. 1786년에 마가레트 니콜슨
(Margaret Nicholson)의 난폭한 행위(조지 3세 암살 미수사건—역주)가 있었
을 때 아크라이트는 명사 대표단의 선두에서 왕에게 축하연설을 바칠
기회를 부여받았고, 그 직후에는 기사 작위를 받았다. 그 이듬해에 리
차드 아크라이트 경은 더비주 지사라는 높은 직책을 맡아달라는 요청을
받았다.[72] 그는 1792년에 50만 파운드의 자본을 남기고 죽었다. 그의
베이크웰의 공장은 그의 상속자들에게 1년에 2만 파운드의 수입을 가
져다주었다.[73] 백만장자 대제조업자들이 아직 등장하지 않던 시절에
그것은 거액이었다. 단기간에 쌓은 이런 재산, 무(無)에서 일어선 사
람의 전례없는 이런 성공은 동시대의 사람들이 보기에 아크라이트의
행위를 정당화하기에 충분했다.[74]

실제로 그의 성공은 그가 정말로 성취한 일, 그리고 그가 경제사에서
마땅히 차지해야 할 위치를 가장 훌륭하게 예시하고 있다. 그는 결코
발명가가 아니었다. 기껏해야 그는 남들의 발명을 정리하고 결합하고
이용했으며 자신의 목적을 위해서는 그것을 서슴없이 도용했다. 경솔한
찬미자들이 한때 그에게 아낌없이 퍼부은 찬사는 오늘날에는 약간 빛나
간 것으로 보인다. 그를 뉴턴이나 나뽈레옹과 비교하는 것은 명백히 불

Industries of Scotland, 280면. 로버트 오웬의 장인 데이비드 데일은 자선
가로 매우 유명하다. 제3부 제4장 참조.

72) R. Guest, *Compendious History,* 28면.

73) *Gentleman's Magazine,* LXII (1792년 8월호), 771면; F. Espinasse,
Lancashire Worthies, I, 463~664면.

74) 1816년의 조사위원회(Commission of Enquiry)에서 로버트 필 경이 한 증
언 참조. "내가 아는 그 어떤 사람보다도 더 이 나라를 명예롭게 한 사
람…… 내가 말하는 사람은 리차드 아크라이트 경입니다." *Report of the
Minutes of Evidence taken before the Select Committee on the State of
the Children employed in the Manufactories of the United Kingdom*
(1816), 134면. 필은 1785년에는 아크라이트의 적 가운데 한 사람이었다.

합리하며,[75] 자본주의는 개인의 공적과 성실한 정직함에 전적으로 근거
하고 있다는 것을 입증하기 위해 그를 인용하는 것은 상당히 불행한 일
이다. 아크라이트가 명성을 차지할 수 있는 진정한 권리는 그가 성공했
다는 사실에 있다. 그는 남의 발명을 이용하여 무엇인가를 이룰 줄 알
고 그것을 공업제도로 건설한 최초의 사람이었다. 그는 자기의 사업에
필요한 자본을 모으기 위해, 재산을 쌓는 수단으로서 성공적으로 동업
관계를 형성하고 해체하기 위해,[76] 영리함·인내·배짱과 더불어 탁월
한 사업능력을 과시했음이 틀림없다. 대공장들을 세우고 노동자를 고용
하고 새로운 종류의 작업에 적응하도록 노동자를 훈련하고 작업장에 엄
격한 규율을 실시하기 위해서는 남다른 정력과 활동력이 요구되었다.
이것은 대부분의 발명가들이 결코 갖추지 못한 자질이었다. 그리고 이
자질이 없었다면 그들의 발명은 새로운 공업제도의 건설이라는 결과를
낳지 못했을 것이다. 롬형제, 와이어트, 루이스 폴의 불완전하거나 성
공하지 못한 시도들이 있은 뒤에 실제로 근대적 공장을 창설한 사람
은 아크라이트였다. 그는 엔지니어나 상인이 아니라 대제조업자의 새로
운 유형을 구체화했는데, 엔지니어나 상인의 주요한 특징에 자기 특유의
자질, 즉 대회사의 창설자, 생산의 조직자, 노동자의 지도자라는 자질
을 추가했다. 아크라이트의 생애는 새로운 사회계급과 새로운 경제적
시대를 예고하는 것이었다.

그의 이름은 언제나 근대적 공장제도의 시작과 관련될 것이다. 18세
기말에 랭커셔와 더비셔에 세워진 모든 공장들은 그의 공장을 모방하여
세워졌다. 로버트 필 경은 "우리는 모두 그를 우러러보았다"[77]고 말했
다. 아크라이트는 그것을 알고 있었으며, 의식적으로 열심히 일하고 무
한한 욕망을 펼치기 위해 앞장서서 나가려고 애쓰는 듯이 보였다. 그는

---

75) A. Ure, *Philosophy of Manufactures*, 16, 252면.

76) "아크라이트는 성과가 없어서 옛날의 동업관계가 와해되면 새로운 동업자
를 찾는 데 불가사의하게 성공했다. 그리고 그는 쓰러지면 어머니인 대지로
부터 힘을 얻는 안테우스처럼 언제나 불운을 통하여 더 부유해졌다." R.
Guest, *Compendious History*, 20면.

77) *Report of the Minutes of Evidence... on the State of the Children
employed in the Manufactories of the United Kingdom*, 134면.

쉬지 않고 하루 종일 일했고 더러는 밤에도 일을 했다.[78] 그는 많은 공장들을 감독하기 위해 부단히 여행을 해야만 했고, 말 4마리가 언제나 최고 속도로 끄는 자신의 역마차를 타고 다니는 중에도 일을 했다.[79] 미래에 대한 그의 계획은 끝이 없었다. 그는 언젠가 이렇게 말했다. 충분히 오래 살 수 있는 특전을 누릴 수 있다면 어느 날엔가는 자기의 자본으로 국가의 부채 전부를 상환할 수 있을 것이라고.[80]

4. 크롬프턴의 뮬방적기

아크라이트가 나타남으로써 기계제공업은 단지 기술사(技術史)의 영역에만 속하지 않고, 가장 광범한 의미에 있어서 하나의 경제적 사실이 되었다. 그렇지만 면공업조차 아직 완전한 발전을 이루었다고 볼 수는 없었다. 우리가 기술하고 있는 시기의 주요한 특징은 제니[81]를 아주 광범하게 사용했다는 것인데, 이것은 노동 조직이나 노동 대중의 생활에 큰 변화를 가져오지는 못했다. 다른 한편으로, 비사의 발명 이래 방직기는 새로운 개량이 전혀 이루어지지 않았다. 따라서 방직공은 이제 방적공에 뒤지게 되었다. 섬유공업을 결정적으로 변모시킨 두 가지 발명은 쌔뮤얼 크롬프턴(Samuel Crompton)과 에드먼드 카트라이트(Edmund Cartwright)의 그것이었다.

크롬프턴의 '뮬'(mule, 노새라는 뜻—역주) 방적기[82](이하 뮬—역주)는 그 이름이 시사하듯이 혼성기계였다. 다시 말하면 이것은 제니방적기와 수력방적기의 두 원리를 결합시킨 것이었다. 그 기계는 수력방적기로

---

78) 그는 40세가 넘었을 때, 매일 두 시간씩을 철자법과 문법지식을 늘리는 데 사용했다.

79) F. Espinasse, *Lancashire Worthies*, Ⅰ, 467면.

80) 같은 곳.

81) "날실로 쓸 방사나 연사는 수력방적기를 설치한 공장에서 면으로 방적되는 데 비해 씨실은 방직공의 가족에 의해 제니로 방적되었다." R. Guest, *Compendious History*, 17면.

82) 또는 뮬 제니(mule jenny) 방적기.

부터는 그 사이로 실을 끌어당기는 롤러를 원용하고 제니로**부터**는 앞뒤
로 미끄러지는 이동식 운반대를 원용했다. 방추들은 이 운반대에 고정
된 채로 다음과 같이 교차적인 운동을 했다. 방추는 먼저 실이 롤러 사
이를 통과한 뒤에 그 실을 펴기 위해 움직이고, 다음에는 자신의 축 위
에서 급속히 회전하면서 뒤로 움직였다. 이리하여 실을 꼬는 동시에 감
았다. 수력방적기가 생산한 실은 튼튼하기는 했으나 좀 거칠었다. 제
니가 생산한 실은 가늘기는 했으나 너무 약해서 쉽게 끊어졌다. 뮬은
튼튼하면서도 극히 가는 실을 뽑아냈다. [83]

　많은 점에서 그것은 결정적 발명이었다. 왜냐하면 다양한 섬유공업
의 각종 필요와 기계에 대한 기술의 발달로 인해 여러 번 개량되었음
에도 불구하고 뮬의 주요한 특징은 가장 현대적인 유형의 섬세하고 복
잡한 기계에서도 여전히 보이기 때문이다.

　뮬의 발명자 쌔뮤얼 크롬프턴은 랭커셔의 소지주 집안 출신이었다. [84]
그가 성장한 곳이며 1774~79년에 발명에 종사하던 곳인 볼턴 부근의
낡은 집은 아직도 남아 있는데, 지금은 박물관으로 개조되었다. 그것은
박공(博栱), 높은 굴뚝, 방사상(放射狀) 간막이를 댄 창문들이 있는 훌
륭한 건물로서, 방문객들에게 소멸한 한 계급의 전성기를 상기시킨다. [85]
크롬프턴의 시대에 영세 요먼계급은 갈수록 토지와 분리되고 있었다.
그의 아버지는 그때까지도 경작자인 동시에 방적공 겸 방직공이었다.
그러나 크롬프턴은 농사일을 전혀 하지 않았다. 수력방적기를 보고 연
구할 기회가 그에게 주어졌던 것인가 아니면 하이즈가 와이어트의 발

---

83) 1792년에 맨체스터의 존 폴라드는 뮬의 도움을 받아 1파운드의 원면을,
　　전체 길이가 약 21만 2천 야드가 되는 방사 278타래로 방적할 수 있었다.
　　Edinburgh Review, XLVI, 18면.
84) "그의 아버지는 소규모의 농장을 보유하고 있었으며, 그 시절의 관습대로
　　방적·쇄정·방직에 시간의 일부를 할애했다." *Mem. of the Literary and
　　Philosophical Society of Manchester*, Series II, Vol. V, 319면에 실린
　　"Brief Memoir of Samuel Crompton."
85) G. French, *Life and Times of Samuel Crompton*, 27, 43, 48, 51면; B.
　　Woodcroft, *Brief Biographies of Inventors*, 13면. 사람들은 크롬프턴의 집
　　을 '숲속의 홀'(The Hall i'th' Wood)이라고 불렀다. (G. W. Daniels, *The
　　Early English Cotton Manufacture*, 115면의 그림)

명을 가지고 그랬듯이 그것을 개조했을 뿐인가?[86] 어쨌든 그는 아크
라이트가 아직도 볼턴에서 이발사로 있을 때 그를 만났으므로 개인적
으로 그를 알고 있었다.[87] 제니에 관해 말하자면, 그는 혼히 그것을
사용하였다. 그리고 그가 연구를 시작한 것은 그 기계를 개량하기 위해
서였다.[88]

아크라이트와는 달리 그는 자기의 발명이 가져다줄 이익을 미리 계산
하지 못했다. 그는 얼마 동안 작은 작업장에서 혼자서만 그 기계를 사
용했는데, 그곳에서 그는 엔지니어이며 노동자이자 동시에 고용주였다.
그런데 그의 실은 극도로 가늘었기 때문에 이웃에 사는 제조업자들의
눈길을 끌었으며 당장에, 대단한 시기와 탐욕이 뒤섞인 커다란 호기심
의 대상이 되었다. 그를 엿보려고 창문 옆에 사다리가 놓이고 벽에 구
멍이 뚫리곤 했다.[89] 그는 자기의 비밀을 더이상 유지할 수 없으리라는
것을 깨달았다. 그는 특허를 갖지 못했고, 그것을 받아내기도 어려웠
을 것이다. 그의 발명의 일부는 수력방적기를 응용한 데 불과했으며 아
크라이트가 아직도 특허권을 보유하고 있었기 때문이다.

그 기계를 내가 유지하고 가동할 능력이 없었으므로 나는 그것을
공개하거나 파괴해야만 했읍니다. 그런데 최소한 4년 반 동안 온갖
시간과 정신력, 그리고 다른 노동으로 얻은 경비까지를 이 하나의 목
적, 즉 훌륭한 방직용 실을 생산하는 데 바치고 나니 그것을 파괴한
다는 것은 너무나 고통스러운 일이었읍니다. 그래서 나는 그것을 파
괴할 수가 없었읍니다.[90]

---

86) 이것은 Kennedy, *Brief Memoir of Samuel Crompton*, 325~26면에 나오
는 주장이다. 그러나 1812년 3월 5일자 청원서(*Journals of the House of
Commons*, LXVII, 175면)에 나오는 말은 이 가설과 일치하지 않는다. 크
롬프턴은 수력방적기의 결함을 개선하기 위해 물을 발명했다고 말했으므로
그 기계를 분명히 잘 알고 있었다. 수력방적기는 "어떤 종류의 씨실도 방적
할 수 없고 아주 가는 연사도 전혀 생산할 수 없다"는 것이었다.

87) French, *Life and Times of Samuel Crompton*, 46면.

88) 그는 1753년에 태어났다. 따라서 그는 발명의 연대인 1779년에 26세였다.

89) B. Woodcroft, *Brief Biographies of Inventors*, 15면; French, *Life
and Times of Samuel Crompton*, 77면.

90) E. Baines, *History of the Palatine County and Duchy of Lancaster,*

그는 그것을 대중에게 선사하는 쪽을 택했다. 제조업자들은 그 보상
으로 자발적인 기부를 하겠다고 그에게 약속했고 실제로 기부가 이루어
졌는데, 총액은 67파운드 6실링 6페니였다. [91] 그러나 기부를 약속한 사
람들 가운데 몇은 일단 모델을 입수하자 약속을 지켜야 할 의무가 없다
고 느꼈다.

이웃의 아량과 신의에 대해 이런 경험을 한 뒤에 크롬프턴이 위축되
어 염세적인 경향을 띠게 된 것은 놀라운 일이 아니다. 몇 해 뒤에 그
는 소면기를 발명했으나 미처 완성하기도 전에 산산조각을 내면서 "그
자들은 이것도 가져서는 안돼"라고 소리쳤다. [92] 사업의 재능이 거의 없
는 가련한 남자인 그는 실망할 수밖에 없었다. 그는 처음에는 볼턴 부
근의 올덤에, 그리고 1791년에는 볼턴 바로 그곳에 작은 방적공장을 세
우는 데 성공했다. 그러나 그와의 경쟁에 겁을 먹은 제조업자들이 그의
가장 우수한 노동자들을 꾀어 갔다. [93] 그 가운데 한 사람인 로버트 필
이 언젠가 그에게 동업을 제의했으나 거절당했다. [94] 1802년에 새로운
기부자 명단이 그를 위해 공개되어 약 5백 파운드가 전해졌다. [95] 마침내
1812년에 그의 친구들은, 그보다도 자격이 못한 사람들에게도 흔히 수
여되던 보조금을 의회에 신청하라고 그를 설득했다. 섭정(Prince Regent,
특히 조지 3세 때의 섭정를 가리킴—역주)은 지원해 달라는 호소를 받았
다. 그리고 의회는 크롬프턴에게 5천 파운드를 보조 했는데, [96] 그가 가
난한 상태로 죽은 것을 보면 그는 이 돈의 대부분을 빚을 갚는 데 썼

Ⅱ, 453면에 인용된 크롬프턴의 편지.
91) 이것은 French 의 책, 85면과 *Dictionary of National Biography*, XIII,
149면에 나와 있는 수치이다. Woodcroft, 위의 책, 15면과 Kennedy, 위의
책, 320면에는 각각 106파운드와 50파운드라고 되어 있다.
92) French, 위의 책, 106면.
93) B. Woodcroft, 위의 책, 16면.
94) "Cotton Spinning Machines and their Inventors," *Quarterly Review*,
CVII, 70~71면.
95) Kennedy, 위의 책, 321면과 *Journals of the House of Commons*, LXVII,
838면.
96) 청원서는 1812년 3월 5일에 제출되었고 법안은 3월 25일에 통과되었다.
Journals of the House of Commons, LXVII, 175, 476면. G. W. Daniels,
Early English Cotton Manufacture, 155~58면도 참조.

을 것이다.

크롬프턴은 남다르게 총명하고 교양이 있는 사람으로,[97] 그의 발명을
이용한 사람들 대부분보다는 훨씬 뛰어났던 것 같다. 수줍음이나 다름
없는 겸손과 결합된 그의 자립적인 성격 자체는 성공에 유리한 자질은
아니었다. 그리고 그는 조직과 지도능력 같은 다른 자질이 부족했다.
그의 생애와 아크라이트의 생애를 대비해보면 독창적 연구와 발견 및
그것을 실제의 목적에 영리하게 응용하는 능력 간의 차이를 볼 수 있
다. 사우스 켄싱턴 박물관에는 두 사람의 초상화가 나란히 걸려 있다.
기름지고 천박한 얼굴, 두꺼운 꺼풀 아래서 희번득거리는 두 눈을 가지
고 있고, 무표정한 차분함이 이마의 힘찬 선과 관능적이고 교활한 입술
의 엷은 미소로 인해 거짓임이 드러나는 아크라이트는 양심의 가책을 그
다지 느끼지 않으면서 상황을 파악하고 지배할 줄 아는 실무적 사업가
이다. 세련되고 야윈 옆모습, 갈색의 머리칼을 뒤로 넘기고 있는 깨끗한
이마, 열정적이면서도 슬픈 입과 눈의 엄격한 선(線)을 가진 크롬프턴
의 얼굴은 젊은 시절의 보나빠르트의 모습에 감리교 목사의 표정을 결합
시킨 듯하다. 그들은 함께 발명과 산업, 혁명을 창조하는 천재와 그 결
과를 스스로 차지하는 힘을 대표하고 있다.

제니처럼 뮬도 처음에는 나무로 제작되었다. 그리고 규모가 작았기
때문에 오두막에서 사용하기에 적당했다. 1783년경에 금속제 롤러와 바
퀴가 달린 보다 큰 뮬들이 제작되었다.[98] 1790년에 윌리엄 켈리(William
Kelly)라는 스코틀랜드의 제조업자는, 아크라이트의 기계처럼 물방아로
작동되고 3,4백 개의 방추가 달려 있는 자동 뮬들을 제작했다.[99] 그
때부터 뮬은 탁월한 방적기계가 되어 하그리브즈의 제니 대신 널리 사용

---

97) 다니엘스씨는 크롬프턴의 편지 원본을 연구한 뒤에 똑같은 평가를 내리게
  되었다. "크롬프턴은 한낱 노동자로밖에 여겨지지 않지만 그의 편지나 다른
  재능을 보면 한정된 교육 기회를 완전히 활용한 사람임을 알 수 있다.
  Early English Cotton Manufacture, 148면.

98) Kennedy, 위의 책, 329~30면.

99) 같은 책, 337면 이하; E. Baines, *History of the Cotton Manufacture*,
  203면은 이 개량을 생각해낸 사람들 가운데 하나가 제데디아 스트러트의 아
  들 윌리엄 스트러트라고 말하고 있다.

되었다. 크롬프턴은 의회에 청원서를 제출하기 전인 1812년에 그의 발명의 성공과 그것이 창조한 이익의 중요성에 관한 정보를 수집하려고 섬유공업의 주요한 중심지들을 방문했는데, 도합 4, 5백만의 방추를 장치한 뮬들이 수많은 공장에서 사용되는 것을 볼 수 있었다.[100] 20년 전만 해도 그렇게 인기가 있었던 제니는 이제 섬유공업 전반에서 대단치 않은 역할밖에 못하고 있었다. 그리고 제니와 더불어, 잉글랜드에서 가장 번창하는 공업이 되었던 옛 가내공업제도의 마지막 잔재는 마침내 사라졌다.

크롬프턴의 발명은 방적을 변모시켰을 뿐 아니라, 그 결과는 방직에도 영향을 미쳤다. 수력방적기는 전에 인도로부터 수입해야만 했던 캘리코를 잉글랜드에서 방직할 수 있게 했었다. 뮬은 극도로 가는 실을 생산하여 영국의 제조업자들이 인도 노동자들의 유명한 기술을 능가해, 비교할 수 없이 섬세한 모슬린을 제조할 수 있게 했다.[101] 이것은 새로운 공업이었고, 그 중심지는 랭커셔의 볼턴, 스코틀랜드의 글라스고와 페이즐리였다.[102] 1783년까지는 글라스고에서만도 1백만 대의 방직기를 보유하고 있었고,[103] 1785년에 영국의 모슬린 생산량은 약 5만 필로 추산되었다.[104] 당대의 한 팜플렛 저자는 이렇게 말했다. 모슬린공업은 "국가적 견지에서 보면 가장 중요하다. 왜냐하면 공정 전체가 노동만으로 이루어지고, 많은 경우에 여자들과 어린아이들에 의해 수행되며 이

100) Kennedy, 위의 책, 322면 ; B. Woodcroft, *Brief Biographies of Inventors*, 19면.
101) 크롬프턴은 1812년의 청원서에서 그의 뮬을 사용하는 데서 비롯되는 이런 잇점을 지적하고 있다. *Journals of the House of Commons*, LXVII, 175면.
102) Macpherson, *Annals of Commerce*, Ⅳ, 80면 ; *A Complete History of the Cotton Trade*, 102면 ; J. Aikin, *A Description of the Country from Thirty to Forty Miles round Manchester*, 166면 ; R. Guest, *Compendious History*, 31면.
103) 글라스고의 모슬린 제조업자들 가운데 몇 사람은 상인 또는 선주였는데, 미국독립전쟁 기간에 공업에 진출했다. La Rochefoucauld-Liancourt, *Voyage aux Montagnes*, Vol. Ⅱ, 1786년 5월 8일자 편지.
104) Anderson, *Chronological History and Deduction of the Origin of Commerce* (Supplement), Ⅳ, 655면.

품목에 이용되는 원료는 그 가치가 일반적으로 1천 퍼센트로부터 5천 퍼센트로 증가했기 때문이다. [105]

5. 방적과 방직의 균형을 깬 방적기계 도입

한편, 언젠가 이미 기술진보에 시동을 건 바 있는 산업공정의 불균등한 속도가 다시 두드러지게 나타나고 있었다. 방적은 이제 기계로 이루어지고 있는 데 비해 방직은 여전히 손으로 이루어졌다. 1760년경의 방직공들은 그들에게 끊임없이 일을 대줄 실이 충분하지 않았다. 그 30년 뒤에는 정반대 현상이 벌어졌다. 방직공이 희귀해져서 그들의 임금이 급격히 오른 것이었다. 1792년에 볼턴에서 장식용 모슬린을 짜는 사람들은 1야드당 3실링 또는 3실링 6페니를 받았고 면 벨벳(벨벳 식으로 짠 무명—역주)을 짜는 사람들은 주급 35실링을 받았다. [106] 그래서 그들은 크게 거만을 떨었고, 지팡이를 흔들면서 모자 띠에 5파운드 짜리 지폐를 여보란 듯이 꼽고 거리 활보했다. 그들은 중산계급 같은 옷차림을 하고, 단골로 드나드는 술집에 다른 직종의 노동자들이 들어오지 못하게 했다. [107] 그들의 번영은 단명했던 것이 사실이다. 1793년에 잉글랜드의 전반적 산업위기는 임금을 떨어뜨렸다. [108] 그러나 이

---

105) *An Important Crisis in the Calico and Muslin Manufacture of Great Britain*, 9면.

106) *Fifth Report from the Select Committee on Artizans and Machinery* (1824), 392면; *Minutes of the Evidence taken before the Select Committee appointed to report upon the Condition of the Hand Loom Weavers* (1835), 389면.

107) *Place MSS.* (British Museum, *Add. MSS.* 27828), 199면.

108) 볼턴의 야드당 모슬린 방직가격
  1792년 : 3실링
  1793년 : 2실링
  1794년 : 1실링 9페니
  1797년 : 1실링 6페니
  1798년 : 1실링 3페니
  1799년 : 1실링 2페니

것은 단지 그 문제의 양상을 변화시켰을 뿐이다. 방사 생산량과 직물 생
산량 간의 불균형이 너무 커졌으므로 방적업자들은 수출을 할 수밖에 없
었다.[109] 이 수출은 경계심을 일으켰다. 다시 말하면 많은 사람들은 이웃
나라, 특히 프랑스에 잉글랜드의 면사를 공급받는 방직공업이 확립되는
것을 두려워했다. 방사 수출을 반대하는 강력한 캠페인이 벌어졌고, 양
모 수출과 똑같은 이유로 방사 수출을 전면 금지하자는 이야기까지 나
왔다.[110]

　방직기계들이 발명되기 전의 시기와 마찬가지로 섬유공업 전체는 대
단한 곤란을 겪었다. 이 곤란은 섬유공업의 두 분야 간의 불균형이 커
짐에 따라 심해져서 1800년에 절정에 이르렀다. 이 무렵에는 치유책이
여러 해 전에 알려져 있었지만 그 효과는 아직 감지되지 않았고, 발명
의 필요가 최고도에 이를 때까지 그 치유책은 본격적으로 이용되지도
않았다. 이런 식으로 경제적 필요와 기술적 발명의 상호작용은 섬유공
업에 일련의 진동을 일으켰는데, 이러한 진동은 하나하나가 일보 전진
을 나타내는 것이었다.

　이 하락은 대체로 높은 임금에 매력을 느끼는 방직공들의 수가 급격히 증
가한 데서 비롯되었다. *Fifth Report from the Select Committee on Artizans
and Machinery*, 392면.

109) "이 기간 동안에, 방직을 할 수 있는 방직공들을 구할 수만 있었다면,
면직물 수요는 방추의 생산량 전부를 차지할 정도가 되었다. 그러나 그것이
불가능했기 때문에 방적공들은 잉여를 외국의 제조업자들에게 수출하기 시
작했다." *Report on Dr. Cartwright's Petition* (1808), 7면. 이 수출은 노
동에 대한 수요가 컸음에도 불구하고 본국에서 방직공들의 임금을 낮게 유
지할 수 있게 했다. '1800년경에 맨체스터의 반경 30마일 이내에는, 체셔에
도 더비셔 쪽에도, 우리 가운데 몇 사람이 면의 날실을 선대(先貸)하지 않
거나 직물을 받아들이지 않던 촌락은 한 곳도 없었다. 우리는 면공업이 커짐
에 따라 쇠퇴해가는 모직물과 아마직물의 방직공들을 모두 고용했다. 요컨
대 우리는 그 직종을 배우도록 끌어들일 수 있는 모든 사람을 방직에 고용
했던 것이다." W. Radcliffe, *Origin of the new System of Manufacture*,
11면.

110) W. Radcliffe, 위의 책, 78~84, 163~72면 등. 래드클리프는 랭커셔에
서 이 운동의 지도자 가운데 한 사람이었다. 맨체스터 상공회의소에서 이
문제를 둘러싸고 벌어진 논의에 관해서는 E. Helm, *Chapters in the History
of the Manchester Chamber of Commerce*, 17면 이하를 참조.

동력방직(power loom weaving)은 이미 많은 발명가들을 유혹한 바 있
는 문제였다. 어려움은 큰 듯이 보였으나 극복할 수 없을 것 같지는 않
았다. 날실을 펼치는 두 개의 틀(frame)의 운동과, 씨실을 만들기 위해
그 두 틀 사이를 통과하는 북은 아주 간단한 문제였다. 잉글랜드와 독
일에서는 일찌기 17세기에 동력방직기가 리본을 짜는 데 사용되었다. [111]
하나의 크랭크가 북을 앞뒤로 왕복시키는 동안에 평형추(counter weight)
체계〔장치〕가 실을 펴서 팽팽하게 만들었다. [112] 그러나 그 공정은 더디
고 복잡했다. 그래서 여러 나라에서 방직공들의 요청에 따라 이른바
'네덜란드 방직기' [113]의 사용을 금지하는[114] 조치가 취해지지 않았더
라도 그 방직기는 섬유공업에 혁명을 일으키지는 못했을 것이다.

1678년에 프랑스인 드 젠느(de Gennes)가 제작한 방직기도 마찬가지
였다. 그 방직기에서는 두 개의 수평 샤프트(shaft, 축 또는 굴대—역주)
가 방직기의 한쪽으로부터 반대쪽으로 북을 통과시켰다. [115] 보깡송
(Vaucanson)이 제작한 방직기(그 모델은 빠리 기술공예학교〔Conservatoire
des Arts et Métiers〕에 보존되어 있다)가 주로 흥미를 끈 것은, [116] 그 기
계가 발명된 지 반세기 뒤에 자까르(Jacquart)의 연구의 출발점이 되었
기 때문이다.

이 발명들은 그 어느 것도 실용적 가치가 전혀 없었다. [117] 만약 프랑

---

111) 그 발명은 16세기 말 단찌히(그다니스크의 옛 이름—역주)에 살았던 안톤
뮐러(Anton Muller)의 업적으로 여겨져왔다. Beckmann, *Beiträge zur
Geschichte der Erfindungen*, Ⅱ, 527면 참조.

112) *Encyclopédie Méthodique*, 'Manufactures', ccii면 이하와 이 백과사전의
Recueil de Planches, Ⅵ, 72면 이하에 수록된 리본방직기에 관한 서술을
볼 것. A. Barlow, *History and Principles of Weaving*, 217〜27면(도판
도 수록)도 참조.

113) 그것은 회전방직기라고도 불렸다.

114) 독일에서는 이 기계에 반대하여 상례적으로 폭동이 일어났다. K. Marx,
Das Kapital, Ⅰ, 438면 참조.

115) *Journals des Savants*, 1688년, No. XXVII; *Philosophical Transactions
of the Royal Society*, XII, 1001면 이하와 *Abridgments of Specifications
relating to Weaving*, 서문, xxxv 면 참조.

116) 그 기계는 *Encyclopédie Méthodique*의 견직에 관한 항목에도 언급되어
있지 않다.

스나 잉글랜드에 동력방직공장들이 있었다 하더라도, 거의 한꺼번에 사
라진 것이 분명하다. 왜냐하면 그런 공장의 혼적을 조금이라도 발견하
기가 아주 어렵기 때문이다. [118] 어쨌든, 동력방직기의 발명자인 에드
먼드 카트라이트가 그런 기계들을 전혀 모르고 있었다는 것은 아주
확실하다. 한 노팅검 신사의 막내아들로서 일찌기 성직(聖職)에 뜻을
둔 그는 옥스포드대학에서 우수한 성적을 받았고 1764년에는 맥덜린
(Magdalen, 케임브리지대학의 단과대학의 하나—역주)의 특별연구원이 되었
다. [119] 그는 오랫동안 문학 이외에는 아무것도 생각하지 않았다. 그
는 포프(Alexander Pope, 1688~1744, 영국의 시인—역주)의 스타일로 시
를 짓기까지 했는데, 그 작품의 싸늘한 기품은 일정한 독자성을 갖
춘 것이었다. [120] 옥스포드를 떠나 [목사가 되어] 농촌으로 살러 갔을

---

117) R. Guest, *Compendious History*, 44면은 1765년에 가싸이드(Garside)에
의해 맨체스터에 건설된 공장에 관해 언급하고 있다. 이 사업의 실패는 결국
결함이 있는 기계들을 사용함으로써 경비가 감소되기보다는 증가한 데 원인
이 있었다. J. James, *History of the Worsted Manufacture*, 351면 참
조.

118) 비사의 발명자 존 케이는 1745년에 한 방직기에 대한 특허를 받았다. 그
러나 그가 이 방면에 기울인 노력은 전혀 실질적 결과를 빚어내지 못했다.
Espinasse, *Lancashire Worthies*, 310~18면.

119) *Memoir of Dr. Cartwright*, 7~12면. 그의 가문은 노팅검셔에 3백 년
동안 살았다. 그의 세 형제 가운데 두 사람은 군에서 우수하게 복무했고 세
째는 국회의원이었는데 진보적인 견해로 유명해졌다. 알레비(E. Halévy)는
그를 잉글랜드 급진주의의 창시자로 보고 있다. (*La Formation du Radicalisme
Philosophique*, Ⅰ, 223~24면)

120) *Constantia* (1768년), *Almine and Elvira* (1775년), *The Prince of
Peace, with other Poems* (1779년), *Sonnets to Eminent Men* (1783년).
"카트라이트씨는 한때 옥스포드대학에서 시학(詩學) 교수로 있었으며 그 자
신이 실제로 훌륭한 시인이었습니다. 그러나 그는 파르나수스(그리스신화
의 산으로 아폴로와 뮤즈가 이곳에 살았다고 하여 문예와 시가의 상징이 되
었음—역주)의 불모의 산과 헬리콘(그리스신화의 산으로, 역시 아폴로와
뮤즈가 살았다는 곳—역주)의 샘을 떠나 요크셔에 있는 다른 산과 골짜기와
시내를 찾아간 것 같습니다. 그는 그곳을 떠나 거칠고 광범위한 기계학의
분야로 일하러 간 것입니다." 쏠트(S. Salte, 런던의 면직물 상인)가 올드
노우(S. Oldknow)에게 보낸 1787년 11월 5일자의 편지. (G. Unwin, *Samuel
Oldknow and the Arkwrights*, 99면)

때, [121) 총명하고 능동적인 그는 함께 살고 있는 지역 주민의 상태에 날카로운 관심을 보였다. 그는 의학과 농학을 연구했고, 열병에 대한 최신 치료법과 최신의 경작법을 교구민들에게 가르쳤다. [122) 처음에 그는 이런 식으로 기업정신을 발휘했는데, 이 정신은 시골의 목사관에 묻혀 있던 고전적 학자를 발명가 겸 제조업자로 변모시켰다.

카트라이트는 매틀로크에서 휴일을 보내는 동안에 우연히 대화를 나누다가 면공업과 그것이 직면한 위기에 관심을 갖게 되었다.

맨체스터의 어떤 신사와 어울려 아크라이트의 방적기계를 둘러싸고 대화를 진행하고 있었다. 좌중에 있던 한 사람이, 아크라이트의 특허가 소멸되면 아주 많은 공장이 세워질 것이고 아주 많은 면이 방적되겠지만 그것을 방직할 일손을 구할 수가 없을 것이라고 예측했다. 이 말에 대해서 나는, 아크라이트는 분명히 온갖 지혜를 짜내서 방직기를 연구하고 발명할 거라고 대꾸했다. 이 말로 인해 그 문제가 화제에 올랐는데, 맨체스터의 그 신사들은 그 일은 실천이 불가능하다는 데 완전히 의견이 일치했다. [123)

카트라이트는 이에 대해 반대의견을 내세우고는 그것을 입증하겠다고 약속했다.

그의 첫번째 작품은 매우 서툴렀다. 그는 기계학에 대해 아는 바가 전혀 없었고 작업중인 방직공을 본 적도 없었다. 그럼에도 불구하고 그는 목수와 대장장이의 도움을 받아 어쨌든 작동 가능한 방직기 한 대를 조립하는 데 성공했다. "날실은 수직으로 놓였고 바디(reed)는 최소한 56 파운드의 힘을 가지고 낙하했다. 그리고 북을 던지는 용수철은 콩그리브 로켓(Congreve rocket, 옛날의 火箭式 대포—역주)을 발사할 정도로 강

---

121) 처음에는 더비셔의 브롬프턴, 다음에는 레스터셔의 고드비 마우드에 살았다.

122) *Memoir of Dr. Cartwright*, 18면; J. Burnley, *Wool and Woolcombing*, 110면; B. Woodcroft, *Brief Biographies of Inventors*, 21면.

123) *Encyclopædia Britannica*, 1st ed., 'Cotton' 항목(IXth Ed., VI, 500면에 재수록). W. Radcliffe, *Origin of Power Loom Weaving*, 52면을 참조.

력했다. 간단히 말하면 더딘 속도로 단시간에 그 기계를 작동하는 데는 힘이 센 두 사람이 필요했다.”[124] 이것이 카트라이트가 1785년에 특허를 받은 발명이었다.[125] 그는 그 기계를 실제로 유용하게 하려면 아직도 대단한 노력이 필요하다는 것을 즉각 깨달았다. 그것은 일련의 개량을 통해 쉽게 작동되고 실이 끊어질 때마다 자동적으로 멈추게 되었으며, 몇 번 개조함으로써 어떤 종류의 직물을 방직하는 데나 사용될 수 있는 기계가 되었다.[126] 남은 과제는 그 기계가 공업 전반에 사용되도록 하는 것이었는데, 공업계는 그것을 애타게 기다리고 있는 것 같았다. 그래서 카트라이트는 자기가 당장에 성공을 거두리라는 것을 전혀 의심하지 않았다.

그런데 이때부터 그의 곤란이 시작되었다. 그는 돈을 가지고 있었고[127] 스스로 자기의 발명을 이용하고 싶어했다. 그래서 그는 1787년 돈캐스터에 작은 공장을 세웠다. 그곳에는 20대의 방직기가 있었는데, 8대는 캘리코를, 10대는 모슬린을, 1대는 바둑판무늬 면직물을, 1대는 거친 아마포를 방직했다.[128] 초기의 방적공장들처럼 처음에는 가축들이 동력을 공급했으나 1789년에 카트라이트는 버밍검으로부터 증기기관을 도입했다. 그는 사업 능력이 없었고 그런 능력을 전혀 습득하지도 못했기 때문에, 그 공장은 시설은 잘 되어 있었지만 불행하게도 운영이 성공적이지 못했다.[129] 그것은 대부분의 발명가들에게 해당되어 똑같이 되

---

124) *Encyclopædia Britannica*, 같은 곳; *Memoirs of Dr. Cartwright*, 63 ~64면.

125) *Abridgments of Specifications relating to Weaving*, No. 1470, 1785 년 4월 4일.

126) 특허번호 1565 (1786년 10월 30일), 1616 (1787년 8월 1일), 1676 (1788 년 11월 12일).

127) "아주 대단한 재산이었다." Petition of Edmund Cartwright, clerk, D. D., 1809년 2월 24일. *Journals of the House of Commons*, LXIV, 97면.

128) *Memoir of Dr. Cartwright*, 77면; J. Burnley, *Wool and Woolcombing*, 112면.

129) 그는 또 실용적인 기계학을 초년에 제대로 교육받지 못했기 때문에 곤란을 겪었다. "카트라이트의 방직기는 그다지 도움이 못 된다는 것이 입증되었고, 주로 다른 발명들의 출발점으로서 가치가 있었다. ……그 기계는 실제의 기계공과 방직공의 수중에 들어갔을 때 비로소 만족할 만한 발전이 이

풀이되는 우울한 이야기였다. 1791년에 그는 축재의 방법을 찾았다고 생각했다. 왜냐하면 그간 맨체스터의 방적업자인 그림쇼형제와 협정을 맺게 되었기 때문이다. 그들은 증기로 작동되는 방직기 4백 대 이상을 설치할 큰 공장을 세우기로 했다. 이 목적을 위해 큰 건물들이 세워졌다.[130] 그러나 첫번째 기계가 설치되자마자 방직공들의 격렬한 적대행위가 벌어졌다. 공장주들은 협박장을 받았고,[131] 한 달 뒤에는 건물 전부가 불타버렸다. 카트라이트가 그림쇼형제와의 계약으로부터 나올 이익을 모두 잃었음은 물론이고, 이 일이 일어난 뒤에는 그 실험을 기꺼이 다시 하려고 하는 대담한 사람이 없었다.[132]

1792~1800년에 동력방직기는 필요한 것이면서도 인기가 없었다. 그 기계는 기대되었던 만큼이나 큰 배척을 받았고 임금 하락으로 인해 기계방직에 대한 요구가 덜 긴박해졌기 때문에, 일반적으로 사용되지 않았다. 완전히 파산하여 특허장들을 수탁자들에게 양도할 수밖에 없게 된 카트라이트는 무자비한 채권자들 및 부정직한 채무자들과 싸우고 있었다.[133] 그는 자신의 두번째 발명인 소모기(梳毛機)로부터 나오는 이윤을 그에게서 빼앗으려 하던 사람들을 상대로 일련의 소송을 제기했다. 그런데 필연의 힘이 작용하면서 최종적 승리를 가져오고 있었다. 그것은 1793년에 처음으로 스코틀랜드에서 시작되었다. 이곳에서 제임스 루이스 로버트슨(James Lewis Robertson)은 글라스고에 방직기 2대를 설치했는데 뉴펀들랜드 종(種)의 개 한 마리가 동력을 공급했

루어졌다.” “Cotton-spinning Machines and their Inventors,” *Quarterly Review*, CVII, 78면.

130) 이 건물들은 노트공장(Knot Mills)이라고 알려졌다. Barlow, *History of Weaving*, 40, 236면; Wheeler, *Manchester*, 167면.

131) 이런 협박장 가운데 하나인 1792년 3월의 편지에는 이렇게 씌어 있다. “우리는 그 일 때문에 죽는다 하더라도 당신들의 공장을 파괴하기로, 그리고 우리의 직업을 파멸시키고 있는 당신들의 목숨을 빼앗기로 함께 맹세했소. 만약 당신들이 계속한다면 그것을 확실히 알게 될 것이오.” *Report on Dr. Cartwright's Petition* (1808), 4면.

132) 1809년 2월 24일자의 청원서. *Journals of the House of Commons*, LXIV, 97면.

133) 1801년 3월 18일자의 청원서에 관한 조사. *Journals of the House of Commons*, LVI, 271~72면 (John Cartwright's evidence).

다.[134] 1년 뒤에는 방직기 40대를 설치한 작업장이 덤바튼에 설립되
었다. 그리고 1801년에 존 몬티스(John Monteith)는 그림쇼형제의 노력
을 되살려서 증기로 작동시키는 방직기 2백 대를 한 공장에 설치했
다.[135] 면방사 수출을 반대하는 운동이 이 더딘 발달을 촉진했다. 1803
년에 스톡포트의 호로크스(Horrocks)는 완전히 금속으로 이루어진 동력
방직기를 몇 대 제작했는데, 이 기계는 그 직후에 랭커셔의 여러 도시
에서 사용되었다.[136] 카트라이트에게 있어서, 자신의 발명의 부활을 보
는 것은 비록 최종적 승리는 아니라 하더라도 '유쾌한 놀라움'이었다.
그는 크롬프턴보다 3년 앞서 1809년에 의회에 보조금을 청원할 때, 자
기의 기계들이 "현재 랭카스터주에서만도 국가적으로 대단히 중요하다
고 여겨질 정도로 사용되고 있다"[137]고 지적함으로써 자기의 요청을 뒷
받침할 수 있었다.

카트라이트의 발명이 빚은 결과를 완전히 연구하는 일은 이 책의 한
계를 크게 벗어나는 일이다. 그런 연구는, 수동식 방직기를 사용하던
방직공들의 상태에 관한 왕립위원회(Royal Commission)의 그 유명한 보
고서가 나온 1839년까지 전개된 동력방직의 역사를 다루게 될 것이
다.[138] 이 보고서는 왕립위원회에 제출된 증거와 더불어, 섬유공업

---

134) 우리는 로버트 밀러(Robert Miller)와 앤드류 킨로크(Andrew Kinloch)
의 노력(1793년)도 언급해야만 한다. *Webb MSS.*, 'Textiles', Ⅴ, 1면.

135) R. Guest, *Compendious History*, 46면; E. Baines, *History of the
Cotton Manufacture in Great Britain*, 231면.

136) Hardwick, *History of the Borough of Preston*, 375면. 글라스고의
피터 마슬랜드(Peter Marsland)와 밀러가 이룬 개량에 관해서는 Wheeler,
Manchester, 107면과 "Cotton Spinning Machines and their Inventors,"
Quarterly Review, CVII, 78면을 참조.

137) *Journals of the House of Commons*, LXIV, 97면. 그 청원서는 6월 7
일 하원 예산위원회(Supplies Committee)에 회부되었는데(같은 책, 391면)
이 위원회는 6월 8일 카트라이트에게 1만 파운드를 보조하기로 결정했다. (같
은 책, 393면) 카트라이트는 사업에 실패했다고 해서 크롬프턴처럼 인간을
증오하는 사람이 되지는 않았다. 그는 보조금 1만 파운드로 켄트에 농장을
사서 만년을 농업·화학·기계학 실험으로 보냈다. E. Lipson, *History of
the Woollen and Worsted Industries*, 168면.

138) *Minutes and Reports from H. M.'s Commissioners and Assistant
Commissioners on the Condition of the Hand Loom Weavers*(1839~41).

분야에서 나타난 기계제공업의 성장과 그 최종적 승리가 지연된 원
인들을 예시하고 있다. 1839년에도 여전히 수동식 방직기를 사용하고
있던 방직공들의 끔찍한 비참함은 기계의 혹심한 경쟁이 격화됨에 따
라 갈수록 더 악화되었다. 그러나 이런 상태가 악화되면 될수록 새로운
장비의 보편적 사용은 더욱 지연되었다. 왜냐하면 임금이 너무나 멸어
졌으므로 기계보다 사람을 고용하는 것이 유리했기 때문이다. 보다
최근에는 산업혁명에 의해 완전히 변모되지 않은 여러 공업분야에서 똑같
은 현상이 반복되는 것이 목격된 바 있다. 바로 이것이 고한제도(sweating
system)의 최후의 보루인 소규모 가내작업장들에서 낙후된 기술이 존
속한 데 대한 설명이 되는 것이다. 그러나 기계가 일으킨 장애, 즉 기
계 자체의 발전을 가로막던 그 장벽은 일시적인 것에 지나지 않았
다.

19세기초에는 동력방직의 발달이 시작되지 않은 상태였다. 방적공장
들에서 이미 가동되고 있던 수백만 개의 방추에 비하면, 잉글랜드 전역
에는 수백 대의 동력방직기밖에 없었다. [139] 그러나 그것만으로 결과를
판단할 수는 없었다. 15세의 소년이 관리하는 증기방직기들이 3.5필의
직물을 생산할 수 있는 데 비해서 같은 시간에 숙련된 방직공들은 비
사(飛梭)를 사용하여 한 필밖에 짤 수 없었다. [140] 비록 섬유공업은, 일
련의 발명이 60년 동안 이루려고 애쓴 그 유기적 균형을 아직 이루지는
못했지만, 그 문제는 여기에서 해결되었다. 우리는 방적공장들의 설비
가 살아 있는 인체의 상호의존적인 기관들처럼 차츰 성장하는 과정을
살펴보았지만 카트라이트의 발명이 나오기 전까지는 그 체계는 아직도
불완전했지만 이제는 필수적인 모든 요소들이 거기에 있었고, 생산의
특정 부분에서 기계제공업의 출현은 기정사실이었다.

139) R. W. Cooke-Taylor, *The Modern Factory System*, 94면은 다음과 같
은 수치를 제시하고 있다. 증기방직기는 1813년에 1천 대, 1820년에 1만 4
천 대, 1829년에 6만 대, 1833년에 10만 대 이상이었다. S. Chapman, *Lan-
cashire Cotton Industry*, 28면에 따르면 1813년에 전국의 동력방직기 수
는 2천 4백 대였는데, 이 가운데 일부는 아마 수력으로 작동된 것 같다고
한다.
140) R. Guest, *Compendious History*, 47~48면.

이제 기계는 공업의 기본적 공정들을 장악하고 변화시켰을 뿐 아니라 모든 세부적인 공정과 특수한 작업에까지 파고들었다. 그때까지 직물은 양각(陽刻)된 평판(平板)으로 날염되었다. 필요한 만큼 손으로 평판을 아마포나 캘리코에 눌렀는데,[141] 그것은 더디고 비용이 많이 드는 공정이었다. 직물은 가장 거친 방식으로 날염되었는데 조잡한 색깔로 가장 단순한 무늬(기하학적 디자인, 잎새 또는 아라베스크〔당초무늬〕)를 박은 것이 1780년에 야드당 3실링 또는 3실링 6페니에 팔렸다.[142] 그러나 1783년에 스코틀랜드인 토마스 벨(Thomas Bell)은 손으로 아주 힘들여 눌러야 하는 평판을 동제(銅製) 실린더로 대치했다. 그래서 회전하는 압착기 한 대가 노동자 1백 명의 일을 할 수 있었다.[143] 랭커셔에는 큰 캘리코 날염공장이 세워졌다.   한편 표백공업과 염색공업은 과학진보의 혜택을 입고 있었다. 1785년에 염소의 표백성(漂白性)에 관한 베르똘레(Berthollet)의 발견이 있었는데,[144] 거의 즉각 제임스 와트에게 탐지되어서, 잉글랜드에 소개되었다.[145] 그 발견은 여러 해 뒤에 글라

---

141) 28야드의 아마포를 날염하기 위해 길이 10인치, 너비 5인치의 평판을 약 450번이나 눌러야만 했다. Townsend Warner, *Social England*, V, 471~72면.

142) *The Calico Printer's Assistant* (1790)를 참조.

143) 벨 이전에. 즉 1764년 또는 1765년에 다른 압착기들이 있었다. *Gentleman's Magazine*, XXXV(1755), 439면을 참조. 1785년에 그의 기계는 랭커셔에 도입되었다. Wheeler, *Manchester*, 169면.

144) "Description du blanchiment des toiles par l'acide muriatique oxygéné," *Annales de Chimie*, Ⅱ, 151면; Ⅵ, 204면 이하. "Action de l'acide muriatique oxygéné sur les matières colorantes," 같은 책, Ⅵ, 210면.

145) 프랑스와 잉글랜드의 화학자인 베르똘레・블랙(Black)・프리스틀리(Priestley) 등과 제임스 와트의 관계에 대해서는 S. Smiles, *Lives of Boulton and Watt*, 141~42면을 볼 것. 같은 해(1786년)에 맨체스터 문학・철학협회 (Literary and Philosophical Society of Manchester)는 자체의 『회고록』 (*Memoirs*)을 통해 '염색이론'에 관한 토마스 헨리(Th. Henry)의 에쎄이를 발표했다. 쏘호원고집(Soho Manuscripts)에는 와트가 베르똘레에게 보낸 편지(1787년 2월 25일자)가 들어 있는데, 그 편지는 프랑스어로 시작된다. "선생께. 나는 오랫동안 집을 떠나 있었기 때문에 잡무가 밀려서 지금까지 선생의 표백연구를 습득할 수 없었읍니다. 그러나 나는 중요한 문제도, 선생을 돕겠다는 약속도 잊고 있지는 않습니다."

스고의 테넌트(Tennant)에 의해 공업에 이용되어,[146] 몇 해 안에 일반적으로 사용되었다. 여러 달 동안 직물 여러 필을 함께 대기 속에 넣어 말리던 광경, 그리고 멀리서 보면 햇빛에 반짝이는 연못처럼 보이던 광경은 이제 방직을 하는 촌락들 주위에서 영원히 사라졌다. 이와 비슷한 시기에 맨체스터의 테일러(Taylor)는 동양염색의 비밀을 재발견하여 '터키 레드'(Turkey red)를 만들어냈는데, 이것은 곧 인도의 날염처럼 인기를 얻었다.[147] 면 벨벳은 에인즈워스의 존 윌슨(John Wilson) 덕분에 나타났다.[148] 이 모든 이차적 개량을 완벽하게 묘사하려면 여러 페이지가 필요할 것이다.[149]

그런데 그 이차적 개량들은 발전을 마무리짓기는커녕 그 범위를 넓혔을 뿐이다. 각각의 새로운 발명의 영향은 다양한 온갖 기술공정들 사이의 유대를 긴밀하게 만들어간다. 그래서 그 유대가 서로 더욱 긴밀하게 되면 될수록 한 공정에서 이루어진 개량은 다른 모든 공정에 즉각적이고도 심각한 영향을 미친다. 이리하여 그 공정들의 공통적인 발달, 즉 그 어떤 정태적 성질보다도 더 공장제도의 특징을 이루는, 전파성이 강하고 부단한 발전이 결정되고 촉진되는 것이다.

6. 산업적 변모의 단계들

비록 면공업이 그렇게 빨리 발달하기는 했지만 우리는 몇 가지 상이한 단계들을 구분할 수 있다. 제 1 단계는 하그리브즈의 발명 직후의 시기이다. 1775~85년에 생산의 열기가 몇몇 지역들을 사로잡았다. 오두

146) E. Baines, *History of the Cotton Manufacture*, 249면.
147) Owen Collection, LXXX(Manchester Central Free Library 소장), 74면의 문서 가운데 찰스 테일러에 관한 기록.
148) *A Complete History of the Cotton Trade*, 71~73면.
149) 미국의 발명인 조면기(繰綿機, cotton gin, 면섬유를 씨에서 분리하는 기계—역주)에 관해 특별히 언급해야만 한다. 이 기계를 사용함으로써 공업적 처리를 위한 원면의 준비가 상당히 빨라졌다. 조면기와 그 발명자인 일라이아스 휘트니(Elias Whitney)에 관해서는 M. B. Hammond, *The Cotton Industry, an Essay in American Economic History*, Ⅰ, 25~31면 참조.

막들에서 수천 대의 제니가 가동되고 있는 동안에 방직공과 방직기의
수는 엄청나게 늘었지만 일을 대는 것은 쉽지 않았다. "오래된 방직작
업장들로는 불충분했기 때문에 모든 잡동사니방, 온갖 낡은 헛간, 온갖
수레 넣는 집과 부속건물이 수리되고, 낡고 빈 벽에 창이 뚫리고, 이
모든 곳에 방직작업장이 설치되었다. 방을 만들 수 있는 이 원천이 마
침내 고갈되자 방직작업장을 갖춘 방직공들의 오두막이 사방에 생겼는
데, 모든 작업장은 즉각 메워졌다……"150) 아직도 공장(factory)은 극소
수였다. 왜냐하면 곧 분명하게 나타나지만 자본제 조직은 당시만 해도
아직 형성되지 않았기 때문이다. 적어도 외관상으로 그 시기는 가내공
업의 황금시대였다.

제 2기는 아크라이트의 특허 취소로 끝나는, 그 기념할 만한 재판에서
부터 시작되었다. 151) 그때부터 섬유공업 전체에서는 공장이 일반화되었
다. 큰 공간을 차지하고, 비용이 많이 들고, 고도로 복잡하고 섬세한 기
계의 사용은 가내공업과 양립할 수 없었다. 그러나 조직과 감독이라는
관점에서 분명히 잇점이 있었음에도 불구하고, 많은 노동자를 큰 작업
장들에 모으는 일은 그때까지 일반적으로 이용된 적이 전혀 없었다.
간단히 말하면 '매뉴팩처'제도(이 용어가 일정 시기에 실제로 지배적이
었던 생산제도를 의미하는 것이라면)는 잉글랜드에 전혀 존재하지 않았
다. 반면에 공장제도는 기계 사용의 필연적 결과였다. 상호의존적인
여러 부분으로 구성되어 하나의 중심 동력에 의해 작동되는 설비는
숙련된 직공이 그것을 감독할 수 있는 하나의 건물 안에만 세워 질 수
있었다. 이 건물이 공장으로서, 공장에 대한 정의는 이밖에 달리 있을
수 없다. 152)

---

150) W. Radcliffe, *Origin of the New System of Manufacture, commonly
called Power Loom Weaving,* 65면.
151) 그 판결이 랭커셔에 준 인상에 관해서는 *Manchester Mercury,* 1785년
6월 28일자를 참조. "이 지방은 방적 독점의 끔찍한 영향으로부터 해방되었
다…" 언윈 교수는 아크라이트의 특허 취소 직후에 크롬프턴의 발명이 나
와, 양자가 함께 "보다 가느다란 섬유 제조에 엄청난 자극"을 주었다고 말
한다. (*Samuel Oldknow and the Arkwrights,* 2면)
152) *An Important Crisis in the Calico and Muslin Manufacture of Great
Britain,* 4면 참조. 이 팜플렛(이 책은 18세기의 경제관계 팜플렛 다수와

오늘날의 대규모 섬유공장들에 비하면 초기의 방적공장들은 참으로 작은 규모였다. 그렇지만 그 공장들이 고용한 노동자 수는 상당히 많아서, 150∼600명이었다. [153) 그 공장들이 차츰 확장된 것은 일단 별개의 문제이고, 4∼5층의 벽돌건물은 다음 세기[19세기] 내내 거의 변하지 않았다. [154] 그 시대의 주요한 특징은 물을 동력으로 이용한 것이었다. 물로 작동되던 아크라이트의 기계는 보통 '수력방적기'라고 표현되었다. 앞에서 우리는 크롬포드 방적공장의 전형적 입지(立地)를 언급한 바 있는데, 그 공장은 제조업자가 확보해야만 하는 필수적인 조건들을 모두 갖추고 있었다. 이것은 중요한 결론을 보여준다. 즉 그것은 기계를 작동시키기에 충분할 정도로 강력하고 빠른 하천에서 멀리 떨어진 곳에는 공장을 세울 수 없음을 의미했다. 이런 이유 때문에 공장주들이 처음에 공장을 세운 곳은 도시가 아니라 댐을 이용하여 인공낙차(落差)를 만들기 쉬운 협곡 안의 언덕 부근이었다. 근대적 공장제도의 기원은 그 이래로 다수의 노동인구가 모여들고 있는 공업의 대중심지로부터 멀리 떨어진 작은 촌락들에서 발견되는데, 이 작은 장소들은 페나인산맥의 아래쪽, 즉 산맥의 삼면에 흩어져 있었다. 서쪽은 맨체스터와 아일랜드해를 향해, 남쪽은 트렌트계곡을 향해, 그리고 동쪽은 요크셔평야와 북해를 향해 전개되어 있었다.

그러나 이런 분산은 상대적이었을 뿐이다. 이 점에서 옛 양모공업과는 달리 면공업은 2∼3개 지역, 다시 말하면 남부랭커셔, 더비셔의 북부, 라나크와 페이즐리 사이에 있는 클라이드계곡에만 거의 집중적으로 자리를 잡는 경향이 있었다. 이 가운데 첫번째 지역이 가장 중요했다. 왜냐하면 1788년 무렵에 보면 그 지역에 방적공장이 30개 이상이나 있었기 때문이다. [155] 이것은 풍부한 수력 덕분이었다. 동남쪽의 높

마찬가지로 완전히 믿을 수 있는 것은 아니다)에 따르면 1788년 영국에는 자동장비, 즉 방추 90개의 물방적기 총 550대, 방추 8∼10개의 제니방적기 2만 70대를 설비한 방적공장이 143개 있었다.

153) 노동자 6백 명을 고용한 방적공장이 1780년 맨체스터에서 문을 열었다. E. Butterworth, *History of Oldham,* 118면.

154) W. Fairbairn, *Mills and Millwork,* Ⅱ, 113면.

155) *An Important Crisis in the Calico and Muslin Manufacture,* 4면.

은 구릉이, 해안으로 곧장 가로질러 가는 낮은 늪지대를 향해 아주 가
파르게 뻗어내려가고 있었던 것이다. 아득한 옛날부터 랭커셔의 강들은
많은 물레방아를 돌려왔다. 18세기초에 맨체스터에서 아래쪽으로 3마일
이내에 있는 머지강변에는 공장 60개가 세워졌다. [156] 지리적 위치와 기
후는 물론이고 리버풀항의 번영이라는 조건이 랭커셔의 면공업 발달에
유리했다고 할 수 있지만, 최초의 공장들이 블랙번·베리·볼턴·올
덤·맨체스터 일대에서 발달한 까닭을 설명해주는 것은 필요한 동력을
공급하는 하천의 존재이다. [157] 더비셔와 글라스고 지역도 역시 마찬가
지였다. 물론 이 필수적 조건은 다른 많은 지역들에서도 발견되는 것이
사실이다. 그리고 실제로 1785~1800년에 많은 주에 공장들이 세워졌
다. 그런데 이런 시도들은 북부지방 제조업자들의 성공과 급속한 치부에
자극받아 이루어지긴 했지만 광범위한 결과가 나타나지는 않았다. [158] 그

---

156) Stukeley, *Itinerarium Curiosum*, 58면.
157) 베리에는 1774년부터, 촐리에는 1776년부터, 프레스턴에는 1777년부터,
올덤에는 1778년부터 방적공장이 있었다. E. Butterworth, *History of
Oldham*, 117~18면 ; 같은 저자, *History of Ashton-under-Lyne*, 142~43
면을 참조.
158) 『중대한 위기』(*An Important Crisis*)의 저자는 다음과 같은 표를 제시
하고 있다(1788년).

잉 글 랜 드		스 코 틀 랜 드	
	방적공장수		방적공장수
랭 커 셔	41	렌 프 류	4
더 비 셔	17	라 나 크	4
요 크 셔	11	퍼 스 셔	3
체 셔	8	미 들 로 시 언	2
스 태 포 드 셔	7	에 어 셔	1
웨스트모얼랜드	5	갤 로 웨 이	1
플 린 트 셔	3	애 너 데 일	1
버 크 셔	2	뷰 트	1
써 리	1	애 버 딘 셔	1
허 트 포 드 셔	1	파 이 프	1
레 스 터 셔	1		
우 스 터 셔	1		

시도들은 면공업을 전국에 확대시키는 결과를 전혀 낳지 못하고 두드러지게 지방화(地方化)시켰을 뿐인데, 이런 경향은 날이 갈수록 더욱 현저해졌다.

새로운 공업제도의 지리적 집중은 이 제도의 외형적 특징 가운데 하나에 불과했고 그 내부에서는 훨씬 더 근본적인 집중이 이루어지고 있었다. 원료와 시장에 대한 공동의 필요로 상호 결속되는 기업의 집중과 자본의 집중이 바로 그것이었다. 후자의 중요성은 기계 장비의 중요성과 더불어 증대했다. 각각의 공장은 수천 파운드의 자본을 보유하고 있었고, [159] 한 사람이 여러 개의 공장을 소유하는 경우도 드물지 않았다. 예를 들면, 우리는 아크라이트가 동시에 8~10개의 공장을 경영한 것을 알고 있다. [160] 필(Peel) 2세는 그의 방적·염색·날염 공장에 베리의 인구 전체를 고용하고 있던 반면 방직은 이웃 촌락들의 오두막농민들에 의해 행해졌다. [161] 그는 또 12개 이상의 지역에 자신의 공장을 소유하고 있었다. [162] 1802년에 그는 1만 5천 명 이상을 고용하고 있었고 4만 파운드

펨 브 로 크	1
글 로 스 터 셔	1
컴 벌 랜 드	1

체셔·플린트셔·웨스트모얼랜드의 방적공장들은 랭커셔 그룹의 일부로 간주될 수 있고 스태포드셔의 공장들은 더비셔 그룹의 일부를 이루고 있었다. *An Important Crisis in the Calico and Muslin Manufacture*, 5면.

159) 이 점에 관해서 언윈 교수는 당대의 과장을 믿지 말라고 우리에게 경고한다. (*Samuel Oldknow and the Arkwrights*, 115면)

160) 노팅검·크롬포드·벨퍼·베이크웰·워크스워스·더비·촐리·맨체스터·라나크의 공장들.

161) "이 사람들 가운데 일부는 소면·조방·정방에 얽매여 있었고 다른 사람들은 대단한 속도로 돌아가는 물방아로 면을 세척하는 일을 한다. ……실을 삶아 익히는 작업과 표백작업은 다른 공장에서 행해진다. 요컨대 이 기업 전체가 확대되어 베리와 그 일대의 주민 대부분, 즉 남녀와 모든 연령의 사람들에게 부단히 일거리를 제공했다. 그래서 그들은 수가 엄청났음에도 불구하고 가장 불황인 시기에도 결코 일거리가 부족하지는 않았다." J. Aikin, *A Description of the Country from Thirty to Forty Miles round Manchester*, 521면; Espinasse, *Lancashire Worthies*, I, 90~103면.

162) 랭커셔에서는 볼턴·워링턴·맨체스터·블랙번·버리·월튼·스톡포트·

의 물품세를 국고에 납부했다.[163] 스톡포트의 모슬린 제조업자인 쌔뮤얼 올드노우(Samuel Oldknow)는 18세기말에 1년에 1만 7천 파운드의 수입을 올린다고 알려져 있었다.[164] 1793~97년에 호로크(Horrock) 일가는 프레스턴에만 3개의 공장을 세웠다.[165]

이런 사업에 필요한 거액의 자본은 각개의 경우에 있어서 한 개인의 것은 아니었다. 특히 공업에서 개인의 대재산이 형성되기 전인 초기에는 공동출자기업이 증가했다. 아크라이트가 그의 다양한 계획을 성공시키기 위해 아주 영리하게 이용한 수많은 계약을 독자는 분명히 기억할 것이다. 필 역시 여러 명의 동업자가 있었다.[166] 그리고 그의 상사(商社)는 흔히 "매우 존경할 만한 신사이며 탬워스의 국회의원인 향사(鄕士) 로버트 필이 이끄는 회사"[167]라고 불렸다. 이 경우에 '회사'(company)라는 단어가 주식회사라는 통상적 의미로 사용되지 않았다는 데 주목하는 것이 중요하다. 이런 형태의 조직은 그때까지만 해도 몇몇 중요한 은행업, 보험업 또는 공공사업에서만 적용되었고 그런 사업들에만 적합한 것으로 여겨져왔다.[168] 아담 스미스는 이것을 의문의 여지가 없는 원칙이라고 생각했다.[169] 1779년에 아마포와 날염된

처치뱅크·램즈보텀, 요크셔에서는 브래드포드, 스태포드셔에서는 탬워스·리치필드 등.

163) W. Cooke-Taylor, *Life and Times of Sir Robert Peel*, Ⅰ, 16면.

164) 쌔뮤얼 올드노우에 관해서는 Robert Owen, *Life, Written by Himself*, 40면; W. Kennedy, "Brief Memoir of Samuel Crompton" (*Memoirs and Proceedings of the Literary and Philosophical Society of Manchester*), Series Ⅱ, V, 339면. 그리고 언윈 교수가 원래의 기록을 바탕으로 흄(A. Hulme)과 테일러(G. Taylor)의 도움을 받아 쓴 흥미있는 책인 *Samuel Oldknow and the Arkwrights* 를 참조.

165) Hardwick, *History of the Borough of Preston*, 366면.

166) Wheeler, *Manchester*, 529면을 참조.

167) J. Aikin, 위의 책, 위의 곳.

168) G. Schmoller, "Die geschichtliche Entwicklung der Unternehmung (*Jahrbuch für Gesetzgebung, Verwaltung und Volkswirtschaft*, 1893)을 참조.

169) "독점적 특권이 없이도 주식회사가 성공적으로 해나갈 수 있다고 여겨지는 직종은 모든 영업이 판에 박힌 것으로 될 수 있거나, 변화가 그다지 없

캘리코를 제조하는 회사의 설립에 관한 문제가 논의되었는데,[170] 이 계획은 성공할 수 없었다. 다른 공업에서처럼 이런 계획은 훨씬 후대에 비로소 실현되었다. 초기의 자본주의는 본질적으로 개인주의적 성격을 보유하고 있었다. 고용주는 소유자인 동시에 공업적 기업의 지휘자였으며 혼자서 권력과 특권을 함께 가지고 있었는데, 주식회사에서는 이 권력과 특권이 한편에는 주주, 다른 한편에는 이사에게 분할될 것이었다.

이렇게 하여, 기계제와 그 결과로 나타난 생산수단의 집중을 통해 상업자본의 공업에 대한 지배가 확립되었으며, 근대적 의미의 제조업자가 상인제조업자의 자리를 대신하게 되었다. 이 급속한 발전의 양극 사이에는 일련의 중간형태들이 있었다. 퍼스티언(능직면포) 도장인이 한 일은 한 작업장에 일정한 수의 수동식 기계를 단순히 집중시키는 것이었는데, 이것은 '방적실'(spinning room)로서 근대적 공장의 단계라기보다는 '매뉴팩처'의 단계에 속한다.[171] 때로는 원료와 설비를 각기 다른 사람이 소유하고 있었다. 소규모의 방적실들은 상인들로부터 원면을 받아서 방사의 형태로 그들에게 돌려주었다.[172] 이처럼 연속된 두 생산제도는

거나 전혀 없어 획일적 방식으로 행해질 수 있는 사업이다. 이런 종류 가운데 첫째는 은행업이고 둘째는 화재, 해난, 전시의 포로에 대한 보험업이며 세째는 가항수로나 운하를 건설·유지하는 직종이고 네째는 대도시에 급수(給水)하는 것 같은 직종이다." Adam Smith, *Wealth of Nations*, Book V, Chap. Ⅰ. 18세기에 설립된 몇몇 공업회사들의 실패에 관해서는 Cunningham, *Growth of English Industry and Commerce* (3rd ed.), Ⅱ, 519면 참조.

170) Petition to the House of Commons, *Journals of the House of Commons*, XXXVIi, 108면. 우리는 1798년에 나온 팜플렛인 "The Outlines of a Plan, for establishing a United Company of British Manufacturers"에 기술되어 있는 계획도 주목해야만 한다. 그 계획은 공상적인 것은 아니지만 극히 야심적이었다. 저자는 모든 산업의 대연합을 구상했는데, 이것은 주식회사의 성격과 '아무데서도 소식이 오지 않는'(News from Nowhere) 공동체의 성격을 띤 것으로서, 여기서 노동자들은 주택을 받고 식품권과 사회자본의 한 몫을 급료로 받으며 과학적인 사무소가 생산조직을 감독한다고 한다.

171) E. Butterworth, *History of Ashton-under-Lyne*, 82면 참조. 이런 유형의 작업은 1785년 이전에 아주 흔했다.

172) Schulze-Gävernitz, *Der Grossbetrieb*(프랑스어판), 58면은 이 체제를, 오랫동안 존재했고 오늘날에도 색슨 오벌랜드에 존속되고 있는 제도와 비교

일시적인 관련을 맺고 있었을 뿐이며, 공장은 단지 전에 가내노동자들에게 위탁되던 업무만을 수행했다. 수동식 방직과 동력 방직이 나란히 존재하는 한, 공업의 일부는 최초에 그 공업 전체를 지배했던 조건들에 종속된 상태로 남아 있을 수밖에 없었다. 그러나 흔히 방적실 소유자의 것인 대규모 방직공장들은 많은 곳에서 가내공업과 경쟁했다.[173] 그리고 마지막으로, 제니를 대신한 물이 1780년부터 제니처럼 지속적으로 오두막에서 이용되고 전국에 퍼져나감으로써 가내생산제도를 얼마 동안 존속시켰다는 것을 잊어서는 안된다. 그 무렵에 생산된 면직물에 있어서, 수력방적기로 방적한 날실은 보통 공장에서 제조된 데 비해 씨실은 오두막의 물로 방적되었다.[174] 이처럼 공업의 신·구 방식이 상호 교차되어 서로 아주 긴밀하게 결합되어 있었다.

공장제도의 주요 골격이 정해진 것은 이 결정적 시기 동안이었다. 그 다음 시기, 즉 증기가 일반적으로 사용되던 시기까지는 공장제도가 완전히 발달되었다. 그런데 공장제도는 이 새로운 발명〔증기〕에 의해, 우리가 추측하는 것보다는 훨씬 덜 변화되었다. 인간이 오랫동안 소홀히 해온 자연력을 다시 이용하고 공장들이 외딴 계곡의 흐르는 물에 의해 다시 한번 건설되고 있는 지금, 전에는 그토록 두드러졌던 외관상의 차이는 사라지기 시작하면서 오히려 우리는 기본적 원칙의 동일성을 깨달을 수 있게 된다. 1780~1800년에 공존하던 방적공장과 가내작업장 사이에는, 그 시대의 공장과 근대적 공장 사이에서보다 더 큰 차이가 있었다.

7. 물질적 결과 —— 생산의 증가와 주기적 공황

당시에 이 변화의 전체적 중요성을 깨닫기는 어려웠고, 그 변화의 사

하고 있다.

173) 1773년 리드와 스트러트가 더비에서 조직한 것과 마찬가지. 위의 책, 218면 참조.
174) J. Kennedy, *Rise and Progress of the Cotton Trade, Memoirs of the Literary and Philosophical Society of Manchester*, Series II, Vol. III, 126면.

회적 결과는 아직 예견할 수 없는 것이었다. 사람들에게 주로 충격을 준 것은 즉각 나타난 물질적 결과, 즉 대기업의 탄생, 생산의 무한한 증가 등 전례 없는 그 모든 발달이었는데, 그들은 이 결과를 전통적 공업의 정체(停滯)와 대비할 수 밖에 없었다. [175] 1795년에 존 에이킨(John Aikin)은 『맨체스터 주변 3,40마일에 있는 지방에 관한 기술』(*Description of the Country from Thirty to Forty Miles round Manchester*)의 서두에 이렇게 썼다. "우리가 선택한 중심지는 상업의 한 분야인 면공업의 중심지인데, 이 공업의 급속하고 놀라운 증가는 아마 여러 상업국가의 연대기에서 전혀 유례가 없을 것이다."[176] 어떤 사람은 이 갑작스런 발전을 감추어진 힘의 폭발에 비유했다. [177] 어떤 사람들은 거기서 비상(非常)하면서도 불행한 우연적 현상 이외의 것을 보려하지 않았다. 왜냐하면 잉글랜드는 스스로 면을 생산하지 않고, 따라서 면을 수입해야만 하며, 무역차액이론에 따르면 같은 양 또는 보다 많은 양의 수출에 의해 보상을 받지 못하는 모든 수입은 그 나라의 손실이었기 때문이다. 따라서 면공업은 국부(國富)의 영구적 항목은 결코 되지 못할 것으로 보였다. [178]

그러나 이미 이루어진 발전을 판단하기 위해서는 우리는 이처럼 다소 독단적인 인상과 논거에 얽매일 필요는 없다. 생산 통계는 전혀 없지만 세관장부에 기록된 수입 수치가 원료 소비량을 보여준다. 1701년 영국의 원면 수입량은 1백만 파운드를 넘지 않았다. 50년 뒤에는 3백만 파

---

175) "전국민이 경이를 품고 그것을 관찰했다." *Thoughts on the Use of Machines in the Cotton Manufacture* (1780), 12면.

176) J. Aikin, *A Description of the Country from Thirty to Forty Miles round Manchester*, 2면.

177) "면공업은 일반적으로 매우 광범하게 퍼져 있다고 믿어지고 있지만, 이 분야의 규모, 그리고 인간의 노동을 정교한 기계와 결합시키는 데서 나오는 국가적 이익은 그 대상의 중요성과 동등한 인상을 주었다고 생각하기 어렵다. 왜냐하면 그 발전은 유례없이 급속히 이루어졌기 때문이다. 그것은 말하자면 한순간에 이 나라에 돌출해 나왔다." *An Important Crisis in the Calico and Muslin Manufactures* (1788), 1면.

178) "면은 주요상품이 될 수 없다." *The Contrast, or a Comparison between our Woollen, Silk and Cotton Manufactures* (1782) 참조.

운드가 채 못 되었다. 수입량은 1771년에 476만 파운드, 1781년에는
530만 파운드에 이르렀다. 그 다음 6년 동안은 그 수치가 너무나 급속
히 증가했으므로 우리는 일반인들이 느낀 놀라움을 이상하게 여길 수가
없다. 1781년의 수치가 1784년에는 2배(1,148만 2천 파운드)로 늘었고
1789년에는 6배(3,257만 6천 파운드)로 늘었다. 이 급속한 성장에 잇
따라 침체가 있었으나 1798년 이후에는 회복되었다. 면 수입은 3,200
만 파운드로부터 1799년에는 4,300만 파운드, 1,800년에는 5,600만 파
운드, 1802년에는 6,050만 파운드로 증가했다. 면공업과 양모공업의
경쟁이 국가적 위험이라고 규탄당하던 18세기의 30배 이상이 된 것이
다.[179] 면제품의 수출 역시 평행선을 그으며 발달했다. 1780년에 그것
은 아직도 미미해서, 총액이 36만 파운드에 이르지 못했다. 그러나
1785년의 수출 총액은 1백만 파운드를 넘었고 1792년에는 2백만 파운
드, 1800년에는 550만 파운드, 1802년에는 780만 파운드로서,[180] 20년
전 영국 면제품 수입 총액의 20배 이상이었다.

　이 운동의 곡선을 보다 면밀하게 살펴보자. 그 곡선의 일반적인 상승
방향은 결코 일정하지 않다. 1780~1800년에 그 곡선은 거의 규칙적인
간격을 두고 하강하고 있는데, 이것은 같은 횟수의 공업 공황에 상응
하는 것이다. 어쨌든 이 가운데 두 번의 공황은 심각했다. 1788~89년
에 신설 공장들의 대부분은 노동자의 일부를 해고해야만 했고, 몇몇 공
장은 폐업할 수밖에 없었다. 곤궁은 제니가 주민의 주소득원이 되어 있
던 랭커셔와 체셔의 촌락들을 휩쓸었다.[181] 1793년에 상황은 훨씬 더

---

179) *Journals of the House of Commons*, LVIII, 889, 892, 894면 ; MacCulloch,
　　Dictionary of Commerce, 'Cotton' 항 ; E. Baines, *History of the
　　Cotton Manufacture*, 215~16면 참조.

180) E. Baines, 위의 책, 349~50면.

181) "극도의 곤궁이, 제니로 방적하는 랭커셔와 체셔의 인구 조밀한 여러 도
　　시들에 있는 면방적공들에게 닥쳐왔다." *An Important Crisis in the Calico
　　and Muslin Manufactures*, 23면. "지난 12개월 동안에 청원자들은 그 사업
　　에서 고용하고 있던 엄청난 수의 남녀와 어린이들을 해고하지 않을 수 없었
　　고, 전체적으로 공장들의 작업량은 반으로 줄었다. 어떤 공장들은 영업침체
　　의 결과로 완전히 포기되었다." *Journals of the House of Commons*,
　　XLIV, 544~45면. Patrick Colquhoun, *A Representation of the Facts*

심각해졌다. 면방적업자 약 12명이 파산하고[182] 원료 수입은 3,500만 파운드로부터 1,900만 파운드로 갑자기 떨어졌다. 영국 면공업의 형성기를 모두 겪은 한 제조업자가 다음과 같이 말했듯이, 이런 위기가 있을 때마다 새로운 경기가 뒤따라 나타난 것이 사실이다. "나는 면제조업에서 파산을 아주 많이 보았다. 1788년에는 결코 회복되지 못할 것이라고 생각했다. 1793년에는 또 한번 타격을 받았고 1803년에도 1810년에도 타격이 잇따랐다. 그러나 타격을 받을 때마다 그 공업의 반발력은 아주 놀라왔다."[183]

이런 공황이 흥미있게 반복되는 것과 더불어 각각의 공황을 전후해서 힘찬 성장이 이루어지는 것은 그대로 [공황에 대한] 간단한 설명이 된다. 이런 사태는 기계제공업에 기인하는 생산과잉의 최초의 사례들이 아닐까? 그리고 이리하여 우리는 근대적 공장제도의 가장 큰 특징 가운데 하나와 그 탄생기에 마주친 것이 아닐까? 우리는 나라 전체에서 방직할 수 있는 양 이상의 방사가 방적되었다는 것, 그리고 새로운 제조방식의 결과로 가격 하락이 크게 촉진되었다는 것을 이미 알고 있다. 1786년에는 아직도 1파운드의 값이 38실링이던 100번 면사가 1788년에는 35실링, 1793년에는 불과 15실링, 1800년에는 겨우 9실링 5페니, 1804년에는 7실링 10페니에 지나지 않았다.[184] 의심할 나위 없이 가격 하락은 잉글랜드와 대륙에서의 소비를 증가시켰다. 그런데 공급은 수요보다 훨씬 급격히 증가했다. 기계가 기반을 넓혀가고 있었고 새로운 기업이 어디에서나 생겨나고 있었다. 가격 하락에 따라 면방적업자들은 이윤을 유지하기 위해 갈수록 더많은 양의 방사를 생산해야만 했지만, 이것은 시장의 공급과잉을 더할 뿐이었다. 이런 환경 아래서 주기적인 [가격]폭락은 불가피했다. 그리고 다수의 회사가 파산했을 때, 불가피하게 기계류를 놀리게 되고 노동자 일부의 실업으로 인해 생산이 정상수준으로 내려가면 새로운 번영기가 시작되었다가 몇 해 뒤에 다른 파

---

relative to the Rise and Progress of the Cotton Manufacture in Great Britain (1789), 3면 이하 참조.

182) Wheeler, *Manchester*, 244면.

183) A. Ure, *Philosophy of Manufactures*, 441면.

184) E. Baines, 위의 책, 357면.

국이 잇따랐는데, 이것은 똑같은 원인이 똑같은 결과를 초래한 것이었다.

우리가 성급한 개괄을 한다면, 이것은 이 반복되는 공황에 관한 **설명**이 될 것이다. 다음 단계는 이 주기적 반복을 설명하는 경제법칙을 찾아내는 일이 될 것이다. 그러나 그 사실들의 엄청난 복잡성을 깨닫는 사람에겐 누구나, 그 사실들이 비로소 발생했던 이 초기단계에 있어서도 그렇게 간단하고 추상적인 설명만으로는 불충분할 것이다. 왜냐하면 이 공황들 하나 하나에 관해 보다 면밀히 연구하다보면 그 공황의 **출**현이 생산과잉만으로는 충분히 설명되지 못하기 때문이다. 1788년의 공황은 실제로, 이런 설명이 가능한 오직 하나의 경우이다. 그 까닭은 그 공황이 아크라이트의 특허가 취소되자마자 일어난 공업의 급격한 확대 직후에, 다시 말하면 열에 들뜬 활황(活況)과 무제한의 투기 뒤에 일어났기 때문이다. 그때 대·소의 수많은 기업이 전국에 세워졌고 정말 보잘것없는 제조업자도 성공과 부의 희망을 품었다. 그 위기의 원인이 면방적업자들에게 명백히 알려져 있었다는 것은 그들이 인도 제품의 수입을 맹렬히 비난한 사실로 충분히 입증된다.[185] 잉글랜드의 시장은 너무나 협소해지고 있었다. 그들이 꽤 천진하게 표현했듯이 "소비가 부족했다."[186] 이것은 공급과잉, 즉 실제로 생산과잉이 있었다는 것을 다른 방식으로 표현한 것에 불과하다. 1793년에는 사정이 전혀 달랐다. 우선 공황은 면공업에만 국한되지도 않았고, 생산제도가 최근에 변화한 공업들에만 국한되지도 않았다. 그것은 전반적 공황이었

---

185) *An Important Crisis in the Calico and Muslin Manufacture*, 12~13면. *Considérations sur les manufactures de mousseline de callico dans la Grande Bretagne* 라는 제목으로 프랑스 외무성에 보존되어 있는 미발표의 각서는 그런 불명을 기술하면서 그것이 근거가 있다고 인정한다. 저자는 우리가 방금 언급한 팜플렛의 영향을 받은 것 같다. (*Mémoires et documents*, Angleterre, LXXIV, 182~92면 이하)

186) Patrick Colquhoun, *A Representation of Facts relating to the Rise and Progress of the Cotton Manufacture in Great Britain*, 4면. 1788년의 위기에 관해서는 G. Unwin, *Samuel Oldknow and the Arkwrights*, 85~102면(S. Oldknow, S. Slate, Richard Arkwright Jun. 등이 주고받은 편지 원본들)을 참조.

다. 1780~92년에는 연평균 530건 미만이던 연합왕국(United Kingdom)
의 파산 총수는 1793년에 1,300건 이상으로 증가했다.[187] 이 전반적 공
황을, 아직도 극히 한정되어 있던 기계제공업과 대규모 생산의 영향 탓으
로 돌릴 수는 없을 것이다. 실제로(그리고 이것이 그 위기의 보편적 성
격을 설명해준다) 그것은 금융공황에서부터 시작되었다. 1793년 2월에
몇몇 주요 은행이 지불을 중지했다. 이로부터 대단한 불안이 야기되었
고 몇 주 뒤에는 1백여 개의 지방은행이 파산했다.[188] 전반적 공황이
터졌다. 더 이상의 신용이 유통되지 않았고, 사람들은 돈을 금고 바닥
에 숨겼으며, "공포가 불신을 낳고 불신이 유통을 방해했다."[189] 거래
도 최소한으로 줄어들었다. 상품은 통상 소비량보다 과잉이어서가 아
니라 단지 아무도 사려고 들지 않았기 때문에 상점에 남아 있었다. 해
결책 역시 금융적인 것이었다. 피트[수상]는 런던의 주요 은행가들과
이 문제를 상의한 뒤에 국채를 5백만 파운드까지 발행하기로 결정했
다.[190] 감가(減價)되지 않은 증권을 유통시킨 이 조치는 신뢰와 신용
을 회복하는 데 도움이 되었다. 그때부터 사태가 천천히 조정되어 차
츰 정상으로 돌아갔다.

　이 금융공황의 원인은 무엇이었던가? 그 원인은 2월초에 터진 대(對)
프랑스전쟁이었는가? 전쟁은 틀림없이 사태를 악화시켰으나 그것을
발생시키지는 않았다. 왜냐하면 그 위기의 최초의 징후는 1년 전에 이미
포착되었기 때문이다.[191] 무엇보다도 가장 놀라운 것은 주(州)의 은행

---

187) G. Chalmers, *Estimate of the Comparative Strength of Great Britain*,
　　291면. Francis, *History of the Bank of England*, 213~15면과 Macpherson,
　　Annals of Commerce, Ⅲ, 261면 이하 참조. 1천 3백 건의 파산 가운데 극
　　소수가 면공업에 영향을 미쳤다. (Wheeler, *Manchester*, 244면에 따르면 13
　　건)
188) Macpherson, 위의 책, Ⅲ, 266면 ; Chalmers, 위의 책, 226면.
189) Chalmers, 위의 책, 291면.
190) *Report from the Select Committee on the State of Commercial Credit*,
　　Parliamentary History, XXX, 740~66면; *Journals of the House of
　　Commons*, XLVIII, 702~7면 참조.
191) 이더슨(W. Ederson)은 *Address to Spinners and Manufacturers of
　　Cotton Wool upon the Present Situation of the Market* (1792)에서 시장

들이 과도한 액수로 발행한 화폐의 가치가 하락된 것이었다. 40년 전
에는 극소수가 존재할 뿐이던 이런 은행들이 어떻게 나라의 실제적 필
요 이상으로 증가해 있었을까? 그 이유를 알아내려면 우리는 잉글랜드
전체가 이미 참여하고 있던 그 대단한 경제운동, 공업뿐 아니라 농업과
상업이 국내외에서 마찬가지로 관련되어 있던 그 경제운동 쪽으로 눈길
을 돌려야만 한다. [192] 새로운 공장들의 개설과 더불어 토지소유는 재편
되었으며, 새로운 교통망이 왕국의 한쪽 끝에서 다른쪽 끝까지 개통되
었다. 독자는 1792년 이후에 맹위를 떨친 '운하열'(canal fever), 즉 다
양한 계획과 성급하게 세워진 사업(투기가 여기에 인위적이고도 일시적
인 활력을 불어넣었다)을 기억할 것이다. 결국 1793년의 공황은 우리가
보기에 상호 연관된 많은 사실들의 결합으로 빚어진 결과였던 것 같다.
그리고 그 결과가 가진 전반적 성격은 그 원인의 복잡성에 의해 쉽게
설명될 수 있다. 근대적 기업 용어로 말하자면 '붐'(boom)에 이어 나타
난 '붕괴'(crash), 갑작스러운 불황은 비정상적 거래의 팽창 때문에 야
기된 것이었다. 기계가 산업혁명의 여러 요인 가운데 하나에 불과한
것과 마찬가지로 생산과잉은 그런 팽창의 한 형태에 지나지 않았다. 면
공업의 초기 역사는 그 공업이 포함되어 있던 보다 일반적인 발달의 역
사로부터 분리되어서는 안된다. 그리고 면공업의 다양한 단계들은 보다
크고 보다 일반적인 발달의 단계들을 알리거나 그런 단계들을 수반하
는 한, 우리의 관심의 대상이 된다. 그러나 그 단계들은 그 성장 전체에
대한 설명이 되지는 못한다. 더구나 개별적으로 취한 모든 사실이 그러
하듯이, 그 단계들은 여러 환경에 에워싸여 있는데, 기본적인 법칙을
발견하려면 그런 환경이 배제되어야 한다.

의 상태, 그의 말에 따르면 투기로 인한 가격의 동요에 관해 불평하고 있
다.

192) 비록 부니아티안 박사는 생산과잉이라는 말을 순전히 공업적인 현상에 국
한시켜 사용하지 않고 교역의 지나친 팽창 전반까지 확대하여 사용하고 있
지만, 위의 고찰은 그가 도달한 결론과 크게 다르지 않다. (M. Bouniatian,
Geschichte der Handelskrisen in England, chap. V, 151~72면) 1783년
의 공황에 관해서는 같은 책의 144~50면, 97년과 99년의 공황에 관해서는
173~99면을 참조할 것.

8. 경제적 자유

만약 이 법칙이 명백하게 드러나지 않는다면 그것은 너무나 많은 우
연적 요소들이 결합되어 그 법칙을 변경시키고 복잡하게 하기 때문이
다. 우연적 요소들이라는 것은 풍작이나 흉작, 1783년의 강화(講和)
나 1793년의 전쟁만을 의미하는 것이 아니라, 오늘날보다도 더 엄격하
게, 마치 촘촘한 그물처럼 나라의 경제생활 전체를 단단히 휘어잡고 있
던 많은 형태의 관(官)의 개입, 즉 규제·가격고정·관세·금지조치까
지를 의미한다. 어떤 반론이 있었건간에, 심지어는 면공업조차관의 보
호와 강제를 벗어나지 못했다. 면공업은 어느 정도까지는 보호를 이
용하지만 강제에 맞서서는 흔히 반대운동을 벌여야만 했다. 자유방임
(laissez-faire)주의가 확립되자마자, 불과 몇 해 만에 전국에서 가장 번창
하게 된 면공업은 모든 것을 자유에 빚지고 있다고 말하는 것이 유행이
되었다. [193] 이 진술을 무조건 받아들일 수는 없다. 무엇보다도 우리는
중상주의 이론에 바탕을 둔 관세와, 중세적 전통에서 비롯된 규제를 구
분해야만 한다.

잉글랜드의 면공업이 외국과의 경쟁에 직면하여 그 어떤 인위적 보호
도 없이 성장했다고 말하는 것보다 더 부정확한 것은 없다. 즉 그 공
업의 초기의 성장을 중단시키다시피 한 [수입] 금지 자체는 나중에는
보호책으로 이용되었다. 그 어떤 산지에서건간에 날염된 면을 수입하는
것은 계속 금지되었다. [194] 그 어떤 보호도 이보다 더 완벽할 수는 없
었다. 왜냐하면 그것은 국내시장의 실질적 독점권을 제조업자들에게 부

---

193) E. Baines, *History of the Cotton Manufacture*, 321면 이하; Schulze-
  Gävernitz, *Der Grossbetrieb* (프랑스어판), 40면; Leone-Levi, *History of
  British Commerce*, 24면.

194) "법률이 현재 규정하고 있듯이, 영국의 제품 이외에 일체의 날염된 면을
  이 왕국 안에서 입어서는 안된다. 다른 모든 직물의 착용도 실정법에 의해
  금지되어 있다. 그러므로 면은 이 섬 전역에서 독점을 누리고 있다. 법률은
  면에 대한 어떠한 경쟁도 인정하지 않는다." *Parliamentary History*, XVII,
  1155면.

여했기 때문이다. 수입금지는 방사나 염색하지 않은 직물에까지 확대
되지는 않았다. 그래서 동인도회사는 섬세하기로 유명한 데카(Decca)의
모슬린 같은 특정의 외국산 직물을 잉글랜드로 계속 수입했다. 그러
나 잉글랜드의 제조업자들은 보호받기를 원했으므로 곧 수입에 대
해 항의를 제기하기 시작했다. 그들은 거듭 청원서를 제출하여 모든
외국산 직물에 대한 관세 부과를 요청했고 결국에는 성공했다.[195] 캘
리코나 모슬린을 한 필 수출할 때마다 장려금이 수여되었는데,[196] 기
술적인 측면에서 잉글랜드가 대륙의 모든 나라보다 25~30년 앞서 있
던 것으로 미루어보면 그것은 불필요하다고도 할 수 있는 특권이었
다.

　잉글랜드 제품은 너무나 우수했기 때문에 이웃나라들은 엄격한 수입
금지정책을 취하지 않고는 잉글랜드 상품을 막을 수 없었지만, 실제
로 그런 정책을 취한 적은 결코 없었다. 프랑스혁명 당시와 제 1 제정
(1804년 나폴레옹이 황제에 즉위함으로써 시작된 제국—역주)의 대전쟁이 유
럽의 경제생활 전체를 혼란시키기 전에, 여론은 19세기에 콥든(Richard
Cobden, 1804~65. 영국의 정치가·경제학자—역주)파와 브라이트(John Bright,
1811~89. 영국의 정치가. 콥든과 더불어 맨체스터학파를 이루었음—역주)파가
이해한 것 같은 자유무역을 지향하지는 않았지만, 어쨌든 통상조약 그리
고 상호 양보에 근거한 국제협약을 지향했다. 1786년의 영·불[통상]조
약은 이 정책의 가장 흥미있는 사례이다. 그 조약의 결과로 맨체스터와
페이즐리의 상품에 대해 프랑스 시장이 개방되었다. 그 댓가로 프랑스
에서 제조된 면직물이 사상 처음으로 잉글랜드에 수입된 것이 사실이

195) 다양한 관세의 세목은 E. Baines, 위의 책, 322~31면에 제시되어 있다.
　　1787~1813년에 관세는 캘리코에 대해서는 가격에 따라 16.5~85%, 모슬린
　　에 대해서는 18~44%가 인상되었다. 면제조업자들이 보호를 해달라고 자
　　주 호소한 데 관해서는 E. Helm, *Chapters in the History of the Manc-
　　hester Chamber of Commerce*, 17,22면 등을 참조.
196) 조지 3세 21년, 법률 제40호와 동 23년, 법률 제21호. 구체적으로 이
　　장려금은 직물의 질에 따라 야드당 0.5~1.5페니가 수여되었다. *Journals
　　of the House of Commons*, XXXVIII, 465면과 XXXIX, 294,387면 참조
　　할 것.

지만[197] 이 호혜제도는, 기술 진보 덕분에 보다 낮은 가격으로 보다 많은 양의 상품을 생산할 수 있었던 나라에 주로 유리할 수밖에 없었다.

이것은 자유경쟁의 결과였다고 이야기될 것이다. 그런데 잉글랜드의 제조업자들은 오랜 보호주의적 전통을 이 새로운 방식으로 대치하는 법을 아직 터득하지 못하고 있었다. 그들은 자유무역이 자기들에게 유리해졌을 때에도 여전히 그것에 대해 의심을 하고 있었다. 이런 태도는 방사 수출에 대한 반대 캠페인에 의해 예증되었다. 윌리엄 래드클리프 같은 몇몇 방적업자들은 실제로 외국의 구매자들에게 판매를 거부했다. [198] 1800~1년 맨체스터에서 열린 여러 차례의 회의에서 그들은 "잉글랜드의 면공업을 완전히 파멸시키려고 위협하는 해로운 거래"를 격렬하게 규탄했다. 그들은 방사 수출을 완전히 금지시키거나, 적어도 가혹한 제재를 가하기 위해 상무성(商務省)과 교섭을 했다. [199] 오로지 로버트 필 경을 포함한 몇몇 유력한 제조업자들의 강력한 반대만이 이 조치의 실행을 막았다. [200] 그래서, 비록 다른 보호조치들은 채택되거나 유지되었지만 방사 수출은 여전히 허용되었다. 잉글랜드 노동자들의 해

197) De Clercq, *Recueil des Traités de la France*, I, 146~65면과 *Parliamentry History*, XXVI, 233~54면, Art. Ⅵ, 제 7 단락을 참조. "유럽에서 두 군주의 영토 안에서 제조된 모든 종류의 면, 그리고 편물이건 직물이건간에 양말류를 포함한 양모제품은 두 나라에서 가격에 따라 12%의 수입관세를 내야 한다." 이 조약의 비준을 둘러싼 의회의 토론에 관해서는 같은 책, 381~514면(하원), 534~96면(상원)을 볼 것. 이 조약에 관한 특별한 연구가 E. Dumas(*Étude sur le Traité de Commerce de 1786 entre la France et l'Angleterre*, 1904)에 의해 이루어졌다.

198) W. Radcliffe, *Origin of the New System of Manufacture*, 10~11면.

199) 이 주제를 다룬 많은 팜플렛이 발간되었다. *A Letter to the Inhabitants of Manchester on the Exportation of Cotton Twist* (Manchester, 1800); *A Second Letter to the Inhabitants of Manchester on the Exportation of Cotton Twist*, by Mercator; *Observations founded upon Facts on the Propriety or Impropriety of exporting Cotton Twist, for the Purpose of being manufactured into Cloth by Foreigners* (London, 1803); *A View of the Cotton Manufactories, in France* (Manchester, 1803) 참조.

200) W. Radcliffe, 위의 책, 163면.

외 취업을 금지하는 법률이 여러 해 동안 실시되어왔다.[201] 그 규제는 면공업의 이익을 위해 특별히 개정되어 매우 엄격하게 실시되었다.[202] 새로운 기계에 관해서도 그것이 해외로 수출되는 것을 막기 위해 엄격한 조치가 실시되었다. 일찌기 1774년에 통과된 한 법률은 "면이나 면·마 교직물을 제조하는 데 사용하는 도구나 용품"[203]의 수출을 위법이라고 규정했다. 1781년에 제정된 또다른 법률은 설계도·모형·설계명세서 에까지 똑같은 금지조치를 확대했다.[204]

이런 사태는 자유주의 경제학파가 후대에 정의한 상업의 자유, 즉 상품과 노동은 최고의 임금이나 이윤이 발견되는 곳이면 어디로든지 자발적으로 움직인다는 완전한 유동성과는 전혀 달랐다. 면공업의 역사 가 자유방임주의를 위해 논거를 제공할 수 있다면, 분명히 이 논거는 상반되면서도 뚜렷이 의식되지 못한 여러 경향간의 다툼밖에 없었던 이 초기에 발견되지는 않을 것이다. 그런데 이 모순 자체는 새로운 욕 구가 커져서 감지되기 시작했음을 보이고 있다. 그 욕구는 너무나 많은 습관과 전통을 반드시 깨뜨리는 것은 아니었기 때문에 갈수록 더 빨리 커졌다.

정부는 이 새로운 공업과 관련하여 명확한 정책을 전혀 갖지 못했던

---

201) 조지 1세 5년, 법률 제27호. 이 법을 처음 위반하는 고용주는 금고 3개 월과 벌금 1백 파운드에 처해졌다. 누범은 금고 12개월과 법원이 적절하다 고 생각하는 벌금에 처해졌다. 어떤 노동자가 외국에 정착할 경우, 그는 대 사관의 경고를 받고 6개월 안에 귀국해야만 했다. 그렇게 하지 않을 경우 그는 영국 신민의 자격을 잃었으며 잉글랜드 안에 있는 그의 모든 재산은 몰수당했다.

202) 조지 3세 22년, 법률 제60호(1782년). 벌칙은 벌금 5백 파운드와 금고 1년이었고 누범은 1천 파운드와 5년이었다. 도구 또는 기계 수출은 5백 파 운드의 벌금으로 처벌당했다. 1785년과 86년에 독일 신민들에게 내려진 선 고에 관해서는 Wheeler, *Manchester*, 171면을 참조.

203) 조지 3세 14년, 법률 제71호.

204) 조지 3세 21년, 법률 제37호. 1785년과 86년에 금속공업을 위해서도 비 슷한 입법이 있었고(조지 3세 25년, 법률 제67호와 동 26년, 법률 제89호) 1795년에 일반법률이 통과되었다.(조지 3세 35년, 법률 제38호) W. Bowden, *Industrial Society in England towards the End of the Eighteenth Century*, 130~31면 참조.

것이 사실이다. 정부는 처음 그 공업을, 국가에 수입을 제공할 수 있는
새로운 부의 원천 정도로밖에 생각하지 않았다. 1784년에 피트는 예산
의 균형을 이루기 위한 재원을 확보하고자 면직물에 대한 물품세의 증
수를 생각했다. 왜냐하면 그는 면공업의 번창, 거기 종사하는 8만 명
의 노동자, 그리고 공장주들의 거대한 재산을 생각하고는 그 공업에서
보다 많은 세금이 징수될 수 있다고 느꼈기 때문이다.[205] 따라서 신세
(新稅)를 부과하기로 결정이 되었다.[206] 면공업과 함께 발달한 이해관
계의 범위와 힘은 그 다음에 벌어진 사태에 의해 드러났다. 비탄의 합
창이 일어났다. 랭커셔의 캘리코·퍼스티언 제조업자들, 글라스고와 페
이즐리의 모슬린 제조업자들, 방직업자들, 날염업자들, 염색업자들이
모조리 의회에 청원서를 보냈다.[207] 신세를 폐지하기 위한 위원회가 맨
체스터에 설립되었다.[208] 이 위원회는 해당 지역에서 선동을 조직화했
고 정부와 야당에 접근하기 위해 런던에 대표단을 파견했다. 하원에서
토론이 벌어졌을 때 폭스와 셰리던은 제조업자들을 옹호하는 발언을 했
고 피트는 조금 거부하긴 했지만, 요구에 따랐다.[209] 대표단은 의기양
양하게 맨체스터로 돌아왔다. 2천 명으로 구성된 행렬이 그들을 맞으
러 나갔는데, 이 행렬 속에는 면공업의 각 부문의 대표가 참여하여 구

---

205) 1785년 4월 20일의 연설.(*Parl. Hist.*, XXV, 481면) 1784년 예산위원
　　회의 보고서(*Journals of the House of Commons*, XL, 410면) 참조.
206) 조지 3세 24년, 법률 제40호. 캘리코, 모슬린 등의 직물을 표백·염색·
　　날염할 때는 그 가격이 야드당 2실링 미만인 경우에는 야드당 1페니의 세금
　　을, 가격이 2실링 이상인 경우에는 야드당 2페니의 세금을 내야만 했다. 이
　　세금은 야드당 3페니인 종전의 물품세에 추가되었다.
207) "만약 이 법률들이 계속 시행된다면 이 부문들, 특히 영국산 모슬린과
　　면 기계를 일소해버리는 지경에 이를 것입니다. ……새로운 공업 분야를 도
　　입하는 데 따르는 위험과 불편은 아주 명백합니다. 그리고 그 부문을 완성
　　하기 위해 필요하고도 불가피한 싸움은, 성숙을 향해 발전해가고 있는 유년
　　기의 공업을 혼란시키는 잔혹행위의 색채를 강하게 띠는 것입니다." *Journals
　　of the House of Commons*, XL, 484면 및 748면. 749, 760, 768, 780, 835면도
　　참조.
208) *A Report of the Receipts and Disbursements of the Committee of the*
　　Fustian Trade, Manchester, 1786.
209) *Parliamentary History*, XXXV, 478~91면.

호를 쓴 깃발을 흔들었다. "상업이 영원히 번창하게 하라! 자유는 회복되었다! 공업이 결코 구속당하지 않기를!"[210]

그러나 자유가 그 운동의 진정한 목적이었는가? 모든 시대, 모든 통치체제 아래서 이해되어왔듯이, 면제조업자들이 부담스러운 과세에 대한 그들의 항의를 정당화하기 위해서는 자기이익의 원칙 이외의 것은 필요하지 않았다.[211] 휘그당의 개입은 이 문제에 어떤 착각을 일으킬 수도 있었던 유일한 사건이었다. 휘그당은 사상 처음으로 대공업의 옹호자, 아니 차라리 동맹자로 자임(自任)했다. 그러나 나중에 정치적 균형을 깨뜨리게 되는 이 동맹은 아직 명백하게 드러나지는 않았다. 토리당 정부는 북부지방의 제조업자들 사이에 아직도 다수의 지지자를 갖고 있었다. 로버트 필 경은 윌리엄 피트의 찬미자인 동시에 개인적인 친구였다.

그러나 아주 초기부터 공장제도와 자유무역의 역사가 일치하는 한 영역이 있으니 그것은 생산의 영역이다. 제조 규정, 길드법, 그리고 1563년의 도제법(Statute of Apprentices)[212] 같은 의회법까지도 언제나 특별히 제한적으로 적용된 조치들이었다. 그 법들은 한두 가지 지정된 직종에만 적용되었다. 모든 신흥공업은 그것이 새로운 것이라는 바로 그 사실 때문에 그 법들의 적용범위를 벗어났으며, 그 신흥공업이 특별 규제의 대상이 되지 않는 한 완전한 자유를 누리면서 성장할 수 있었다. 이것은 면공업의 경우였다. 우리는 잉글랜드에서 처음에 외국 공업으로 다루어진 면공업이 곤란을 무릅쓰고 그 나라에서 발판을 마련한 과정을 살펴보았다. 면공업의 존재가 인정되고 허가되었던 무렵까지 옛 공업법규는

---

210) *Owen MSS.*, LXXX, 7면; Wheeler, *Manchester*, 170면.

211) 그런데 우리는 1785년의 팜플렛인 *Manufactures improper Subjects of Taxation*에 대해 언급해야만 한다. 이 팜플렛에서 면공업을 옹호하는 논거는 일반적 이론과 같은 형태를 띠고 있다.

212) 엘리자베스여왕 5년, 법률 제 4 호. 제25조는 토지노동자, 제27조는 잡화상, 직물상, 금세공인, 자수공, 철물상, 제29조는 대장장이, 바퀴제조공, 쟁기제조공, 물방아제조공, 목수, 석공, 미장이, 톱질꾼, 석회제조공, 벽돌제조공, 벽돌 쌓는 장인, 타일제조공, 아마방직공, 선반공, 통제조공, 제분공, 도자기제조공, '주부용이나 가정용의 직물만을 짜고 다른 직물은 짜지 않는' 방직공, 축융공, 양조공, 지붕 엮는 장인을 언급하고 있다. 이것은 원문의 순서——아니 오히려 혼란된 순서——에 따라 열거한 것이다.

완전히 권위를 잃지는 않았지만 적어도 훨씬 약화되었다. 양모공업에서 과거의 법규는 밀수에 대처하는 데 큰 곤란을 겪었는데, 벌칙을 강화하고 상호 밀고제도를 제조업자들 사이에 마련해도 소용이 없었다. [213] 그물눈을 더 가늘게 만드는 것은 쓸모가 없었다. 즉 그 그물눈을 통해 계속 쏟아져 들어오는 냇물을 막을 수는 없었기 때문이다. 아주 많은 면에서 그의 시대를 훨씬 앞서 있던 아담 스미스는 이 문제에 관해서는 해석자에 지나지 않을 뿐이었다. [214] 옛 규제를 유지하는 것은 상당히 어려웠으며, 새로운 규제를 마련하는 것은 전혀 불가능해지고 있었다. 따라서 면공업은 탄생기부터, 이전의 모든 공업들을 짓누르던 무거운 구속을 벗어나 있었다. 면직물의 길이, 너비 또는 질을 정하거나 제조방식을 강요하거나 금지하는 규제는 전혀 없었다. 개인의 이익과 경쟁에 대한 통제 이외에는 아무런 통제도 없었다. 이 때문에 기계가 신속히, 보편적으로 사용되었고 대담한 사업이 시도되었으며 다양한 종류의 상품이 제조되었다. 노동에도 똑같은 자유가 있었다. 유서깊은 전통을 가진 길드도 엄격한 규칙을 가진 도제제도도 면공업에는 전혀 존재하지 않았다. 이런 사정으로 면공업은 공장의 노동력을 보다 쉽

---

213) 조지 3세 17년, 법률 제 2 호(1777년)는 제조업자 **총회**를 설립했는데, 그들 자신이 위원회를 선발하면 그 위원회는 치안판사의 지휘를 받아 일했다. 랭커셔 · 요크셔 · 체셔에서 최초로 창설된 이 제도는 1784년에 써포크(조지 3세 24년, 법률 제 3 호)로, 1785년에 헌팅던 · 베드포드 · 노샘턴 · 레스터 · 루틀랜드 · 링컨(조지 3세 25년, 법률 제40호), 그리고 1790년에 노포크(조지 3세 30년, 법률 제56호)로 확대되었다.

214) 이 점에 있어서는 그 혼자만 그런 것이 아니었다. James Anderson, *Observations of the Means of Promoting a Spirit of National Industry* (1777), 428면 참조. "평민 신분의 신사들이 기계기술의 세부사항에 관한 완벽한 지식을 얻기 어렵다면, 국가의 각료들과 문관 업무의 최고 부서들에 근무하는 다른 관리들이 이 세부사항에 관해 완벽한 지식을 얻기는 훨씬 더 어렵다는 것이 분명하다. 따라서 그들이 일종의 독재적 권력을 갖고 있다고 생각하면서 개인들의 업무를 규제하는 규칙을 제정할 때, 그들은 자기의 영역으로부터 내려가서 다른 영역으로 들어가는 것이다. 이 다른 영역에서 그들은 충분한 정도의 지식을 가질 수 없기 때문에 정당하게 행동하고 있다고 확신하지도 못하고, 그들이 고무하려던 특수한 기술에 흔히 손상을 가하게 된다."

게 보충할 수 있었다. 그리고 그 사정은 우리가 나중에 기록하겠지만 이 때문에 생긴 어떤 폐해에 대한 설명이 되기도 한다.[215]

이 내부적 자유는 근대적 공업에 없어서는 안되는 것이다. 그 자유를 빼앗기자마자 공업은 운동을 멈춘다. 운동, 즉 기술 발전에 의해 불가항력으로 추진되는 지속적 변화, 생산의 증가와 시장의 확대를 통해 나타나는 지속적 팽창은 근대 공업의 기본법칙이다. 이 변화와 팽창은 서로 묶여 있으면서도 완전히 별개인 두 현상이다. 양자는 서로 상대방을 유발시킬 수 있지만 논리적으로는 후자가 전자로부터 유래한다. 마찬가지로 경제적 자유는 두 가지의 다른 형태, 즉 생산의 자유와 교환의 자유라는 형태를 취한다. 생산의 자유가 없었다면 대규모 공업은 불가능했다. 그리고 그 공업에 가해진 정당한 규제는 결코 기본적 필요〔생산의 자유〕에 의문을 제기한 적이 없었다. 교환의 자유는 나중에 보다 불완전한 방식으로 발전했다. 교환의 자유가 산업혁명에 의해 창조된 근대 세계의 한 특징이라고 하더라도 산업혁명을 형성해나간 초기부터 나타나고 있는 것은 아니다.

9. 양모공업과 기계

기계의 사용은 아주 단시간에 면공업으로부터 모든 섬유공업으로 전파되었다. 여기서는 섬유공업의 하나로서 가장 중요하면서도 가장 오래고 전통적인 공업에서의 기계 발달의 주요 단계들을 간단히 기술하는 데 국한하겠다. 양모공업에서 부지불식간에 자본제 조직을 발달시키고 있던 그 더딘 진화는 갑작스러운 충격을 받았는데, 이해관계와 전통으로 결합된 제력(諸力)은 이 충격에 맞서 무력함이 입증되었다.

양모공업의 발전을 저해한 주요 원인 가운데 하나는 그것이 너무나 분산되어 있다는 사실이었다. 사소한 기술개량 하나하나가 도시로부터 도시로, 촌락으로부터 촌락으로 전해져서 시골의 작은 작업장까지 이르는 데는 여러 해가 걸렸다. 비사(飛梭)는 발명된 지 70년이 지나도록 윌트셔

---

215) 제 3 부 제 3 장 참조.

와 써머셋의 농촌지역에 전해지지 않았다.[216] 18세기말까지 양모공업의 역사는 본질적으로 지역적·지방적인 상태를 유지했다. 심지어 산업혁명조차 양모공업에서는 지역적으로 한정된 형태를 취하고 있었다. 왜냐하면 산업혁명은 거의 전적으로 한 지역에서 일어나서 그 지역만을 이롭게 했으며, 그 지역이 오늘날까지 잉글랜드 양모공업의 주요 중심지로 남아있게 만들었기 때문이다. 그 작은 지역들에는 리즈·브래드포드·허더즈필드·핼리팩스 같은 도시들이 있었으며, 이 도시들의 명성은 그 이후 오랫동안 동부와 서남부의 도시들인 노리치와 콜체스터, 프롬과 티버튼을 망각에 빠뜨렸다.

이 대조적인 운(運)에 대해 두 가지의 상이하고 대조적인 설명이 제시되었다. 로랑 드세느(M. Laurent-Dechesne)에 따르면 요크셔에서는 임금이 남부의 여러 주들보다 낮았기 때문에 양모공업이 발달했다.[217] 커닝햄(Cunningham) 박사에 따르면 요크셔에서는 임금의 상승으로 제조업자들이 기계를 사용할 수밖에 없었던 데 반해서, 남부지방에서는 비교적 싼 노동력 때문에 제조업자들이 기술개량에 무관심했다고 한다.[218] 이 모순은 외견상의 것에 불과하다. 왜냐하면 그 두 진술은 사

---

216) *Report from the Committee to whom the Petition of several Persons concerned in the Woollen Trade of Somerset, Wilts and Gloucester was referred* (1803), *Journals of the House of Commons*, LVIII, 884~85면. 프레쉬포드(써머셋)의 방직공 조이스(Th. Joyce)는 "자기는 용수철 북을 사용하지 않는데, 그것은 잉글랜드 북부지방에 다녀온 사람에 의해 2년쯤 전에 작업에 도입되었다"고 밝히고 있다. 비사는 1795년 스트라우드에 나타나서 방직공들을 크게 놀라게 했다. *Webb MSS., Textiles*, V, 1면.

217) Laurent-Dechesne, *L'Evolution économique et sociale de l'Industrie de la Laine en Angleterre*, 108~11면. 그는 다음의 수치를 인용하고 있다. 1771년에 방직공의 임금은 노리치 7실링, 리즈 6실링 3페니였고 1790년에는 노리치 11실링, 브래드포드 10실링이었다. 이 수치는 Arthur Young, *Southern Counties*, 65면과 *North of England*, I, 137면에 제시된 것보다 약간 높다.

218) W. Cunningham, *Growth of English Industry and Commerce*, II, 462면. (2nd edition, 그 다음의 판들에는 재수록되지 않았다) 논란의 여지가 없는 것은 웨스트 라이딩(요크셔의 한 지구—역주)의 공업적 중요성이 기계가 양모공업에 도입되기 전에 이루어지기 시작했다는 사실이다. 1770~80년에 그 지구에 있는 도시들이 차츰 번성한 것은 모직물 전시장들(브래드포

실상 구분되지만 연속적인 두 단계를 언급하고 있기 때문이다. 처음에 값싼 노동력 때문에 요크셔로 끌려들어갔던 제조업자들은 그들의 공업이 더욱 번창함에 따라 임금을 인상해야만 했는데, 그것은 주로 인접한 주인 더비와 랭커셔에 있는 면공업 노동시장과의 경쟁 때문이었다.[219] 따라서 그들은 경쟁 대상인 공업〔면공업〕이 당시에는 유례 없는 발전을 이루게 한 기계를 이용하여 이윤을 증대시키려고 노력했다.

특히 웨스트 라이딩의 번영은 그 위치, 그리고 공업생활의 새로운 중심지들과의 접촉에 기인한다고 보아야 한다. 일단 번영이 확립되자 새로운 잇점이 영향력을 발휘하면서 양모공업의 미래를 확고하게 만들었다. 요크셔에 있는 강들의 상류는 다른 사면(斜面)의 강들에 못지않은 수량과 동력을 갖고 있다. 오랫동안 직물의 축융(縮絨)과 마무리손질에 이용되어온 상류의 풍부한 수력이 최초의 방직공장들의 바퀴를 돌렸다.[220] 증기기관이 수력을 대신한 후대에도 계속해서, 요크셔는 풍부한 석탄층에서 새로운 부를 발견했는데, 어떤 곳은 그 석탄층이 아주 얕게 깔려 있었다. 이처럼 공업 발달의 모든 국면은 이 혜택받은 지방에 새로운 번영을 가져다준 데 비해, 다른 한편으로 흐르는 물이 적고 석탄이 전혀 없는 여타 지역들의 쇠퇴를 불가피하게 만들었다. 수력이 아직도 기계의 추진력이던 동안은 그 지역들은 계속 버틸 수가 있었으나 증기의 사용이 마침내 그 지역들을 파멸시켰다. 1785년경에 노리치의 양모공업은 여전히 번성하고 있었다. 미국독립전쟁 뒤의 심각한 공황 이후에 사업은 개선되었고 그 도시의 과거에 걸맞는 미래의 온갖 지

드 직물전시장, 1773년 ; 콘 직물전시장, 1775년 ; 태니 전시장, 웨이크필드, 1776년 ; 제조업자 전시장, 핼리팩스, 1779년)이 세워진 것으로 알 수 있다. *Victoria History of the County of York*, Ⅱ, 417~19면.

219) 핼리팩스에서 1770년에 일당 5~6페니의 임금을 받던 여성 방적공이 1791 년에는 1실링 3페니~1실링 4페니를 받았다. 같은 책 Ⅱ, (3rd edition), 657면.

220) 또 하나의 잇점은 "황량한 비탈의 경작으로는 생계에 필요한 모든 것을 생산할 수 없는 인구, 여러 세대 동안 물려받은 기술 때문에 공업의 작업에 특히 적합한 인구를 보유하고 있다"는 것이었다. R. Heaton, *Yorkshire Woollen and Worsted Industries*, 281면.

표가 나타나는 듯이 보였다.[221] 그러나 불과 몇 해 뒤에 이든(Eden)
은 쇠퇴의 여러 징후들을 보았다. 제조업자들은 불만스러워했고 임금
은 아주 낮았다.[222] 그 공업도 이제 완전히 사라졌다. 그리고 한때 훌
륭한 소모사직물로 그토록 유명했던 노리치에는 더 이상 방적공장이나
방직공장이 없다. 그런 공장들의 부지는 식품제조업이 차지했고, 소모
사공업은 북부지방, 특히 한 세기 동안에 인구가 1만 3천으로부터 20만
으로 증가한 브래드포드로 옮겨갔다.

모든 방적기 가운데 가장 간단한 제니는 발명된 지 겨우 몇 해 뒤인
1773년경 요크셔에서 사용되었으나[223] 1785년 이전, 다시 말하면 물과
수력방적기가 면공업에서 이미 그것을 대신하고 있던 시기 이전에는 아
주 보편적으로 사용된 것 같지는 않다.[224] 랭커셔에서처럼, 그리고 비
슷한 이유로 제니는 얼마 동안 인기가 없었다. 촐리에 있던 아크라이
트의 공장이 타버린 지 몇 달밖에 지나지 않은 1780년 리즈에서는 기계
파괴폭동이 일어났다.[225] 그러나 이 적대감은 임금 하락을 두려워한
노동자들에게만 심각하고 지속적이었다. 이와는 반대로 제니는 도장인
방적공들에게 환영을 받았다. 그 기계는 그들의 전통적 조직을 전혀 변
경시키지 않고 작업장의 생산을 증대시켰기 때문에 웨스트 라이딩에는

---

221) "지난 두 세기 동안 제조업의 중요성은 부단히 커져왔다. 그러나 그 어느
때에도 제조업이 지금처럼 번창한 적은 결코 없었다. 캘리만코(callimanco)
는 독일·폴란드·스페인으로 수출되고 캠리트(camlet, 낙타의 털이나 양의
털로 짠 직물―역주)는 플랑드르·스페인·서인도제도·남미로 수출된다."
A. and F. de la Rochefoucault-Liancourt, "Voyage en Suffolk et Norfolk"
Ⅱ, 1784년 9월 24일자 편지. 우리는 젊은 여행자들의 감탄 어린 묘사를 무
조건 믿어서는 안된다. J. James, *History of the Worsted Manufacture*,
270면에 따르면 노리치의 쇠퇴는 1760년경에 시작되었다.

222) Eden, *State of the Poor*, Ⅱ, 477면.

223) *Report from the Committee on the State of the Woollen Manufacture*
(1806), 113면.

224) 같은 책, 73면. 아마도 기술적 이유가 쇠퇴의 원인이었을 것이다. "그
쇠퇴는 부분적으로, 어떤 압력을 받으면 면보다 쉽게 부서지는 원료의 취약
성 때문에 일어났다." J. L. and B. Hammond, *The Skilled Labourer*, 145
면.

225) 같은 책, 81면.

그런 도장인방적공들이 아주 많았다. 제니는 자본주의의 발전에 이롭기는커녕 영세 도장인이 독립을 지키는 데 이용할 새로운 무기를 제공한 듯이 보였다. 이것이 다른 모든 지방보다 뛰어나게 소규모 공업의 본거지였던 지방에서 그 기계가 성공을 거둔 비밀이었다.

서남부 지방의 상인제조업자들은 기술에 대한 지식이 거의 없어서 그들의 이익이 장비의 급속한 변화에 얼마나 좌우되는지, 장비 사용을 미루다가 때가 너무 늦어지면 얼마나 큰 손실을 입는지를 깨닫지 못하고 있었다. 그들은 노동자들이 정해진 임금을 받고 규정된 의무를 수행하는 한 이윤이 보장되리라고 확신했으므로 제조의 도구와 방식은 노동자들이 선호(選好)나 습관에 따라 선택하도록 방치되어 있었다. 몇 차례의 개별적인 시도가 티버튼, 셉턴 말렛, 그리고 레스터에서 있었으나[226] 우리가 예상하듯이 노동자들의 통상적인 적대행위에 부딪쳤다. 데번셔와 월트셔, 써머셋과 글로스터의 사람들이[227] 마침내 제니를 사용하기로 결정한 것은 북부 도시들의 경쟁이 놀라운 수준이 된 1790년 이후에 불과했다. 그러나 때는 이미 늦었다. 요크셔에서는 자동장비를 갖춘 방적공장들이 이미 나타났고, 이 공장들은 당장에 가내공업의 낡은 방식에 얽매여 있던 수공업노동자가 지위를 유지할 수 없게 만들었다.

요크셔 최초의 대방적업자는 리즈의 벤자민 고트(Benjamin Gott)였다.[228] 그의 경력은 아크라이트의 경력이 막을 내릴 무렵에 시작되었다. 그는 아크라이트처럼 곤란에 부딪치지도 않았고 발명가인 척할 필요도 없었다. 그는 그의 주위에 있는 공업의 빛에 의해 인도되는 총명한 자본가가 되면 족했다. 그의 사업은 급속히 아주 중요한 위치를 차지하게 된 것 같다. 그는 자본을 자유로이 동원할 수 있었으므로 리즈 근교에 큰

226) Lt. -Col. Harding, *History of Tiverton*, Ⅰ, 198면; *The humble Petition of the poor Spinners in the Town and County of Leicester* (1787); *Webb MSS., Textiles*, Ⅴ, 1면.

227) 1790~94년에는 프롬·셉턴·톤턴에서도 사용되었다. 1791년 이전에는 반스테이플에서 사용되었다. *Annals of Agriculture*, ⅩⅤ, 494면과 G. Billingsley, *A General View of the Agriculture in the County of Somerset*, 90, 167면.

228) J. Bischoff, *A Comprehensive History of the Woollen and Worsted Manufacture*, Ⅰ, 315면.

공장 2개를 세울 수 있었다. 그는 거기서 온갖 종류의 실험을 했는데, 그것을 보다 영세한 업자들이 했다면 너무 어렵고 비용이 많이 들었을 것이다. 예를 들면 그는 가장 최신의 화학염색법을 시험했다. 그의 성공은 즉각적이고 결정적이었다. 고트는 공급보다 훨씬 빨리 증가하는 수요에 응하기 위해서 랭커셔의 제조업자들처럼 야간작업을 할 수밖에 없었다. 그리고 기계들(이 가운데 몇 대는 증기로 작동되었다)은 종종 4일간 밤낮으로 계속해서 가동되었다. [229] 오래지 않아 고트에게는 많은 경쟁자들이 나타났다. 18세기초에 가장 활발하면서도 번영하는 사업을 창설한 사람들 가운데서 우리는 홀베크의 피셔(Fisher), 퍼드시의 브루크(Brook), 리즈의 윌리엄 허스트(William Hirst)를 언급해야만 한다. 허스트는 양모 방적에서 물을 최초로 사용한 사람이라는 것을 자랑한 사람이었다. [230]

이 사람들의 대부분은 제조업자가 된 모직물 상인이었다. 그들의 공장의 위치도 그것을 암시하고 있다. 일대에 그런 공장들이 모여 있던 리즈는 그 당시까지는 중요한 공업중심지로 여겨진 적이 결코 없었고 오히려 상업중심지, 즉 주위의 촌락들로부터 모든 방직공들이 직물을 팔러 오는 시장으로 여겨졌다. 이제 그들은 도장인의 작업장에서 일하는 노동자로서 리즈에 오게 되었다. 서남부의 여러 주에서는 자본이 생산자의 독립을 서서히 점차적으로 침해한 데 반해 요크셔에서는 그런 침해가 갑자기, 명백한 방식으로 나타났다. 영세 제조업자들은 위험을 알아차렸다. 1794년에 그들이 하원에 제출한 청원서는 그들의 사정을 뛰어난 선견지명을 보이면서 제시했다. 그들은 당시까지 웨스트라이딩에 존속하고 있던 가내공업제도의 잇점들을 지적하고 계속해서

229) *Report on the Woollen Manufacture*, 1806, 43,72,76,118,445면 ; *Abridgments of Specifications relating to the Steam Engine*, I, 106면.

230) 같은 책, 45,71면 ; W. Hirst, *History of the Woollen Trade during the last Sixty Years*, 39면. 요크셔 최초의 소모사공장은 1787년 스킵턴 부근의 애딩검에 세워졌는데, 훼프강이 동력을 공급했다. 브래드포드에는 1794년 이전에는 방적공장이 없었다. *Victoria History of the County of York*, II, 421면. 1806년에 약 1천 1백 명의 노동자를 고용한 마샬의 큰 아마공장도 비슷한 시기에 세워졌다. 아마공업에의 기계 도입은 A. Warden, *The Linen Trade*, 690~93면을 참조.

다음과 같이 말했다.

　이 직종 전반, 거기에 종사하는 개인들, 그리고 대중 전체를 위해서 아주 다행스럽게, 오랫동안 그토록 행복하게 요크셔에서 지배적 위치를 차지해온 이 제도는 현재, 왕국의 다른 지역들에서 지배적인 양식이 도입됨으로써 해체되고 파괴될 위험에 처해 있읍니다. 다른 지역들에서는 그 양식의 도입으로 빚어진 불편과 해악이 빈번하게, 가장 심하게 나타난 바 있읍니다. 그 양식은 대자본가들에 의해 확립되어 지탱되는 독점을 바탕으로 하고 있는데, 요크셔에서는 직물업에 종사하면서 직물상인이라 불리고 직물제조업자가 되고 있는, 그런 종류의 사람들에 의해 실시되고 있읍니다. 그리고 최근 전술한 라이딩의 도시인 리즈와 핼리팩스, 그리고 부근에 있는 그런 상인들 몇 사람은 직물업자(clothier) 또는 직물제조업자(cloth maker)가 되었고, 다른 사람들은 모직물을 제조하기 위해 큰 공장들을 설립함으로써 그들의 보기를 따르겠다는 의향을 밝혔읍니다. 그런데 이런 과정의 결과는 청원자들이 믿고 있듯이, 아주 영세한 자본을 가지고 자신과 처자의 끊임없는 노동의 도움을 받고 한 지붕 아래 모여 살면서 조촐하게 독립적으로 자신과 가족을 부양해온 청원자들에 극히 해로울 것이 틀림없읍니다. ……그리고 이런 혁신이 지배적으로 된다면 청원자들은 이 안락하고 독립적인 상황을 벗어나 가족과 헤어져서 예속상태에 떨어져 자신과 가장 사랑하는 친족을 위해 빵을 벌어야만 할 것입니다.[231]

　그들은 무익한 진정만 한 것이 아니라 대제조업자들과의 경쟁에서 자기들을 보호해달라고 의회에 탄원했다. 그들은 언제나 모직업에 후하게 베풀어졌던 법적인 보호에 익숙해 있었으므로, 이런 요청은 그들에게는 아주 당연한 것이었다. 그들은 직물상인들의 작업장 개설을 금지하는 법안을 상정시키는 데 성공했다.[232] 이 법안은 시대착오였다.

---

231) *Journals of the House of Commons*, XLIX, 275~76면.
232) 같은 책, 432면. 그 법안은 각 도시의 직물전시장이 정한 지방의 규제에 의해 보충된다. 에이킨은 이런 노력을 언급하면서 다음과 같이 덧붙인다. "원모로부터 마무리손질된 직물에 이르기까지 공장의 공정 전체를 자체 안

왜냐하면 그 법안과 관련되는 입법은 시대에 뒤떨어진 것이어서 조금이
라도 효력이 남아 있더라도 결국 상실되게 되기 때문이다. 그 법안
은 옛 도제제도의 규제를 강제로 실시하려던 법안처럼, 노동자들이
언제나 큰 소리로 요구하던 기계사용 반대법안처럼, 그리고 거의 포
기된 정책을 부활하려고 시도한 다른 모든 법안처럼 부결되었다. [233] 그
러나 요크셔의 영세 제조업자들은 끈질기게 저항했다. 그들 가운데 한
사람인 로버트 쿠크슨(Robert Cookson)은 1804년에 고용주 1인이 소유
할 수 있는 방직기의 수를 제한한 1557년의 법과 유사한 법의 통과를
주창했다. [234] 그들은 거듭 냉정한 거절을 당한 뒤에야 비로소 공권
력이 가내공업에 유리하게, 공장제도에 불리하게 간섭하도록 설득하려
던 시도를 마침내 포기했다.

그들이 예상한 위험은 실제로는 아주 절박한 듯이 보이지는 않았다.
1806년에 양모공업의 상태를 전반적으로 조사하기 위한 의회의 위원회는
제조업자의 수가 감소되지 않았음을 발견했다. 1천 8백 명이 아직도 리
즈의 이런 저런 직물전시장에서 자리를 차지하고 있었다. [235] 더구나 공
장들과의 경쟁에도 불구하고 그 공업의 대부분은 아직도 영세 제조업자들
의 수중에 있었다. 1803년 웨스트 라이딩에서 방직된 모직물 가운데 겨
우 16분의 1이 자본가들이 지배하는 대공장에 의해 생산되었다. 나머지
전부인 약 43만 필은 도장인방직공들의 작업장에서 생산되었다. [236]

에 집중시키는 상인들은, 제품이 여러 노동자(이들 각자는 이득을 얻는다)
의 손을 거치도록 하는 사람들보다 분명히 유리하다. 리즈 근교에 있는
이런 사람들 몇은 지금 그것을 알고, 바로 그런 계획을 택하고 있다. ……
아마 1주에 한 필을 만드는 다수의 영세 제조업자들은 그들의 솜씨에 대해
후한 보수가 주어지는 그런 공장들에서 일하는 것이 더 유리하다는 것을
자각하고 있는 것 같다.” J. Aikin, *A Description of the Country from
Thirty to Forty Miles round Manchester,* 565면.

233) 제 3 부 제 4 장 참조.
234) *Journals of the House of Commons,* LIX, 226면.
235) *Report from the Committee on the State of the Woollen Manufacture
in England* (1806), 8면. 그러나 그들 가운데 다수는 겨우 생계임금밖에 벌
지 못했고 흔히 빚을 졌다. 같은 책, 75면.
236) *Report on the State of the Woollen Manufacture,* 1806, 11면. J.
Bischoff, *History of the Woollen Manufacture,* II, 〈표 4〉.

이 비율은 특히 의미심장하다. 왜냐하면 그것은 면공업에서 그토록 쉽사리, 그토록 완전하게 일어난 것과 똑같은 변화에 이 오랜 양모공업이 맞서서 벌인 싸움을 보여주고 있기 때문이다. 수천의 영세 독립기업은 아직도 활력이 넘쳤다. 그래서 그들이 마침내 흡수되고 진압되는 데는 오랜 시간이 걸렸다. 실제로 그 가운데 다수는 19세기 중엽까지 존속했다.[237] 그러나 이것은 그들이 할 수 있는 한 새로운 생산조건에 적응했을 때만 가능했을 뿐이다. 기계제공업은 그들을 결정적으로 파괴하기 전에 서서히 그들에게 침투해 들어갔다. 1800년경에 요크셔의 제조업자들은 거의 모두가 방적에는 제니나 뮬을, 방직에는 비사를 사용하고 있었다. 쇄정 역시 기계로 행해졌다. 그러나 필요한 도구를 자신이 소유하지 못한 도장인 방직공들은 원모를 특별한 작업장에 보내 쇄정했는데, 이것은 그가 아득한 옛날부터 직물을 축융공장에 보낸 것과 마찬가지였다.[238] 이런 식으로 수공노동과 기계 사이에, 소규모 공업과 대규모공업 사이에 융합, 아니 차라리 일시적 타협이 이루어지게 된다.

소모사공업에서 자본제 조직은 기계가 도입되기 이전에 확립되어 있었다. 그러나 이 공업의 제조업자들은 소모공들을 신중히 다루어야만 했는데, 그 까닭은 그들이 기술적 숙련과 강력한 조직 덕분에 엄격한 요구를 할 수 있었기 때문이다. 소모공의 클럽들은 잉글랜드 전역에 지부를 두고 그들이 옮겨가야만 하거나 실업자가 되는 경우에 지원을 했다.[239] 그들의 빈번한 파업은 종종 성공을 거두었다. 왜냐하면 그들

---

237) 1851년에 허더즈필드의 직물전시장에는 287명의 영세 제조업자가 아직도 단골로 출입하고 있었다. Laurent-Dechesne, *Evolution économique et sociale de l'Industrie de la Laine en Angleterre*, 65, 71면.

238) *Report on the State of the Woollen Manufacture* (1806), 446면. "내가 생각하기에, 내가 가내공장(domestic mill), 제조업자공장(manufacturer's mill)이라고 부르는 공장의 수는 내가 잘 알고 있는 지역에서 3배 이상, 아마 4배 이상 늘었을 것이다. 내가 이야기하고 있는 것은 가내 직물업자 (domestic clothier)들이 출입하는 공장들이다. 나는 농촌에 갈 때마다 수력이 조금이라도 있는 곳이면 어디에나 새로운 공장 또는 작은 증기기관이 있는 것을 본다. 그들은 가장 작은 개천에도 기관 2, 3대를 움직이기 위해 물방아를 세운다. 그들은 주로 얼레빗질과 쇄정을 하기 위해 30마력의 기관까지 세웠다."

239) 하원에 제출한 토플리스(William Toplis)의 청원서(1794년) 참조. (*Jour*

없이 일해나가는 것이 불가능하지는 않았지만 어려웠고, 그들은 고용
주들이 그것을 느끼게 만들었기 때문이다. 어떤 때는 작업을 중단하겠
다는 위협만으로도 고용주의 양보(고용주는 자발적으로는 결코 양보하
지 않았을 것이다)를 받아낼 수 있었으므로 소모공들은 양모공업 노동
자들 가운데 다른 어떤 계급보다도 높은 임금인 주급 28실링까지 받는
데 독자적으로 성공한 바 있었다.[240] 소모기의 발명은 이런 사정을 완
전히 바꾸어버렸다.

이 발명은 카트라이트의 업적이었다.[241] 그것은 동력방직기가 나온
지 5년 뒤에 이루어졌다. 그리고 그 발명이 충족시키려고 한 필요는 동
력방직기에 못지않게 긴박한 것이었다. 그러나 그 이전의 발명〔동력방
직기〕처럼 그것은 당장에 이용되지는 않았다. 그것은 사실상 훨씬 뒤인
1825~40년[242]까지 일반적으로 이용되지 않았으나 그 존재는 소모공들
의 강청(强請)에 제한을 가하기에 충분했다. 그 기계가 결과적으로 미칠
영향에 대한 소모공들의 불안은 그들이 그것을 금지시키려고 한 필사적
노력에서 보여진다.[243] 작업공정에 착오가 생길 수 없는 이런 무기를
이때 손에 넣고 있던 제조업자들은 그것을 보유하고 있는 것으로 충분
하다고 생각하고 물방아나 증기기관으로 작동되는 정교한 설비를 건설
하는 비용을 마련하는 데 늑장을 부린 것 같다. 그렇지만 카트라이트는
가장 설득력있는 말로 자기 발명의 잇점을 제시했다.

기계 3대로 구성되는 기계장치 1조(組)는 감독 1명과 어린이 10명의
근무를 필요로 하는데, 12시간에 〔원모〕 한 꾸러미, 즉 240파운드를

---

nals of the House of Commons, XLIX, 395면)
240) 같은 곳.
241) Memoir of Edmund Cartwright, 99면 이하; J. Bischoff, History of the Woollen Manufacture, I, 316면 이하; J. James, History of the Worsted Manufacture, 555~56면; J. Burnley, Wool and Woolcombing, 114면 이하.
242) Cunningham, Growth of English Industry and Commerce, II, 761면.
243) 제 3 부 제 3 장 참조. 노동자들은 40건 이상의 청원서를 의회에 제출했다. 고용주들은 대응의 목적으로 구성된 '소모사위원회'(Worsted Committee)가 작성한 반대청원서로 보복했다.

소모(梳毛)할 것이다. 기계소모에는 화력도 기름도 필요하지 않기 때
문에 그런 품목의 절약, 화력의 절약만으로도 감독과 어린이들의 임
금을 전액 지급할 수 있으므로 제조업자가 실제로 절약하는 것은 손으
로 소모하던 구식의 불완전한 방식에 드는 소모비용 전체와 같다. [244]

소모기를 사용한 최초의 공장은 셰필드에서 멀지 않은 돈캐스터에서
발명자 자신이 경영한 것이었다. 그 기계는 인기있는 프로권투선수의
이름을 따서 '빅 벤'(Big Ben)이라는 별명을 얻었다. 왜냐하면 그 기계
의 급작스러운 왕복운동이 사람들에게 권투선수의 동작을 연상시켰기
때문이다. [245] 그것은 아직도 불완전해서 다양한 질의 양모를 균등하게
소모하지는 못했다. 그 기계가 개량되기 전에 사용했던 제조업자들의 실
망은 아마 그것의 결정적 성공이 늦어지게 한 원인이었을 것이다. [246] 그
럼에도 불구하고 그 기계는 19세기초에는 특히 노팅검과 브래드포드 일
대의 아주 많은 공장들에서 사용되었다. [247] 이 변화는 그 이전의 모든
변화와 마찬가지로 주로 중부지방과 북부지방의 도시들에 이익을 가
져오게 되었다. 1794년에 가네트(Garnett)가 물을 램즈보섬이 소모기
를[248] 브래드포드에 도입했을 때, 이 도시는 거리에 풀이 자라고 있는,
아직도 한가한 소도시였다. [249] 10년 뒤 그 도시에는 이미 여러 개의
대공장이 설립되어서[250] 노리치의 해묵은 공업의 위험한 경쟁자가 되
고 있었다.

이 무렵까지는 북부 공업중심지들의 우월성이 아주 굳건하게 확립되었

244) J. Burnley, *Wool and Woolcombing*, 114~15면.
245) *Memoir of Edmund Cartwright*, 106면. 이 말은 그 기계가 처음 사용
   되던 날에 한 노동자가 지은 노래 속에 보이는데, 그 노래는 J. Burnley, 위
   의 책, 126면에 인용되어 있다.
246) 같은 책, 127면.
247) *Report on the Woolcomber's Petitions*, 1794, 5면 이하. 그리고 *Journals
   of the House of Commons*, LVI, 272면.
248) 같은 책, 222면. 가네트는 그 지역의 대제조업자 가문 가운데 하나를 창
   시한 사람이었다. 같은 저자, *History of the Worsted Manufacture*, 328~
   29면.
249) J. James, *Continuation to the History of Bradford*, 91면.
250) 같은 책, 366면과 *History of Bradford*, 283면.

기 때문에 그곳들은 잉글랜드의 여타 지역에 본보기가 되었다. "맨체스터에서 수력방적 이용에 관해 이미 20년 동안 행해진 실험이 그곳에 전반적인 고용과 사업을 일으켰으므로 일자리가 없는 사람이 거의 없다면, 그리고 요크셔에서는 이런 기계들과 기관들 덕분에 사람들이 양모를 모두 이용할뿐더러 서부지방에 사람을 보내 양모 거래업자와 직물업자가 가진 양모 자체를 사들이고 있다면, 그런 기계와 기관을 서부 여러 주와 왕국의 다른 지역에 도입하여 사용하는 것이 빈민에게 틀림없이 이롭고, 결국에는 공동체 전체에도 이로울 것이라는 결론이 나올 수밖에 없다."[251] 데번셔와 노포크의 낙후된 지역과 요크셔의 관계는 요크셔 대 랭커셔의 관계와 마찬가지였다. 왜냐하면 면공업이 여타의 모든 섬유공업을 위해 계속 진로를 열었기 때문이다. 1804년에 한 제조업자는 이렇게 썼다. "내 보잘것없는 견해로는 양모공업은 면공업의 발자취를 아주 바짝 따를 수가 없다. 상품을 가장 훌륭하게 가장 싼 비용으로 만들어내는 국민은 언제나 우선권을 가질 것이다. 그리고 우월한 지위는 가능한 온갖 개량을 채택함으로써만 확보될 수 있다."[252]

그런데 이런 일을 하기 위한 첫번째 단계는 이 유서깊은 공업을 여전히 지배하던 정신 전체를 변화시키는 일이었다. 판에 박힌 극단적 보호의 전통이 깨뜨려져야만 했다. 그리고 아직도 시행되고 있던 낡은 입법, 노동력의 보충을 엄격히 규제하던 낡은 도제제도를 폐지하는 것은 물론이고, 새로운 장비를 도입하여 낡은 생산방식을 교체하는 것을 어렵게 만드는 공업 규제를 폐지하는 일이 필요해졌다. "19세기초에는 해묵은 편견들을 제거하고 하원의 위원회가 그 중요한 공업에 관한 모든 법을 법령집에서 일소하는 데 전념하도록 적합한 환경이 마련될 것이다. ……이리하여 양모공업은 아주 오랫동안 그것을 얽매어온 족쇄로부터 당장에 해방되어, 그 이후로 그 활동은 적어도 동등한 규모까지 커진 다른 공업의 활동처럼 양원 의사록에서 거의 눈에 띄지 않는 채 계속될 것이다." 이런 소망이 충족됨으로써 산업혁명의 마지막 장애는 곧 제거된다.

---

251) *Wool Encouraged without Exportation* (1791), 69〜70면.
252) *Observations on the Cotton Weavers Act* (1804), 20면.

창비신서 81

산업혁명사 (上)　　한국어판ⓒ (주)창작과비평사　1987

1987년 10월 5일　초판 발행
1997년 4월 1일　3쇄 발행

지은이　　뽈　　망　　뚜
옮긴이　　정 윤 형·김 종 철
펴낸이　　김　　윤　　수
펴낸곳　　(주)창 작 과 비 평 사
121-070 서울 마포구 용강동 50-1
전화 718-0541·0542 (영업)
718-0543·0544 (편집)
716-7876·7877 (독자관리)
FAX. 713-2403 (영업) 703-3843 (편집)
천리안·하이텔·나우누리 ID: Changbi
지로번호 3002568
대체구좌 010041-31-0518274
등록 1986. 8. 5　제10-145호
인쇄 삼신문화사

ISBN 89-364-1081-4　33930
＊책값은 뒤표지에 표시되어 있습니다.